深圳四十年：产业与城市

深圳市建筑设计研究总院有限公司　主编

中国建筑工业出版社

审图号：粤S（2019）02-51号

图书在版编目（CIP）数据

深圳四十年：产业与城市 / 深圳市建筑设计研究总院有限公司主编. — 北京：中国建筑工业出版社，2019.6

ISBN 978-7-112-23721-0

Ⅰ. ①深…　Ⅱ. ①深…　Ⅲ. ①城市建设 — 成就 — 深圳　Ⅳ. ① F299.276.53

中国版本图书馆CIP数据核字（2019）第87598号

责任编辑：咸大庆　费海玲　张幼平
责任校对：赵听雨

深圳四十年：产业与城市

深圳市建筑设计研究总院有限公司　主编

*

中国建筑工业出版社出版、发行（北京海淀三里河路9号）
各地新华书店、建筑书店经销
北京点击世代文化传媒有限公司制版
北京中科印刷有限公司印刷

*

开本：787 × 1092毫米　1/16　印张：18½　字数：318千字
2019年12月第一版　2019年12月第一次印刷
定价：98.00元

ISBN 978-7-112-23721-0
（33433）

《深圳四十年：产业与城市》

主　　编：孟建民

执行主编：廖　凯

副 主 编：曹绘嶷

论文编选专家委员会（按姓氏笔画顺序）

王　东　王启文　叶育成　曲　建　劳铖强　李　江　李　晖

杨　旭　邱　峰　邹　兵　汪　洋　张克科　张晓锋　陈一新

欧阳兴荣　钟若愚　贺传皎　袁易明　黄吉乔　黄春晓　黄晓东

龚　华　彭　坚　董晓远　程一木　谢志岿

封面设计：林晓仪

修订校对：彭新才　欧阳正川

序　一

城市是人类文明的结晶，是当代社会最主要的聚落形式。今天，全世界 60% 的人口居住在城市中。城市兼收并蓄、包罗万象、不断更新，促进了人类社会秩序的完善。而产业则是城市发展的核心。产业是社会分工和生产力不断发展的产物，在城市的形成和发展中发挥着重要的作用。产业的发展既受城市环境的影响，又影响着城市的兴衰，改变着城市的空间形态。产业和城市这种互相依存，互相影响的关系，近年来已成为学术界、规划界以及各级政府部门共同关注的重要课题。

深圳就是一个产城互促、产城融合的典型案例。深圳从 1979 年撤县设市，到今年正好 40 年。从历史角度，弹指一挥间，深圳从一个边陲小城，已经成长为一个管理着近 2000 万人口、生机勃勃的国际化科创型大都市。深圳崛起的过程，就是产业发展与城市空间良性互动的过程。40 年间，深圳产业形态不断迭代演进，伴随着城市空间的外延式扩张和内涵发展。这种产业发展与城市空间有机的"交织互动"，成为了中国改革开放历程上独有的"深圳现象"，也将是当代世界欠发达地区城市化发展的一个典型样板。深圳创造了世界城市发展史上的一个奇迹，深圳的成功代表着中国改革开放的伟大成就。对深圳产城互动发展的研究和总结，不仅具有很高的理论研究价值，也具有巨大的现实参考意义。

但是，城市是一个复杂的系统。分析产业与城市的内在关系是一个任务艰巨而且容易引起争议的工作。作为与特区共同成长的本土设计院，深圳市建筑设计研究总院有限公司这次组织了国内多个研究机构和各领域的专家学者，从产业升级和城市空间变迁两个维度，对深圳这 40 年的发展脉络作了系统梳理，提出了产城互动的内在新式和动力机制，对政府、企业、以及规划专家等不同主体在其中所发挥的作用做了宏观和中观层面的探讨分析，这确实是一次大胆而有意义的尝试。

四十年前，借着改革开放的春风，深圳开启了第一轮的产业和城市空间布局。如今，深圳迎来了又一次重新出发的契机：中共中央、国务院在深圳设市 40 周年之际，下发了《关于支持深圳建设中国特色社会主义先行示范区的意见》。在日益复杂的国内外形势下，深圳要勇立潮头、再上台阶，从国内一流城市到全球标杆城市。这对深圳的产城互动机制提出了更高的要求。这需要政府部门和各界人士群策群力，需要进一步发挥中国特色社会主义制度的优越性，在尊重市场规律的前提下，让社会经济规划更好地指导城市空间规划，让规划的前瞻性和产业的现实性得到合理对接，让法制的保障作用、政府的决策能力、市场的效率作用都得到了更好发挥。

本书以专题报告和论文的形式呈现，让城市规划师和经济学者从各自不同角度来审视深圳产城互动的关系，这也是一次非常有意义的跨专业互动实验。从产业经济的角度来发现城市生长机制，从地理空间的角度来理解城市经济发展。相信这次有意义的尝试，将成为深圳发展史研究的一个重要部分。

孟建民

2019 年 10 月

序　二

深圳是一个充满奇迹的城市，40 年来从一个几千人的小渔村发展为千万人口的特大城市，从一个边陲村落成长为现代化大都市，从一个默默无闻的居民点到世界名城。深圳是一个经过科学规划并有效实施规划的城市，是国内规划实施的典范。深圳是一座创新的、人们尤其是年轻人向往而愿意贡献才华的、充满活力的城市。40 年沧桑巨变，呼唤着书写深圳发展奇迹的强烈期望，南京大学规划校友会顺应了这个要求，在深圳市建筑设计研究总院的支持和主持下，从产业、城市视角开展了深圳发展的研究工作。

产业是城市发展的基础。有了产业就有了人，有了产业和人就需要各种设施和空间支撑，于是就形成了城市，城市和产业相互支撑，就推动着深圳的快速增长和发展。因此，产业和城市的发展和相互关系及其空间呼应，构成了深圳发展的基本路径和空间框架。由深圳市建筑设计研究总院有限公司主编的《深圳四十年：产业与城市》一书，以 4 个课题和 14 篇论文系统总结了深圳发展 40 年的过程和理念是十分有意义和科学价值的。

本书主题鲜明，内容丰富，专题与论文衔接，产业与空间并重。既有深圳 40 年产业——空间发展演变、产业时空观和城市空间结构演进历程、产城空间研究等总体性的文章、也有产业（产业发展、产业转移、产业布局）和空间（产业空间重构、产业空间集聚、工业空间开拓、组合式空间结构、就业 - 居住空间结构）以及城市规划（产业转移的规划应对、规划思路演变、规划定位、规划效用）、轨道交通、区域治理等的专论，清晰描绘了深圳 40 年发展过程的轨迹，是一本书写深圳、总结深圳，值得一读的好书。

深圳 40 年发展的经验是丰富的、可贵的。本书只是反映了一个侧面，还需要更多的学界、业界、政界人士从不同的侧面书写深圳。让深圳这座改革开放“中国特色社会主义先行示范区”的城市更科学发展，让深圳经验更发扬光大。

二零一九年十一月

目　录

第一篇　专题报告

第二篇　论文选载

第一篇

专题报告

专题一

深圳 40 年“产业—空间”的发展与演变：轨迹、特征及解释

袁易明　刘　畅　王建国　王沛尧　袁竑源[1]

1　袁易明，深圳市汉仑绿色发展研究院院长，深圳大学中国经济特区研究中心副主任；
刘畅，深圳市汉仑绿色发展研究院副院长；
王建国、王沛尧、袁竑源，深圳市汉仑绿色发展研究院研究助理

深谋果断破穷途，造势奇局辟地初。
基定方兴工业化，创新融智砺长足。

——《环球网（财经）》

改革开放 40 年，深圳率先走上了城市化道路，实现了从边陲小渔村到国际大都市的蝶变。以不到十年实现一次产业升级的速度，迅速完成了从“三来一补”加工向高端智造研发的转型。可见，深圳因改革开放而生，因产业发展而强，是新的历史时期产业与城市互动发展的典范。研究深圳“产业—空间”的发展与演变，并对其轨迹与特征进行分析、诠释，成为献礼深圳 40 年发展，纪念改革开放宏伟历程的重要注脚。

深圳是一个创造城市发展奇迹的城市、一个有思想有创造力的城市、一个以科学规划引领的城市。尤为重要的是深圳的发展始终以产业为核心，与空间匹配，形成产业空间互动、有机发展的动态过程。深圳奇迹本质上是产业与空间互动演进的结果，虽然具有特定原因但更是产业与空间发展规律的外在表象。因此研究其内在因素与原因、总结路径与启迪，具有重要的历史价值，对其他城市发展的借鉴意义，理论价值和实践指导意义并存。

本研究首先通过理论溯源和实证推演，划定深圳“产业—空间”形态配置节点，将深圳 40 年的发展划分为点状形成阶段（1980-1989）、轴向扩展阶段（1990-1999）、伸展轴稳定阶段（2000-2009）和内向填充阶段（2010 年至今）四个阶段；然后分别从农业经济、工业经济和服务业发展三个层面对各个阶段产业升级和空间变迁的互动轨迹进行梳理；接下来，以上述轨迹梳理为基础总结深圳现象，从产业看深圳空间变迁的特征，从空间看深圳产业升级的态势，从而验证产业升级和空间变迁互动理论；最后，对深圳“产业—空间”的演化机制进行探究和归纳。

第一章

产业升级与空间变迁共同创造“深圳奇迹”

40 年前，深圳还叫宝安县，因世纪伟人在此画了一个圈，开始以对标香港为使命；30 年前，深圳最繁华的地方是中英街，因为有卖投影机和录像机的万科、加工电风扇和电话机的中兴、为香港公司代销交换机的华为……电子基因在深圳播下了种子；20 年前，在深圳最中心的位置出现了华强电子世界，赛格科技工业园孕育了腾讯，自此深圳软硬件齐发；10 年前，深圳拥抱了整个 PC 和移动互联时代，造就了“中国电子第一街”和中国首家市值过千亿的互联网公司；1 年前，深圳的新一代信息技术占据半壁江山的战略性新兴产业凭借 9183 亿元的增加值、13.6% 的增加值增速以及超 40% 的 GDP 占比，位居全国首位。①

对深圳 40 年进行数字量化，结果更是扣人心弦！

过往 40 年，深圳 GDP 由 1.96 亿元增长至超 2.4 万亿元，增速最高水平为 83.53%，年均增速 26.53%，分别较全国整体水平高出 68.39 和 11.54 个百分点。②

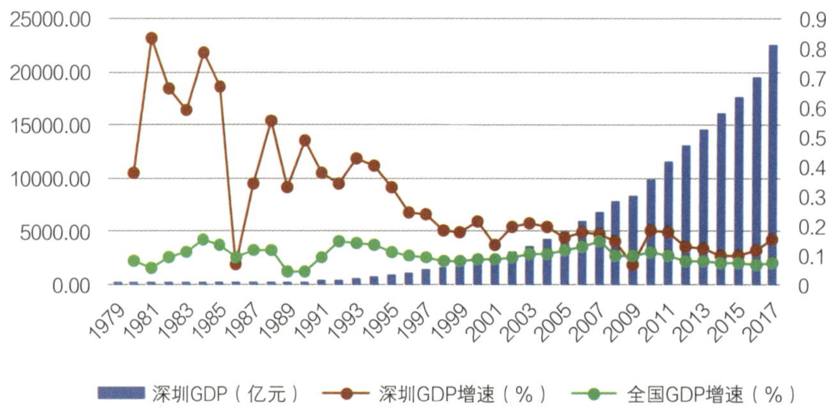

图 1-1　从 GDP 看“深圳奇迹”

数据来源：《中国统计年鉴》

过往 40 年，深圳人均可支配收入由 1980 年的 683 元 / 年，以年均 11.71% 的增速，激增至 2018 年的超 57000 元 / 年，年均增速较香港高出近 6 个百分点。③

① 资料来源：依据相关行业协会座谈会议记录整理归纳。

② 2018 年 GDP 数据为预测值（http://www.p5w.net/weyt/201901/t20190119_2250155.htm）

③ 2018 年人均可支配收入数据为预测值（http://www.p5w.net/weyt/201901/20190119_2250155.htm）

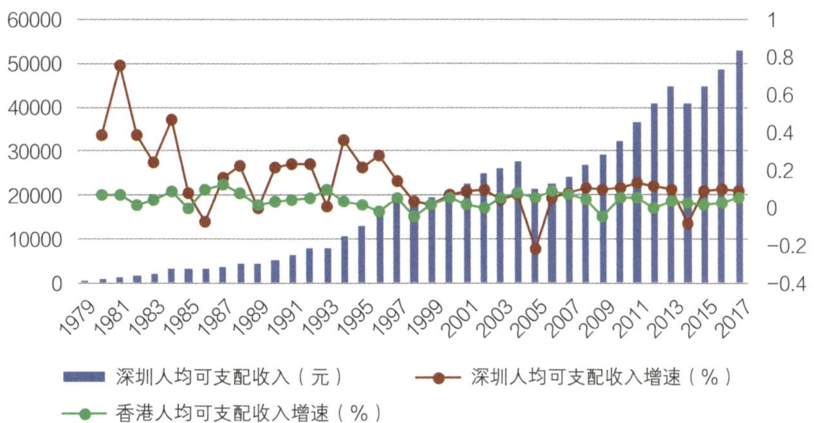

图 1-2　从人均可支配收入看“深圳奇迹”
数据来源：《中国统计年鉴》及 OECD 数据库

过往 40 年，深圳 R&D 投入已超 1000 亿元 / 年，占 GDP 比重为 4% 以上，较全国整体水平高出两个百分点，较全球创新领导者美国、日本及芬兰分均高出一个百分点以上。

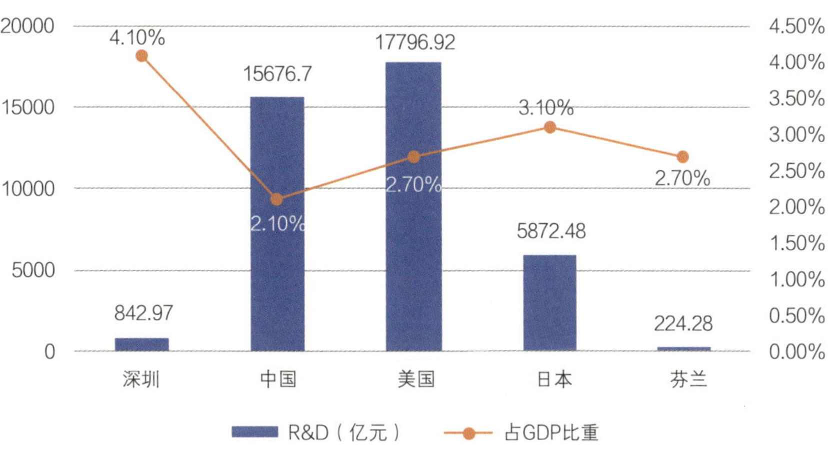

图 1-3　从 R&D 投入看“深圳奇迹”
数据来源：《深圳统计年鉴》及 OECD 数据库

回首深圳 40 年，每平方公里土地创造的产值、技术创新乃至居民幸福感不断攀升，甚至呈现出跨越式发展。深圳“发展奇迹”的造就离不开土地、劳动、资本、技术的推动，要素禀赋的集聚与配置以产业升级和城市空间变迁展现在世人面前。于是不禁引发思考，深圳 40 年产业升级发展与城市空间变迁经历了哪几个时间节点？“产业—空间”形态最优配置的形成历时多少春秋？在每一个发展阶段“产业—空间”对“深圳奇迹”的贡献有多大？为揭开上述谜团，首先利用包络分析法对 1981–2016 年深圳产业与空间的相关统计数据进行配置效率检测，然后从“理论溯源”与“实证推演”两个维度探究“产业—空间”对深圳 40 年的意义与贡献。

一、“产业—空间”形态配置节点

城市“产业—空间”形态的变迁会经历点状形成阶段、轴向扩展阶段、伸展轴稳定阶段与内向填充阶段四个时期，与之相伴的是工业经济技术含量的提升和服务业的高端化升级。在点状形成阶段，产业会自发地集聚于具有交通及资源禀赋优势的区位，形成初始的点状空间；在轴向扩展阶段，随着交通的发展，沿着自发、分散的产业集聚空间会出现一条或多条具有发展优势的扩展轴；在伸展轴稳定阶段，在生态、区位等要素约束下，空间轴向扩展成本增大，“产业—空间”配置达到相对最优化，形成“稳态”；在内向填充阶段，城市外向发展动力消失，集约化发展目标使得“稳态”被打破，“空间—产业”形态配置在目标制下相对调整。

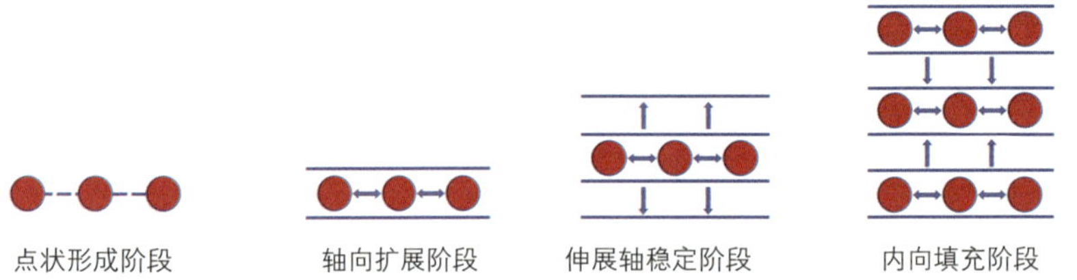

图 1-4　城市“产业—空间”变迁形态图

1. 方法选择与测算过程

我们的分析基于 Kaoru Tone（2001）提出的 SBM 及 super-SBM 模型而展开，承认规模报酬可变、改进非径向、超效率存在。选择该模型进行测算原因有二：一是松弛问题被最大可能地考虑，即在最大的可行域内提升技术效率；二是与创新产出相比，创新投入显得更可控。但是基于投入角度进行效率改进可能会发生无解的状态，即仍有多个决策单元的技术效率等于 1，在包络分析中只能通过放宽改进角度限制假设，选择不规定改善角度，来实现仅一个决策单元效率最优。

假设需要对 n 个决策单元的配置效率进行测算，每个决策单元包括 m 种投入及 s 种产出，则投入与产出矩阵分别记作 $X=(x_{ij})\in R^{m\times n}$，$Y=(y_{ij})\in R^{s\times n}$。生产可能集 P 定义为：$P=\{(x,y)|x\geqslant X\lambda, y\leqslant Y\lambda\}$，其中 $\lambda\geqslant 0$ 表示规模报酬可变。将最优决策单元定义为 $DMU(x_0,y_0)$，且 $x_0=X\lambda+s^-$　$y_0=Y\lambda-s^+$。其中 $s^-\geqslant 0$，$s^+\geqslant 0$ 是松弛变量，分别表示对投入进行负向调整及对产出进行正向调整。

建立“四投入—双产出”指标体系，将相关统计数据纳入包络分析中，以此测评产业空间配置效率。产出是指工业与服务业升级发展，用每平方公里土地工业（服务业）增加值增速量化；投入即纳入了农业、工业与服务业空间集聚度，用各区产业区位熵指数量化；又包含了资本与劳动两项控制性投入，分别用固定资产投资增长率及劳动增长率量化。

2. 阶段划分结果展示

将 1981-2016 年的投入与产出数据引入 DEA-Solver 软件中，测算每一年产业升级与城市空间变迁间的配置效率。当效率值为 1 时，实现最优配置；当效率值小于 1 时，表明存在冗余投入；当效率值大于 1 时，表明投入不足。

具体结果如图 1-5 所示，1989 年“产业—空间”第一次实现了优化配置，两年后短暂的均衡消失，故将 20 世纪 80 年代（1980—1989 年）界定为“产业—空间”点状形成阶段；2000 年至 2009 年“产业—空间”一直呈现出“稳态”配置，因此将 20 世纪 90 年代（1990—1999 年）界定为“产业—空间”轴向扩展阶段；并将 21 世纪第一个十年（2000—2009 年）界定为“产业—空间”伸展轴稳定阶段；2010 年“稳态”被打破，故 20 世纪第二个十年（2010 年至今）被界定为内向填充阶段。

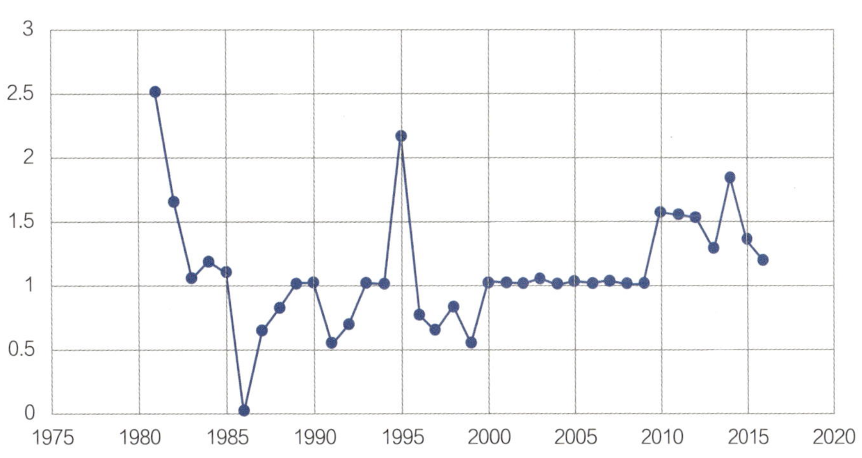

图 1-5　深圳 40 年产业空间形态配置效率
数据来源：利用 DEA-Solver 软件计算所得

在 1979 年 1 月，中共广东省委决定将宝安县改为深圳市，属省辖市。1980 年 8 月 26 日，深圳设立经济特区。自此，20 世纪 80 年代深圳进入“产业—空间”点状形成阶段。与市场自发性资源配置相伴的是 1980 年制订《深圳市城市建设总体规划》、1982 年出台《深圳经济特区社会经济发展大纲》、1986 年编制《深圳经济特区总体规划（1986—2000）》。在市场机制与宏观调控的双向推动下，深圳“产业—空间”点状形成阶段呈现出以罗湖—上步为发展中心，沙河、蛇口为卫星工业区的产业空间布局，经济发展以工业为主，同步兼营贸易、农业和旅游业。

在20世纪90年代“产业—空间”轴向扩展阶段，随着外资经济与工业经济的加速发展，深圳产业空间向北、向西伸展扩张。在这一发展阶段中，1992年，邓小平视察深圳发表南方谈话，为建设中国特色社会主义指明正确方向，带来了一个思想解放的春天。此后，深圳市宝安县撤县建立宝安、龙岗两区。确立了以特区为核心，东、中、西三条放射发展轴为基本骨架，轴带结合、梯度推进的组团集合结构的空间布局战略，着力将深圳打造成现代产业协调发展的综合性经济特区、珠江三角洲地区重要的经济中心城市、现代化的国际性城市。

在21世纪第一个十年“产业—空间”伸展轴稳定阶段，深圳特区外的宝安、龙岗两区农村城市化进程全面铺开，深圳成为中国内地第一个没有农村行政建制的城市；首届深圳国家文化产业博览会在深圳举行，成为推动中国文化产业发展和文化产品走向世界的平台；《深圳市基本生态控制线管理规定》出台，深圳成为中国内地首个划定基本生态控制线的城市。自此，深圳以“一区四市”为发展定位，着力打造综合配套改革试验区、全国经济中心城市、国家创新型城市、国际化城市和中国特色社会主义示范市。

自2010年起“产业—空间”进入内向填充阶段。2010年5月31日，国务院批准了深圳扩大特区版图的申请，深圳特区范围延伸至全市，龙岗宝安被纳入特区，实现关内外一体化，但“二线关”这道特区管理线却一直存在。2014年7月，深圳特区检查站的所有官兵被分流到其他边防单位。至此，深圳“二线”这道特区管理线“名存实亡”，只留下关口的建筑和车检通道、安全岛、岗亭等设施。2018年1月6日，国务院同意撤销深圳经济特区管理线。随着特区内外一体化的实现，外围公共投资大幅增加，产业加速外拓与转移，空间结构显著优化。这一阶段深圳致力于构筑“三轴两带多中心”的开放空间结构，提出南北贯通、西联东拓的区域空间策略，以“区域协作、经济转型、社会和谐、生态保护”为发展目标。

3. 四阶段“产业—空间”配置效率

历时20年深圳产业空间形态实现“产业—空间”最优配置，这一“稳态”从2000年一直维持到2009年，之后因经济“高质量”发展对工业与服务业升级提出了更高的要求，产业升级与城市空间变迁的“稳态”被打破。

自2010年“产业—空间”最优配置被打破后，深圳产业空间形态由伸展轴稳定阶段向内向填充阶段转变。这一时期，“产业—空间”配置效率的改进主要依赖于工业创新强度与服务业高端化程度的提升。

内向填充阶段深圳“产业—空间”配置效率改进方向　表 1-1

时间	工业密度	服务业密度	资本投入	劳动投入	工业创新强度	服务业高端化程度
2010 年	0.00%	1.50%	0.00%	2.50%	10.60%	14.30%
2011 年	−2.10%	−6.50%	−0.10%	−1.90%	−9.70%	0.00%
2012 年	1.50%	6.40%	0.00%	0.70%	11.20%	0.60%
2013 年	6.20%	0.00%	7.70%	4.70%	15.70%	25.70%
2014 年	2.20%	−0.30%	−0.70%	−4.50%	0.00%	2.20%
2015 年	0.00%	0.60%	0.00%	3.20%	17.70%	7.00%
2016 年	0.30%	0.00%	0.90%	0.00%	27.80%	11.60%
均值	1.16%	0.24%	1.11%	0.67%	10.47%	8.24%

如表 1-1 所示，2010 年至 2016 年间，工业与服务业对产业发展空间的需求、对资本投入的需求及对劳动投入的需求呈现出每年 1% 的增量，而对工业创新强度的需求年均水平高达 10.47%，对服务业高端化程度的需求为年均 8.24%。

由此可见，深圳历时二十余载“产业—空间”形态完成了点状形成阶段与轴向扩展阶段；自 2000 年起，“产业—空间”最优配置形成，进入伸展轴稳定阶段，这一时期持续了十年；自 2010 年起，“产业—空间”的相对“稳态”因经济“高质量”发展要求而被打破，深圳产业空间形态正式进入内向填充阶段，“深圳奇迹”的打造对加强工业创新、提升服务业高端化程度提出了新要求。

二、理论溯源

人类经济活动总是在一定空间维度展开。空间不仅是生产经营活动展开的场所，而且地理空间为生产活动提供所需的劳动对象。关于“产业—空间”创造经济与社会发展奇迹，最早可追溯到马克思的空间经济学思想。马克思非常重视空间因素在生产和交换中的作用，在其各时期的经典文本中充分论述了他的空间经济学思想。在早期的《德意志意识形态》一书中，马克思详细阐述了分工与交换的互动发展造成的城乡分离以及城市的发展演变。在《经济学手稿（1857 ~ 1858 年）》中，马克思分析了资本流通过程中的时空转化原理、交通运输的作用以及人口密度和市场规模对资本流通的影响。在《经济学手稿（1861 ~ 1863 年）》中，马克思则论述了资本集中、生产规模扩大和分工之间的关系。马克思强调，工业化与城市化相互推动、共同发展，与之相适应的是人口集中，经济活动趋向于空间聚集的态势，并且城市的发展呈现出等级化趋势以及城市群开始逐渐出现。

但是，非常令人遗憾的是，人们在进行空间经济学研究的时候并没有给予马克思空间经济学思想足够的重视。自保罗·克鲁格曼 1991 年在《政治经济学杂志》上发表了《报酬递增与经济地理》一文以来，西方经济学界掀起了新经济地理学的研究热潮，成为近 20 多年来国际学术界的前沿领域。这一研究热点与我国正在进行的改革过程中工业化和城市化问题相吻合，从而也是我国学术界和实践领域非常关注的问题。

西方经济学论述“产业—空间”创造“奇迹”的代表作　　表 1-2

时间	主要代表人物	代表作
1776 年	亚当·斯密	《国富论》
1826 年	冯·杜能	《孤立国同农业和国民经济的关系》
1890 年	阿尔弗雷德·马歇尔	《经济学原理》
1909 年	阿尔申尔德·韦伯	《工业区位论》
1933 年	沃尔特·克里斯塔勒	《德国南部的中心地》
1933 年	贝蒂尔·奥林	《区际贸易与国际贸易》
1939 年	奥古斯特·廖什	《经济的空间秩序》
1956 年	沃尔特·艾萨德	《区位和空间经济》
1977 年	迪克西特和斯蒂格利茨	《垄断竞争与最优产品多样性》
1991 年	保罗·克鲁格曼	《报酬递增与经济地理》
1999 年	藤田昌久 保罗·克鲁格曼等	《空间经济学：城市、区域与国际贸易》
2009 年	米罗斯拉夫·N·约万诺维奇	《演化经济地理学——生产区位与欧盟》

目前，研究经济空间问题的学科有很多，比如区域科学、区域经济学、城市经济学、经济地理学、集聚经济学和空间经济学等。虽然每个学科研究的侧重点不同，但并没有本质区别。这些学科与“产业—空间”的互动是创造人类社会发展奇迹的充分且必要条件已形成理论共识，均充分肯定：“伴随城市空间‘中心—外围’格局的形成，因市场接近效应、生活成本效应所产生的集聚力与市场拥挤效应所产生的分散力的相对运动使得产业升级发展，二者间的良性互动促成区域加速发展，当然该过程中必然伴随着资本与劳动两大基本且核心要素的流动”。

由此可见，从理论分析上看深圳 40 年“发展奇迹”的造就，一方面得益于资本与劳动共同助力的增量效应，另一方得益于“产业—空间”效应，且后者可由技术进步引致的产业升级及布局优化引致的空间变迁共同支撑。[①]

① 袁易明．中国经济特区产业结构演进及原因 [M]. 北京：商务印书馆，2010.

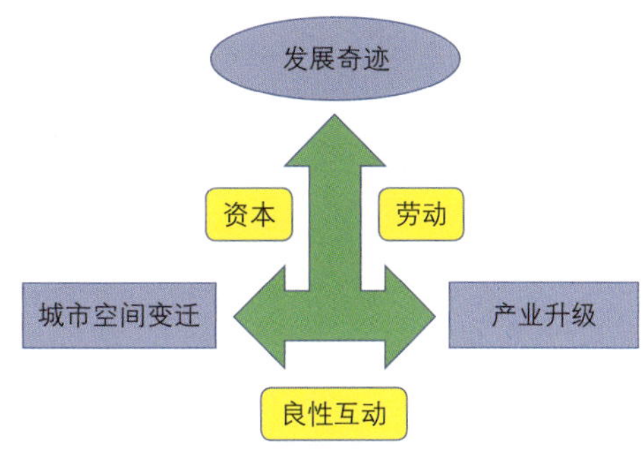

图 1-6 “产业—空间”助力“发展奇迹”示意图

三、实证推演

根据“空间—产业”造就“发展奇迹”的理论溯源，锁定产业空间密度、技术进步、资本投入、劳动力投入四个要素禀赋，检验其对“发展奇迹”的贡献。

为判断要素禀赋的贡献，引入层次分析法。该方法是美国运筹学家匹茨堡大学教授萨蒂于 20 世纪 70 年代初在为美国国防部研究“根据各个工业部门对国家福利的贡献大小而进行电力分配”课题时，应用网络系统理论和多目标综合评价方法，提出的一种层次权重决策分析方法。

1. 确定主成分方程

将指标“产业空间密度”设为 X_1,“技术进步”设为 X_2,“资本投入”设为 X_3，“劳动投入”设为 X_4；并令“发展奇迹”为 F。得到深圳“发展奇迹”测评公式：

$$F=\beta_1X_1+\beta_2X_2+\beta_3X_3+\beta_4X_4$$

首先，对原始数据进行标准化转换，得到标准化矩阵。其中，X_1 为三次产业区位熵指数，X_2 为索洛余值，X_3 为固定资产投资额，X_4 为劳动者人数，观测年为 1980—2016 年。然后，求得与标准化矩阵相对应的系数矩阵。最后，计算系数矩阵的特征根与特征向量，再依此确定主成分个数及系数方程。

当纳入三个主成分时，四个配置阶段观测值对真实值的解释程度均超过 90%。SPSS 软件生成的主成分方程组为：

$$\begin{cases} F_{1980-1989}=-0.17X_{1农业}+0.13X_{1工业}+0.15X_{1服务业}+0.11X_2+0.17X_3+0.21X_4 \\ F_{1990-1999}=-0.15X_{1农业}+0.11X_{1工业}-0.09X_{1服务业}+0.22X_2+0.17X_3+0.18X_4 \\ F_{2000-2009}=-0.13X_{1农业}+0.11X_{1工业}-0.03X_{1服务业}+0.21X_2+0.20X_3+0.22X_4 \\ F_{2010-2016}=-0.08X_{1农业}+0.15X_{1工业}+0.25X_{1服务业}+0.17X_2+0.15X_3+0.15X_4 \end{cases}$$

主成分确定依据　　表 1-3

第一阶段	初始特征值			提取平方和载入		
	合计	方差的 %	累积 %	合计	方差的 %	累积 %
1	4.173	69.555	69.555	4.173	69.555	69.555
2	1.075	17.909	87.464	1.075	17.909	87.464
3	0.432	7.193	94.657	0.432	7.193	94.657
4	0.294	4.893	99.551	0.294	4.893	99.551
5	0.027	0.449	100.000	0.027	0.449	100.000
6	0.000	0.000	100.000	0.000	0.000	100.000
第二阶段	初始特征值			提取平方和载入		
	合计	方差的 %	累积 %	合计	方差的 %	累积 %
1	5.334	88.899	88.899	5.334	88.899	88.899
2	0.454	7.571	96.470	0.454	7.571	96.470
3	0.149	2.480	98.949	0.149	2.480	98.949
4	0.061	1.012	99.962	0.061	1.012	99.962
5	0.002	0.038	99.999	0.002	0.038	99.999
6	0.000	0.001	100.000	0.000	0.001	100.000
第三阶段	初始特征值			提取平方和载入		
	合计	方差的 %	累积 %	合计	方差的 %	累积 %
1	4.091	68.180	68.180	4.091	68.180	68.180
2	1.667	27.791	95.970	1.667	27.791	95.970
3	0.186	3.103	99.073	0.186	3.103	99.073
4	0.050	0.837	99.910	0.050	0.837	99.910
5	0.004	0.069	99.979	0.004	0.069	99.979
6	0.001	0.021	100.000	0.001	0.021	100.000
第四阶段	初始特征值			提取平方和载入		
	合计	方差的 %	累积 %	合计	方差的 %	累积 %
1	5.076	84.597	84.597	5.076	84.597	84.597
2	0.398	6.626	91.223	0.398	6.626	91.223
3	0.314	5.229	96.453	0.314	5.229	96.453
4	0.170	2.829	99.282	0.170	2.829	99.282
5	0.042	0.696	99.978	0.042	0.696	99.978
6	0.001	0.022	100.000	0.001	0.022	100.000

2. 设计判断矩阵

贡献度 β 表示 X 每变动一单位时，带动 F 会变动多少个单位。可见，β 越大，其对应要素对深圳发展的贡献越大。因此，利用 β 值测算指标权重。

根据各要素系数大小对系数 β 进行排列，由小到大排序为 β_1、

β_2、β_3、β_4。参考层次分析法的比例标度尺，并且考量系数两两之间的数值差距，进而确定两两系数之间重要程度的量化值。随着量化值的增加，前一个因素与后一个因素相比，重要性提升。当两个因素同等重要时，用数字 1 量化（如比例标度表所示）。

比例尺标度　　　　**表 1-4**

因素 i 比因素 j	量化值
同等重要	1
稍微重要	3
较强重要	5
强烈重要	7
极端重要	9
两相邻判断的中间值	2，4，6，8

两两指标系数大小相同则其重要程度的量化值定为“1”，指标系数大小相差 4 个单位之内定为“2”，指标系数大小相差 5-8 个单位之间定为“3”，以此类推，直至指标系数大小相差 29 个单位及以上定为“9”（如表 1-5 所示）。

系数重要性量化值选取范围　　　　**表 1-5**

量化值	1	2	3	4	5	6	7	8	9
系数间距范围	0	1-4	5-8	9-12	13-16	17-20	21-24	25-28	29 及以上

依据系数距离数轴和比例标度表，可以列出判断矩阵 $A-\beta$：

判断矩阵 $A-\beta$　　　　**表 1-6**

$A_{1980-1989}$	β_4	β_3	β_2	$\beta_{1农业}$	$\beta_{1工业}$	$\beta_{1服务业}$
β_4	1	4	6	9	7	4
β_3	1/4	1	4	9	5	2
β_2	1/6	1/4	1	7	2	1/3
$\beta_{1农业}$	1/9	1/9	1/7	1	1/7	1/9
$\beta_{1工业}$	1/7	1/5	1/2	7	1	1/4
$\beta_{1服务业}$	1/4	1/2	3	9	4	1
$A_{1990-1999}$	β_4	β_3	β_2	$\beta_{1农业}$	$\beta_{1工业}$	$\beta_{1服务业}$
β_4	1	1/2	1/3	9	3	9
β_3	2	1	1/2	9	4	9
β_2	3	2	1	9	5	9
$\beta_{1农业}$	1/9	1/9	1/9	1	1/8	1/2
$\beta_{1工业}$	1/3	1/4	1/5	8	1	7
$\beta_{1服务业}$	1/9	1/9	1/9	2	1/7	1

续表

$A_{2000\text{-}2009}$	β_4	β_3	β_2	$\beta_{1农业}$	$\beta_{1工业}$	$\beta_{1服务业}$
β_4	1	2	1/2	9	4	8
β_3	1/2	1	1/3	9	4	7
β_2	2	3	1	9	5	8
$\beta_{1农业}$	1/9	1/9	1/9	1	1/8	1/4
$\beta_{1工业}$	1/4	1/4	1/5	8	1	5
$\beta_{1服务业}$	1/8	1/7	1/8	4	1/5	1
$A_{2010\text{-}2016}$	β_4	β_3	β_2	$\beta_{1农业}$	$\beta_{1工业}$	$\beta_{1服务业}$
β_4	1	1/2	1/3	6	8	1/5
β_3	2	1	1/3	7	9	1/5
β_2	3	3	1	8	9	1/4
$\beta_{1农业}$	1/6	1/7	1/8	1	4	1/9
$\beta_{1工业}$	1/8	1/9	1/9	1/4	1	1/9
$\beta_{1服务业}$	5	5	4	9	9	1

3. 计算指标权重

首先根据几何算数平均法计算各个因子的权重 U_i，计算公式：$U_i=\sqrt[n]{W_i}$，其中 $W_i=\prod_{j=1}^{n}c_{ij}$（$i$=1，2，...，$n$）；再进行归一化处理，其计算公式为：$H_i=U_i/\sum_{i=1}^{N}U_i$。

4. 展示实证结果

层次分析法实证结果显示：在20世纪80年代深圳“发展奇迹”的造就资本和劳动产生的增量效应贡献为67.9%，“产业—空间”效应贡献为33.1%；在20世纪90年代深圳“发展奇迹”的造就资本和劳动产生的增量效应贡献为46.56%，“产业—空间”效应贡献为53.44%；在21世纪第一个十年深圳“发展奇迹”的造就资本和劳动产生的增量效应贡献为46.9%，“产业—空间”效应贡献为53.1%；2010年至今深圳“发展奇迹”的造就资本和劳动的产生的增量效应贡献为25.48%，“产业—空间”效应贡献为74.52%。由此可见，深圳“发展奇迹”的造就符合马克思空间经济学和西方经济学的理论假说。实证推演结果显示，“产业—空间”对深圳“发展奇迹”的贡献已由第一阶段的33.1%增长至目前的74.52%，且在四个发展阶段中历经了两次“飞跃”。其中，第一次“飞跃”为20世纪90年代初，“产业—空间”贡献由33.1%增长至53%以上，增长了60%；第二次“飞跃”为2010年以后，“产业—空间”贡献由53%增长至接近75%，增长了42%。

第二章

深圳 40 年“产业—空间”互动轨迹

深圳产业升级与城市空间变迁间的关系一直备受关注。章平、曾华翔（2011 年）梳理了深圳 1980—2010 年的发展历程，以此探究城市功能空间结构演化规律及后续的发展走势。段杰、朱丽萍（2015 年）基于深圳各区创意产业分布的空间基尼系数量化创意产业园区在地理空间上的分布，把握深圳创意产业集聚化发展特征，并采用因子分析法测评行业科技水平、城市人口数量、人口结构以及城市经济发展状况对产业集群形成的影响。章文、吴洪、乔纪纲（2014 年）利用 1979—2012 年深圳企业数量测算区位熵，探讨深圳工业与服务业的长期均衡关系、短期因果关系和动态冲击影响。蒋峻涛（2005 年）选择深圳城市中心区作为研究对象，根据中心区空间形态演进过程，挖掘推动中心区发展的主要因素，并根据城市发展的最新动向预测其未来的发展趋势。上述学者选择特定时期、特定产业或特定区域，对深圳“产业—空间”进行研究，其研究视角、研究主题、研究结论对总结深圳经验贡献明显。

我们的研究遵循系统性原则，基于包络分析法测算“产业—空间”配置效率，并以此划分研究的时间节点；再对每一时期三个产业的业态特征与空间布局进行梳理，为研判深圳 40 年“产业—空间”演变规律与成功经验提供支撑。①

一、“产业—空间”点状形成阶段（1980—1989 年）

这一时期，深圳经济特区刚刚成立，工业发展处于“铺摊子、上项目、打基础”的起步阶段。随着国务院鼓励加工装配业务试行办法等一系列开放政策的出台，深圳特区依靠充裕的土地资源与廉价的劳动力，形成了产业生产要素的价格洼地，为处于制造业鼎盛时期的香港提供了产业转移的土壤。

由于“三来一补”引进中间产品进行加工再出口的生产方式要求以便利的交通货运为支撑，因此在与香港毗邻，并有港口作为原料和

① 本文所研究产业范畴与 2013 年国家统计局公布的《三产业划分规定》所含产业相一致包括第一产业为 4 个大类；第二产业为 2 个门类和 36 个大类；第三产业为 15 个门类和 3 个大类。

产品的主要集散地成为发展“三来一补”经济的首选之地。产业在特区内呈据点状集中布局，分别从海上、陆路建设出口加工区，多点启动，逐步形成了以上步—罗湖为中心，呈东（沙头角）、中（上步—罗湖）、西（蛇口—南头）据点式的城市空间格局。

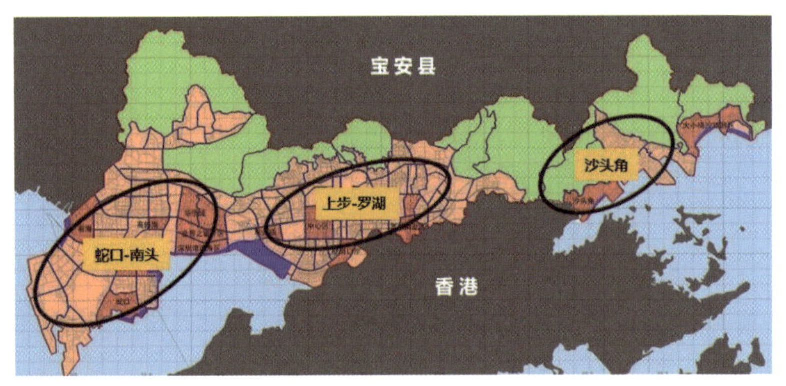

图 2-1　20 世纪 80 年代深圳经济特区工业经济分布图

1980—1989 年，深圳特区内农业、工业和服务业对经济增长的年均贡献率分别为 3.97%、46.85% 和 49.19%，工业与服务业取代农业共同支撑了特区内的经济增长。在此阶段，特区外农业密度较特区内高十倍，而特区内的工业密度与服务业密度分别较特区外高出 145.33% 与 21.65%，且特区内工业密度较服务业密度高出 15.26%。可见，深圳“产业—空间”点状形成阶段，无论是从产业规模看，还是从产业的空间密度看，工业经济已在特区内形成主导。到 20 世纪 80 年代末，深圳市已投产的工业企业数为 5758 家，较 1980 年扩张了 24 倍；工业总产值在 1979 年仅为 2.2587 亿元，历时十年的增长达到 311.29 亿元，年均增速高达 56.48%。工业的迅速发展，带动了经济工作的全面高涨，促使整个社会生产力大幅提升。1990 年全市 GDP 达 135 亿元，比 1980 年增长 49 倍，年均增长 47.88%，人均 GDP 由 6084 元增加到 26047 元，经济实力显著提升，创造了“深圳速度”。①

“产业—空间”点状形成阶段三次产业的空间密度　　表 2-1

产业	特区内	特区外
农业	0.2550	2.5589
工业	1.2198	0.4972
服务业	1.0583	0.8699

数据来源：依据区位熵公式计算所得。

① 数据来源：依据相关年份统计年鉴计算所得。

（一）农业经济：空间缩减，质量数量双提升

在深圳经济特区成立后，由于执行开放、改革的一系列政策，深圳市的农业已由过去单一经济向贸工农综合发展的方向迈进，使得商品经济持续发展。深圳市在巩固家庭联产承包责任制的同时，建立和健全地区性合作经济组织；强调改革商品流通体制和统派购制度，以市场调节为主，农副产品全面放开经营。这一时期，深圳市还十分注重农业基地建设，大力推广应用科技成果，蔬菜着重发展增产菌、苏方舍杆菌等优质品种和反季节品种，水果新引进紫花芒果、桂香芒果等品种，养殖业方面实现瘦肉型猪、黑白花奶牛等的良种化，还引进斑点叉尾鮰和桂花鱼等新品种，对增加农业产量起到促进作用。

随着深圳开放步伐的加快以及“三来一补”工业的发展，特区内工业迅速布局和发展，农业的产值比重快速下降。从全市范围来看，农业主要分布在特区外的宝安县。截至 1989 年，深圳市农业总产值达 3.8694 亿元，其中宝安县农业总产值为 2.1845 亿元，占比高达 56.45%。通过深化改革、增加农业投入，在耕地面积减少的情况下，农业增加值快速增长，农村经济获得稳定协调发展。农业增加值从 1980 年的 0.78 亿元增长到 1989 年的 6.86 亿元，年均增长 27.33%；截至 1989 年，深圳市鲜活农副产品出口销售总值达 10.66 亿元，乡镇企业工缴费收入 1872 万美元，同比分别增长 2.7% 和 31.2%，农业商品经济获得快速发展。

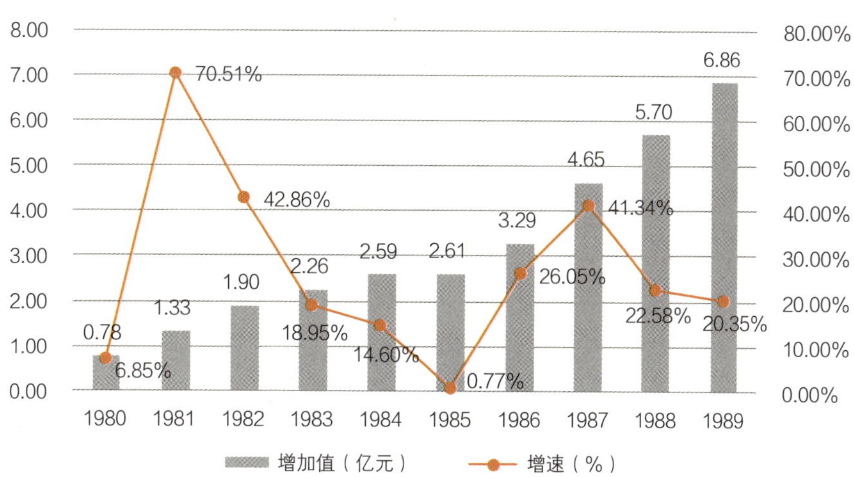

图 2-2 1980—1989 年深圳农业增加值情况
数据来源：1980-1989 年《深圳统计年鉴》。

（二）工业经济：劳动密集型特征明显

大量金钱和生产资料的涌入，使得深圳在工业基础设施基本全无

的情况下，形成了以来料加工、来样加工、来件装配和补偿贸易为特色的“三来一补”式的劳动密集型工业，并与香港形成“前店后厂”的产业分工格局。

从工业经济产业业态看，深圳充分利用劳动力价格低廉的优势，重点发展食品工业、纺织品工业、皮革工业和服装工业等产业，使得工业经济呈现出明显的劳动力密集型特征。这一阶段，劳动密集型工业产值占比高达 75.77%，而资本密集型和技术密集型工业产值占比分别为 19.15% 和 5.08%。

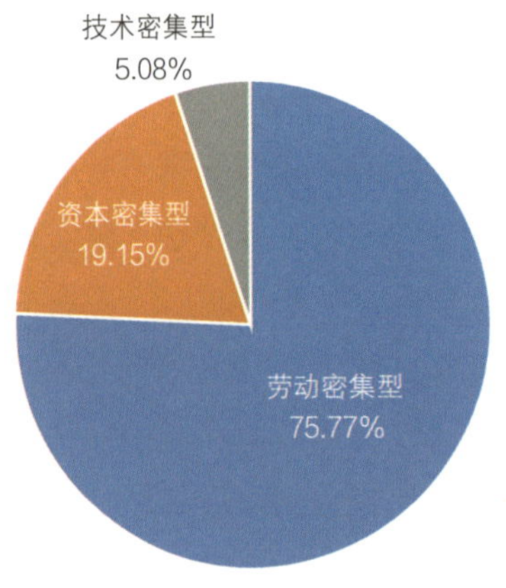

图 2-3　20 世纪 80 年代各要素密集型工业产值占比

数据来源：根据 1980-1989 年《深圳统计年鉴》数据计算所得。

随着特区投资环境的不断改善，确立了合理的产业政策和技术政策，积极引进国外资本、先进技术和设备，工业经济的外向型特征逐步显现。截至 20 世纪 80 年代末，与外商签订各种协议合同 7686 项、协议投资 61.8 亿美元、实际投资 32.5 亿美元，兴办三资企业 3000 多家。1989 年的统计数据显示，外商投资企业的工业产值为 106.93 亿元，增长率为 55.51%，占工业总产值的比重为 62.50%，而全民企业和集体企业产值增长率分别为 16.97% 和 9.22%，二者累计占工业总产值的比重仅为 37.50%。

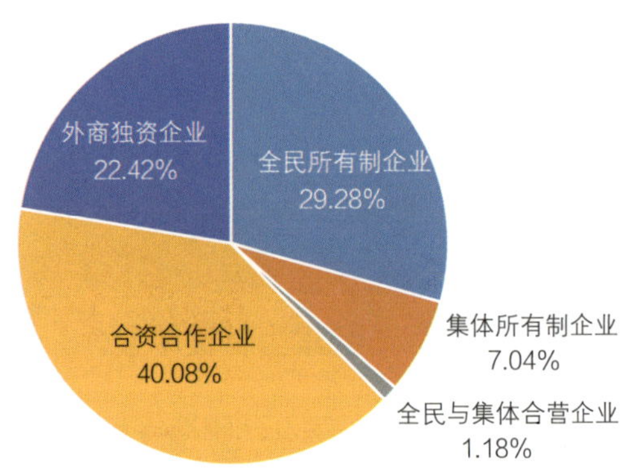

图 2-4　20 世纪 80 年代按经济类型划分工业产值占比

数据来源：根据 1980-1989 年《深圳统计年鉴》数据计算所得。

（三）服务业发展：消费性服务业率先拉动服务经济

随着改革开放的推进、“三来一补”经济形式的扩展以及其他各项事业的加速发展，前来投资、洽谈业务的国内外商客集聚深圳，为满足其在深的日常生活需求，服务业迅速完成产业布局，并加速发展，成为深圳经济的又一重要拉动力。在此期间，发展较为迅速的饮食服务业采取外引内联的策略，打破行业界线，允许企业跨行业经营项目，允许多种经济形式并存，打通了饮食服务业的多种发展渠道。

受消费性服务业快速发展的拉动，深圳市第三产业增加值规模加速扩张。从 1980 年的 1.22 亿元增加到 1989 年的 58.26 亿元，年均增长率高达 53.66%。到 1989 年，深圳市全年饮食业零售额为 5.95 亿元，同比增长 30.8%；服务业机构达 3010 家，从业人员 1.59 万人，分别比上年增长 23.61% 和 3.14%。按照深圳市 1989 年末总人口计算，平均每 1098 人就拥有 1 间饮食店，每 856 人就拥有 1 家服务型门店。

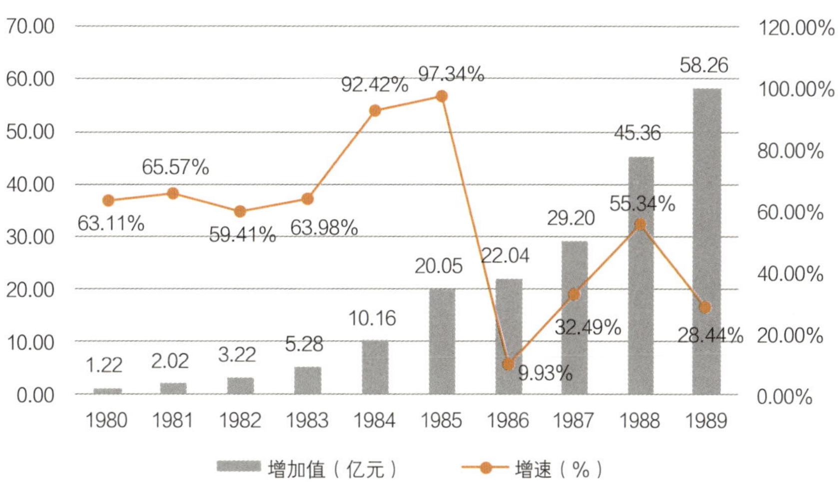

图 2-5　1980—1989 年深圳服务业增加值情况

数据来源：1980-1989 年《深圳统计年鉴》。

二、“产业—空间”轴向扩展阶段（1990—1999 年）

由于在此阶段香港回归祖国，制造业大规模北移，特区内有限的土地和资源无法承接众多制造业的发展，伴随产业结构升级，产业用地相继发生空间置换，工业经济发展出现由特区内向特区外扩张的趋势，特区内外呈现共同发展态势，初步形成沿广深公路和广深高速公路（向西）、沿深惠公路和深汕高速公路（向东）的两条工业发展带。发展至 20 世纪 90 年代末，深圳市全年实现工业总产值 2575.64 亿元，年均增速超过 20%，工业对 GDP 增长的贡献率达到 66.50%，与 1990 年 727.97 亿元的工业产值相比扩张了近 4 倍。工业经济对深圳的引领作用，已经发挥得“淋漓尽致”。

从产业空间分布上看，以点带线、带状组团式的结构初步显现。特区内上一阶段形成的三个核心发展地带——罗湖上步、蛇口南山、沙头角继续快速扩张，加之福田组团和沙河组团的崛起，五大产业组团延深南大道轴向扩张。

图 2-6　1999 年深圳市行政区划图

从产业空间密度看，福田和罗湖的服务业密度超过工业密度，分别超出 29.55% 和 62.27%；南山、盐田、宝安和龙岗四个区的工业密度仍大于服务业密度，分别超出 105.08%、391.4%、52.42% 和 64.9%，在此阶段，已初步形成福田和罗湖以服务业发展为导向，南山、盐田、宝安和龙岗致力于打造工业大区的基本态势。

1990-1999 年深圳各区产业密度情况　　表 2-2

行政区	农业密度	工业密度	服务业密度	密度较大产业
福田	0.3285	0.8796	1.1397	服务业
罗湖	0.4369	0.7598	1.2329	服务业
南山	1.0484	1.3480	0.6573	工业
盐田	0.7881	1.6732	0.3405	工业
宝安	5.0345	1.1510	0.7617	工业
龙岗	4.1594	1.2018	0.7288	工业

数据来源：依据区位熵公式计算所得。

（一）农业经济：科技化发展崭露头角

在此阶段，深圳市加强统分结合“双层经营”管理，促进农村股份合作经济走上法制化、规范化发展道路。重视发展农业规模经营，加快实现农产品生产的有效增长、“菜篮子”的有效供应和农村经济的稳定发展，抓好新品种、新技术的引进、开发和推广。种植业重点抓蔬菜的无土栽培和大棚栽培，畜牧业着重抓良种基地建设，水产业主攻优质海珍品的养殖和虾病的防治，均取得初步成果。

十年间，深圳市农业增加值实现平缓增长，从 1990 年的 7.02 亿元增长到 1999 年的 15.04 亿元，年均增速为 8.83%。到 20 世纪末，深圳市鲜活产品年出口总额 10.92 亿元；农村经济年总收入 118.9 亿元，增速为 7.4%；农民人均纯收入 8131 元 / 年，年增速 10.6%，实现了农村商品经济的进一步发展和农民生活水平的进一步提高。随着宝安区和龙岗区成立，农业经济规模继续放大，上述两区农业增加值占全市的比重分别为 55.74% 和 37.41%，合计占比超过 90%，成为农业经济密度最大的辖区。

图 2-7　1990—1999 年深圳农业增加值情况

数据来源：1990-1999 年《深圳统计年鉴》。

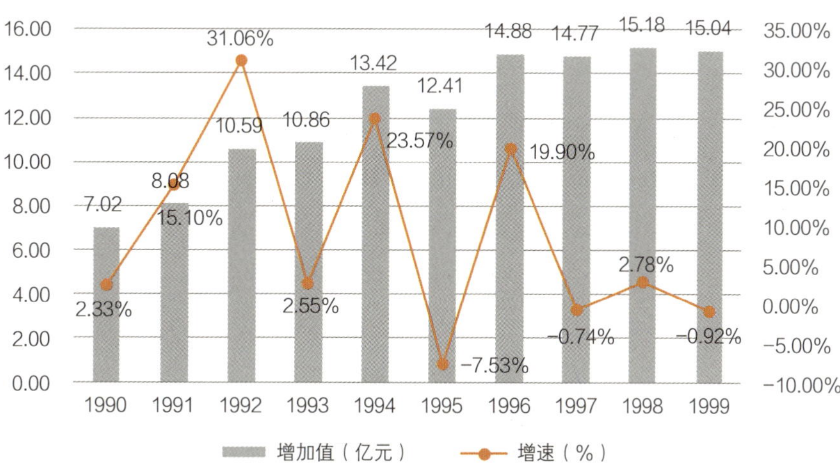

（二）工业经济：资本密集型特征越发突出

随着社会主义市场经济体制的建立、开放程度的不断加深以及香港、澳门回归祖国怀抱，深圳市外资经济得到快速发展，尤其是港澳台地区投资经济。20 世纪 90 年代末，深圳年实际利用外资金额为 29.68 亿元，相比 1990 年的 5.19 亿元，年均增长 19.05%，规模扩大了近 6 倍。这一阶段，工业经济以电子为主，资金以外资为主，产品以外销为主的外向型发展模式走向成熟。在此期间，港、澳、台投资工业经济产值占比高达 53.72%，对工业产值的贡献超过一半，外商投资工业经济产值占比达 30.16%，二者合占 83.88%；而内资工业经济产值占比仅为 16.03%。

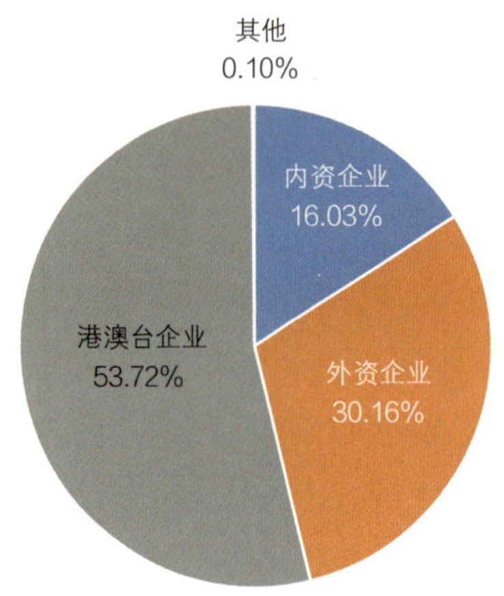

图 2-8 20 世纪 90 年代按经济类型划分工业产值占比

数据来源：根据 1990-1999 年《深圳统计年鉴》数据计算所得。

从工业经济产业业态看，20 世纪 90 年代劳动密集型工业产值占比 36.49%，相比 80 年代下降了近 40 个百分点；资本密集型工业和技术密集型工业产值占比分别为 45.62% 和 17.88%，相比 80 年代分别提高 26.47% 和 12.80%。由此可知，工业经济产业业态已从 80 年代的劳动密集型产业为主导，向劳动密集型和资本密集型产业并重的结构发展与转变。随着资本在工业发展中的作用愈发凸显，化学原料及化学制品制造业、医药制造业、非金属矿物制品业、金属制品业和交通运输设备制造业等迅速发展壮大。最具代表性的产品——程控交换机，在整个 90 年代，年产 354 万线，增速高达 67.9%。

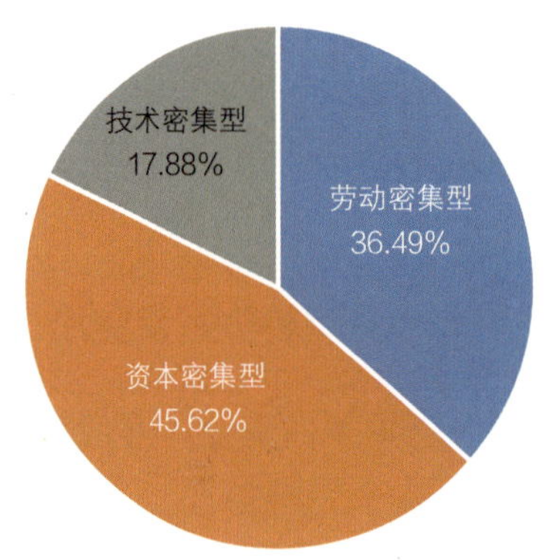

图 2-9 20 世纪 90 年代各要素密集型工业产值占比

数据来源：根据 1990-1999 年《深圳统计年鉴》数据计算所得。

（三）服务业发展：消费性服务与生产性服务并重

在此阶段，深圳市服务业规模不断扩大，且服务业内部各细分领域均得到一定发展。例如，深圳市酒店餐饮业管理更加标准化、规范化和科学化；旅游业针对现有的旅游景点和旅游产品以高科技手段和现代意识进行更新改造，精心策划和建设一批面向 21 世纪的新时尚旅游精品。正在从品种数量型发展阶段向品种质量型发展阶段转变，从传统的饮食服务业向家庭服务、社区服务、单位后勤服务延伸，从个人消费性服务向生产性服务升级转变。

从数据上看，深圳市服务业规模扩张的贡献来自于个人消费性服务与生产性服务的共同支撑，合计贡献超过 80%。其中，生产性服务主要包括金融保险业和交通运输、仓储、邮电通信业，这两个行业所创造的年增加值分别为 109.56 亿元、76.04 亿元，增速分别为 25.31%、34.08%。

图 2-10　20 世纪 90 年代按产业业态划分服务业增加值占比

数据来源：根据 1990-1999 年《深圳统计年鉴》数据计算所得。

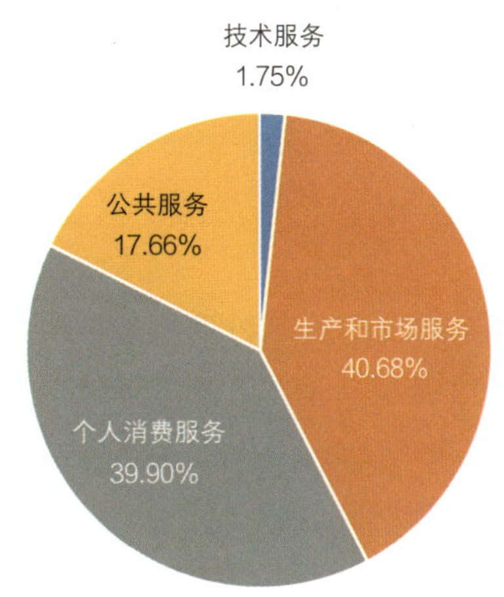

三、“产业—空间”伸展轴稳定阶段（2000—2009 年）

在 21 世纪的第一个十年，与产业转型升级及日趋激烈的市场竞争相伴的是传统行业的集群化发展，形成了以黄金珠宝、模具、钟表等为代表的产业集聚基地；且随着产业“适度重型化”政策的引导，以汽车、精细化工、生物制药、装备制造为主的重型工业得到较快发展；与此同时，高新技术产业发展迅速，成为增长的首发动力。产业空间沿轴线进一步扩张，形成轴带结合、梯度推进的布局结构。具体表现为：特区内用地全面调整，向高新技术化与高附加值化方向发展；特区外工业用地持续膨胀，分散的工业用地开始连片、集中。在此基础上，将全市划分为 9 个功能组团和 6 个需控制建设规模的独立城镇，并以组团为基本单位进行产业布局，使各产业区像颗颗明珠镶嵌于发展轴上。西部发展轴由特区出发沿珠江口向广州伸展，为全市重要的产业密集区；中部发展轴向龙华、观澜方向发展，为全市的物流走廊，并为特区中心组团配套；东部发展轴沿布吉、龙岗一线向惠阳方向发展，为全市 21 世纪最具潜力的增长点。

图 2-11 深圳市城市总体规划（1996—2010 年）

这一时期，深圳市农业、工业和服务业对经济增长的贡献分别为 0.40%、50.66% 和 48.95%。基本形成了计算机及其软件、通信、微电子及其元器件、光机电一体化、视听、重点轻工、能源七大主导产业；电子信息产业成为深圳的优势战略产业；生物医药、医疗器械等新兴产业也得到快速发展。到 2010 年，全年实现工业增加值 4233.22 亿元，占全市 GDP 的 44.5%，从产业规模上看较 21 世纪初期增长 19.25%。在高新技术产业的拉动下，全市 GDP 突破 9000 亿元，人均 GDP 增长至为 92771 元，较期初的 39739 元扩张了 2.3 倍。从产业空间密度看，农业空间密度呈现出从中心向外围逐层递增，福田、罗湖、盐田的服务业密度远大于工业密度；其他区域工业密度大于服务业。

2000-2009 年深圳各区产业密度情况 表 2-3

行政区	农业密度	工业密度	服务业密度
福田	0.1211	0.6435	1.2661
罗湖	0.4987	0.3142	1.7091
南山	0.4112	1.5443	0.5911
盐田	0.3318	0.9645	1.0456
宝安	2.7610	1.2889	0.6993
龙岗	2.9298	1.3031	0.6754
光明新区	7.2506	1.5495	0.5187
坪山新区	6.9377	1.6777	0.4086

数据来源：依据区位熵公式计算所得。

（一）农业经济：负增长趋势明显

在此期间，深圳市制定和出台《深圳都市农业发展方案》《深圳市农产品质量安全监督管理方案》等农业经济发展指导性文件，并开展“梳理行动”，查处违法建筑和违法用地，整治农业生产环境。与此同时，积极开展异地农业。具体包括：加快建设河源农业现代化示范区，完善相关水、电、路等基础设施；大力发展异地养殖，及时调整养殖规划，动员农民搬迁到水质优良的海域生产；引导农业经济走出国门，在国外建立蔬菜生产基地。

由于农业种植面积持续减少、内部结构调整力度加大及大规模开展异地农业，农业增加值在此阶段呈现下降趋势。从 2000 年的 15.57 亿元下降到 2009 年的 6.69 亿元，年均降幅 8.96%。降幅较为明显的一年是 2006 年，增加值规模由上一年的 9.74 亿元下降至 6.97 亿元，下降了 28.44 个百分点。与之相伴的是，农作物播种面积 6040 公顷，同比下降 14.69%；水产品总产量 5.61 万吨，同比下降 31.42%，农业整体发展速度趋缓。[①]

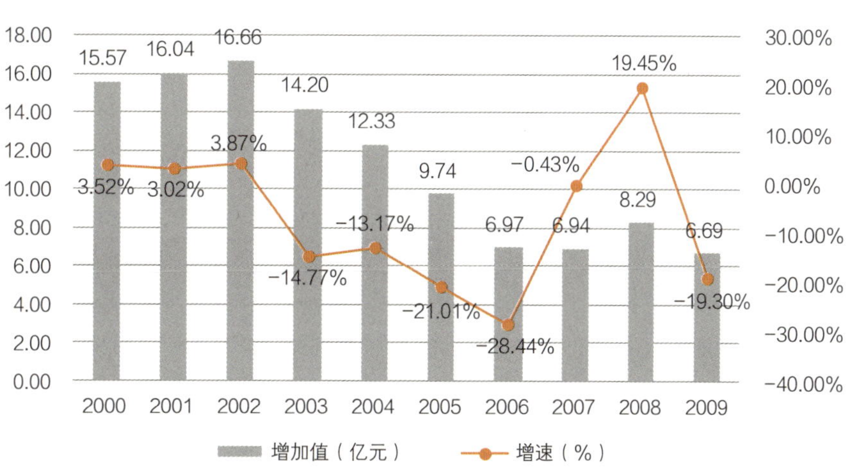

图 2-12　2000-2009 年深圳农业增加值情况
数据来源：2000-2009 年《深圳统计年鉴》。

（二）工业经济：技术密集型特征与资本密集型特征并重

在此时期，劳动密集型工业产值比重继续下降，降幅超过 20 个百分点，仅为 15.24%；资本密集型工业产值比重相对稳定，为 40.77%；技术密集型工业产值比重迅速提升，达到 43.99%，增加了 20 余个百分点。从规模上看，技术密集型工业首次超过劳动密集型和资本密集型工业。因此判断，深圳工业经济已经形成资本密集型和技术密集型工业协同带动发展的新格局，且技术和创新要素在工业发展中的作用越发凸显。

① 数据来源：2006 年《深圳年鉴》。

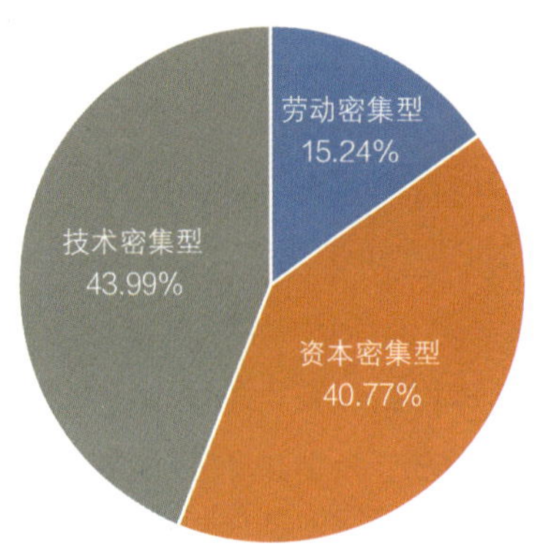

图 2-13 21 世纪初各要素密集型工业产值占比

数据来源：根据 2000-2009 年《深圳统计年鉴》数据计算所得。

其中，资本密集型工业主要包括化学原料及化学制品制造业、医药制造业、塑料制品业、非金属矿物制品业、金属制品业和交通运输设备制造业等行业；技术密集型工业主要包括石油和天然气开采业、电气机械及器材制造业、电子及通信设备制造业和仪器仪表文化办公用器械等行业。

21 世纪第一个十年主要工业产品构成 **表 2-4**

产品名称	计量单位	年均产量	年均增速（%）
微型计算机	万部	307.60	26.20
激光视盘机	万台	753.64	31.20
彩色电视机	万台	1297.35	96.70
彩色显像管	万只	871.68	39.00
电子计算器	万台	308.35	-57.70
程控交换机	万线	1856.47	-38.00
半导体集成电路	万块	134966.44	40.40
液晶显示器件	万片	73808.64	274.40
半导体分立器件	万只	90666.79	32.50
医疗仪器设备	亿元	4.07	10.30

数据来源：根据 2000-2009 年深圳统计公报数据计算所得。

进入 21 世纪，港、澳、台投资工业企业产值占比为 34.36%，较 20 世纪 90 年代下降 19.36 个百分点；而内资工业企业产值规模占比由上一时期的 16.03% 提升到 23.51%。可见，内资工业企业的综合实力明显增强，且对深圳工业发展规模的影响愈加明显。虽然港澳台资企业对深圳工业经济的贡献有所下降，但是外商投资工业企业产值占比仍呈现出显著的扩大趋势，由上一时期的 30.16% 放大到 42.13%，占比提高了 11.97 个百分点。这表明，深圳对外开放程度不断扩大，发展环境持续优化，且利用外资水平稳步提升，外商投资对经济增长的贡献在这一阶段仍是十分重要的。发展至 2009 年，全年新签外商直接投资合同项目 1929 宗、合同外资金额 56.52 亿美元，增长速度分别为 28.80% 和 58.90%。

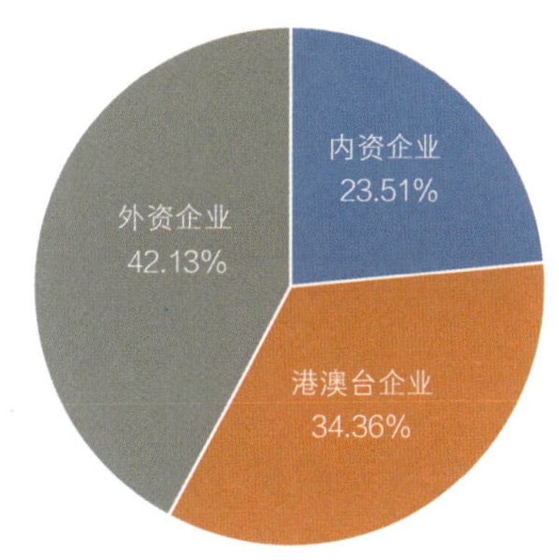

图 2-14　21 世纪初按经济类型划分工业产值占比
数据来源：根据 2000-2009 年《深圳统计年鉴》数据计算所得。

（三）服务业发展：生产性服务占据主导

在深圳市服务业第十个与第十一个五年规划的引领下，深圳服务业市场规模不断扩大，导向型作用显著增强。零售业领域，积极扶持连锁经营的发展，大力发展各类新型业态，推动社区商业的健康发展。批发业领域，调整、提高、创新有形批发市场，提高有形批发市场的集中度，形成一批具有区域性商品集散和辐射能力的新型中高级批发市场。餐饮业领域，充分利用深圳移民城市的特点，鼓励发展各种风味的餐饮品牌，以特色经营吸引消费者；同时加强餐饮业行业标准制定，推进餐饮业等级评定，促进餐饮业规范有序发展，提高服务水平。电子商务领域，通过政府推动、市场引导的方式，提高全市电子商务在商业领域的发展水平。

基于各领域的综合施策、规范引导与有序发展，发展至 2006 年，深圳市生产和市场服务增加值占比明显放大，增至 53%，首度超过个人消费服务增加值规模；且技术性服务步入加速发展期，增加值规模逐年上升，较期初规模放大 4 倍。技术性服务主要包括：一，信息传输、计算机服务和软件业，增加值规模为 173.17 亿元，增速 12.4%；二，科学研究、技术服务业和地址勘察业，增加值规模为 59.60 亿元，增速 20.55%。生产和市场服务的四个细分领域仍然是批发和零售业、交通运输仓储和邮政业、金融业以及租赁和商务服务业，增加值规模分别为 567.16 亿元、254.91 亿元、470.49 亿元、164.42 亿元，其增加值增速分别为 10.31%、16.25%、51.35%、18.40%。

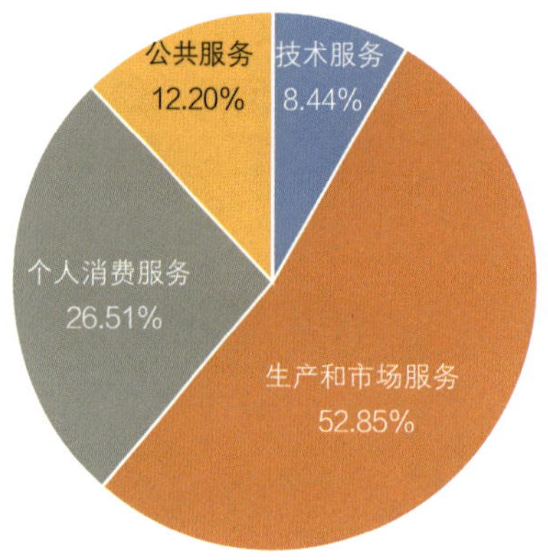

图 2-15　21 世纪初深圳按产业业态划分服务业增加值占比
数据来源：根据 2000-2009 年《深圳统计年鉴》数据计算所得。

四、“产业—空间”内向填充阶段（2010 年至今）

自 2010 年起，深圳市在全国率先出台生物、新能源、互联网三大新兴产业的振兴发展规划，之后又分别出台了新材料、新一代信息技术产业和文化创意产业等产业振兴发展规划。2013 年，深圳先后将生命健康、海洋经济、航空航天、智能装备等列为未来重点发展产业，以建立梯度发展的产业结构和培育新的产业竞争优势。自此，深圳形成了以高新技术产业、金融业、物流业、文化产业为主导的四大支柱产业，并初步构建了现代服务业、战略性新兴产业、未来产业和优势传统产业的“四路纵队”。基于战略性新兴产业的发展，深圳形成了五大高新技术产业集群，分别为平板显示产业集群、医疗器械产业集群、软件产业集群、制造业产业集群和文化产业集群，集聚效应凸显。2017 年深圳战略性新兴产业增加值为 9183 亿元，居全国首位，将近是第二名上海增加值（4943.51 亿元）的两倍。从细分领域规模来看，新一代信息技术、绿色低碳产业规模全国领先。

然而，在此阶段呈现出工业与服务业的发展博弈。通过颁布实施《深圳市工业区块线管理办法》，规范全市工业区块线管理，提高工业用地节约集约利用水平，保障工业发展空间，促进工业空间优化布局。工业经济发展保持轴带结合、成片发展的布局结构，并且在区域布局上更加规范合理，通过完善产业链和促进产业转型升级，填补区域内工业空间发展空白。在此期间，深圳经济特区管理线撤销，为进一步优化城市功能布局，推进全市工业协调发展起到重要作用。

综合考虑区域关系、资源条件、发展基础、生态环境约束等多种因素以及城市管理体制改革的需要，2010 年起将全市地域空间划分为 5 个分区，即中心城区、西部滨海分区、中部分区、东部分区和东部滨海分区。每个分区由 1 – 3 个组团组合构成，实施差异化的发展策略。

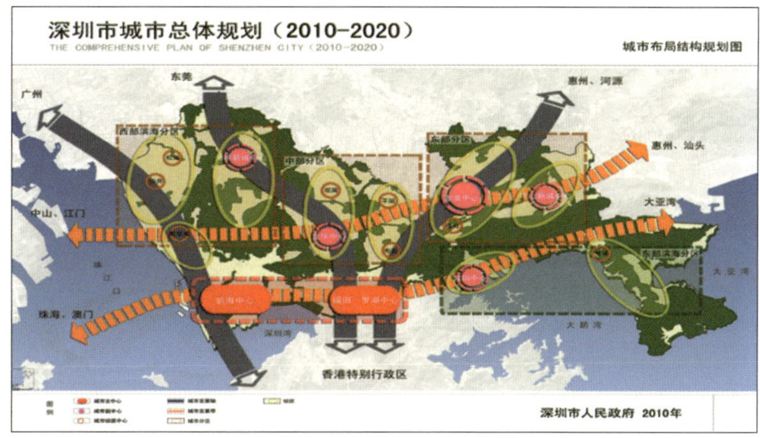

图 2–16　深圳市城市总体规划（2010–2020 年）

21 世纪第二个十年，深圳市农业、工业和服务业对经济增长的贡献分别为 0.05%、44.26% 和 55.69%。相比上一阶段，农业的贡献度继续缩小，工业的贡献度也减少 6.4 个百分点。从产业空间密度看，南山工业密度明显下降，龙岗工业密度提升一个层级；罗湖、福田及盐田服务业密度再度提升。

2010 年至今深圳各区产业密度情况　　表 2–5

行政区	农业密度	工业密度	服务业密度
福田	0.9248	0.1683	1.6230
罗湖	0.3676	0.1271	1.6426
南山	0.8683	1.2963	0.7699
盐田	0.2115	0.4590	1.4128
宝安	0.6652	1.2629	0.7041
龙岗	0.5655	1.5961	0.6226
光明	4.5202	1.5836	0.4492
坪山	4.6324	1.6323	0.4109
龙华	0.5329	1.4229	0.6971
大鹏新区	5.3212	1.4766	0.6561

数据来源：依据区位熵公式计算所得。

（一）农业经济：创新驱动　全面提效

深圳市在创新、协调、绿色、开放、共享发展理念指导下，实施现代农业创新驱动发展战略，加快转变农业发展方式，推进农业供给侧结构性改革，全面提升供给保障能力、科技支撑能力、生态涵养功能，实现现代农业与城市总体发展和谐统一。这一时期，深圳农业耕地等要素资源基本保持稳定，农业产业化水平进一步提升，以生物育种为代表的各种创新要素不断集聚，形成了人才集聚、团队集聚、产业集聚的大格局，科技创新驱动发展特色明显。截至 2015 年底，全市农业龙头企业已达 68 家，且现代种业在“产学研相结合、育繁推一体化”方面已初步形成了较为完整的产业链。在农产品流通领域“公司 + 销地批发市场 + 产地批发市场 + 中介组织 + 基地 + 农户”的产业化模式已经形成。随着农业经济转方式、调结构、惠民生成果的不断呈现，在低碳农业、循环农业发展理念下，农业生态休闲旅游业迅速发展，经济效益、社会效益和生态效益融合提升。

在 2016 年以前，现代农业主要分布在福田区、光明新区、宝安区和坪山新区，分别占深圳市农业增加值的 29.89%、16.69%、14.63% 和 10.33%。农业增加值实现平稳增长，从 2010 年的 6.47 亿元增加到 2016 年的 7.17 亿元，年均增长 1.73%。

自 2017 年起，深圳市农业经济向深汕特别合作区扩展，占比高达 45.09%，光明区、南山区、坪山区和宝安区增加值占比分别降至 10.90%、9.55%、6.42% 和 6.26%。也正是由于 2017 年深汕特别合作区的 GDP 核算纳入深圳市，使得农业增加值达到近 40 年的最高值 18.54 亿元。

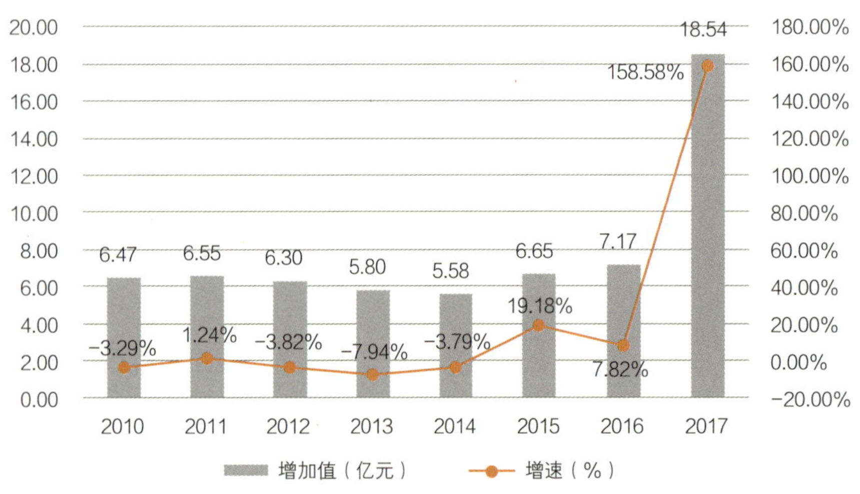

图 2-17　2010-2017 年深圳农业增加值情况
数据来源：2010-2017 年《深圳统计年鉴》。

（二）工业经济：技术密集型特征明显

这一时期，民营领军企业领跑深圳产业发展。华为、中兴等领军通信设备产业发展，华星光电、创维等领跑数字视听产业，迈瑞、华大基因等领跑生物医药产业，比亚迪、贝特瑞等引领新能源新材料产业，大疆科技、优必选等引领无人机、机器人产业。这些大型民营企业作为各细分行业的领跑者，对工业的发展发挥着举足轻重的作用，使得大型工业企业对工业总产值的贡献超过 63%。从产业业态看，劳动密集型工业产值占比继续下降，仅为 9.90%；资本密集型工业产值占比也有所缩窄，减少到 31.30%；技术密集型工业产值占比持续上升，达到 58.80%，形成了技术密集型主导的工业体系。其中，技术密集型工业主要包括计算机、通信和其他电子设备制造业、铁路、船舶、航空航天和其他运输设备制造业、电气机械及器材制造业和专用设备制造业等行业。

图 2-18 21 世纪第二个十年各要素密集型工业产值占比

数据来源：根据 2010-2017 年《深圳统计年鉴》数据计算所得。

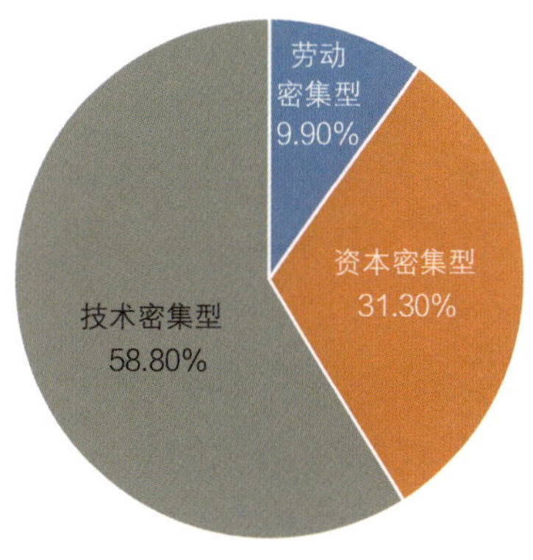

在此阶段，内资企业在工业发展中的作用越发明显，其产值占比高达 55.30%，比上一时期增加 31.79 个百分点；港、澳、台投资企业的产值占比进一步缩减到 28.40%；外商投资企业的产值占比也有所下降，为 16.30%。由此可见，与逐渐补齐教育和科研短板、营造良好的创新环境相伴随的是，全社会创新创业热情的高涨、企业自主研发能力的提升、产品附加值的不断提高，致使内资企业经营效益大幅提升，成为深圳经济增长的主要动力源。加之深圳出台扶持政策措施，积极

图 2-19 21 世纪第二个十年按经济类型划分工业产值占比

数据来源：根据 2010-2017 年《深圳统计年鉴》数据计算所得。

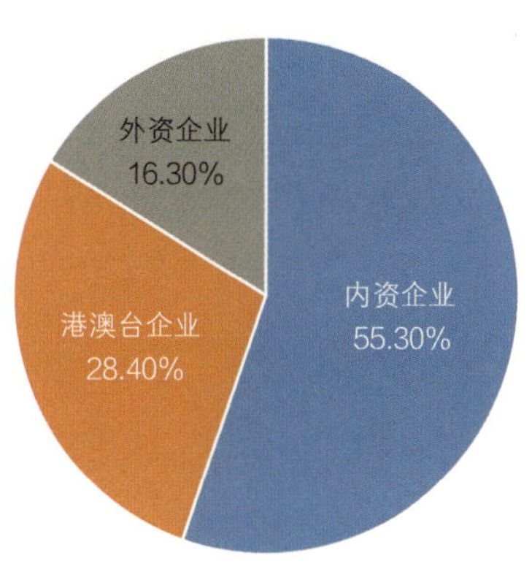

推进民营经济调结构、增效益、促转型，使得民营经济不断发展壮大，成为深圳经济社会发展的重要支撑，在工业发展中发挥着越来越重要的作用。

（三）服务业发展：技术性服务加速放大

发展至今，深圳服务业坚持以市场需求为导向、以现代技术为支撑、以开放合作为突破，不断推动产业向价值链高端延伸，积极促进产业间深度融合，形成了以现代服务业为主导、传统服务业加快发展的良好势头。在"十二五"期间，深圳将加快发展服务业作为推进经济结构战略性调整的重要抓手，逐步形成以服务经济为主导的发展新格局，为实现有质量的稳定增长和可持续的全面发展提供了强力支撑。深圳市服务业第十三个五年规划提出，要强化改革创新引领作用，推动服务业发展动力和发展方式转变，着力促进产业融合创新，持续深化体制机制改革，提升丰富服务业功能支撑，形成更高质量的服务业发展新形态。

发展至 2016 年，深圳市技术服务增加值占比已增长至 16%，生产和市场服务以及公共服务与上一时期相比趋于平稳发展。其中，技术服务包括信息传输、软件和信息技术服务业与科学研究、技术服务业，增加值分别为 1379.8735 亿元、524.5224 亿元，其增加值增速分别为 26.31%、7.89%；生产和市场服务仍由批发和零售业、交通运输仓储邮政业、金融业、租赁和商务服务业构成，这四个行业的增加值分别为 2175.07 亿元、626.32 亿元、2810.73 亿元、522.51 亿元，其增加值增速分别为 7.53%、15.81%、12.36%、5.54%。

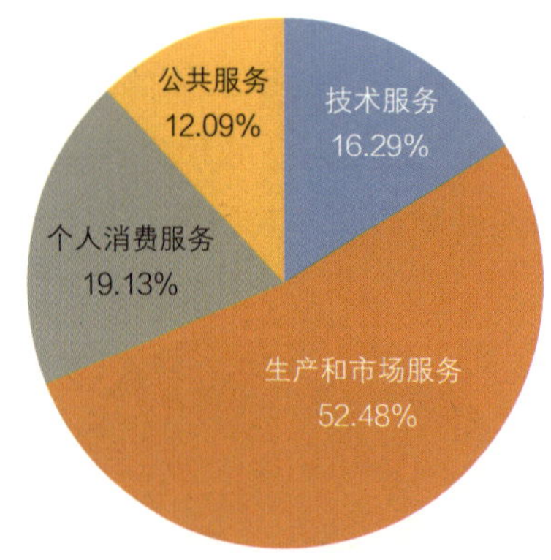

图 2-20　21 世纪第二个十年深圳按产业业态划分服务业增加值占比

数据来源：根据 2010-2017 年《深圳统计年鉴》数据计算所得。

第三章

从产业看空间变迁特征

随着产业规模的放大与技术升级的发生，每一个城都会经历空间变迁，正如前面梳理的“产业—空间”配置效率的四个发展阶段。对于深圳 40 年，农业经济商品化与智慧化水平不断提升、工业经济科技化程度加速放大、服务业更是跨越式地完成了高端化升级，与上述产业升级相伴的是产业空间的转移、外拓与联动。

一、深圳农业的产业化发展呈现“由内向外圈层式”布局演变

近 40 年间，深圳市农业增加值经历了上升—下降—再上升的过程。在 1979 ~ 2002 年期间，农业增加值从 0.73 亿元增长到 16.66 亿元，在 2002 年达到峰值，年均增长 14.57%；其后，随着异地农业的开展，

图 3-1 深圳 40 年农业经济区位熵变化一览图

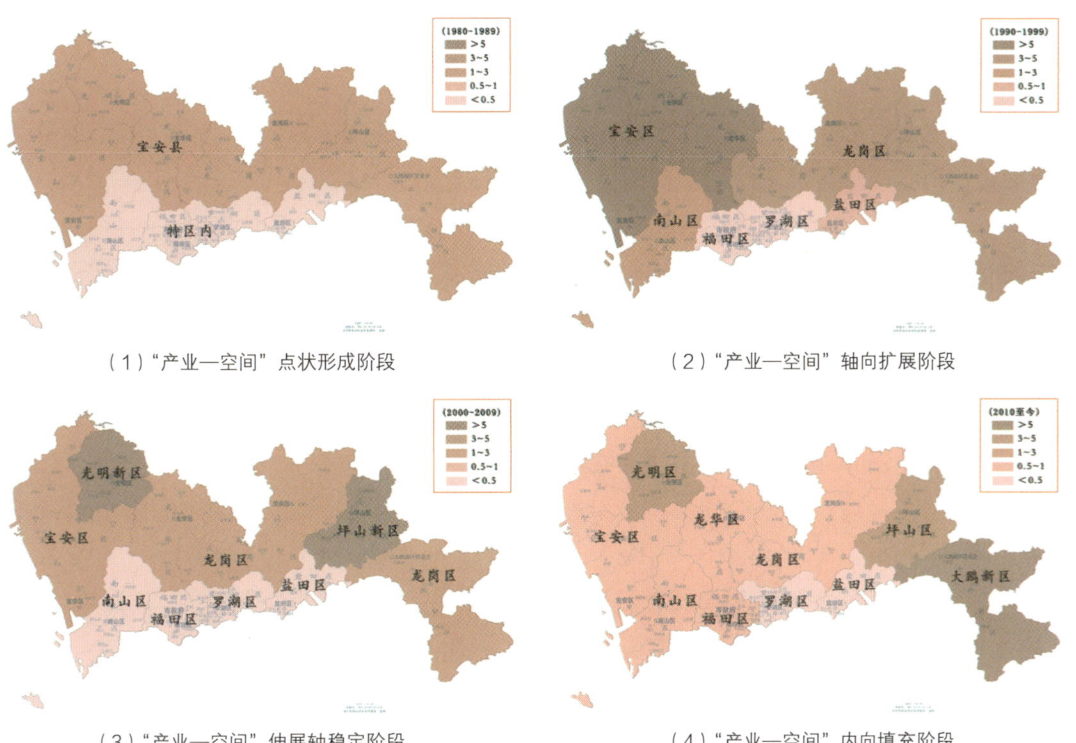

（1）“产业—空间”点状形成阶段

（2）“产业—空间”轴向扩展阶段

（3）“产业—空间”伸展轴稳定阶段

（4）“产业—空间”内向填充阶段

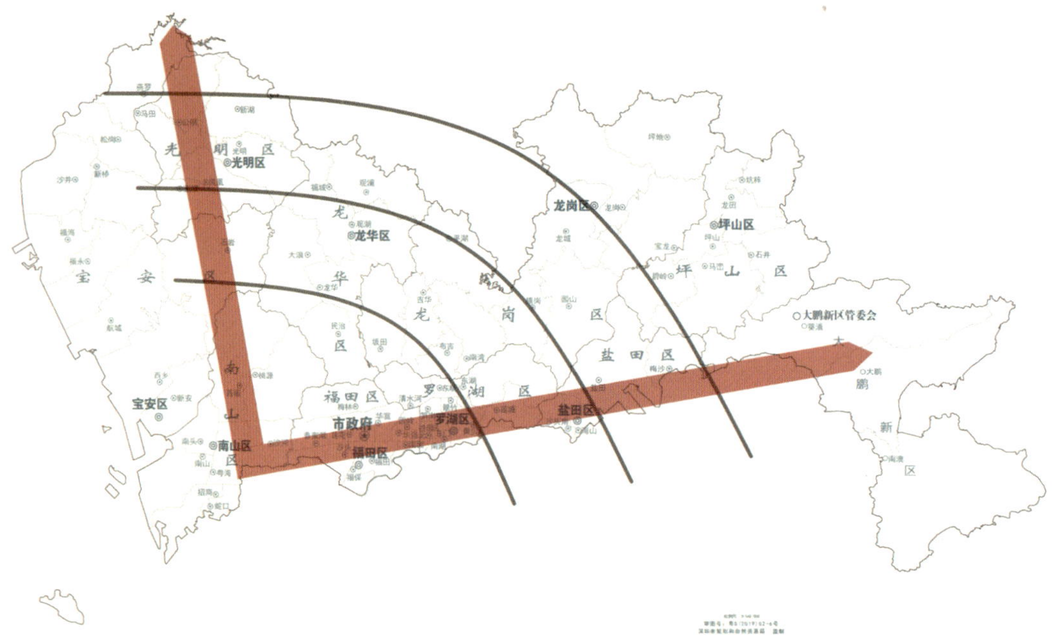

图 3-2 深圳 40 年农业经济空间变迁示意图

使得农业增加值开始出现缓慢下降，在 2014 年达到谷底，增加值仅为 5.58 亿元；之后在 2015 年、2016 年出现缓慢复苏，完成 7 亿元以上的增加值规模；在 2017 年，随着深汕特别合作区的 GDP 核算纳入深圳市范围，深圳市农业增加值迅速提升，达到历年来最高的 18.54 亿元。其中，深汕特别合作区的农业增加值 8.36 亿元，占比 45.09%。

由最初单一经济向贸工农综合发展的方向迈进；由于高度重视农业科技工作，注重新品种、新技术的引进、开发和推广，农产品附加值大幅提升；农产品流通领域“公司 + 销地批发市场 + 产地批发市场 + 中介组织 + 基地 + 农户”运营模式的形成，也使得农业产业化程度进一步加深。

与农业经济规模变化、智慧化水平提升相匹配的农业经济空间分布特征为：产业密度在各阶段呈现出从宝安县到宝安区和龙岗区再到坪山、龙华、光明和大鹏四个新区的外围化提升趋势，整体呈现出由内向外圈层式的扩张和布局。

二、深圳工业的科技化发展呈现“由南向北”“由西向东”扩张与转移

40 年来，劳动、资本、技术分别在不同时期发挥主导作用。在“产业—空间”点状形成阶段，深圳市劳动密集型工业占比高达 75.77%；在“产业—空间”轴向扩展阶段，资本密集型工业迅速提升至 45.62%，与占比 36.49% 的劳动密集型工业共同支撑整个工业经济体系；在“产业—

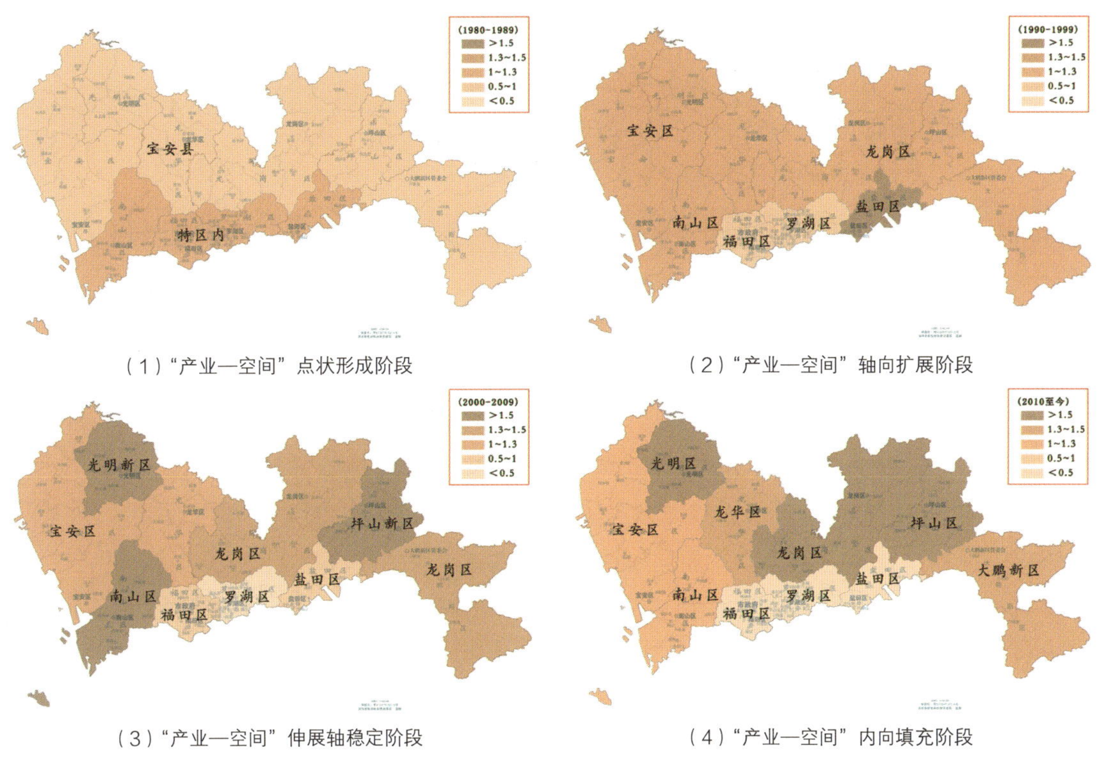

（1）“产业—空间”点状形成阶段

（2）“产业—空间”轴向扩展阶段

（3）“产业—空间”伸展轴稳定阶段

（4）“产业—空间”内向填充阶段

图 3-3　深圳 40 年工业经济区位熵变化一览图

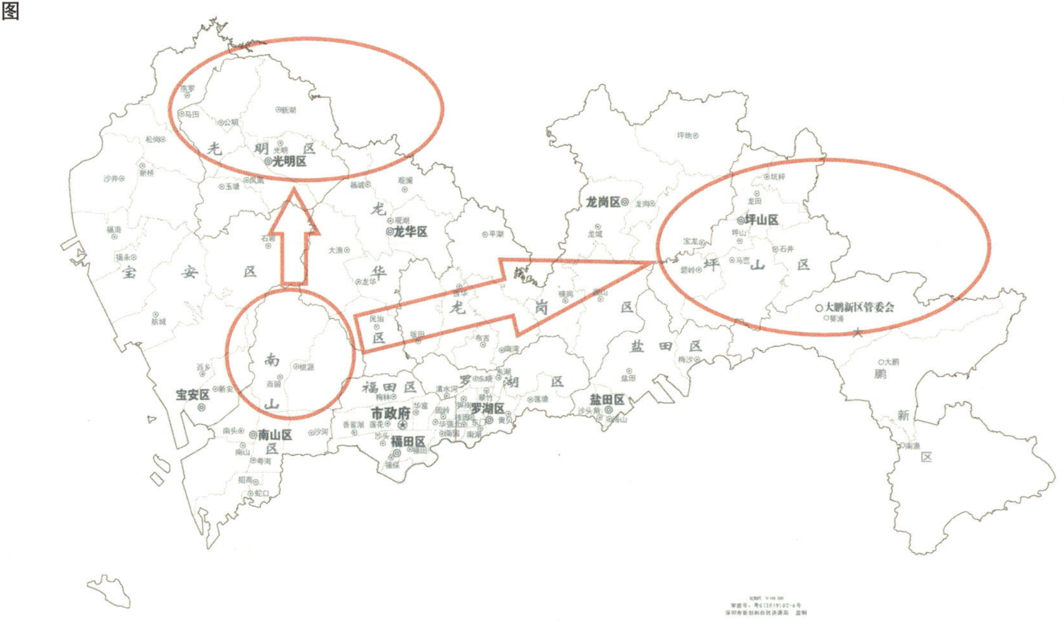

图 3-4　深圳 40 年工业经济空间变迁示意图

空间”伸展轴稳定阶段，技术密集型工业与资本密集型工业占比均处于 40% 左右，深圳工业经济的劳动力密集型特征完全消失；到了“产业—经济”内向填充阶段，技术密集型工业占比高达 58.80%，工业经济呈现出明显的技术要素主导性特征。

与工业经济由劳动力密集型向资本密集型再向技术密集型业态特征变化相伴随的是，工业经济外向型特征的逐步凸显与日渐消退。在 20 世纪 80 年代，随着改革开放和“三来一补”经济形式的开展，外资大量涌入深圳，占工业产值的比重高达 62.50%；90 年代，随着香港和澳门的回归，港澳投资者看准深圳发展机遇，不断扩大投资规模，港澳台资与外资企业共同创造了 80% 以上的工业产值；到了 21 世纪，随着深圳本土民营经济实力的增强和行业领军企业的崛起，内资工业实现了大规模扩张。发展至今，内资企业创造工业产值已超过总量的一半以上。

在空间上，深圳市工业经济实现了“由南向北”“由西向东”的扩张和转移。在工业发展初期，特区内依靠海运的便捷交通和靠近港澳的地理优势，加快布局工业区，实现工业快速发展；随着特区内发展空间的逐渐饱和以及产业置换，工业经济向深圳北部的宝安和东部的龙岗快速转移；进入 21 世纪，深圳东部分别成立了坪山新区和大鹏新区，成为承接深圳工业转移的重要区域。这样的转移与扩张，从各区域工业经济密度的变化中清晰地展现出来。

三、深圳服务业的高端化发展呈现“内重外轻发散式”示范与带动

深圳服务业经过近 40 年的发展，增加值体量不断扩大，由 1980 年的 1.22 亿元增加到 2017 年的 9306.54 亿元，年均增长 27.33%。从产业业态看，个人消费服务比例不断压缩，由“产业—空间”轴向扩展阶段的 40% 下降到“产业—空间”内向填充阶段的 19%；以批发和零售业、交通运输、仓储和邮政业、金融业、租赁和商务服务等为主的生产和市场服务自“产业—空间”发展进入轴向拓展阶段起，开始加速发展，基本保持在 53% 的规模占比；以信息传输、计算机服务和软件业以及科学研究、技术服务业和地质勘察业为主的技术服务占比不断提升，由“产业—空间”轴向扩展阶段的 2% 扩张到“产业—空间”内向填充阶段的 16%。总体来看，近 40 年来，深圳市服务业呈现由个人消费服务到生产和市场服务的升级发展，且技术服务增长势头强劲，并发挥愈发重要的作用。

从产业空间分布看，深圳市服务业呈现出“内重外轻发散式”示范与带动。在特区成立之初，伴随着特区内工业经济的崛起，服务业开始发展并逐步壮大，对特区经济增长的贡献也越来越大。跟随着工业向特区外的转移，服务业也呈现出扩散型发展的趋势，不断向北、

向东扩散式发展，但产业发展的中心地带一直未变，主要表现为罗湖与福田的服务业产业密度持续增强。

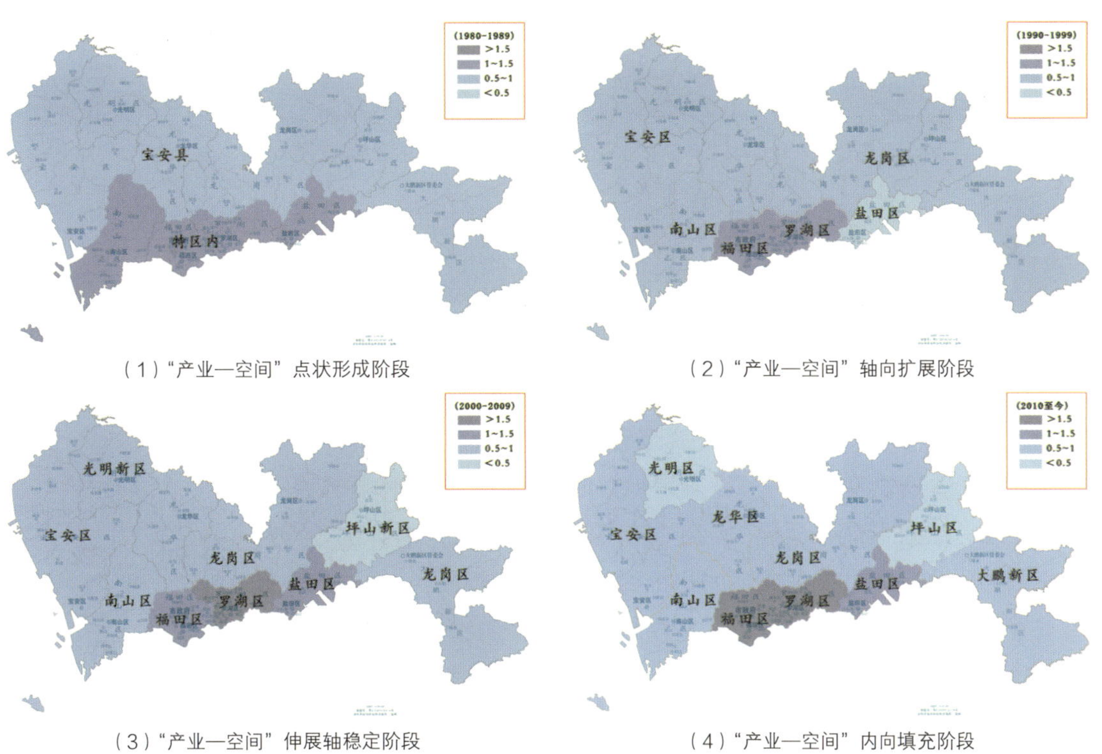

（1）“产业—空间”点状形成阶段

（2）“产业—空间”轴向扩展阶段

（3）“产业—空间”伸展轴稳定阶段

（4）“产业—空间”内向填充阶段

图 3-5　深圳 40 年服务业经济区位熵变化一览图

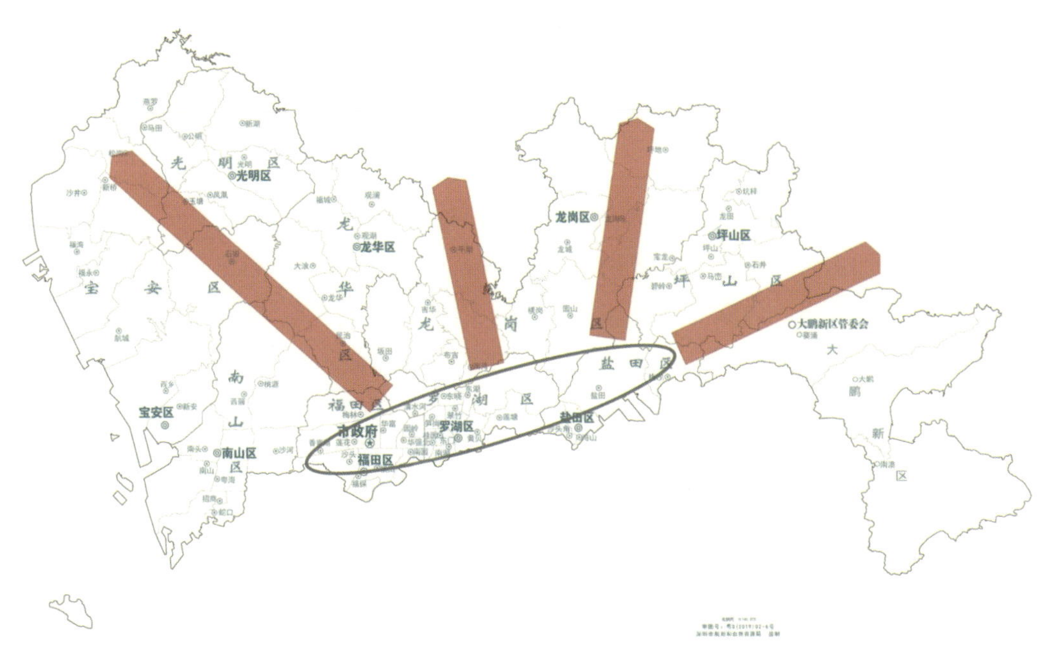

图 3-6　深圳 40 年服务业经济空间变迁示意图

第四章

从空间看产业升级特征

一、渐进演化产业片区

激发“产业—空间”互动的驱动力通过企业家才能释放与展现。也就是说，开拓引领型企业家会率先在资本与载体的土壤上，以制造为始发环节，拉动经济增长。在制造环节的带动下，原材料、交易、生产性服务及研发等派生环节逐渐出现，他们汲取了制造环节的养分。营商环境、政府导向与调控、地区文化均是外在因素，发挥加速器与催化剂的作用。通过梳理深圳的八个经济发展始发动力片区的产业升级与业态变迁过程，不难发现，交易与研发均是制造的派生环节，没有制造就没有它们，它们与制造之间不可能分割得太久，也不可能分离得太远；离开制造，它们将失去发展的基础，制造环节虽不是增长的唯一引擎，但却是经济繁荣的基础；当制造被忽视、被遗忘时，“产业—空间”的自主演化体系会发生“扭曲”，致使增长与发展的“奇迹”无法再现。[①] 深圳 40 年，以下八大片区产业业态变化的动因与路径，正是对上述论断的有力证明。

（一）南山高新园片区

随着全球第三次科技革命浪潮的兴起，为打破工业经济技术水平低的局面，深圳实行“多条腿”走路的方针，区、街、村根据自己的实际情况，通过外引、内联、自办筹形式加速工业经济的发展。深圳市政府与中国科学院在南头区于 1985 年合作成立了中国第一个工业开发区——深圳科技工业园，为深圳市高新技术产业的发展打下了坚实基础。

1991 年，深圳科技工业园成为首批国家级高新技术产业园区，吸引了一批包括长城计算机、长城国际等高新技术企业纷纷入驻，华为、中兴通讯等本土高新技术企业不断在此诞生，为深圳确立高新技术的支柱产业准备了充足的资源。1996 年 9 月，深圳高新技术产业开发区宣告成立，园区面积从科技园的 3.2 平方公里扩大到 11.5 平方公里，

① 佛山市南海区大沥镇经促局《南海区大沥镇铝型材产业发展策略研究》，深圳市汉仓绿色发展研究院 2018 年 8 月编制。

高科技内涵不断扩大，从原来侧重于科技成果转化，进一步深化到官产学研环环相扣、体系完备的产业链聚集区。

21 世纪初，面对大量制造环节转移到特区外，南山高新园依托华为、中兴、联想、TCL、创维、长城等诸多知名企业的进驻，向自主研发和科技创新等高附加值产业转变。与此同时，通过改善创新创业环境，加大对民营科技企业的扶持力度，加强科技创业中心的“孵化”作用。先后建成清华大学研究院、深港产学研基地、深圳国际科技创新研究院等专业型、多元化、互动式孵化器群，促进中小企业成长。此外，规划了 158 平方公里的产业带，为打造世界一流园区提供空间保障。

2010 年后，南山高新园片区进入改革扩容、蓄势待发阶段。规划建设了一批科技企业孵化器和加速器，以实现土地资源的动态配置和节约、集约利用，为建设“深港创新圈”和“国家创新型城市”提供强有力的保障。还加快引进企业总部和金融业的技术支持部门，利用政策优势建成更大的产业链上下游配套中心，现已形成通信产业、计算机产业、软件产业和医药产业集群。

（二）蛇口片区

1979 年，蛇口工业区成立，由交通部香港招商局全资开发，是中国第一个外向型经济开发区，它的创立和发展为一年之后的深圳经济特区的创立起了探路者的作用。建立之初，蛇口工业区依托特殊政策和香港加工基地转移的时机发展以外资（港资）企业为主的低端制造业加工基地。

到了 20 世纪 90 年代，随着土地和劳动力成本的上升，园区主动剥离低端加工制造业，一百多家低附加值的劳动密集型企业搬出，蛇口工业区开始谋求从产业链的低端向中端和高端转移。

21 世纪初，大批以新兴产业为主导方向的现代产业园区的不断涌现使蛇口工业区逐渐失去了示范作用。面对此情此景，蛇口工业区的投资步伐不断加快，投资触角延伸到全国，投资领域呈现多元化，形成了以地产、物流为核心产业，风险投资、园区服务为主营业务的产业格局。

2010 年 3 月，蛇口工业区从整体战略层面提出了“再造新蛇口”的宏伟构想，希望通过产业转型促进城市空间转型，将蛇口地区建设成为一个在国内产业领先、服务配套完善、容纳国际各方人士、传承改革开放文化底蕴、充满活力、环境绿色的城区。最终将工业园区功能向城市功能转化，使蛇口工业园发展成为集教育、居住、休闲、购物、通信、娱乐、医疗等综合配套为一体的新城。

（三）福田华强北片区

诞生之初是一个以加工、生产电子电器原件以及通信产品为主的工业区，即上步工业区。20 世纪 80 年代初，一场政府主导型的改革实验正在进行，政府力量进驻上步工业区，开办各种企业和服务机构，如国家部委的电子部、交通部等几大部门下属的大型国有集团公司的入驻，力图推动工业区的市场化改革。影响最为深远的是广东省技术先进企业——华强公司的入驻，原公司迁入深圳后取名“华强”，寓意为中华民族富裕强大。深圳特区成立后，将华强公司附近的一条主干道命名为“华强路”，成为华强北商业街的最初原型，最终蜕变为现在华强北片区。80 年代中后期到 90 年代初，赛格集团在此阶段具有标志性作用，推动了深圳“中国电子第一街”的形成。到 90 年代初，华强北片区已经成为华南地区最大的电子产品交易集散地，其影响力使得该片区的人气集聚效应持续升高。自此，华强北电子产品集聚区从无到有，走向繁荣与成熟。

到了 90 年代中后期，华强北片区向综合性商业区转型。随着展贸交易功能的增强，该片区运营成本开始升高，行业风险不断加大，原以加工和制造为主要业务的实体工厂选择外迁，与此同时，商场和其他商业企业开始进驻。然而，价格机制“倒逼”下华强北制造企业的搬迁，引发产业空心化问题。

到了 21 世纪初，华强北片区已经不再是原来规划的工业区功能，而成为以电子产品的批发零售、商业批发零售、餐饮服务等为主要业态的综合性商业街区。2007 年，随着“华强北中国电子市场价格指数”的发布，华强北居于城市商业圈的核心地位日益巩固，其巨额的交易和重要的国际定价能力以及各项产业和交易链条的相互支持，促进了深圳市电子信息产业的迅速发展。

目前，华强北片区求变求生，致力于打造吸引全球的智能硬件创业者的创新高地，重点布局信息技术服务、工业设计、产业金融、知识产权服务、创业孵化加速服务等技术性服务业。

（四）罗湖笋岗—清水河片区

前身是始建于 20 世纪 80 年代的笋岗仓储区和清水河仓储区，依托广深铁路深圳北站建设发展起步，曾是深圳开发最早、规模最大的公共仓储群区。

20 世纪 90 年代，笋岗—清水河物流园片区服务功能逐步从单一的仓储、运输和工业功能自发向综合的商业、服务业、展示、专业市场转化，并已经形成了具有一定规模和区域影响力的汽车、家居、建材、工艺品等专业市场。然而，受自然地理条件和交通、市政与环境等发展条件影响，片区内物流产业业态层次较低，大片土地、大量物流设施和设备闲置，仓库使用效率低下，交通组织和市政配套问题突出，片区内社会经济发展和城市建设水平明显滞后于周边区域，转型升级日趋紧迫。

21 世纪初，该片区发展进入产业加速升级阶段，物流业与商贸流通业之间的融合互动进一步推动了笋岗—清水河商贸物流园区建设。其中，笋岗片区部分交通综合整治和配套设施逐步建设完善，发挥家居建材、汽车、工艺品、文具玩具、医药等优势行业集聚效应，完善城市消费品供应链。清水河片区部分则通过整体改造，拓宽园区内部两横三纵主要路网，完善园区综合管线布置，逐步淘汰传统仓储和占地大、附加值低的产品配送企业，强化了清水河的城市物流配送功能。与此同时，笋岗—清水河物流园片区积极引进国内外知名物流企业和大型现代物流项目，加快以区域采购中心、分拨中心和配送中心等为主要功能的物流集聚基地建设。

发展至 21 世纪第二个十年，笋岗片区部分开始开拓时尚特色商贸区探索消费引领、创新驱动融合发展新模式，不断推进片区文化创意、特色商贸、创新金融、高端商务产业发展，催生新技术、新产业、新模式、新业态，打造都市创意总部基地、时尚工艺创意文化中心和时尚服饰设计中心。

（五）盐田片区

20 世纪 80 年代，随着深圳经济特区的创办，盐田片区的前身沙头角管理区实行“对外开放，对内搞活经济”的政策，一改以农业经济为主的局面，工业经济与商业经济比重大大提升。1987 年，兴建了全国第一个“保税工业区”，以“三来一补”加工业起家，大力发展外向型经济，成为深圳经济特区东部重要的工业经济增长点，为沙头角招商引资工作和经济腾飞带来了广阔前景。

到了 20 世纪 90 年代，为进一步加快特区东部发展，成立了深圳盐田港集团有限公司，主要负责港口开发和经营、港区仓储配套服务设施的开发与经营、疏港铁路经营管理、疏港隧道与公路配套的建设与经营等，为之后港口物流业的发展打下了坚实基础。

1998 年，盐田行政区正式成立，制定了“以港兴区、以区促港”

的发展战略。培育港口服务业、旅游业、房地产业、商贸业、工业五大产业体系，坚持“大投入、大建设、大发展”的方针，促进产业结构不断优化升级。

自 2001 年起，大力推进港口服务业、旅游业、高新技术产业和城市信息化建设。发展至 2005 年，港口物流业和旅游业的龙头地位基本形成，高新技术产业快速发展，房地产和商贸业稳步增长，经济增长方式由粗放型、外延型逐步向集约型、内涵型转变。

2010 年，深圳市明确制定了将盐田港建设为深圳“两翼齐飞”中重要一翼的战略决策，扶持盐田港做大做强。同时盐田区以构建盐田河临港现代服务业产业带为契机，制定出台《盐田区促进港口物流业高端发展若干措施》，明确行业发展方向，重点培育物流总部基地、打造冷链物流绿色基地、构筑保税物流商贸基地、建设供应链物流金融基地、发展“互联网 + 物流”创新基地，为盐田港物流业转型发展指明方向。2014 年盐田综合保税区获得国务院批复成立，这对于促进珠三角加工贸易转型升级和对外贸易发展方式转变、深化深港港口物流合作具有重要意义。

（六）宝安西部工业片区

宝安区在 1992 年建制后，逐渐形成以福永街道、松岗街道以及沙井街道为核心的西部工业组团，该片区产业主要以“三来一补”加工制造为主，成为承接特区内工业转移的重要辖区。发展至 1998 年，沙井在港澳台资与美日德等外资企业的共同支撑下，产品在国际市场占有较大份额；福永以电子、五金、机械、印刷、生物制药、塑胶、服装等行业为支撑的加工制造业发展旺盛；松岗依托大田洋工业园、潭头工业园、燕罗工业园、洪桥头工业园、塘下涌工业园、沙岗工业园、江碧工业园等，加速工业经济集群化发展，产品主要涉及电子电器、精密机械设备、电脑接插件和轻度重型的钢材钢板。

21 世纪初，宝安区加大重点项目建设力度，积极培育支柱产业，以深圳市建设高新技术产业带为契机，实施园区带动发展战略，加大产业结构调整力度。西部工业组团在这一时期的转型升级让宝安区从以往以低端加工制造为主向先进高端制造为主进行转变，快速提高宝安区工业的附加值。西部工业组团片区通过升级改造、功能置换、整合完善、配套补充来促进城市功能的提升，形成五大产业区，即以发展劳动密集型和现代制造业为主的沙井—福永高新技术产业区，以发展机械、电子及现代制造业为主的大田洋工业区，以发展劳动密集型产业和现代制造业为主的东北部传统工业区，以发展资金技术密集型及空港配套产业为主的东南部传统工业改造区及西北部高新产业后备区，同时形成以沙井为核心的组团综合服务中心。[①]

目前，福永街道借助电子信息制造业发展优势，拓展先进制造业的前沿领域，加快从加工装配为主向自主研发制造为主转变；沙井街道高标准完善产业载体，聚集发展科技创新产业；松岗街道打造成深圳西部生产性服务业基地，优先发展生产性服务业。

① 深圳市宝安区投资推广署《深圳市宝安区“智创高地”招商引资策略研究》，深圳市汉仑绿色发展研究院 2018 年 10 月编制。

（七）龙岗平湖片区

平湖片区是龙岗中西部生产—流通片区主要组成部分，平湖物流基地则是中西部生产—流通片区的核心功能区。平湖物流基地于 1998 年 12 月 1 日进入实质性开发阶段，首期开发占地 2.6 平方公里，引入“以市场信息为基础、以产品配送为主业、以现代仓储为配套、以多式联运为手段、以商品交易为依托”运营模式。平湖物流基地的开发建设，有效缓解了深圳特区内的交通及物流运输压力，推动城市功能的合理调整，并逐渐成为深圳物流产业核心区。

自 2003 年起，平湖物流基地从基础设施建设阶段全面转入项目建设阶段，三大市场——仓储与配送市场、展示与交易市场和集散与中转市场初步启动。到 2005 年，平湖物流基地仓储配送市场实现 350-400 亿元人民币的配送量，占到深圳市商品配送市场份额的 40% 左右。展示与交易市场入驻的企业有华南工业原料城、农产品交易中心、中机电汽车物流中心等。

2010-2015 年间，龙岗区对平湖物流基地进行升级改造，通过打造平湖物流金融片区，使园区向金融服务与跨境电商转型发展。2015 年起，平湖街道大力建设平湖跨境电商产业园与平湖金融与现代服务业基地，随后的两年 GDP 年均增长率高达 14.38%。

（八）龙岗横岗片区

横岗在 1987 年推行农村股份合作试点，1991 年建立镇股份投资公司，形成了镇、行政村、自然村三级股份制经济的“横岗模式”，成为全国股份制模式样板，为经济的发展奠定了重要基础。在上述发展模式下，横岗在 20 世纪 90 年代形成了产业链齐全、配套完善、研发技术基础雄厚、人才集聚的眼镜产业集群。实地调研中我们了解到这样的一组数据：在产业发展的高峰期，横岗眼镜产业集聚区内汇集了生产企业 445 家，眼镜零售、贸易企业 300 多家，年产眼镜超 1 亿副，且 95% 的产量出口国外，产品市场涵盖世界 130 多个国家和地区，占欧洲中高档市场份额的 70%，占全球眼镜中高档市场份额的 60%。

21 世纪初，横岗街道的眼镜、家具、五金产业在这一时期进入发展的鼎盛阶段，销售总额突破 250 亿元。辖区共有各类工业园区 39 个，除 8 个特色产业园外，其他多以劳动密集型产业为主，这一时期横岗街道 GDP 增长率基本保持在 15% 以上。自 2005 年起，结构调整和技术升级成为横岗街道传统产业的主要方向。劳动密集型、技术密集型和资本密集型工业产业增加值的比重逐步由 21%、44%、35% 调整到 8%、70%、22%，向高新技术产业更强、传统产业更优的产业新格局进行转变。

发展至今，依托阿波罗未来产业城，横岗充分发挥伯恩光学、信义玻璃两家龙头企业的带动作用，建设先进制造业基地，推动“横岗制造”向“横岗智造”转变。

二、国家战略空间片区

一个城市“产业—空间”的蝶变与区域间联动发展的实现，最有效的驱动力是国家战略。深圳的发展也离不开国家战略的驱动，国家战略驱动着过往深圳、当下深圳、未来深圳恒远发展。

（一）行政归属转变促使落马洲河套地区实现跨越式发展

1997 年，原属于深圳市管辖范围的落马洲河套地区，在深圳河治理完成后，按照《中华人民共和国国务院令第 221 号》规定，以新河中心线为香港特别行政区行政区域界线，将落马洲—皇岗口岸东侧、由新旧河道围合而成的面积约 87.7 公顷的区域划归香港所有，这使得落马洲河套地区完成了行政归属的转变。在接下来的一段时间里，深港两地的政界和商界人士集思广益，对落马洲河套地区的开发、布局和定位均提出了不同的意见。2008 年，深港两地联合举办“落马洲河套地区未来土地用途公众意见收集活动”，初步同意河套地区考虑发展以高等教育为主，辅以高新科技研发和文化创意产业的布局。2011 年 11 月，深港双方签署了《推进落马洲河套地区共同开发工作的合作协议书》，同意在“一国两制”大原则下，按照“共同开发、共享成果”原则，合作推动河套地区发展，为加快河套地区开发建设进程实现精准定位奠定了合作基础。2017 年，迎来了落马洲河套地区开发的关键性节点。深港两地正式签署了《关于港深推进落马洲河套地区共同发展的合作备忘录》，明确在落马洲河套地区打造“港深创新及科技园”，引导和聚集优质高科技企业、研发机构、高等院校等进驻园区，推动其成为科技创新的高端新引擎、深港合作的战略新支点，共同建设具有国际竞争力的“深港创新圈”。2018 年，落马洲河套地区的规划建设又取得新的进步。按照国家部署，将持续推进紧密务实的深港合作，坚持高起点规划、高标准建设，以落马洲河套地区为核心区，加快建设深港科技创新特别合作区，这也将成为新时代粤港澳紧密合作的新平台。

（二）中国（广东）自由贸易试验区开启前海蛇口新征程

加快实施自由贸易区战略，是中国新一轮对外开放的重要内容，是适应经济全球化新趋势的客观要求，是全面深化改革、构建开放型经济新体制的必然选择。2014 年 12 月，国务院批复设立第二批自由贸易试验区，中国（广东）自由贸易试验区在列，深圳前海蛇口片区作为其中的重要部分开启了发展的新征，片区分为前海区块（15 平方公里，含前海湾保税港区 3.71 平方公里）和蛇口区块（13.2 平方公里）。2015 年 4 月，前海蛇口自贸试验区片区管委会挂牌，标志着片区管理体制的正式建立。深圳前海蛇口片区是自由贸易试验区战略、深港合作战略和“一带一路”倡议的叠加，同时也是深港合作区、自由贸易试验区和保税港区的叠加。该片区将自贸区体制机制创新、前海国家服务业开放发展战略平台功能、蛇口发达的港口航运产业基础更好地结合起来，形成了区位、政策、体制和产业的叠加优势，进一步发挥了新时代深圳经济特区的先行先试作用，更好地服务国家“一带一路”倡议，探索开放型经济新体制，构建全方位的对外开放新格局。根据已有产业业态，深圳前海蛇口自由贸易区由三个功能区组成：一是前海金融商务区，即前海区块中除保税港区之外的其他区域，主要承接服务贸易功能，重点发展金融、信息服务、科技服务和专业服务；二是以前海湾保税港区为核心的深圳西部港区，重点发展港口物流、国际贸易、供应链管理与高端航运服务，承接货物贸易功能；三是蛇口商务区，即蛇口区块中除西部港区之外的其他区域，重点发展网络信息、科技服务、文化创意等新兴服务业，与前海区块形成产业联动、优势互补。这三个功能区之间产业差异定位，相互配合，共同构成深圳前海蛇口片区的发展业态。

（三）粤港澳大湾区联动发展再造全球新经济增长极

2015 年 3 月，国家发改委、外交部、商务部共同发布《推动共建丝绸之路经济带和21世纪海上丝绸之路的愿景与行动》，再次强调要深化与港澳合作，第一次正式提出打造“粤港澳大湾区”。时隔一年，《中华人民共和国国民经济和社会发展第十三个五年规划纲要》正式发布，提出要推动粤港澳大湾区和跨省区重大合作平台建设，强调要“携手粤港澳共同打造粤港澳大湾区，”建造世界级城市群。国务院总理李克强在2017年国务院政府报告工作中提出，要推动内地与港澳深化合作，研究制定粤港澳大湾区城市群发展规划，发挥港澳独特优势，提升在国家经济发展和对外开放中的地位与功能。同月，全国人大代表、广东发改委主任何宁卡在十二届全国人大五次会议广东团全体会议中系统论述了建设粤港澳大湾区的六大方向。2018年3月，习近平总书记在参加广东代表团审议时指出，要抓住建设粤港澳大湾区重大机遇，携手港澳加快推进相关工作,打造国际一流湾区和世界级城市群。目前，《粤港澳大湾区发展规划纲要》的编制工作已基本完成，下一步将加快编制产业发展、交通、生态环境等方面的专项规划 。粤港澳大湾区东岸基于“新兴产业 + 高科技”打造知识密集型产业带，西岸基于“装备制造 + 智慧农业”打造技术密集型产业带，沿海基于“先进制造 + 现代服务业”打造生态环保型重化产业带。在上述产业布局的带动下，粤港澳大湾区现今的经济总量已接近纽约湾区，以目前的速度发展下去，五年内有望超越东京湾区，成为世界经济总量最大的湾区。

三、城市战略空间片区

深圳“产业—空间”特征的形成得益于渐进演化下不断成长的南山高新园片区、福田华强北片区、宝安西部工业区、龙岗横岗片区等的共同支撑。发展至今，城市战略对“产业—空间”偶发性提升作用正在逐步凸显。城市战略对于片区的发展定位的界定大多兼顾差异化发展思路,引导其通过“弯道超车”成为深圳发展不可缺失的重要支撑。

（一）福田金融总部中心

2004年福田区时任区长张礼铜在政府工作报告中提出在经济建设方面，要着眼于中央商务区的建设，着力引导总部经济、会展经济、文化经济和金融、证券、保险、中介等虚拟经济的发展，提升辖区的经济容量和经济质量。《福田区国民经济和社会发展第十一个五年规划》正式提出要积极转变经济增长方式，调整优化经济结构，以总部经济为龙头，大力发展高新技术产业、现代商贸及现代服务业、文化产业三大支柱产业，建立“1+3”辖区经济架构。如今，福田区总部企业主要分布在 CBD 片区、福田保税区片区、天安片区和华强北片区。福田总部企业的行业分布高度集中在第三产业，尤以金融业数量最多，以招商银行、平安集团为代表。

（二）深圳湾超级总部基地

超级总部基地是城市在全球经济产业链条中最终级地位的典型代表，是未来深圳发展成为世界城市的一个功能中心。深圳市规划局 2001 年便委托中国城市规划设计研究院深圳分院开展了《华侨城南填海区详细蓝图》（深圳湾超级总部基地规划前身）编制工作，中规院以动态跟踪服务的方式，在长达十数年的规划服务期内，提供了华侨城南填海区不断的城市设计方案修改工作。随着经济、社会形势的变化，深圳湾华侨城南填海区从原有单一的“滨海城市住区”转变为复合的“滨海文化商务中心”，再升级到“超级总部基地”。2013 年 9 月，由中国城市规划设计研究院研究编写的《深圳湾超级总部基地控制性详细规划》正式公布，填海区变成了“超级总部基地”。深圳湾超级总部基地在 2014 年南山区政府工作报告中首次被提及，时任区长余新国提出推动深圳湾超级总部基地建设，加速总部经济聚集，提升湾区经济发展能级。现已将“一个立体城市中心 + 两片特色顶级街区 +N 个立体城市组团”作为整体结构：“一个立体城市中心”以大型城市综合体组群为主要特征形成生态、活力的区域中心；“两片特色顶级街区”以超小尺度的建筑形态与特色趣味街道空间为主要特征，满足超级总部未来发展的特殊需求；“N 个立体城市组团”以立体城市理念，提供更多的交往空间与互动场所。

（三）前海深港现代服务业合作区

为了深化深圳与香港的紧密合作，提升区域合作水平，打造粤港澳合作新载体，同时引导现代服务业的高端化发展，深圳提出了建设前海深港现代服务业合作区的战略布局。2010 年 8 月，在深圳经济特区成立三十周年的历史节点上，国务院正式批复同意《前海深港现代服务业合作区总体发展规划》，将前海深港现代服务业合作区定位为深港合作先导区、体制机制创新区、现代服务业集聚区和结构调整引领区，标志着合作区的高水平规划建设正式启动。2014 年 12 月，《前海深港现代服务业合作区促进深港合作工作方案》对外发布，提出“万千百十”总体目标。即到 2020 年，前海由港资开发的建筑面积超过 900 万平方米，在前海开展商务活动和就业的香港永久性居民超过10万，吸引1万家香港企业落户；孵化1000家有发展潜力、创新和整合能力较强的香港企业，力争港资服务业规模超过1000亿元；在前海孵化成型的港资创新型企业超过100家；在前海建立面向香港优势和特色产业的10个港企聚集基地。到目前已经初步形成了结构合理、国际化程度高、辐射能力强的现代服务业体系，聚集了港铁集团、汇丰银行、恒生银行、渣打银行、亚洲保理等一批具有世界影响力的现代服务业企业，成了亚太地区重要的生产性服务业中心，在全球现代服务业领域发挥着重要作用。

（四）龙岗大运新城

2006年，《深圳市近期建设规划》率先提出深圳四大新城的概念，位于深圳市东部、龙岗中心城西部的体育新城（现大运新城）位列其中，意在依托大运场馆的建设，打造集体育、教育、居住、商业文化、旅游休闲于一体的城市复合功能区，积极促进和带动深圳东部城市副中心——龙岗中心城的完善和发展。后大运时代，随着香港中文大学（深圳）、深圳市信息职业技术学校、北理莫斯科大学、吉大昆士兰大学等高等院校的落户与进驻，连接市区及惠州的轨道交通线网的进一步优化与推进，高快速路网的系统与完善，为大运新城注入了新的发展要素与优势。2013年，《深圳市重点区域开发建设总体实施方案》出台，大运新城再度被列为深圳市五个区域城市中心区之一，进一步强化了大运新城在龙岗乃至深圳市的地位和优势。大运新城从只有零星几个老旧工业厂房发展到现在，已有多个高新技术产业园入驻，产业主要以先进高端制造业为主。从龙岗天安数码城、启迪协信科技园、硅谷新城的成功打造，到规划中的668米高的深圳东部中心新地标深港国际中心，大运片区正凭借科学规划、产业空间优势及“智核”效应，聚集重大产业项目，着力将大运新城打造为名副其实的东进引擎。

（五）深圳北站商务中心区

2016年的《深圳市龙华新区国民经济和社会发展第十三个五年规划纲要》中首次提出要以深圳北站商务区为核心，整合周边梅林关片区、民治中心片区等，共同打造深圳北部新中心。一方面，通过强化总部经济、国际商务、金融业等核心功能，依托地处深圳几何中心的区位优势，建设与福田—罗湖中心区商务体系相衔接的高端服务集聚区，打造集高端商务、现代商贸、金融服务等于一体的“国际会客厅”。

另一方面，借力高铁经济，发挥深圳北站是华南地区最大的交通枢纽的优势，围绕市场链高端化，布局公共服务功能，融入全球产业分工，打造国际商贸与区域运营中心。

（六）深圳国际生物谷

2013 年 11 月《深圳国际生物谷总体发展规划（2013-2020 年）》正式发布，规划中提出深圳国际生物谷以坝光启动区为核心，大鹏半岛、盐田及坪山为支撑，拓展延伸深圳国际生物谷的辐射带动功能，形成与南山、光明、国际低碳城等其他生物产业集聚区相辅相成的联动效应，带动深圳东部沿海乃至全市生物科技和产业协同发展。与此同时，充分发挥大鹏半岛、盐田及坪山生活社区、专业服务、教育卫生、滨海休闲等综合配套功能，为深圳国际生物谷提供完善的支撑服务。

坝光核心启动区近期建设用地面积约 6 平方公里，2018 年 9 月深圳大鹏（坝光）国际生物谷建设全面启动，本次集中开工项目有 11 个位于深圳国际生物谷坝光片区，总投资 115 亿元。通过构建海陆空立体交通体系，促进坝光核心启动区与东部沿海区域高效连通，加强资源整合，推进产业发展优势互补，实现以点带面、以面促点的协同联动，形成圈层拓展的总体空间格局。聚合全球优质创新资源，着力培育引进国际一流科研团队、研发机构和创新平台，实现产业集聚发展，将坝光核心启动区打造成全球著名的生物科技和产业园区。

坪山新区依托国家生物产业基地金字招牌，逐步引领全市生物产业发展壮大。坪山国家生物产业基地规划了“一核”“一廊”“四分区”的空间结构：“一核”是生物产业创新综合体；“一廊”是沿荣田河打造的生态景观和生活配套所形成综合服务走廊；“四分区”是生物医疗器械区、生物医药产业区、生物服务区、生物产业综合发展区。到 2020 年，坪山区将建设成为中国生命健康产业示范区域，以高端医疗、健康管理和养生保健为龙头，以照护康复、健身休闲和生命信息为特色，以新兴业态集群和公共服务平台为重要支撑，满足深圳生命健康服务的需求，成为推动中国健康经济发展的重要力量。

第五章

深圳 40 年“产业—空间”演化机制

“产业—空间”演化的动力因子包括经济、自然、交通、政策、居民需求等多个方面。其中，自然力是“产业—空间”演化的约束条件，政府力和社会力是对市场失灵的调节与补充，经济力则是始发动力。之所以将经济力视作始发动力，是因为在自发条件下，资本会因对利润的追逐而形成产业的集聚与延展，也会激发创新的发生，进而带动产业升级。产业的集聚与延展、创新与升级便是对“产业—空间”的生动刻画。因此，在“产业—空间”演化过程中，会呈现出明显的自主演化的特征。在这一特征下，演化的主动力来自于市场，政府推动属次动力，政府的辅助推动主要用于解决“市场失灵”问题。

一、顺位机制：产业升级是城市空间结构变迁的导向因素

城市资源因产业而实现集聚，主导产业的区位选择决定了城市拓展方向、空间功能、布局形态及城市中心体系。深圳 40 年“产业—空间”的互动是对产业升级作为城市空间变迁的导向因素的生动刻画。深圳的经济发展体现了以工业经济为始发动力与主导力的增长特点，工业经济区位的变化对城市空间结构的影响十分突出，是城市空间扩张的导向性因素。

存量工业调整促进了城市内部功能的提升和空间的优化。企业的转移，腾出了市区宝贵的用地，因功能置换和二次开发，工业用地逐渐被商业、高端商务、总部经济、居住等功能替代，进而提升了城市品位。罗湖国际消费中心核心城区和福田国际创新金融中心定位的打造，就得益于“产业—空间”轴向扩展阶段（1990–1999 年）工业经济向宝安、龙岗的转移；南山创新与总部高地的打造，也对存量工业调整提出了要求。

增量工业发展促进了城市的外拓，并引起城市空间的增长。深圳的外拓主要表现为：2007 年 5 月，正式成立光明新区，2018 年 5 月，经国务院批复成立光明行政区，基于将高端制造产业集群摆在突出位

置、进一步巩固新一代信息技术产业集群优势、依托石墨烯制造业创新中心示范基地打造新材料产业集群，加快将光明建设成质量型创新型智造强区，打造广深科创走廊上的科学中心。2009 年 6 月，由龙岗划出成立坪山新区，2016 年 10 月，正式成立坪山行政区，重点发展生物医药、新能源汽车和智能制造三大主导产业，致力于打造深圳东部科技与产业创新中心。2011 年 12 月，深圳挂牌成立龙华新区，2016 年 10 月，正式成立龙华行政区，引导其建设装备制造、新一代信息技术、互联网、人工智能、生物医药和新材料等百亿级新兴产业集群，打造现代化国际化创新型中轴新城。2011 年 12 月，挂牌成立大鹏新区，主攻生物医药、新能源和海洋经济等战略性新兴产业。到 2017 年，大鹏新区规模以上新兴产业增加值为 214.18 亿元，比上年增长 6.20%，占全区 GDP 比重达 64.90%。深圳城市空间的增长主要表现为深汕特别合作区的成立与发展。本着先富带动后富的原则，城市间的对口帮扶成为解决区域发展不平衡问题的重要举措。汕尾作为深圳对口帮扶的城市，承接了深圳的产业转移，经省政府批准认定的深圳（汕尾）产业转移工业园成为两地产业合作的典范。2011 年 2 月，广东省委、省政府批复《深汕（尾）特别合作区基本框架方案》，深汕特别合作区在原深圳（汕尾）产业转移工业园的基础上正式成立，成为区域经济合作和区域对口帮扶的代表之作。2017 年，广东省委、省政府对深汕特别合作区的管理体制机制进行了调整，由深圳、汕尾共管调整为深圳全面主导、汕尾积极配合，由深圳对合作区实施经济社会事务的一体化管理，并且合作区的 GDP 也纳入了深圳的 GDP 核算中。自此，深汕特别合作区正式成为深圳的“飞地”，纳入了深圳“10+1”区管理体系。深圳正在着力将深汕特别合作区努力打造成为中国飞地经济发展模式首创者、飞地治理模式首创者、飞地城市化实践首创者，为深圳经济发展贡献力量。

二、增长机制：“产业—空间”演变顺应经济发展阶段的变迁

在“产业—空间”四阶段配置中，深圳的经济发展也呈现出明显的阶段性特征。在“产业—空间”点状形成阶段，深圳市人均可支配收入为 2480 元 / 年，年均增速 25.52%；人均 GDP 为 3148 元 / 年，年均增速 29.14%。在“产业—空间”轴向扩展阶段，深圳市人均可支配收入为 12368 元 / 年，年均增速 15.79%；人均 GDP 为 19420 元 / 年，年均增速 14.47%。在“产业—空间”伸展轴稳定阶段，深圳市人均可

支配收入为 24647 元 / 年，年均增速 4.95%；人均 GDP 为 58326 元 / 年，年均增速 11.44%。在“产业—空间”轴向扩展阶段，深圳市人均可支配收入为 42686 元 / 年，年均增速 7.49%；人均 GDP 为 140722 元 / 年，年均增速 9.68%。

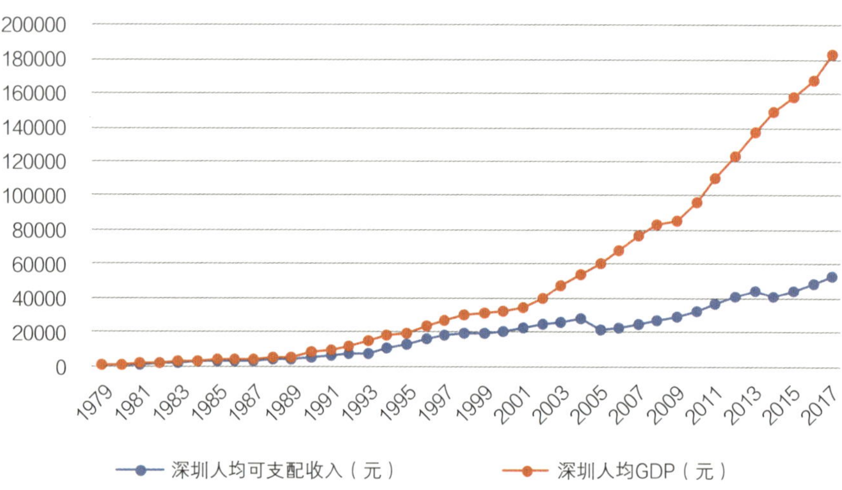

图 5-1　深圳 40 年经济发展阶段数据量化

数据来源：1979–2017 年《深圳统计年鉴》。

三、价格机制：房地产价格上升“倒逼”城市空间变迁

与房地产价格上升相伴随的是，工业与服务业发展空间的缩减。而在不断缩减产业空间的约束下，产业规模的保持则有赖于产业的升级发展。由此可见，区域间房价的差异将率先对产业空间变迁产生影响，随之带来区域内的产业升级。在深圳，当某一区域的房价超过全市整体水平时，该区域将会发生明显的产业空间变迁，随之而来的是产业升级的实现。

南山区工业密度在过往 40 年中，每十年变化一次。20 世纪 80 年代区位熵处于 1–1.3 之间，20 世纪 90 年代上升至 1.3–1.5 之间，21 世纪第一个十年再度提升达到 1.5 以上，在 21 世纪第二个十年连降两级，回落至 1–1.3 之间。在工业区位熵发生大幅下降前，2005 年南山区商品房二级市场平均交易价格超过全市整体水平，且之后十年间，南山房价较全市整体水平大多高出 49 个百分点。

与南山不同的是，1998–2015 年间宝安区房价一直未超过深圳市整体水平，年均相差 31 个百分点。反观宝安工业区位熵与服务业区位熵，一直稳定在 1–1.3 与 0.5–1 之间，未发生层级变化。

图 5-2　2003 ~ 2016 年南山和深圳商品房平均交易价格对比（万元）

数据来源：根据《深圳统计年鉴》和网站数据整理所得。

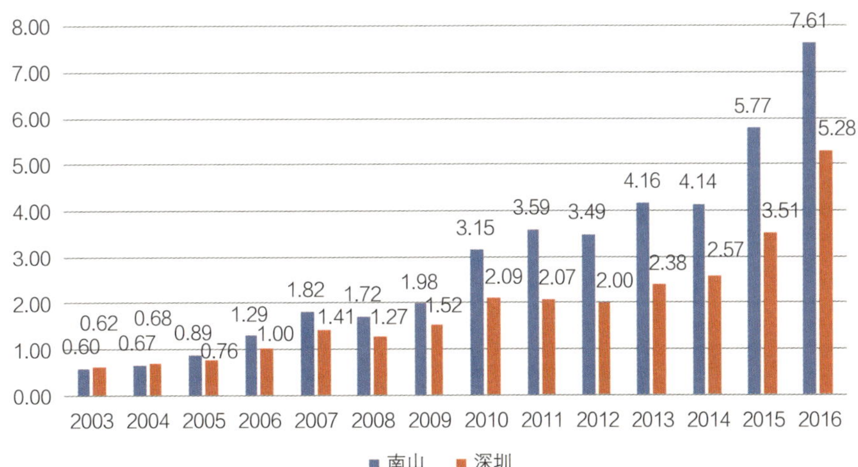

图 5-3　1998 ~ 2015 年宝安和深圳商品房平均交易价格对比（元）

数据来源：根据《深圳统计年鉴》和网站数据整理所得。

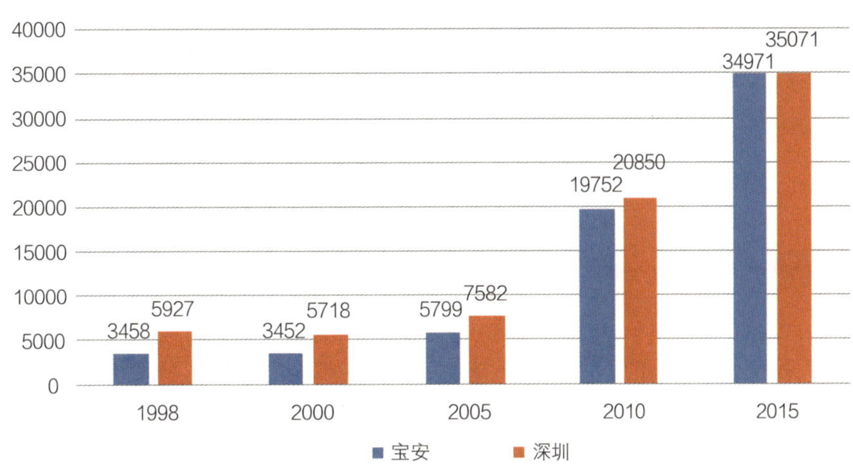

四、载体机制：新产业与新业态均呈现明显的集群化发展态势

近年来，随着深圳市战略性新兴产业的快速发展，其空间载体高新技术产业园区也得到较快发展。深圳高新技术产业园区经过大力开拓创新，有力推动了深圳高新技术产业的集聚和优化升级，成为国家高新技术产业的重要基地和创建世界一流高科技园区的示范区。在集群化发展态势下，高新技术产业层级不断能提升。主要表现为：一是深圳市高新区高产出高效益集约化发展成绩显著。2017 年，深圳市高新技术产业增加值 7359.69 亿元，同比增长 12.20%，占 GDP 比重高达 32.80%。有力带动了全市经济增长方式转变，促进了产业结构调整和区域经济发展。二是深圳市高新企业做大做强国际化水平日益提高。深圳高新区孕育生长出一批优势突出的骨干企业，数字视听、软

件、医疗器械、互联网、新能源等产业国内一流，通信产业集群全球领先。三是深圳市高新区创新基础应用支撑能力建设不断加强。深圳高新区突出创新能力建设的战略地位，着力突破公共创新资源匮乏的瓶颈。开展大跨度宽领域国际合作，着力打造全球第一个国际科技商务平台。创新资源的聚合辐射，有力提升了深圳国家创新型城市建设的承载能力。①

① 深圳市经济贸易和信息化委员会《深圳市战略性新兴产业调查研究》，深圳市汉仑绿色发展研究院2018年8月编制。

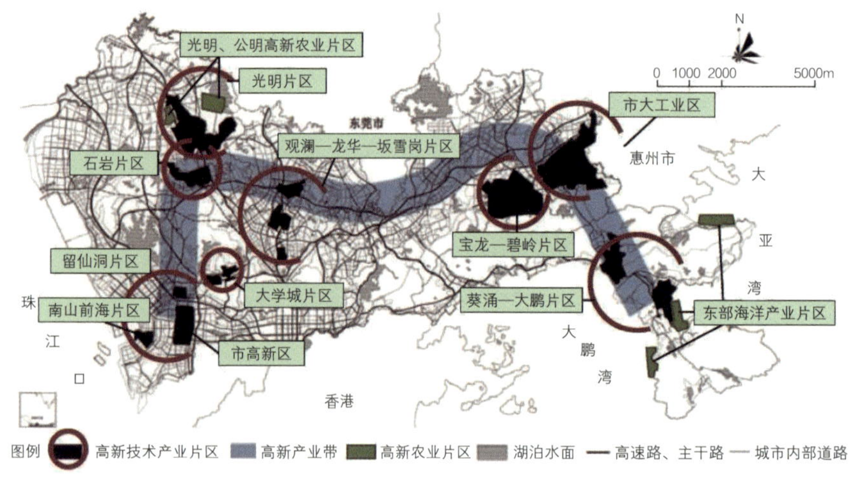

图5-4 深圳市高新技术产业片区分布情况
资料来源：《“刚性·弹性·韧性”——深圳市创新型产业的空间规划演进与思考》。

深圳的新业态发展特征主要表现为依托“文化+”战略实现的业态融合，通过充分发挥高科技城市、金融中心城市和滨海旅游城市特色，深度挖掘、整合、联动相关产业资源，形成了“文化+科技”“文化+创意”“文化+金融”“文化+旅游”等产业发展新模式。近年来，深圳文化创意产业凭借独特的产业价值链，快速的成长方式，以及广泛的产业渗透力、影响力和辐射力，成为现代产业发展的新亮点。2017年文化创意产业增加值高达2243.95亿元，同比增长14.5%，成为经济增长的又一重要引擎。随着文化创意产业集聚效应的增强，深圳采用行业集聚、空间集中的发展策略，培育建设了一批文化创意产业园区和基地。深圳市现有国际级文化创意产业园区13个，国家级、市级及区级文化产业园区104个。其中，43.27%致力于“文化+创意”、16.35%致力于“文化+科技”、14.42%致力于“文化+旅游”，“文化+制造”和“文化+商业”各占7.69%，“文化+影视”占比3.85%，剩余6.73%分布在“文化+展览”“文化+版权”“文化+体育”等领域。可见，当前深圳市文化创意产业园区产业融合特征明显，承载着工业经济的蜕变转型。

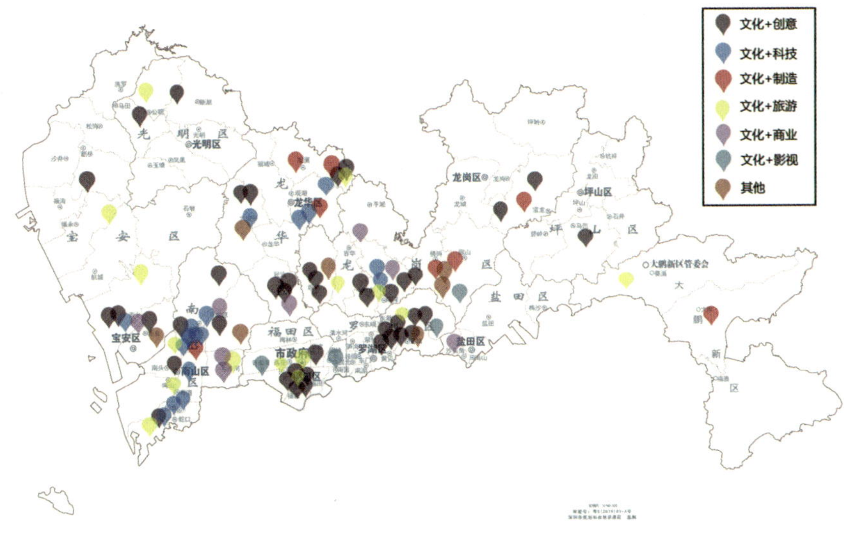

图 5-5　深圳文化创意产业空间分布

资料来源：研究团队依据文化创意产业园区调研资料绘制。

五、政策机制：“产业—空间”演变以政府决策为助动力

深圳 40 年产业变迁与城市空间布局调整虽因资本对利润的追逐在自发条件下形成与演化，并引致了自主演化体系的形成，但是产业政策与城市发展规划是“产业—空间”良性互动的重要推手，因其统筹性与支撑性特征，使政府政策成为“产业—空间”演变不可或缺的动力之一。

1980 年制订的《深圳市城市建设总体规划》将特区分为市区、南头、蛇口、沙头角四个区。以罗湖—上步为发展中心，以沙河、蛇口作为卫星工业区。发展目标以工业为主，同时发展贸易、农业和旅游业。该规划对深圳城市建设发挥了巨大的指导作用，为“三来一补”工业的布局和发展提供了载体和方向支撑。1986 年编制完成的《深圳经济特区总体规划（1986-2000）》进一步明确了深圳城市的性质是“发展外向型工业，工贸并举，兼营旅游、房地产等事业，建设以工业为重点的综合性经济特区”。这对于深圳合理优化产业结构、进一步完善投资环境、适时提升区域经济地位，起到了一定的促进作用。1989 年编制完成的《深圳市城市发展策略》，将规划的视野扩展到了整个市域范围，明确深圳的城市性质为“对外贸易、金融、高科技比较发达、贸工技结合的、外向型的、多功能的、基础设施齐备的、具有创汇农业、环境优美的国际性城市”，并提出“全境开拓”的发展策略，对于进入 20 世纪 90 年代后特区工业外散扩张和加速特区外工业化、城市化进程起到了较大的指导作用。1996 年编制完成的《深圳市城市总体规划

(1996-2010)》确定深圳在新时期的城市性质为:“现代产业协调发展的综合性经济特区，珠江三角洲地区重要的经济中心城市，现代化的国际性城市”。规划第一次将城市规划范围由特区拓展到整个市域，确立了以特区为核心，东、中、西三条放射发展轴为基本骨架，轴带结合、梯度推进的组团集合结构的空间布局战略，为产业空间布局奠定了根本性基础，具有重要意义。1998 年深圳市政府出台《关于进一步扶持高新技术产业发展的若干规定》，全面完善和规范了政府推动高新技术产业发展的政策措施，成为国内地方政府首个系统的科技产业政策，在全国引发了一波激烈的政策竞赛。在中国高新技术产业发展历史上,这一政策的出台成为了一个重要的节点事件。2001 年出台的《中共深圳市委关于加快发展高新技术产业的决定》指出:要抢占高新技术产业发展的制高点，重点发展电子信息、生物技术和新材料技术，培育一批高新技术骨干企业和名牌产品，用高新技术改造和提升传统产业，推动产业升级，使深圳成为重要的高新技术产品生产和出口基地。力争到 2005 年全市高新技术产品产值达到 2500 亿元，占全市工业总产值的 50% 以上，高新技术产业增加值占国内生产总值的 25%，高新技术产品出口占全市出口总额的 30%。2009 年深圳市政府出台《深圳市现代产业体系总体规划 (2009-2015)》提出，实施产业强市战略，以构筑优势产业链条为核心，以产业融合联动为重点，以关键项目为抓手，打造电子信息八大优势产业链，培育壮大新兴高新技术产业和先进制造业集群，发展现代服务业十大重点领域，改造提升优势传统产业，着力提高产业创新性、开放性、融合性、集聚性和可持续性，全面提升深圳产业的国际竞争力。2018 年《深圳市人民政府印发关于进一步加快发展战略性新兴产业实施方案的通知》提出:按照“科技支撑、重点突破、统筹布局、引领发展”的基本原则，重点发展新一代信息技术、高端装备制造、绿色低碳、生物医药、数字经济、新材料、海洋经济等七大战略性新兴产业，到 2025 年战略性新兴产业科技创新水平国际知名，建成十个以上产值规模超百亿、产业链条完备、产业配套完善的新兴产业集聚区，打造更多千亿级和万亿级优势产业集群。

六、原发性创新创业机制:促使“产业—空间”多点齐发

2010 年“创客空间”这一概念被引入中国，2014 年 9 月国务院总理李克强在夏季达沃斯论坛上首次提出“双创”概念，2015 年 1 月在国务院常务会研究制定的政策文件中首次提到“众创空间”。随后国

家和地方系列政策的出台将“大众创业 万众创新”推向了高潮，众创空间建设驶入快车道，涌现了一大批各具特色的众创空间。[①] 科技部公布的国家级众创空间数据显示，深圳与全国的比重接近 10%。

传统的“产业—空间”演化模式呈现出渐进性外延式的辐射与拓展，深圳的发展也符合这样的规律。但是，随着特区内外产业环境一体化、体制机制一体化、导向性政策一体化的实现，创新创业多点齐发，超越传统“产业—空间”演化模式，形成又一具有独特性的发展模式，这种模式在空间上呈分散式分布，具有明显的开放性、包容性、众创性、原发性特征。目前，深圳拥有各类众创空间数百家，培育了深圳市留学生创业园、罗湖水贝黄金珠宝创业园、布吉大芬油画村创业孵化基地、南岭中国丝绸文化创意园等一批特色鲜明的双创服务机构，已初步形成相对完备且粗具规模的创新创业载体体系。从空间分布上看，南山区占据半壁江山，占比约为 55.93%；其次是宝安、龙岗、福田，占比分别为 15.59%、10.17%、9.49%；其他区域所占比重均处于 3% 以下。

深圳创新创业的发展得益于政策保障、资金扶持、文化包容，呈现出投资主体多元化，民间资本逐步成为主力军；孵化功能专业化，紧扣产业发展方向；孵化服务特色化，打造自身核心竞争力；资源网络化，协作提升服务的基本特征。“双创”快速发展随之而来的是深圳新增企业及科创成绩的爆发式增长。截至 2017 年底，全市高新技术产业实现增加值 7359.69 亿元，同比增长 12.19%。初步核算，全社会研发投入超过 900 亿元，占 GDP 比重达到 4.13%。新增国家级高新技术企业 3193 家，累计达 11230 家。新增市高新技术企业 1759 家，总数达到 4530 家。新增 3 家、累计挂牌成立 5 家诺贝尔奖科学家实验室，授牌 7 家海外创新中心，启动 4 家基础研究机构建设和 2 个广东省实验室建设。新增各类创新载体 195 家，新设立省级新型研发机构 11 家，累计建成创新载体 1688 家。由 19 家深圳高校、科研机构及企业主持或参与完成的 15 个项目获得国家科技奖。

① 丁琪，张丽萍．深圳众创空间发展现状、问题与对策 [J]. 特区经济，2018(7).

参考文献

[1] 袁易明 . 资源约束与产业结构演进 [M]. 北京：中国经济出版社，2006.

[2] 袁易明 . 深圳经济特区产业发展奇迹：一个理论解释 [J]. 管理世界，2010 年增刊 .

[3] 袁易明 . 中国经济特区建立与发展的三大制度贡献 [J]. 新华文摘，2018（21）.

[4] 贺传皎 . 深圳市产业集聚发展空间布局研究 [D]. 哈尔滨工业大学，2005（12）.

[5] 周雪瑞 . 产业结构升级对南山区空间结构演化的影响研究 [D]. 哈尔滨工业大学，2016（12）.

[6] 章平，曾华翔 . 基于主体选择的城市功能空间结构演化研究——以深圳 30 年城市发展为例 [J]. 现代管理科学，2011（4）.

[7] 段杰，朱丽萍 . 城市创意产业园区空间演化与集聚特征及其影响因素分析——以深圳为例 [J]. 现代城市研究，2015（10）.

[8] 章文，吴洪，乔纪纲 . 深圳产业演进规律及空间分布格局 [J]. 地域研究与开发，2014（10）.

[9] 蒋峻涛 . 当前我国城市新中心区规划建设的隐忧 . 城市规划面对面——2005 城市规划年会论文集（上）.

[10] 刘孝成 . 城市产业转型升级与空间规模演化的经济学分析 [J]. 产经评论，2012（5）.

[11] 李宝礼，胡雪萍 . 城镇化、要素禀赋与城市产业结构升级 [J]. 贵州财经大学学报，2016（3）.

[12] 叶堂林，林琳 . 特大城市产业升级与城市空间结构演变理论探讨 [J]. 商业经济研究，2014（13）.

[13] 贺传皎，王旭等 . 由“产城互促”到“产城融合”：深圳市产业布局规划的思路与方法 [J]. 城市规划学刊，2012（5）.

[14] 政协龙岗区委员会重大调研课题，《龙岗区产业与产业园区发展研究》，2016 年 12 月，深圳大学袁易明教授课题组编制 .

[15] 龙华区经促局，龙华新区现代服务业发展研究，2016 年 8 月，深圳大学袁易明教授课题组编制 .

[16]《深圳市城市建设总体规划》，深圳市规划办公室，1980 年 .

[17]《深圳经济特区社会经济发展大纲》，深圳市人民政府，1982 年 11 月 .

[18]《深圳经济特区总体规划（1986-2000）》，深圳市人民政府，1986 年 .

[19]《深圳市基本生态控制线管理规定》，深圳市人民政府，2005 年 10 月 .

[20]《深圳市工业区块线管理办法》，深圳市人民政府，2018 年 8 月 .

[21]《深圳湾超级总部基地控制性详细规划》，由中国城市规划设计研究院，2013 年 9 月 .

[22]《前海深港现代服务业合作区总体发展规划》，中华人民共和国国家发展和改革委员会，2010 年 10 月 .

[23]《深圳市近期建设规划（2006-2010）》，深圳市人民政府，2006 年 4 月 .

[24]《深圳市城市发展策略》，中国城市规划设计研究院，1989 年 .

[25]《深圳市城市总体规划（1996-2010）》，深圳市人民政府，1996 年 .

[26]《深圳市现代产业体系总体规划（2009-2015）》，深圳市人民政府，2009 年 6 月 .

专题二

深圳产业时空观：六度空间

欧阳兴荣　王秀梅[1]

1　欧阳兴荣，南京大学规划校友会；
王秀梅，南京大学建筑与城市规划学院

1　深圳建市四十年巨变

作为改革开放的“试验田”，深圳从 1979 年始一夜崛起，凭借“敢为天下先”的精神进行经济探索与制度革新，让这个曾经的边陲小镇激发起了强大的活力和生命力。四十年间，中国改革开放制度仍继续不断深化，后续的经济特区和开放城市陆续勾勒出了中国改革开放的大棋局，作为最早一批经济特区之一，深圳不断开拓革新。从制造业发达的“深圳制造”到科技先行的“深圳创造”，从“三天一层楼”的“深圳速度”到“深圳质量”，四十年来，无论在产业升级转型还是城市发展上，深圳从未安于一隅，而是不断为实现跨越式发展探寻适宜的路径。

产业是深圳腾飞的强大动力支柱，而城市空间是产业的重要载体。在改革开放四十年间，城市空间的演进见证着深圳产业的拓展与升级，而产业的发展也直接影响着城市空间的开拓和更新。纵观深圳的城市和产业发展历程，不难发现，深圳发展过程中，随着“深圳速度”快速扩张，土地空间越来越有限，这也促使深圳从“深圳速度”向“深圳质量”转型。深圳产业扩展与空间不足的制约造成的独特的深圳发展模式，表现在产业空间在水平和垂直（地下、地上）方向的扩张、产业效益的提高、产业精细化以及产业空间品质化。这里用“六度空间”阐述这一独特的深圳市产业发展时空观，“六度空间”意为从六个空间上的角度，分析探讨深圳产业与城市空间的发展历程及其互动关系。六度包括“广度”、“高度”、“深度”、“密度”、“精度”、“美度”，分别对应产业的空间水平扩张、产业上楼、地下空间利用、产业空间效益、产业专业化程度、空间品质六个方面，论述深圳四十年的产业发展时空演化，更立体更丰满地呈现出深圳四十年一步一脚印的进步与发展。

2　广度：产业空间的水平推进

顺应经济环境和发展条件的变化，深圳市经历了持续的产业升级转型，由此也引致产业空间的拓展与更迭。产业空间的变迁，不仅是用地规模上的扩大与铺展的过程，还是产业空间结构的搭建与延伸的过程。深圳市产业空间先以依托香港的空间据点起步，沿交通动脉延续成产业走廊，外向拓展组织成网络，再催生新的节点，最终形成了如今具有活跃生命力的和强大辐射作用的产业空间形态。

深圳的产业发展与城市发展有较强的关联性，1979-1985 年特区起步逐步摸索，工业起步、城市的发展也具有明确不确定性。1986 年后深圳改革土地使用制度，引发了中国城建史上具有划时代意义的房地产业的发展，城市建设全面展开。基础设施的成效、鼓励科技人员下海的政策推出和 86 版规划结构的确定等因素推动了深圳的转型。2004 年后，提出了“效益深圳、和谐深圳”全面转型的战略和将“自主创新”作为城市发展的主导战略、着手谋划布局四大支柱产业和战略性新兴产业，又激发了深圳新一轮转型。

2.1　初期工业化推动产业点状增长极形成（1979-1985 年）

起步时期的深圳经济基础与产业基础薄弱，产业发展主要依靠承接香港的产业转移，在紧邻香港的地区以空间据点的方式发展，形成蛇口、罗湖—上步、沙头角三个的空间据点，这些点状增长极分布在深圳东西中三侧，借助与香港的区位优势，依托香港经济进行相对独立的发展。这一时期，工业规模很小，1984 年原特区工业用地仅 2.54 平方公里，占建设用地面积的 7.7%[1]。

最早开发的蛇口工业区，有赖于港资投入与优良的资源条件。1979 年，香港招商局获准在蛇口建设蛇口工业区，由其独立经营。蛇口工业区以量力而行、循序渐进的开发方式在统一的规划下，沿海岸线铺开建设，随着南山开发股份有限公司在赤湾的开发，到 1985 年底，初步形成了一个以工业为主，同时又经营住宅、旅游、商业、交通运输、南海石油后勤服务基地等多种业务的外向型、综合发展型体系。香港

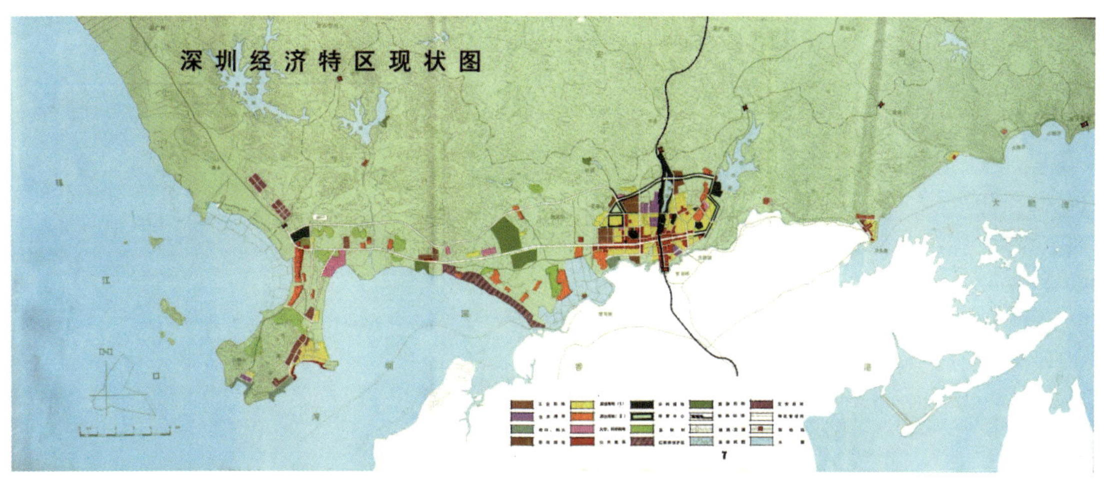

图 2-1　1986 年深圳特区土地利用现状图
资料来源：深圳经济特区总体规划（1986 年）。

毗邻的罗湖是早期吸引港资的另一个典型区域，深圳依托原有的旧城进行外缘式的快速扩展，迅速成为特区的商贸中心区和城市生长点[2]。沙头角镇也利用其与香港陆路相连的地理优势，从以农业经济为主，到实施行政优惠政策从新街引进外资、设备和原料设厂办场，进行来料加工和来料养殖，再到依靠“中英街”发展商贸业，形成以商业为主的边缘口岸。

2.2　快速工业化驱动产业空间轴向扩张（1986-1995 年）

快速工业化阶段，政策优惠下大量工厂迁入深圳，深圳的产业用地急剧扩张，初期开发的城市据点功能进一步强化，辐射作用扩大，带动产业空间拓展。这一时期，特区内产业空间沿深南大道两侧分布，增长中心带动城市整体空间沿交通动脉向东西两翼定向扩展，产业空间依托深南大道的东西向轴向扩张。产业发展的连点成轴，加强了产业间的联系与辐射能力，为进一步的发展提供了良好的空间条件。至 1994 年全市工业用地增长到 82 平方公里，占建设用地面积的 27.5%[1]。

这一时期，政府集中开发建设南头、莲塘、沙河等城市组团，并出台了由企业进行成片开发的政策，加上土地使用制度市场化改革，为深圳城市空间的持续扩展提供了资金上的后续保障，规划所确定的各个工业区相继进入全面建设阶段。各组团的功能也开始分化，如以商贸为主的罗湖组团，以行政、工业为主的上步组团，以旅游为主的华侨城组团，以工业、文教为主的南头组团，以工业、港口为主的蛇口组团等。

快速工业化的下半阶段，深圳产业空间发展从特区范围逐渐拓展到全市，以特区为主。特区串珠式组团空间发展模式不再单一依靠深

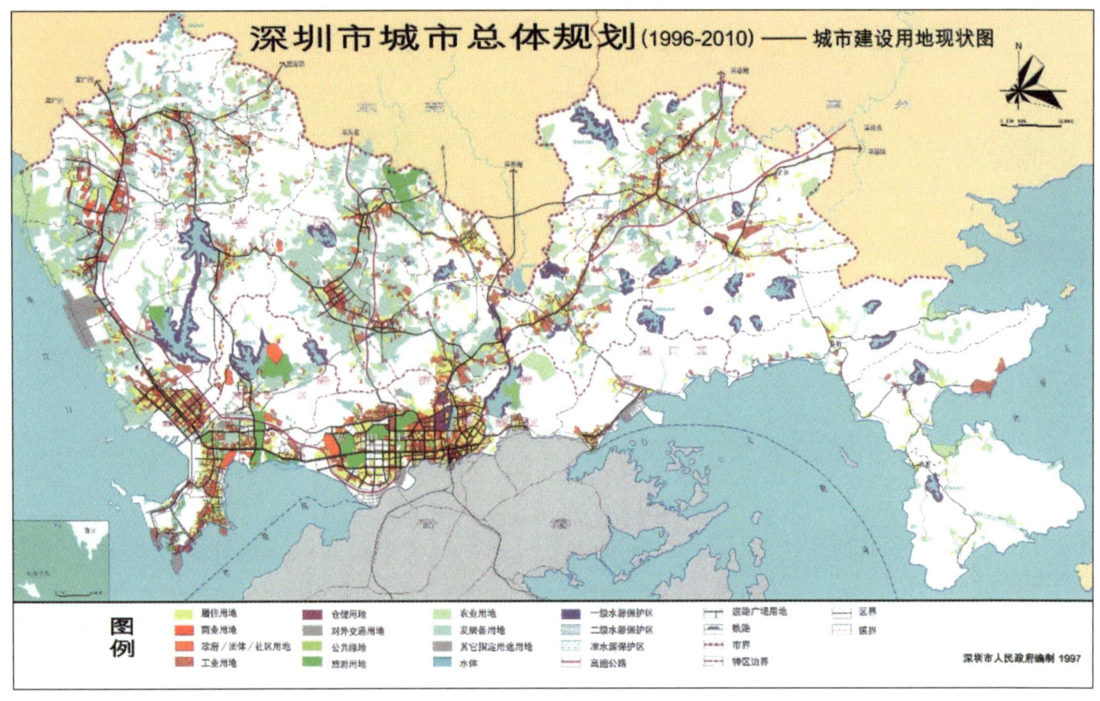

图 2-2 1996 年深圳土地利用现状图

资料来源：深圳市城市总体规划（1996-2010 年）。

南大道作为发展依托，产业空间沿东西向的北环、深惠和南北向的广深拓展，特区内工业连片发展的趋势明显。特区综合实力的增强，导致城市功能的逐步向外溢，特区外的工业用地开始出现宝安、龙岗等散点式工业斑块[2]。上步一带最早形成的工业区开始外迁，出现了特区内工业区的转型与散点式工业区大规模建设联动发展的局面。

2.3 高新产业兴起促进网络空间架构形成（1996-2004 年）

20 世纪 90 年代中期开始，高新产业逐渐占领了深圳产业主导地位，效益低的产业迫于空间资源限制外迁，特区外新增的产业用地依托与旧区联系的纵向交通形成多个散点，点轴的数量与向度愈加多样，逐渐成网，拓展了产业的空间格局。2001 年，深圳确立高新技术产业、现代金融业和现代物流业三大支柱产业，其中，高新技术产业成为产业的第一增长点。随着高新技术产业园规划的编制与实施，位于南山区的深圳市高新技术产业园区快速崛起[3]。

特区内产业空间沿交通轴线拓展，多向组织成网。特区外的工业空间沿路多方向拓展，并出现了轴间填充的情况，已有工业斑块继续增大，以镇为单位以点—轴模式发展。这一阶段随着深圳整体产业空间向网状组团结构发展[2]。2004 年深圳全市工业用地达到 208 平方公

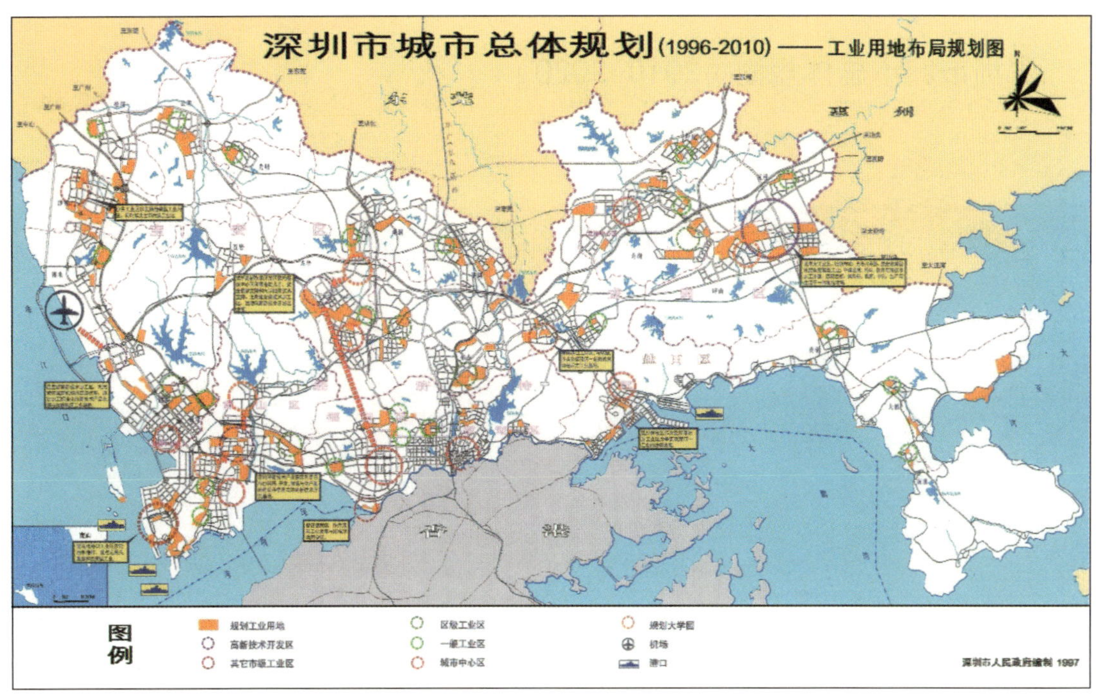

图 2-3　1996 年深圳工业用地布局规划图
资料来源：深圳市城市总体规划（1996-2010 年）。

里，占全市建设用地的 40%[1] 区域结构上，深圳已形成的“南软北硬”“南高北重”“东西两翼旅游港口”的产业分工布局和特色[4]。

2.4　新兴产业催生新增长极（2005 年至今）

深圳市便捷的交通催生了新的产业空间发展增长极的形成。大批新兴产业依据对空间各自不同的发展需求，以科技园的形式在郊外聚集发展。深圳市开始在特区外规划布局生物、新能源和互联网等三个战略性新兴产业。2013 年起，深圳在特区外的宝安、龙华等区域前瞻性地布局了海洋、航空航天、生命健康、机器人、可穿戴设备和智能装备等未来产业，形成了新的产业集聚空间，拓展了特区外产业空间规模，并辐射带动了有关产业及空间的发展。这一时期，深圳市产业空间形成了以高新技术产业园区为主体的六大产业群，以电子信息产业为主的东西向高新技术产业带。现代制造业按产业分区发展，向东部聚集。都市型农业退居关外的宝安和龙岗两区，农业的经济功能不断向社会功能和生态功能转变[5]。

随着深圳市中、西部用地功能日渐饱和，为改变“西强东弱、西密东疏”的不均衡城市格局，深圳市实施“东进战略”，打造未来深圳发展第三极，以产业带形式全面带动东部发展，形成新的城市发展中心。

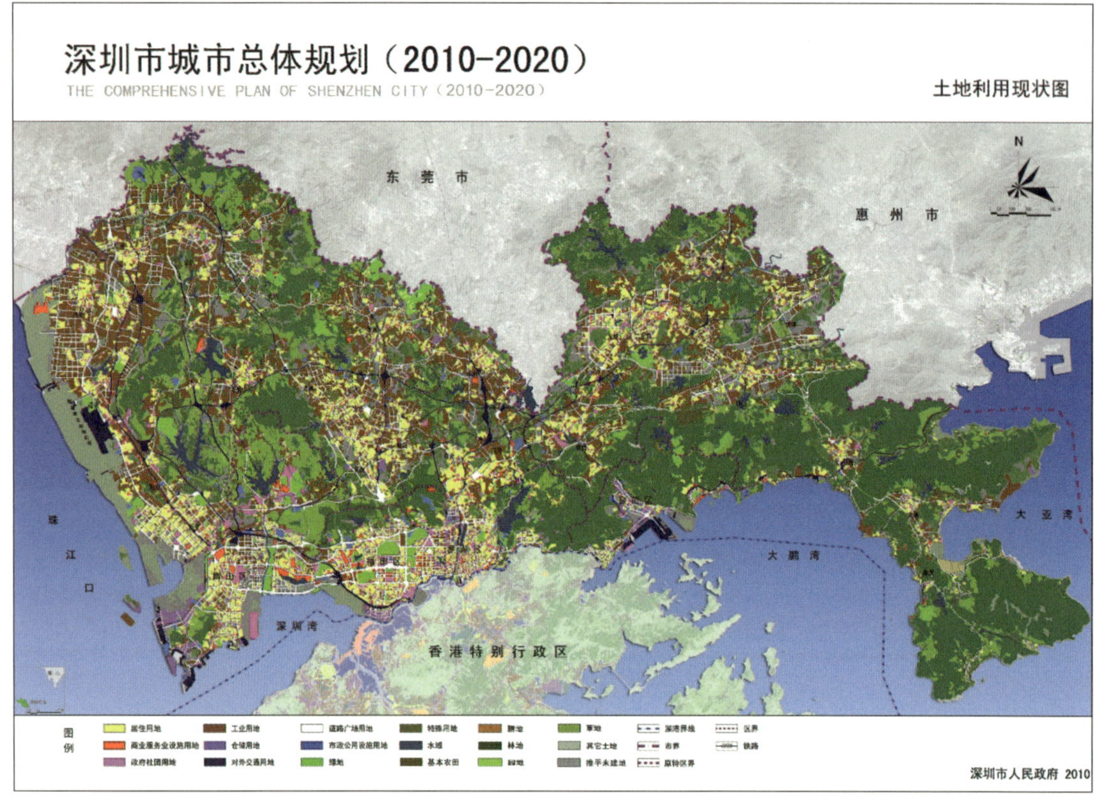

图 2-4　2010 年深圳土地利用现状图

资料来源：深圳市城市总体规划（2010-2020 年）。

《深圳市实施东进战略行动方案（2016-2020 年）》中，规划的产业提升路径包括建设东部创新产业带、东部黄金海岸旅游带、强化重大产业平台支撑；城市发展以打造东部中心、美丽湾区和促进区域协同发展为目标。[6, 7]

飞地合作区不仅是深圳产业拓展的突出体现，也催生了新的经济增长极。第一个典型的飞地为 1992 年在厦门湾南岸的漳州开发区，2017 年招商蛇口通过收购议案，大大扩充了在漳厦地区的土地储备拥有量。其次为深莞惠合作区，为解决“四个难以为继”的问题，深圳市低效益的产业大量迁移到东莞、惠州。为了支援周边地区的发展，同时避免经济外溢的损失，在汕尾市海丰县主导建设和管理深汕特别合作区，深圳以飞地形式与汕尾合作。深汕合作区与深圳形成“深圳总部 + 深汕基地”“深圳研发 + 深汕生产”的产业共建模式[8, 9]。

2.5 小结

深圳产业空间发展在水平方向上表现出了点轴发展、形成网络的过程。产业首先在资源条件、区位关系较好的地区形成独立的空间据点；

再以主要城市道路作为联系，增强空间据点的辐射作用并形成产业带；而后依托城市道路网络，串接成产业网络；最后在网络下再催生更多新的增长极，甚至带来更多产业外溢。依托本土的资源、发展区位优势，打造具有辐射力的增长极，并且注重基础设施特别是交通设施的规划建设，是深圳产业空间有序、合理、飞速发展的重要条件。

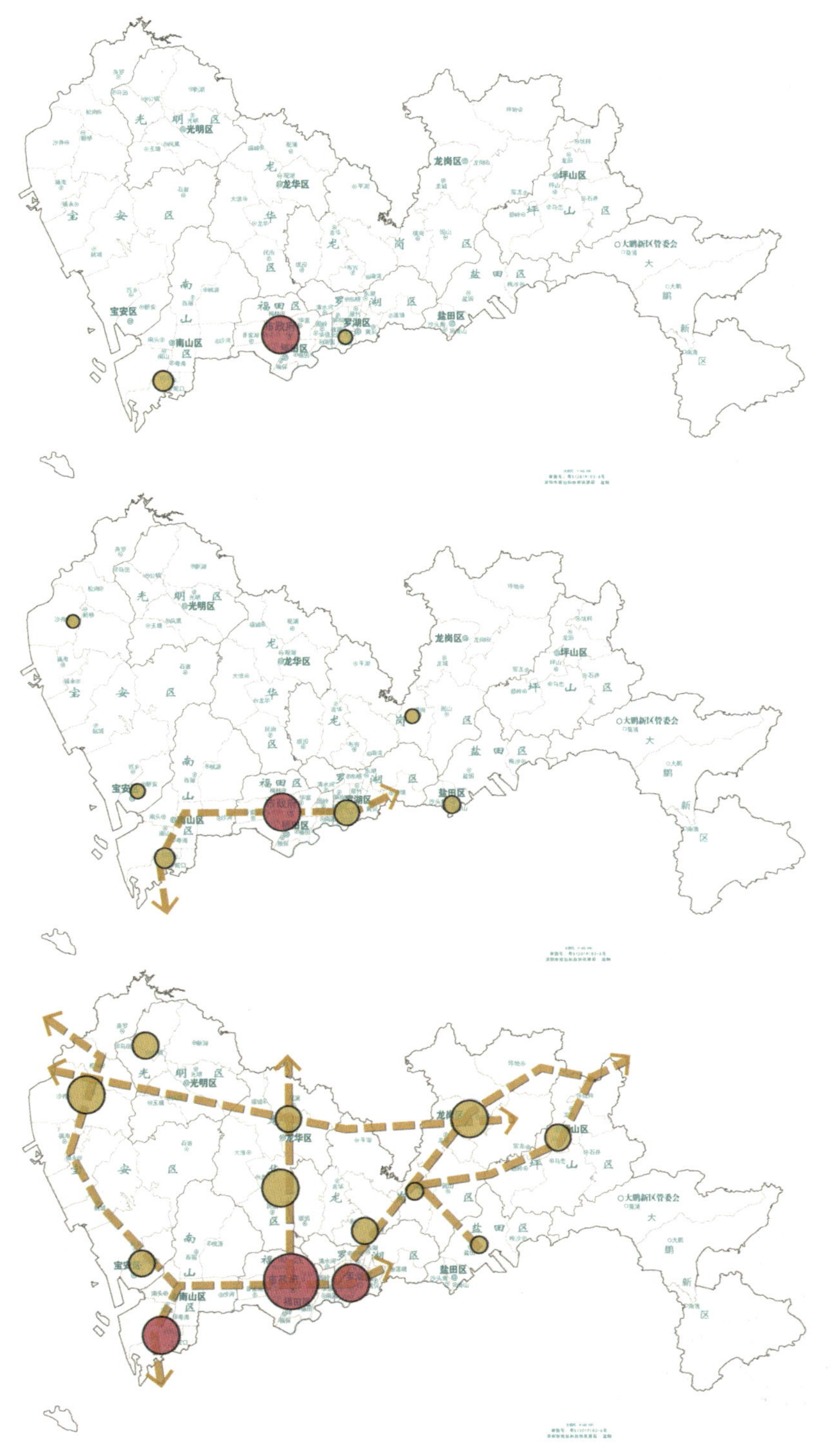

图 2-5　深圳产业空间水平扩张结构示意图
资料来源：作者自绘。

3　高度：产业空间垂直扩张

深圳的经济发展速度之快、水平之高不仅体现在“广度”的变化，还体现在产业空间随着时间的推移在地面的垂直扩张，这里总结为产业发展“高度”。从某种意义上来说，不同时期深圳最高层建筑空间分布及其所属产业性质也可以被看作深圳不同时代经济发展水平的微观缩影。

3.1　产业楼宇空间的高度发展历程

3.1.1　低层工业厂房为主的据点式分布

改革开放初期，凭借毗邻香港的区位优势，深圳市“三来一补”的产业粗放发展过程中，以空间据点的模式在蛇口、罗湖—上步以及沙头角等地区兴建二、三层为主的低矮工业厂房（图 3-1）。这一时期，形成了以低层工业厂房为主的据点式产业空间分布特点。为配合出口加工型制造业的快速发展，深圳政府以成片开发的模式完成了特区内华强北、八卦岭、田贝等十五个工业区的建设。一些街道、村镇级自筹自建工业厂房的数量迅速扩大，工业空间呈现成片工业区集中布局、村镇级工业厂房点状分布的态势。

3.1.2　高层产业楼宇沿干线布局

快速工业化初期，特区内产业空间沿深南大道两侧分布，产业楼宇也随着产业集聚程度的逐渐提高而增高。1992 年全长 25.6 公里的深南大道全线贯通，1995 年，随着深南大道的拓宽，两侧已不再是 20

图 3-1　改革开放初期深圳市低矮工业厂房

世纪 80 年代空间据点式的两三层低矮厂房的景观，5 ~ 6 层产业楼宇逐步增多，甚至出现了一些 10 层以上的产业大厦。从无到有，由少到多，是深圳改革开放四十年来产业发展和经济腾飞历程的见证。

图 3-2　深南大道 1984 年与 2018 年对比图

3.1.3　超高层产业楼宇成网布局

21 世纪初以来，随着深圳产业的发展，酒店、商业等三产比重逐渐增高，并出现众多 250 米以上的超高层酒店、商业楼宇（表 3-1、图 3-3）。2016 年以前竣工的 200 米及以上建筑，中国共有 84 座，其中有 11 座位于深圳。深圳的商业发展形成了多个超高层分布的商业圈，包括东门商圈、国贸商圈、华强北商圈、中心区商圈、华侨城商圈、南山文化中心区商圈、蛇口商圈、宝安中心区商圈及龙岗中心区商圈等。

深圳市已建 250 米以上的重要超高层产业楼宇　　　　**表 3-1**

项目名称	高度（米）	类别	建成年份
平安金融中心	593	写字楼、酒店、商业	2016
京基 100	448	写字楼、酒店、商业	2011
汉国城市商业中心	329	写字楼、酒店、住宅、商业	2015
深圳宝能中心	327	写字楼、商业	
长富金茂大厦	304	写字楼、商业	2015
深长城中心	303	写字楼、酒店、商业	2014
中国储能大厦	289	写字楼、酒店、住宅、商业	2015
卓越世纪中心 1 号楼	280	写字楼、酒店、商业	2010
皇庭 · 皇岗商务中心	268	写字楼、酒店、商业	2010
特区报业大厦	260	写字楼、商业	1997
招商银行大厦	249	写字楼、酒店、商业	2001
鸿昌广场	248	写字楼、酒店、商业	2004

图 3-3　深圳市部分商圈

3.2　产业的空间高度分布变迁

深圳的高层产业楼宇由东向西、由特区内向特区外逐步扩散。早期的 160 米高的国贸大厦位于罗湖区及福田区东部，进入 21 世纪，福田区的办公楼建设进入高潮阶段，出现了赛格电子广场、平安金融大厦等超高层产业楼宇。

3.2.1　20 世纪八九十年代国贸大厦上的贸易

20 世纪八九十年代，依托邻近香港和政策开放的优势，贸易逐渐成为深圳的主导产业。当时建设的国贸大厦、地王大厦等产业建筑，也均为贸易楼宇。1981 年罗湖火车站附近开工建设的占地面积 2 万平方米、高 160 米的国贸大厦是当时全国的最高楼，建筑面积 10 万平方米，高 53 层（含地下 3 层），由商业大楼、商务公寓和购物中心组成。随后，作为贸易楼宇的地王大厦（69 层、384 米），于 1995 年建成完工，由商业大楼、商务公寓和购物中心三部分组成。

3.2.2　20 世纪 90 年代末赛格广场上的电子

20 世纪 90 年代中期，在“三来一补”式加工贸易综合成本不断上升的压力下，传统制造加工贸易体系，迅速被全国性消费升级所推动的家电、电脑、通信产品等电子行业所取代。经过十年的发展，电子信息产业逐渐成为深圳的支柱产业。2000 年建成的赛格广场坐落于福田区，地处深圳华强北超级商圈的核心位置，是一座以高科技电子信息产业及其产品配套为主的产业楼宇，集办公、商贸、会展、金融、证券、会所于一体，是当时世界最高的钢管混凝土结构大厦。

3.2.3 21世纪初平安金融大厦上的金融

深港金融合作的新篇章在1997年香港回归后全面开启。2008年，除招商银行外，招商证券、中信证券等一批深圳金融机构均在香港设立分支机构，开始“走出去”的探索。在此背景下，深圳金融业发展的典型代表之一——中国平安人寿保险股份有限公司，自筹资金100亿人民币，于2015年建成118层、593米高的平安大厦，并将其发展为一个包括办公、商业、会议、交易等功能的大型商业综合项目。平安金融大厦是深圳金融业从无到有、由弱到强的见证，代表着金融改革新时代的开启。

3.2.4 未来超高地标建筑的产业融合

按照世界高层建筑与都市人居学会（CTBUR）标准，300米以上的建筑即为超高建筑。据统计，目前深圳规划中、在建中的超高建筑（非住宅类）至少有18座（表3-2）。这些建设、规划中的超高层地标建筑，产业融合趋势明显。深圳市的高层、超高层不再像前述的国贸大厦、赛格广场、平安金融大厦等产业专业单一，尤其是建设、规划中的高层、超高层产业楼宇，更是越来越趋于产业融合。例如，罗湖区规划的830米高的湖贝塔，产业定位市办公、商务和购物中心的融合；600米高的晶都酒店旧改定位为写字楼、酒店、商务和教育文化的融合。深圳市罗湖区城市更新网站发布的城市更新规划中，蔡屋围片区被定义为金融商业核心区。规划在寰宇大厦原址上新建一座高达739米的高楼，即“H 700深圳塔”。

深圳600米以上的未来新地标（规划、建设中）功能定位表　　表3-2

名称	区位	功能特征
湖贝塔（830米）	罗湖区	产业办公、商务公寓、购物中心
寰宇大厦旧改（739米）	罗湖区	暂未确定
布吉塔（680米）	龙岗区	将其打造为“布吉超级城市中心”
晶都酒店旧改（600米）	罗湖区	超甲级写字楼、酒店、商务、教育文化
大运新城（668米）	龙岗区	“深圳创新超级CBD”
白石洲旧改（600米）	南山区	居住、商业

4　深度：产业空间地下扩张

随着深圳有限的土地资源与扩张的人口规模之间的矛盾凸显，深圳市除了在地面高度上的扩张，还通过地下空间的扩张提高土地的利用效率。为规范地下空间的开发、建设和管理，深圳市政府于2008年率先全国颁布《深圳市地下空间开发利用暂行办法》，与此同时，深圳市2010版总体规划在全市划定了市中心区、华强北商业区等8个地下重点开发地区。近年来，深圳对地下空间的开发利用，涵盖了出行、娱乐、工作等市民生活的方方面面。这里用“深度”来阐述深圳市产业在地下空间的扩展。

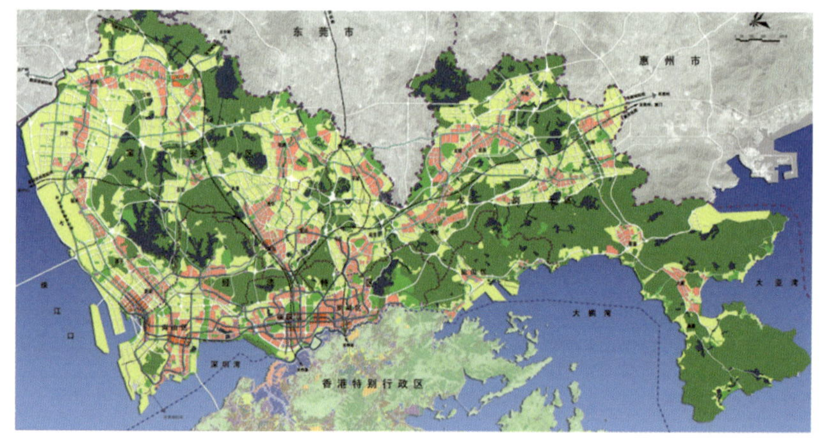

图4-1　深圳市地下空间功能分布图

4.1　深圳地下空间开发的类型

4.1.1　交通驱动地下空间开发——以福田高铁站为例

地铁建设是地下空间规模化与多元化发展的契机和动力源。2000年编制的《深圳经济特区地下空间发展规划》，构建了“以地铁网络为骨架、车站为启动源”的地下空间基本形态。深圳地下空间商场的兴起与地铁轨道交通的开发是密不可分的。深圳大规模的城市轨道交通建设，带动沿线土地开发及车站腹地地下空间的开发，有效地促进区域范围内的商业开发及资源整合，目前深圳地下空间商业开发面积近4万平方米。

深圳地铁沿线部分商业体开发情况一览表　表 4-1

区域	站点	轨道交通线	典型商业项目	特点
罗湖	国贸站	1 号线	金光华广场	与国际高级商业中心接轨的大型现代 Shopping Mall
罗湖	老街站	1、3 号线	柠檬街商城	以低端服饰为主
罗湖	科学馆站	1 号线	华联街、中信地铁商城	以服饰、零食、休闲娱乐为主
罗湖	大剧院站	1、2 号线	万象城、京基 KKMAll、地王购物中心	集零售、餐饮、休闲、娱乐、文化、康体等诸多元素于一体
福田	华强路站	1 号线	世纪汇购物中心、地铁潮流前线	世纪汇以高端消费群体为主，其他则以低端为主
福田	华强北站	2 号线	V 时尚街、乐淘里、华强北地下商业街	主打时尚潮流品牌，未来将建成全国最大的地下商业空间
福田	会展中心站	1、4 号线	怡景中心城、连城新天地、皇庭广场	周边商务中心消费人群
福田	购物公园站	1、3 号线	星河 COCOPARK	年轻时尚，追求潮流的消费群体为主
福田	下沙站	9 号线	KKONE	集购物、休闲、娱乐一体化的大型购物广场
福田	车公庙站	1 号线	丰盛町地下步行街	车公庙附近白领消费人群为主
南山	世界之窗站	1、2 号线	世界之窗地铁商业街	消费群体以外来游客为主
南山	海月站	2 号线	宝能 ALL CITY	以“快时尚”“文化艺术”类为主
宝安	西乡站	1 号线	天虹购物中心	轻松、舒适、自然的一站式购物乐园
宝安	宝安中心	1 号线	壹方城	体验式业态占主导的大体量购物中心
宝安	坪洲站	1 号线	时代城	集大型超市、特色餐饮等于一体
龙华	深圳北站	4、5 号线	缤果时代	以年轻一代的品位和生活为出发点

福田高铁站为深圳典型的交通驱动地下空间开发案例，是亚洲面积最大的地下火车站，仅次于美国纽约中央车站。截至 2018 年 9 月，福田站建筑总面积为 14.7 万平方米，平均深度 32 米，汇集地铁 2、3、11 号线等城市轨道交通线路，以及公交首末站、小汽车及出租车接驳场站等常规交通设施及配套。车站内共设置 36 个出入口，遍及福田中心区深南大道段的南北两侧，将福田中心区内各主要办公、商业、居住、展示、地面交通连为一体。

4.1.2　综合体驱动地下空间开发——以前海地下空间为例

深圳市的综合体驱动地下空间开发的主要模式为地铁站上盖物业综合开发。其商业配套与地铁无缝对接，在地铁与购物中心相连的中间地带会形成独具特色的地铁商业街。其中，前海地下空间是深圳典型的地铁上盖综合体驱动开发的地下空间，前海地铁枢纽深度在 25-30 米之间，有地下建筑 5-6 层。根据规划，负一层以商业餐饮为主，有少部分换乘功能。负二层为换乘层，有少部分商业空间，主要满足快速疏散功能，保证乘客快到快出快换。人们不出地面就可以感受到城市氛围，体验生动繁华的都市生活。

4.1.3　商圈驱动地下空间开发——以华强北商圈为例

位于福田区的华强北片区，以商圈驱动，带动了地下空间的开发和发展。如今的华强北，发展成了以电子市场为龙头的多元业态混合的商业中心。华强北早期地上商业街业态较多、品类全、店铺密，形成强大的吸引力，而地下空间的利用以停车为主。随着商业的进一步集聚，原有工业区的建筑形态和空间格局已不能适应商业与商务进一步扩容和发展，同时，随着深圳市地铁的繁荣发展，华强北片区的地下空间开发速度也逐渐加快。串联地铁 1、2、3 和 7 号线四条地铁线。通过华强北地下空间的开发，人流被引导至地下，不仅有效缓解地面人车争道问题，而且将华强路两侧商业空间连通，形成业态互补、资源共享，解决空间资源供需不足的矛盾。

4.2　深圳地下空间的产业发展历程

4.2.1　地下空间发展起源阶段——以交通运输业为主

深圳市地下空间开发始于地铁建设，1999 年开工建设的地铁 1 号线，激发了多元化、规模化利用地下空间的需求。2004 年，深圳地铁一期工程建成通车，包括罗宝线、蛇口线、龙岗线、龙华线、环中线。深圳成为中国大陆地区继北京、天津、上海、广州后的第 5 个拥有地铁系统的城市。2011 年 6 月，地铁二期五条线路全面开通，形成总长 178 公里，覆盖深圳城市主要发展轴的城市轨道交通运营网络。深圳四期工程于 2017 年获得批复，建成通车后，深圳轨道交通总里程将达 580 公里。对进一步优化城市空间布局，构建更加完善的轨道交通网络，打造更加便捷高效的城市轨道交通生活圈具有重大而深远的意义。

4.2.2　地下空间逐步扩张阶段——以零售业、餐饮业为主

随着地下空间开发面积不断扩大，如何平衡地下空间开发成本与收益成为当地政府开始着重考虑的问题。商业作为市场经济的重要组成部分，因其高利润的行业属性，与轨道交通站点相结合，迅速入驻地下空间，自然而然成为地下空间业态的主体。深圳目前已经初步形成规模的地下商业空间主要集中在罗湖和福田中心城区。主要类型包

括：一是以华强北和东门商业圈为特点的地下步行街；二是以连城新天地、丰盛町等典型写字楼集群下的地下步行街；三是以世界之窗、大剧院、市民广场等地铁换乘点为特色的小型步行街。商业业态方面也表现出明显的极化现象。即未与购物中心相连的地下商业街品牌略显低端和大众化，而靠近购物中心的则以亲民化的连锁品牌为主。

4.2.3　地下空间的完善阶段——与地面空间串联的零售、电子、时尚业初现

深圳市目前的地下空间产业主要布局在地铁车站及区间施工自然形成的空间和与地铁连通的独立地下物业开发空间。该类项目均设置有多个通道出入口，连接各类市政项目、小区、写字楼、商场等，有效提升了城市土地利用效率。典型的如福田中心区“地下一座城”，由地下商业街连城新天地打通会展中心、皇庭广场、中心城、购物公园、平安金融中心以及地铁会展中心站、购物公园站、岗厦站等地下商业空间，并连接至福田交通综合枢纽、市民中心广场，形成连绵数公里的庞大地下空间，其中仅福田高铁站地下建筑就约 40 万平方米，构成了福田 CBD 最大的商业矩阵，为 CBD 数十万商务一族和广大乘客提供美食、电子、时尚、休闲等定位精准、丰富多彩的体验式商业服务。

5　密度：深圳土地空间生产效能的提升

2004年，快速发展的深圳就已经开始在全国率先面临着土地、资源、人口、环境“四个难以为继”的严峻困境。其中，土地空间资源紧缺问题尤为突出。随后，“深圳效益”“深圳质量”等城市发展理念不断提出，也带动这座城市逐渐步入了以盘活存量用地为主的新阶段。就深圳的产业发展而言，密度是指深圳的空间生产效率。深圳在增量发展与存量发展时期，都能保持同时期较高水平的产业“密度”，原因在于深圳能积极探索产业转型升级，发展高新技术产业，并对已建成空间进行优化，促进城市更新，推动传统产业整合升级。

5.1　提高空间生产效能是深圳产业发展必经之路

如何在有限的存量用地上提高生产效能，是深圳缓解土地资源紧张、解决深圳“四个难以为继”的必然选择和必须解决的重大课题。在土地价值上涨的压力下，特区内传统工业外迁势头加剧，上步、步心、车公庙等工业区内大部分企业迁出，且因特区内的土地资源紧缺，产业空间发展向提高土地使用效率为核心的集约化模式发展演进。从用地结构来看，2016年，深圳市工业用地面积占比为30%，远高于全球大城市的一般比例（约15%）。

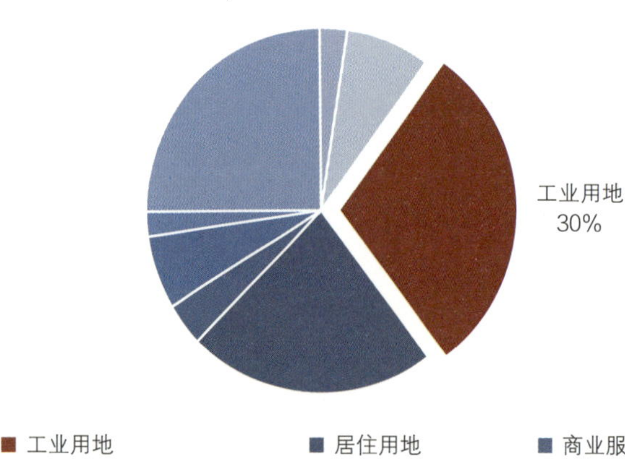

图5-1　深圳市用地结构及工业用地占比
资料来源：2016年中国城市建设统计年鉴。

40 年来，深圳城市空间生产效率提升显著。一般而言，中国城市的 GDP 增长与城市外延式扩张有很大的正相关关系，而深圳在城市适宜建设用地面积有限的情况下，仍然保持了 GDP 的快速增长。2003-2016 年深圳市的建成区面积从 516 平方公里增长到 923 平方公里，年均增长率为 6%；而 GDP 从 358.6 亿元增长到了 19492.6 亿元，年均增长率达到了 34%。地均建成区面积生产总值为 21.1 亿元 / 平方公里，仅次于上海，位居全国第二。

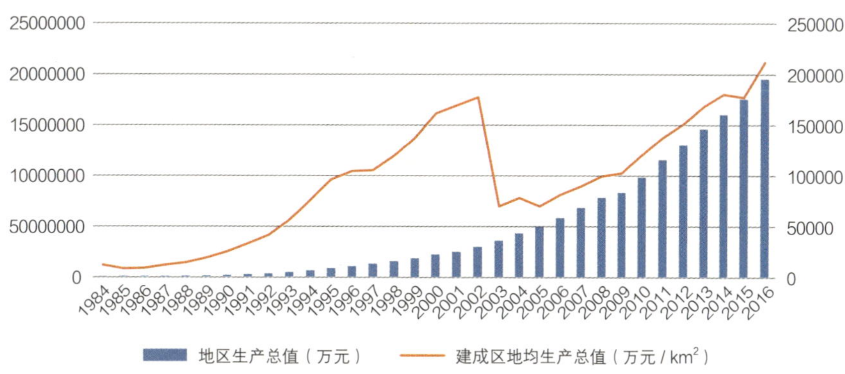

图 5-2　深圳市理念生产总值与建成区地均 GDP 变化
资料来源：中国城市统计年鉴。

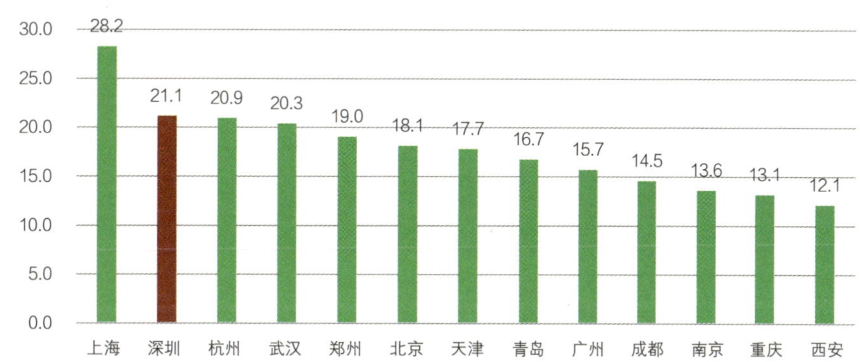

图 5-3　2016 年中国主要城市（建成区）地均 GDP
资料来源：中国国家统计局。

在 2005-2016 年的十余年间，深圳产业向高端化、智能化方向升级，对高耗能产品的依赖程度下降，单位 GDP 能耗、单位工业增加值能耗均有不同程度的下降，空间生产效率提升（图 5-4）。

2019 年 1 月 3 日，深圳市规划和自然资源局发布的《深圳市城市规划标准与准则》明确提出上调深圳市部分密度分区的基准容积率与容积率上限。密度上调地区主要为深圳市重要战略地区以及城市次中心或组团中心，如南山留仙洞片区、福田皇岗中心片区、罗湖口岸片区、龙岗布吉中心及宝安松岗中心地区；而密度下降区主要临近生态环境较敏感地区及生态区内。在工业用地和物流仓储用地方面，改为按不同

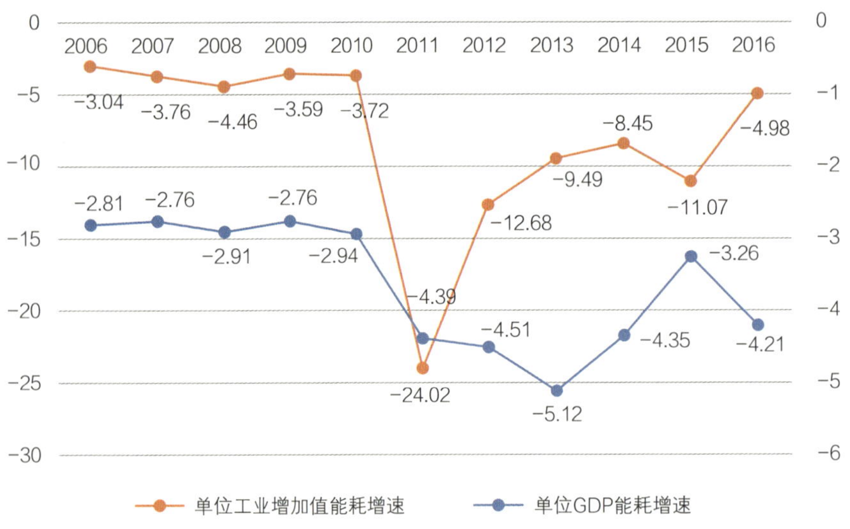

图 5-4　深圳市能耗水平测度表（单位：%）
资料来源：深圳市统计年鉴。

密度分区设定相应基准容积率，并取消了容积率上限的限制。这一修改对深圳产业发展突破土地资源限制，进一步提高产业用地集约利用水平，促进产业转型升级，支持实体经济发展等方面有着积极作用。

工业用地地块容积率指引表　　**表 5-1**

分级	密度分区	新型产业用地（M0）基准容积率	普通工业用地（M1）基准容积率
1	密度一、二、三区	4.0	3.5
2	密度四区	2.5	2.0
3	密度五区	2.0	1.5

资料来源：深圳市规划和自然资源局（原深圳市规划国土委）。

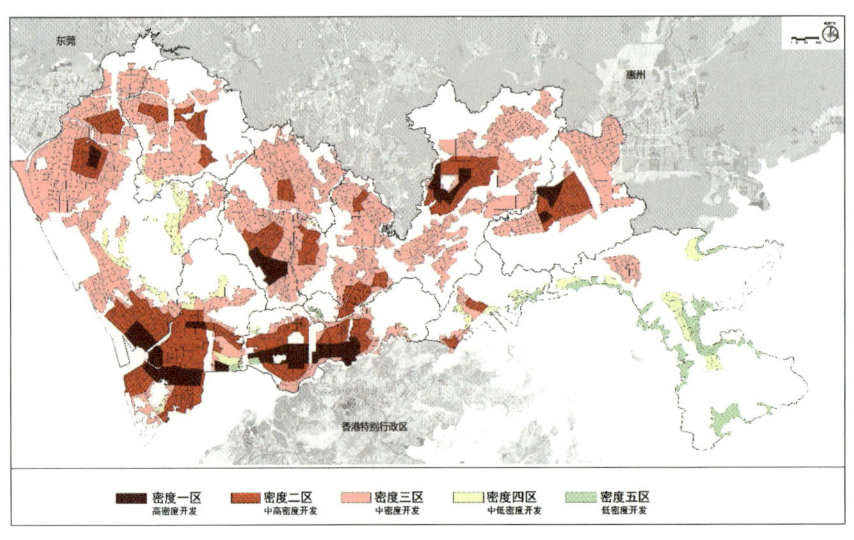

图 5-5　深圳市建设用地密度分区指引图
资料来源：深圳市规划和自然资源局（原深圳市规划国土委）。

5.2　深圳产业空间生产效率提升的途径

5.2.1　宏观视角：产业转型升级是深圳空间生产效率的基本动能

空间的局限是制约城市未来发展的巨大挑战。深圳现有陆域面积1997.27平方公里，仅相当于上海城市土地面积的1/3，北京城市土地面积的1/8。面对不断增加的建设用地需求，深圳通过产业升级转型，提升产业空间生产效能，促进城市经济的持续性发展，自1979年到2017年，深圳市地区生产总值一直持续快速增长，年平均增长率达到22.6%。

深圳产业空间生产效能发展伴随着深圳特区内产业空间的广度扩张（1979–1995年）。早期“三来一补”为深圳的产业带来了原料、设备与技术，初步形成了深圳的产业布局，使深圳产业实现从零到有的跨越。此时，深圳产业主要是承接香港产业转移的劳动密集型产业，整体产业生产的效率仍比较低级，但仍高于国内其他城市。1994年深圳市地均建成区GDP高达67517.5万元/平方公里，高于上海、北京、广州、南京和杭州等国内主要城市。

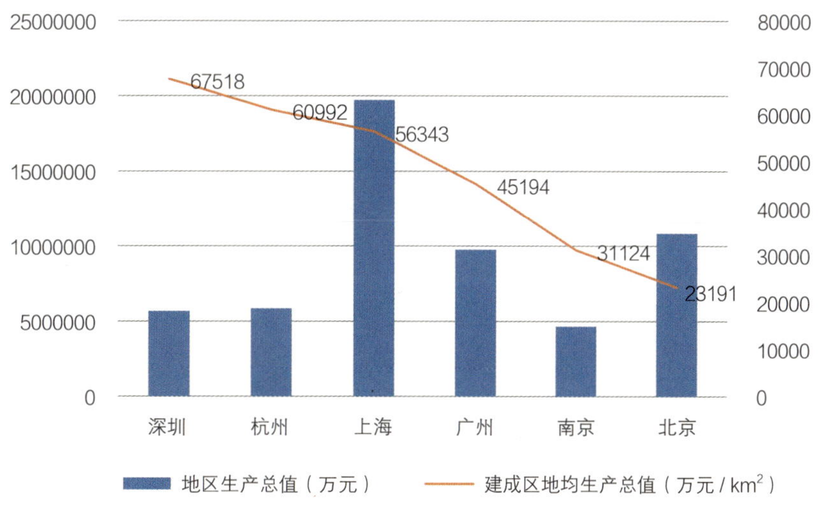

图5-6　1994年国内主要城市地区生产总值和建成区地均生产总值情况
资料来源：中国城市统计年鉴。

特区内工业重型化及特区外工业空间扩张（1996–2004年）。特区经济进入产业结构优化和城市功能完善提高阶段，一直处于主导地位的二产在发展中逐步升级，以电子信息产业为主的高新技术产业对促进深圳工业结构升级发挥了重要作用。特区内工业生产空间的逐渐萎缩和特区外生产空间的急速扩张是这一阶段产业空间发展的主要态势。

工贸协同发展促进城市功能的全面提升及工业空间改造再生（2005年至今）。进入21世纪后，在高新技术产业保持稳定增长的同时，大量传统产业由劳动密集型生产向技术密集、规模化、集约化生产经营的城市都市产业转型，形成与高新技术产业并重的局面。以研发、创意、设计、检测、办公等功能混合利用为特征的创新型产业空间正在不断增多。产业结构的战略性调整也带动了城市空间开发模式的根本性转变，增量扩张逐步被以旧产业空间存量开发为主的城市更新战略代替。现有生产空间向总部经济、高新技术产业、高端服务业等空间用途置换，成为城市产业空间功能变更的主要方向。

5.2.2　微观视角：工业改造提高深圳土地短缺背景下的生产效能

目前深圳的发展已经极大地受到了土地短缺的制约，面对新增建设空间难以为继的现实困境，亟需对既有产业空间进行存量盘活改造。旧生产空间的更新改造与置换重建是经济转型和产业结构调整在城市空间的投影，也是城市建设由增量扩张向存量优化转向的具体空间实践。深圳的旧工业空间再生产包括部分旧生产型空间通过整合、改建实现由低端制造空间向智能化、高端化、科技化生产空间的改造升级。通过旧工业空间的改造，工业园区功能逐渐向商业化的消费型、服务型空间和高级工业生产型空间转变，空间生产效率得到了进一步的提升。

上沙创新科技园是深圳市委、市政府“厂房再造，产业置换”总体发展规划的重点项目，是深圳市产业转型空间效能提升的典型案例之一。由原上沙工业区19栋旧厂房改造而成，占地面积为39868平方米，建筑总面积为78236平方米。改造前，主要是从事制衣、汽车修理、装潢装饰、广告、小家电等附加值低、污染严重的劳动密集型小规模企业。升级改造后，入驻企业主要为设计、研发、生产型的高附加值的绿色环保企业。2008年年租金收入共2700万元，是改造前的2.6倍，年产值已经达到10.59亿元，是改造前（2004年）6200万元的17倍。

6　精度：产业的精细化与精准化发展

深圳的发展过程是典型的产业结构升级和主导产业置换的过程，深圳的产业发展，短短四十年间，经历了从粗放向精细、从低端到高端的快速发展过程，产业整体素质不断提高，逐渐形成了以高新技术产业、文化创意产业、现代物流产业和金融业为支柱，壮大战略新兴产业和未来产业的精准化特色产业体系。回顾深圳四十年来的发展，不难发现，深圳市产业发展是不断精细化和精准化的过程，这里将其总结为精度。深圳市产业发展的精度主要体现在传统产业的精细化转型、战略新兴产业的精准定位和全生命周期产业综合体的精准培育三个方面。

6.1　传统产业的精细化转型

深圳市在 1995 年和 2004 年前后，分别提出产业高新化和现代服务业的产业发展目标，产业从“三来一补”粗加工到高新技术产业的精细化转型，为深圳经济的蓬勃发展提供了强有力的支撑。1995 年深圳提出“第二次创业”，建设高新技术密集型产业基地，传统产业逐渐向高新技术产业转型，进入了地区生产总值和二三产产值增长率逐渐放缓的精细化发展期（图 6-1），高新技术产业逐渐成为深圳经济增长的主要推动力。2001 年，首次提出建设高科技城市的目标，并规划“9+2”高新技术产业带。产业空间随产业升级转型，传统工业大量迁出关内，

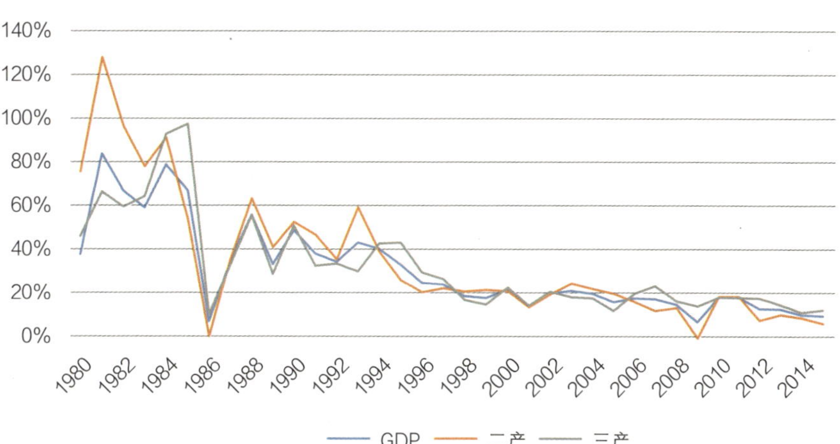

图 6-1　深圳市历年地区生产增长率
资料来源：深圳市统计年鉴。

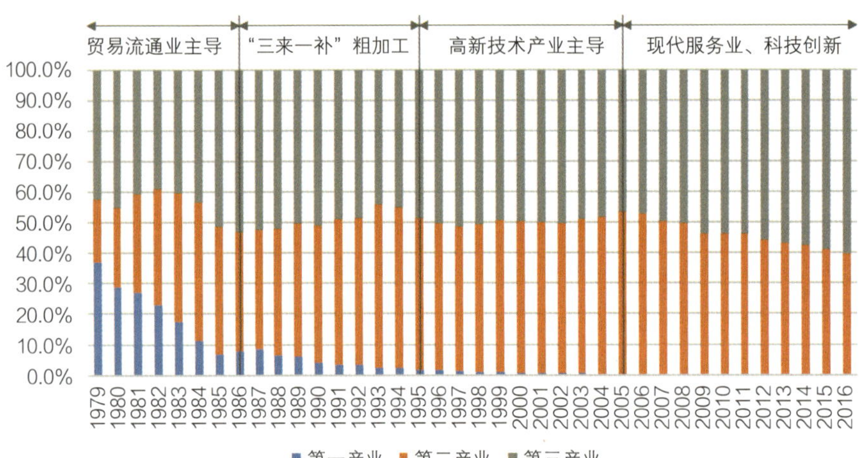

图 6-2　深圳市历年三产比例

资料来源：深圳市统计年鉴。

特区内产业用地升级置换。

近年来，深圳市初步构建了现代产业体系。2011 年出台《深圳市人民政府关于加快产业转型升级的指导意见》以来，深圳市积极调整和优化产业结构，产业迈向中高端。二三产业结构从 2011 年的 46.4 : 53.6，优化为 2016 年的 39.9 : 60.1。截至 2018 年，发展了众多科创园、软件园、现代物流园等高度专业化和精细化的产业园区，实现经济发展质量和可持续发展能力双提升。

6.2　战略新兴产业的精确定位

随着深圳产业的转型升级，深圳市深入落实国家战略性新兴产业发展试点，推进了深圳市战略性新兴产业的精准定位与布局，专业化与精细化的战略新兴产业园区逐渐增多。现有战略新兴产业主要有新一代信息技术产业、互联网产业、文化创意产业、生物产业、新材料产业、节能环保产业、新能源产业等。2012-2016 年，五年以来，深圳市战略新型产业增加值平均增长 20.5%，其中新一代信息技术五年平均增长率最高，为 29.3%，其次是互联网和文化创意产业（图 6-3）。新兴产业增加值占 GDP 比重逐年增高，2016 年七大新兴战略产业增加值综合占 GDP 比重提高达 40%（图 6-4），成为国内战略性新兴产业规模最大、集聚性最强的城市。

深圳市专业化和精细化的新兴产业相关园区逐渐增多。其中，文化创意类的产业园，例如光明华强创意产业园和中芬设计园；互联网产业类的园区，例如南山智园和国际电子商务产业园；新一代信息技术产业园，例如招商局智慧城和神舟智园等（表 6-1）。

图 6-3　深圳市主要新兴产业增加值五年（2012-2016 年）平均增长率。

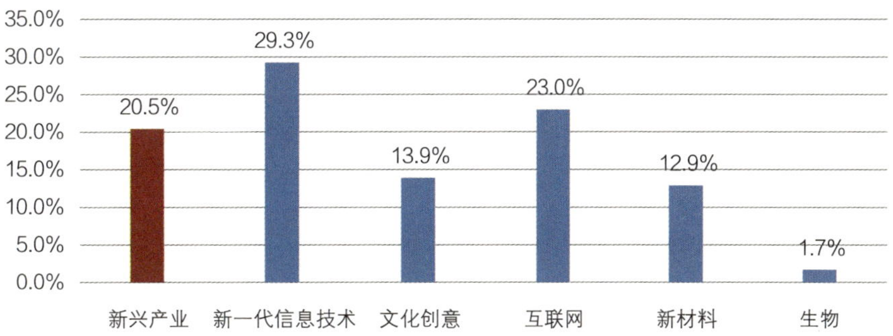

图 6-4　深圳市历年主要新兴产业增加值（亿元）

资料来源：深圳统计年鉴。

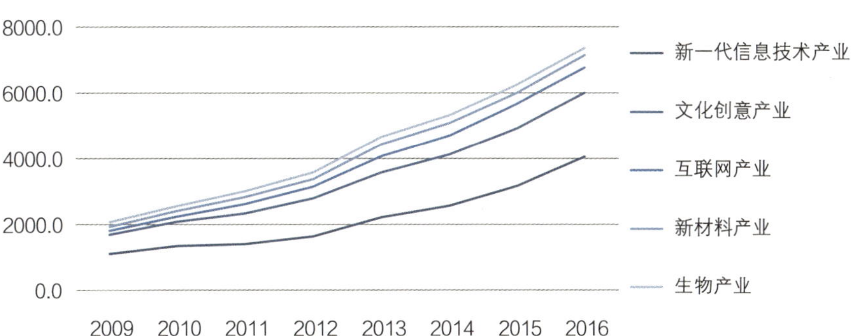

深圳市重点战略新兴产业园　　**表 6-1**

名称	园区类型	建筑面积（万平方米）	定位
中芬设计园	文化创意	6.12	依托深圳和芬兰设计行业合作平台，聚集全球设计创新资源，展现国际化前沿趋势的设计文化基地
华强创意产业园	文化创意	77	国家级文化产品及服务进出口基地，智慧 + 金融型新一代主题产业园区
南山智园	互联网	65.79	促进南山区战略性新兴产业腾飞的重要载体，大学城科技产业园和“国际知识创新村”示范区
国际电子商务产业园	互联网	7.8	重点发展互联网及电子商务全产业链，努力完善电子商务产业链集成需求
招商局智慧城	新一代信息技术	207	以创新型企业、深港合作为智慧源，以智慧产业为主导的依托的生态环保型现代产业新城
神舟智园	新一代信息技术	39	以智能智造和智慧产业为核心，重点发展智能装备制造、智能服务、智能控制技术系统集成软件等
生物医药创新产业园区	生物产业园	22	首批三个国家生物产业基地之一，培育具有国际竞争力的企业和企业家，设立高新技术成果转化基地

资料来源：深圳市政府网站 http://www.sz.gov.cn/cn/zjsz/fwts_1_3/qyfb/zdyq/。

6.3 全生命周期产业综合体的精准培育

产业转型升级背景下，深圳市城市更新过程，土地集约化发展使得原本占地面积大、容积率低的工业园区释放出更多的产业空间，也逐渐精准培育产业综合体的新兴产业形态。近年来，深圳市涌现了星河 WORLD、天安云谷、宝能科技园、深业 U 中心、鹏森海纳中心和深圳湾创业投资大厦等重要的产业综合体（表 6-2）。

深圳市重点全生命周期的产业综合体 **表 6-2**

名称	建筑面积（万平方米）	定位
星河 WORLD	160	致力于为企业提供从创客空间、孵化器、加速器到中型企业集群、500 强总部基地等全生命周期所需的商办物业
天安云谷	289	国内首个以云计算、大数据理念规划的强调“共享、协作”的产城社区。园区定位于以产业研发办公为主的综合型项目
宝能科技园	168	国际化全周期产业服务综合体，涵盖“创客空间—孵化器—加速器—总部基地”企业全生命发展周期，构筑产城融合发展新高地
深业 U 中心	19	高端产业综合体，开启深圳“U 资源链”全新商务时代，缔造集办公、居住、商业、健康为一体的综合体
鹏森海纳中心	12	高新产业项目综合体，打造以甲级写字楼、高新技术企业及商务休闲的多元化空间综合体项目
深圳湾创业投资大厦	9	系深圳市投资控股有限公司投资建设的研发、办公写字楼、商业楼宇综合体

资料来源：深圳市政府网站 http://www.sz.gov.cn/cn/zjsz/fwts_1_3/qyfb/zdyq/。

7　美度：产业空间的日益美化

深圳市不仅有“深圳速度”和“深圳质量”，也不乏“深圳美度”。深圳近四十年的产业发展历程中，重视产业片区的美化。改革开放初期的深圳市产业区，均紧邻大型的公园、林地或山地；21 世纪后，产业转型期产业园注重内部环境的美化；近年逐渐发展起来的生态绿色新兴产业体也为深圳的城市美化作了巨大贡献。这里用“美度”概括深圳市产业空间的日益美化。

7.1　产业区的日益美化

7.1.1　改革开放初期产业区周边绿化

改革开放初期，深圳利用地形地貌的优势，在产业布局与发展过程中基本保障了产业区紧邻公园、林地、山地等，推进了产业区周边的绿化和美化。1986 年完成的 86 版特区总规，规划了 15 个成片开发的工业区，值得注意的是，此版总规规划的工业区均紧邻着公园、绿色旅游设施、荔枝林或保护区等大型公园绿化设施。规划的工业片区中，南头工业区、蛇口工业区、南油工业区、黄岗工业区、水贝工业区、八卦岭工业区、梅林工业区以及沙河工业区等均紧邻城市公园（图 7–1）。

图 7–1　历版总规工业园区与周边绿化规划图（1986）

资料来源：根据《深圳市经济特区总体规划 1986》图集绘制。

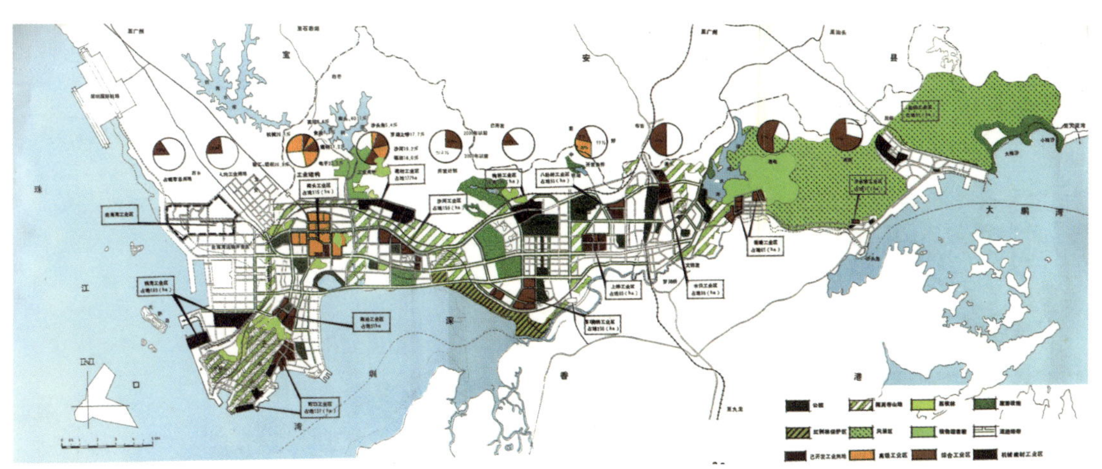

近十年的快速城市化发展下，深圳市产业用地不断快速扩张，从特区内逐渐向特区外扩散，规划工业用地面积大幅度提高。但96版总体规划大体上仍延续了86版的产业用地周边配套大型绿色基础设施的做法。相较于86版的总体规划，1996年编制的总体规划规划区拓展到全市域，产业用地扩张明显，但保证了产业用地周边的大型绿色设施配套。大多工业用地片区的布局紧邻城市公共绿地，仅麻岭角、岭下等少数几个工业片区1公里范围内无城市公园或风景旅游绿地覆盖（图7-2）。

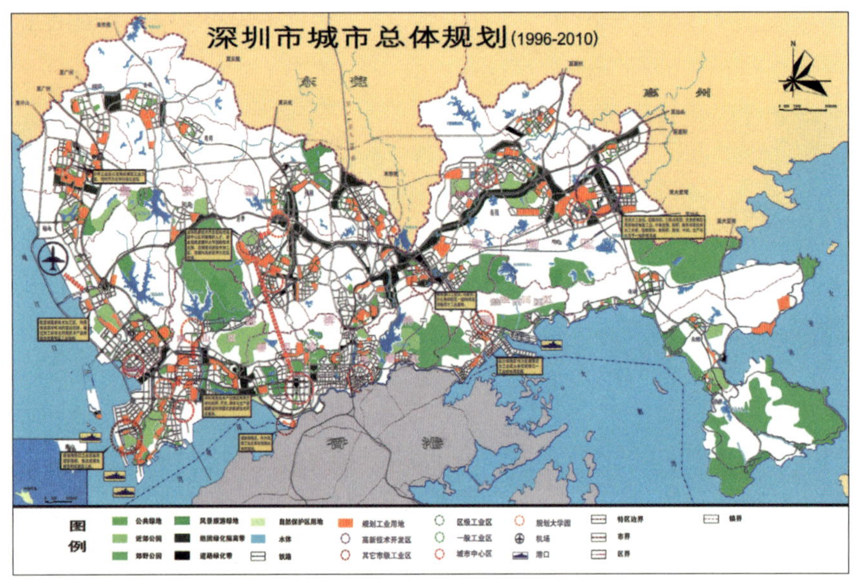

图7-2 历版总规工业园区与周边绿化规划图（1996）
资料来源：根据《深圳市城市总体规划（1996-2010）》图集绘制。

7.1.2 转型期产业园内部环境的美化

21世纪以来，随着深圳城市化进程的进一步加速，深圳工业在用地逐渐扩张与逐步腾退转型并存，对产业园区内部环境的美化也日益重视。尽管这一时期由于产业用地的广泛分布，大多产业片区难以继续保证周边1公里范围内均覆盖大型绿色基础设施（图7-3）。但随着深圳市产业转型升级的推进，产业园区所需高素质员工比例逐渐增多，对生活品质的要求也进一步提高，产业园区的环境与品质面临着更大的挑战。深圳市近年来发展的不论是科创园、战略新兴产业园均较好地应对了这些挑战。

（1）科创园美化

随着深圳产业的转型升级，近年来不断涌现出环境优美、配套完善的科技创新园。这些科创园或通过旧工业区改造、改善原工业区环境，

图 7-3　历版总规工业园区与周边绿化规划图（2010）
资料来源：根据《深圳市城市总体规划（2010-2020）》图集绘制。

或另起新地新建、注重配套设施的完善和美学设计。典型的例子包括天安云谷、深圳市软件产业基地等。

天安云谷位于龙岗区坂田环城北路，是占地 76 万平方米、总建筑面积 289 万平方米的产城社区，建设了公园、云平台、跑步绿道、文化活动中心等必要的开放空间（图 7-4）。

图 7-4　天安云谷规划鸟瞰图与历年卫星图
资料来源：卫星图来源于谷歌地球，鸟瞰规划图来源于天安云谷官网 http://www.szyungu.com/pages/258/401/577.html。

深圳市软件产业基地雄踞高新园南区，建筑面积 62 万平方米，近年来逐渐拆除低矮厂房并建成了 18 栋体量恢宏兼具美学的建筑集群，通过地面绿化、架空层、屋顶花园、空中花园、空间连廊，共同搭建立体景观系统，绿色低碳技术的广泛使用，营造和谐共生的绿色生态办公环境（图 7-5）。

图 7-5　深圳产业软件基地

资料来源：卫星图来源于谷歌地球，鸟瞰规划图来源于深圳湾发展有限公司官网 https://www.szbay.com/xuni_mb_8.html。

（2）战略新兴产业园美化

自深圳深入推进国家战略性新兴产业发展试点，战略性新兴产业继续壮大以来，也逐渐新增了不少战略新兴产业园区。这些园区不同于以往的重工业园区，注重生态环境的营造和城市美化建设。这些园区主要包括南山智园、深圳市生物医药创新产业园等。

南山智园位于南山区西丽学苑大道以南，用地面积为 14.2 万平方米，作为深圳市旧工业区"羽化成蝶"的一个典型园区，所在地块曾经是破旧不堪的旧厂房，全是低端业态。如今的南山智园是青山环绕、空气清新、环境幽美、建筑新颖的科技园区（图 7-6）。

图 7-6　南山智园

资料来源：卫星图来源于谷歌地球；鸟瞰规划图来源于互联网。

7.2 新兴产业体的空间美化

随着“深圳速度”到“深圳质量”的发展，深圳不仅有高密度的摩天大楼和高技术的产业园区，也不乏优质的绿化，不仅是一座创新城市，更是一座“森林城市”，与其余一线城市相比，拥有较高的城市森林覆盖率。2005 年以来，深圳市森林覆盖率呈整体上升趋势，2016 年森林覆盖率高达 40.9%（图 7-7）。而深圳市的高森林覆盖率与城市绿化美化，一方面，很大程度上得益于深圳市分布较多的新兴产业体：主题公园和生态旅游景区；另一方面，随着《深圳市绿岛网专项规划》的实施，深圳建成了总长 2000 公里的绿道，串联了 1000 多处自然保护区、公园、旅游景区、滨海度假区、文物古迹等。

图 7-7 深圳市历年森林覆盖率

资料来源：2017 年深圳市统计年鉴。

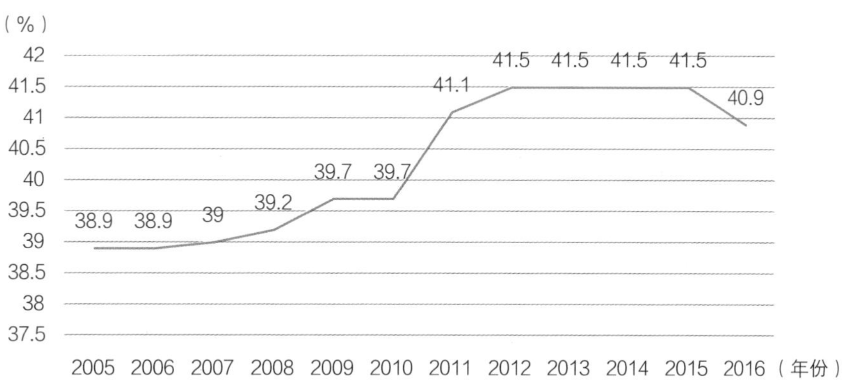

7.2.1 主题公园

深圳主题公园主要包括深圳中心公园、深圳湾滨海休闲带、东湖公园、大鹏半岛国家地质公园、空中乐园等。深圳中心公园为市中心难得的康体休闲绿地和公众娱乐场所，是市中心区域的风景走廊；深圳湾滨海休闲带通过步行系统、自行车道、海边栈道、休闲平台、主题公园等，给市民提供近海休闲活动场所；大鹏半岛国家地质公园是体现深圳海滨城市、生态城市、旅游城市、文明城市特征的重要代表。

7.2.2 生态旅游景区

旅游景区主要包括红树林自然保护区、东部华侨城、世界之窗、欢乐谷、莲花山、梧桐山风景区、东西涌海岸线等。红树林自然保护区是国家级自然保护区；东部华侨城是世界级度假旅游目的地，是环

世界之窗

欢乐谷

东西涌海岸线

图 7-8　深圳市宝能科技园
资料来源：百度图片。

境保护部和国家旅游局联合授予的首个“国家生态旅游示范区”；世界之窗是弘扬世界文化精华为主题的大型文化旅游景区；欢乐谷是大型主题乐园；莲花山是风景优美、环境宜人的休闲胜地；梧桐山风景区是国内少有的邻近市区，以滨海、山地和自然植被为景观主体的城市郊野型自然风景区；东西涌海岸线是中国八大海岸风光之一（图 7-8，表 7-2）。

8　深圳四十年产业时空发展回眸

从小渔村到大城市，从“深圳速度”到“深圳质量”的历史巨变下，深圳土地空间越来越有限。深圳市产业扩展与空间不足的制约铸就了深圳独特的发展模式与路径。回顾四十年来深圳产业与城市空间的发展历程及其互动关系，不难发现，深圳市的产业时空发展有水平和垂直（地下、地上）方向的扩张的“广度”“高度”和“深度”，也不乏产业空间效益的提高的“密度”，产业专业化与精细化的“精度”，以及产业空间品质化的“美度”。

四十年来，从改革开放初期产业空间据点增长，到 20 世纪 80 年代深南大道轴向空间扩张，再到 90 年代中期产业空间的成网布局和如今的新增长极，是深圳市产业发展的“广度”；从低层工业厂房的据点式分布，到高层产业楼宇沿干线分布，再到超高层产业楼宇的成网布局，是深圳市产业发展的“高度”；交通驱动、综合体驱动以及商圈驱动下，深圳市地下空间以地铁的发展为动力源，逐渐新增零售业、餐饮业，如今成为与地面空间串联，零售、电子、时尚业初现，是深圳产业发展的“深度”；特区内传统产业不断外迁，产业的转型升级促进了深圳空间生产效率的提高，工业旧改提高深圳土地短缺背景下的生产效能，是深圳市产业发展的“密度”；主导产业不断置换，从粗放向精细、从低端到高端，传统产业的精细化转型，战略新兴产业的精确定位以及全生命周期产业综合体的精准培育，是深圳市产业发展的“精度”；改革开放初期工业区周边的绿化，到产业高新转型以来产业园区内部的美化，再到如今主题公园、生态旅游景区等新兴产业体的空间美化，是深圳市产业发展的“美度”。

参考文献

[1] 深圳市规划局 . 深圳市工业布局规划和研究 [Z]. 2006.

[2] 张勇强 . 城市空间发展自组织研究——深圳为例 [D]. 东南大学，2003.

[3] 邹兵 . 国家创新型城市发展中的规划作用——兼论深圳产业布局规划的思路演变与实施成效 [J]. 城市规划，2017，41（04）: 41-48.

[4] 许慧 . 深圳城市空间结构演变 [J]. 艺术教育，2013（06）: 168-170.

[5] 王斌 . 深圳市产业结构调整与产业布局研究 [Z]. 2012.

[6] 深圳市规划和国土资源委员会 . 深圳市城市总体规划（2010-2020）[Z]. 2010.

[7] 深圳市发展和改革委员会 . 深圳市实施东进战略行动方案(2016-2020 年)[Z]. 2016.

[8] 深汕特别合作区管委会 . 深汕特别合作区发展总体规划（2015-2030）[Z]. 2015.

[9] 掌上漳州港 . 漳州开发区蛇口模式复制全面提速 .

专题三

深圳面向可持续发展的高品质产城空间研究

张克科[1]

1 张克科，深港产学研基地深港发展研究院、深港科技合作促进会

一、从创新发展和供给侧改革的维度认识高品质空间的新思维

优质产业空间和生活空间是深圳产业和城市发展进程中必须正视的基础条件，也是粤港澳大湾区区域发展战略中深圳城市定位的品质要求。产业和生活空间的有效有序匹配是供给侧改革的目标和现代都市发展的趋势，面向发展需要提供满足各类创新型企业和相关创新资源需求，包括办公、研发、生产和服务等在内的产业空间。打造国际科技产业创新中心更需要优质空间的承载能量。产业高端化对城市产业及生活空间提出新的品质定义，同时又必须满足海内外创新创业者和普通居民生活需求，包括居住空间、公共空间、文化空间和景观空间等在内的优质生活空间。建立生产、生活、生态统筹发展的供给体系是保障可持续发展的基本路径。

随着新一轮科技和产业革命兴起，全球进入新经济发展时期，生命科学、信息技术等知识密集型强的产业成为主导区域经济发展的命脉，新一代信息技术与各行各业深度融合，正在引发影响深远的产业变革，形成新的生产方式、产业形态、商业模式和经济增长点。这些产业对高端人才和开放式创新交流的依赖性非常高。知识密集型产业的办公与居住、休闲空间的关系不是相互冲突的，而是互补的，可融合布局在同一区域空间内。大湾区建设对城市圈的产业及生活空间提出了更高要求。深圳应抓住机遇，充分借鉴世界知名创新中心空间发展经验，以国际一流城市设施标准为标杆，实施城市安全保障、清洁高效能源、资源信息设施、互联互通交通、生态环境提升、城市空间扩展以及人才优先发展、教育、医疗优质供给等，不断提高公共产品和公共服务供给水平，配置科技产业发展需要的创新资源，打造优质产业空间和生活空间，完成国家赋予深圳作为国家科技产业先锋城市的战略使命，力争成为大湾区中科技创新和建设更具竞争力、影响力的国际化城市的标杆。

深圳优质产业和生活空间包括以下内涵：

协调均衡。具有类型多样、功能完善的产业空间和生活空间，满足深圳产业发展和各类人群生活需求。根据不同区域发展基础，在不同区域之间形成差异化、特色化的空间要素和形态，形成包容多样经济、多级企业、多元社群、多元文化的空间格局。

开放共享。发展开放共享的公共服务空间和产业空间，发挥深圳改革开放的“窗口”作用，提高与国际接轨程度，具备优质教育、医疗、

住房等服务供给能力、国际化旅游、休闲、健康等品质服务能力以及国际文化交流能力等。

绿色低碳。具有宜居宜业的城市生态环境、绿色低碳的发展方式和生活方式，拥有覆盖全市的多层次、网络化、功能复合的生态网络体系，生态系统的保育、环境污染、资源能源利用、城市安全等问题能够有效解决。

智慧便捷。具有智慧便捷的公共服务体系和公共服务的供给能力。拥有智慧城市公共信息网络，全域通达的、多样化的公共交通服务能力以及社区公共资源配置能力，城市绿道和生态连廊互联互通，城市公园与公共开敞空间便捷。

产城融合。具有产业区和生活区融合发展的空间形态，产业园区具有完善的创新资源配置，具有完善的产业配套服务以及便捷的生活和商业配套，城市重点营造适合创新型人才发展的产业空间和生活空间，营造富有特色的人文和人性化城市特色空间。

二、深圳产业升级和城市发展推动产业和生活空间的演进

产业空间一直是产业升级和城市发展的重要载体和基础资源，产业空间和城市空间反映了深圳产业和城市的发展状况，也出现了二者不匹配的问题。

深圳 38 年来的产业体系的变迁对产业空间的需求体现了阶段性的变革，大约 15-20 年为一周期。

产业空间分类布控起步期：1979 年蛇口工业区的建设和 1980 年深圳特区规划的工业区布局，满足了深圳城市发展和产业支撑的需要。1993 年提出产业调整，确立高新技术主导的思路，1995 年规划 179 平方公里的龙岗大工业区，1996 年统筹建设高新工业村，之后规划 11.5 平方公里的高新区，为后续的发展提供了优质的产业空间。龙岗大工业区首期 10 平方公里，包括政府回购的宝龙工业区，为深圳引进重大项目落地提供了产业环境。深爱半导体、北大方正、比亚迪、国家生物产业基地（坪山）以及高新区的中兴通信、华为、住友、三星、奥林巴斯、爱普生、迈瑞、曙光和一大批高新技术成长型中小企业提供了很好的产业空间。这个时期的一个重要特点就是：市主要领导的思路非常清晰，不遗余力推进产业空间的特区内外、近期远期、城市支撑的供给储备，通过规划确定产业空间的中长期发展目标，充分利用宝安撤县改区和新龙岗片区的区位发展差，有效地将成片的土地资源

列入发展规划。

统筹规划扩展城市活力期：1997 年高新区设立后，2001 年确定了“9+2”的高新技术产业带近 180 平方公里的产业空间。2001-2005 年期间市政府在统筹交通组织、各区在谋划社区和公共服务配套上达成共识，做了大量的基础设施建设和填空补齐的环境建设。2005 年底的农村土地改革并收回区一级的项目土地支配权，改变了第一周期中有土地的没项目，有项目的没土地等市区规划片区脱节的现象。之后由于 2006 年事业单位改革、2008 年机构改革、重新划分一些新区、市区两级出现个别产业空间的规划和管理脱节断流与管理责任空间盲区。2009 年开始主导推进战略性新兴产业的布局，政府投入的注意力集中在产业用地的单体企业上，对城市空间的匹配和供应没有中长期的明确的方向。原来做的高新技术产业带 2010-2020 升级方案也被搁置。但双创活动的广泛深入，为社会资源进入产业空间供给带来了新的资源和模式，丰富了旧改项目的产业出口和新项目的产城融合设计新理念的形成，出现了深圳湾创新走廊和各区创新创客空间的多元化发展，给城市带来了新活力。

城市全面更新和产城融合期：2014 年开始规划部署城市更新单元，由起步的 10 个扩展到列入十三五规划的 17 个重点片区，几乎涵盖所有行政区和功能区。2016 年开始，旧改项目规划审批权交由区一级；早期的一批市区内的各工业区都面临重新定位和成片更新，已经改过的上步工业区（华强北）外，八卦岭工业区、麻雀岭工业区、清水河物流区等，以及高新区中区、北区等都提出了整体改建升级的要求。各区都在坚守工改工的底线，为保留产业空间做极大的努力。同时也十分注重生活空间和生态环境的营造，产城融合理念得到体现。包括通过创新型用房的按比例设施和安排、产业规划的审定和招商同步的措施等，但从 2018 年公布的土地供应计划来看，随着公共事业和城市基础建设的补课补缺，占了大部分指标 50.4%，安居房保障房商品房占 16.1%，落到产业空间的土地供应仅 15%。其中城市更新用于产业的占有五分之一。

创新型产业高端化发展，带来了对优质产业空间的新的市场需求，创新主体空间需求呈现多样化特点。随着深圳市产业空间集聚发展，国家自主创新示范区成为最重要的品质空间，打造优质营商环境成为重要抓手。

深圳产业集中分布在 397 平方公里的深圳国家自主创新示范区“一区十园”，其中宝安和龙岗园区占整个示范区面积的近一半。深圳高新区是深圳创新产业最为集中的区域，规划面积 11.52 平方公里，聚集了 100 多家海内外上市企业，诞生了包括华为、中兴、腾讯、大疆等全球知名的创新型科技公司，拥有国家级高新技术企业 3000 多家。深圳高新区已成为深圳国际科技产业创新中心建设的核心载体。

城市生活空间的发展制约产业空间的效益提升，除居住空间外，优化公共管理和服务设施，活化交通空间、文化空间和景观空间成为优质营商环境的抓手。

不同类型企业的产业空间需求

企业类型	产业空间类型		产权情况	
	研发办公	生产	自有需求	租赁需求
创新型龙头企业	√	√	√	
世界 500 强科技企业（在深投资）	√	√	√	√
中小科技企业	√	√	√	√
创业者 / 团队	√			√

深圳国家自主创新示范区“一区十园”

园区	面积（平方公里）	子单元园区
福田园区	15	福田中心商务区、福田深港商服配套产业基地、福田金地工业区、福田保税区、福田华强北工业区、福田彩田－上梅林产业片区、福田八卦岭工业区
罗湖园区	8	罗湖笋岗－清水河园区、罗湖田贝珠宝园、罗湖中设基地、罗湖金三角中心商贸区、罗湖深圳市互联网产业园区、罗湖鹏基工业区、罗湖第七工业区
南山园区	49	南山华侨城创意文化产业区、深圳湾超级总部基地、留仙洞－大学城产业园区、深圳市高新技术产业区园区、马家龙工业区、后海中心区、南油工业区、蛇口战略新兴产业集聚区、深港前海现代服务业合作区
盐田园区	8	盐田港综合保税区物流园区、田心产业园区、北山工业区、积美工业企业、成坑高新产业园区
宝安园区	92	燕罗－李西工业区、松岗－沙井工业园区、立新湖战略性新兴产业集聚区、桃花源科技创新园区、大铲湾物理园区、宝安中心区、石岩高新园区
龙岗园区	90	五联－新生工业园区、龙岗大运创新园区 1、龙岗大运创新园区 2、坪地国际低碳城、宝龙高新园区、横岗工业园区、平湖东部工业园区、平湖西部工业区园区、平湖现代金融与服务基地、观澜－龙华－坂雪岗高新园区、星河雅宝创新产业园
光明园区	34	光明南高新区、公明产业集聚基地
坪山园区	44	坪山碧岭高新园区、坪山大工业区、坪山深圳出口加工区、坪山中心区、坪山生物医药基地、坪山汽车工业园区
龙华园区	48	龙华北站商务区、大朗工业园区、观澜工业园区、观澜东工业园区
大鹏园区	9	大鹏葵涌高新园区、大鹏坝光战略性新兴产业园区、大鹏中科院生物育种基地、大鹏高新园区

加强更新统筹片区和重点更新单元改造，精心谋划旧改新资源，拓展和优化城市综合空间。与此同时，深圳市公布了 17 个重点开发区域总面积 209.22 平方公里（图 1）。通过加快重点区域开发建设，扩大高质量投资，布局集约利用新型产业用地，建设副城市平台，实现有质量的稳定增长、可持续的全面发展，加快打造新的区域增长极。

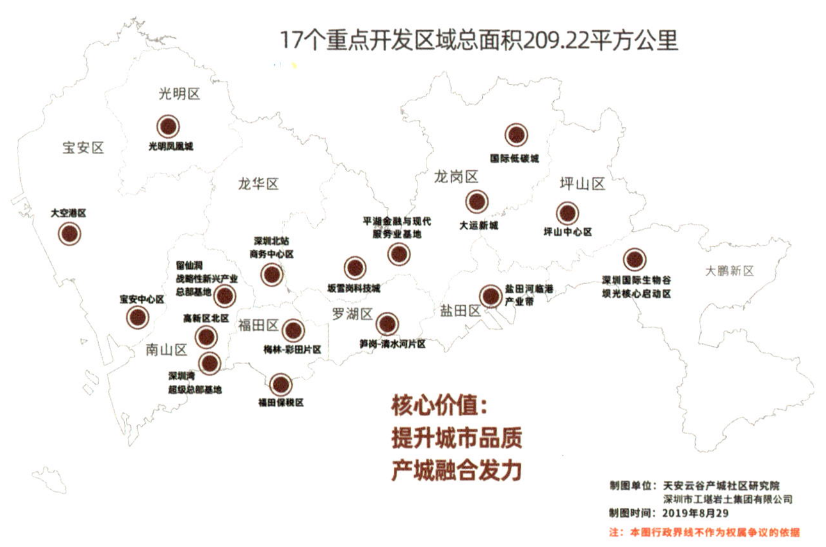

图 1　深圳 17 个重点开发区域空间分布

三、深圳优质产业空间发展目标的选择和确定

坚持创新、协调、绿色、开放、共享五大发展理念，以对标国际城市功能为框架，实现城市、产业、民生、环境、区域可持续发展。

深圳重大项目及空间布局导向。包括国家自主创新示范区、工业区块线、深圳市城市更新统筹片区、深圳市 17 个重点开发片区等相关政策和规划划定了深圳重点发展区域。

发展策略与路径

深入实施创新驱动发展战略，借鉴国内外优秀城区发展经验，以国际科技产业创新中心、现代化国际化创新型城市、民生幸福城市为目标，打造协调均衡、开放共享、绿色低碳、智慧便捷、产城融合的优质产业空间和生活空间，满足深圳未来可持续发展的需要。

创新发展成效显著。在优质产业空间下，到 2020 年，科技和产业竞争力居全球前列。深圳市战略性新兴产业和未来产业蓬勃发展，战略性新兴产业增加值占 GDP 比重超过 42%，主要产业进入全球价值链高端，成为世界新技术、新产品、新业态、新模式的重要策源地；源头创新供给能力和引领式创新能力大幅提升，国家、省、市创新载体达到 2200 家；拥有一批世界领先的龙头企业和隐形冠军，涌现出一批“独角兽”企业和瞪羚企业；科技创新基础设施建设实现大跨越，重大科技基础设施达到 6 个。到 2025 年，创新能级跻身世界先进城市行列，新经济发展国际领先。战略性新兴产业增加值占 GDP 比重超过 45%，国家、省、市创新载体达到 2500 家，重大科技基础设施达到 10 个。

产业空间功能完善。到 2020 年，建成满足各类产业发展和企业需要的商业、办公、研发、中试以及生产空间。国家自主创新示范区和重点开发区域建设成效显著，深圳高新区范围进一步扩展，城市更新“工改工”有序推进，完成各类更新用地 30 平方公里，通过土地整备释放土地不少于 50 平方公里。“飞地”园区建设蓬勃发展。

生活空间质优量增。到 2020 年，城市功能不断完善，城市品质进一步提升，拥有满足城市不同人群生活需要的空间。城市智慧化运行取得明显成效，光纤入户率达 90%，公益性公共场所无线网络实现全覆盖；民生保障水平居全国前列，公共文化设施总面积达 300 万平方米；建成现代综合交通体系，高峰期间公共交通占机动化出行分担率达 65%。绿化覆盖率达到 50%，自然海岸线保有率不低于 40%，建成美丽中国典范城市和国家绿色发展示范城市；到 2025 年，拥有均衡便捷的公共服务体系，建成一大批优质医院和学校，针对多样化需求，市民住房基本实现可负担、可获得。率先建成天蓝水净地绿的生态之城，国际化旅游、休闲、健康等品质服务能力得到强化，国际文化交流的层次与频度大幅提高。

四、面向可持续发展的新思维布局

经过 37 年的发展，深圳的产业空间和生活空间一直在矛盾中寻求平衡和突破。面向可持续发展议程，更多的要在时间轴上给予空间发展余地和机会。

面向未来，以 2030、2050 为愿景，深圳要用新思维构建新的区域布局，协同推进产业和城市双升级、共命运、同发展。

构建“四带一核两走廊”的区域布局新空间导向。聚焦产业发展核心区域，保证重点发展空间。将分布在各区市场主体中的空间和重点片区通过跨区平台进行可持续有机整合。“四带”指深圳河沿河经济跨境合作带、环大鹏湾蓝色海洋经济发展带、大前海空港创新活力带和深圳东进可持续发展产业带。“一核”指深圳都市高铁经济商务核。

“两廊”是东进战略下的“深惠走廊”和贯通珠江东西岸的“深中走廊”。通过打造跨区整合平台，统筹深圳覆盖全部行政区又各具有资源特色的重点产业和生活重点片区和空间，实现内外通达的无障碍创新合作资源汇聚与辐射，实现整体空间资源可持续有机融合。

“四带一核两走廊”的具体布局设想如下。

“深圳河沿河经济跨境合作带”以深圳河为主轴，自东向西串联莲塘口岸、罗湖口岸、赤尾华强片区、落马洲－河套、福田保税区、上沙下沙车公庙、深圳湾超级总部基地和后海中心区总部基地，贯穿罗湖、福田和南山三个中心区，以深港合作为特色，配合香港边境 27 平方公里的未来发展计划，有机将香港落马洲河套、古洞、坪车、香围园等新界东糅合发展，统筹罗湖、福田、南山空间资源，打造面向深港合作的深圳河沿河经济合作带。

“环大鹏湾蓝色海洋经济带”以大鹏湾海域及山海资源为纽带，对接环大亚湾片（惠州已经建立了惠东、惠阳、大亚湾三区联动的新机制），延伸到红海湾深汕特别合作区，将盐田区和大鹏新区从沙头角到南澳的滨海旅游资源和大港口资源盘活，统筹大鹏、盐田空间资源，打造以旅游、港口、生态为核心的环大鹏湾绿色持续发展经济带，成为南中国海全球海洋经济核心区。

“大前海空港创新活力带”以蛇口前海自贸区、宝安中心区、大空港区、光明凤凰城为核心，贯通南山区、宝安区和光明区，成为珠三角东部走廊和最具活力的滨海城市和高端产业带，建立国家大科学产业平台，统筹蛇口前海自贸区、宝安、光明空间资源，打造金融、科技产业为核心的贯通珠江东岸的大前海东部海滨活力带。

“深圳东进可持续发展产业带”以原龙岗大工业区基础和深圳东进战略的产业布局为目标，以平湖金融与现代服务业基地、大运新城、坂雪岗科技城、国际低碳城、坪山产业新城为据点，打通龙岗区、坪山区大平台并渗透到深汕特别开发区，主要布局重大产业项目和科技产业服务平台，激发东部新能动，发展深圳东部可持续发展新产业带。

“深圳都市高铁经济商务核”面向未来高铁经济带来的活跃的国际国内高端商务潮，围绕福田 CBD、广深港高铁和深圳北站，将福田区和龙华区统筹布局优质产业空间和生活空间，打造深圳都市黄金商务中心。

“深惠汕产城合作走廊”东进战略下连接惠阳片区通达深汕合作区的新产业走廊。延伸“深圳东进可持续发展产业带”，配合惠阳的海绵计划和对接深圳的双十工程，互动互利，共享发展机会。借力东部轨道交通，盘活坪山东片区和深汕特别合作区的有机联系，建设深圳产城合作后花园。

“深中西湾区黄金走廊”通过深中通道及珠江口航运计划，无缝对接“大前海空港创新活力带”，对接港珠澳大桥翠亨新区专线和粤澳中山旅游特别合作区，参与中山东部组团的产业升级计划，对接珠西六市一区装备制造业产业链，为深圳企业提升装备制造业核心竞争力提供市场机缘（图 2）。

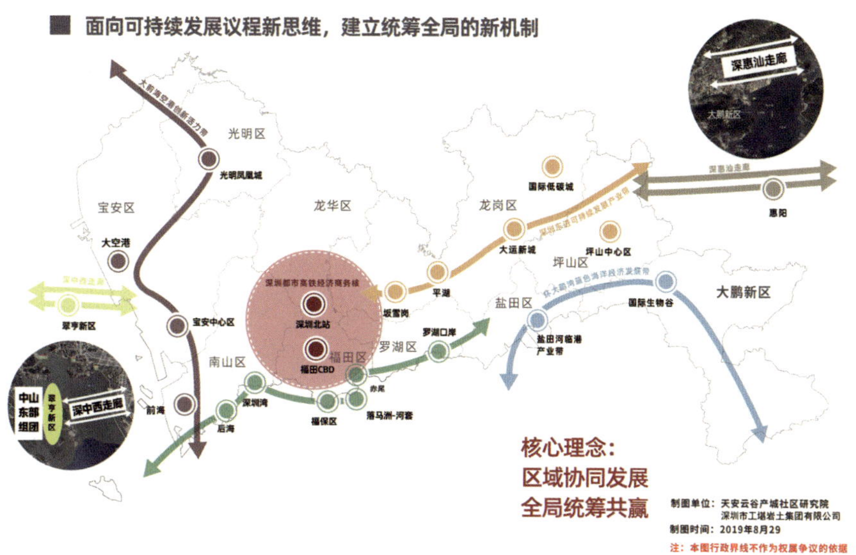

图 2 “四带一核两走廊”布局示意图

通过打造跨区整合平台，统筹深圳覆盖全部行政区又各具有资源特色的重点产业和生活重点片区和空间，实现整体空间资源可持续有机融合。在粤港澳大湾区建设背景下，以构建科技、产业创新中心和宜居、宜业、宜游的优质生活圈为目标，内优外拓，以深圳高新区为核心，拓展和优化城市产业空间，满足多样化产业空间发展需求，塑造深圳产业空间国际品牌。弥补居住、教育、医疗、文化等城市服务功能短板，强化民生领域的保障力度，提升深圳国际化城市空间发展质量，创建国内领先的民生幸福城市。

近期内优外拓，抓紧落实国家自主创新示范区建设圈划的空间，以深圳高新区为核心，拓展优质空间，优化空间结构、质量，配置优质创新资源，塑造深圳空间品牌形象。精心指导三旧改造，强化规划引导，加强空间开发与运营。

中期片区升级，推进十七个重点片区的建设，建设优势产业和优良生活的示范高地，提升深圳城市的享誉度和国际科技产业创新中心的基础环境和科技实力以及营商环境的指标质。

远期持续统筹，优化布局“四带一核两走廊”的城市整体资源，打造粤港澳大湾区的国际先锋都市。

五、实施策略、政策保障及发展模式

策略选择：拓展产业和生活空间。加快旧改步伐，挖掘存量空间资源；聚焦核心区域，保证产业发展空间；建设立体化城市空间，深度拓展发展空间。强化打造多中心组团式发展，打造更多优质产业和生活空间，重点加大龙华中心、龙岗中心、空港中心、光明中心、坪山中心、盐田中心等副中心及组团中心的更新力度。

根据总体策略，形成21条策略实施建议，包括：

1. 统筹布局全市产业空间；
2. 加快深圳高新区扩容；
3. 坚持陆海空空间统筹发展；
4. 寻求制造业发展空间，探索“飞地”发展模式；
5. 加快“一路一带”建设，拓展海外发展空间；
6. 加速改造低效产业园区，提高空间利用效率；
7. 加快旧工业区综合整治，满足优质生产空间需求；
8. 打造国际化社区，完善原特区外布局；
9. 增加廉住房数量，供给低成本生活空间；
10. 发展生态创新宜居空间；
11. 聚焦产业发展环节，注重多元产业融合；
12. 前瞻布局创新资源，形成创新资源集聚区；
13. 布局国际化配套服务，打造高品质生活区；
14. 强调城市生态，打造特色城市景观空间；
15. 构建绿色建筑发展空间；
16. 落实工业区块线管理，保障工业用地需求；
17. 紧凑开发和混合布局并举，满足人才发展需求；
18. 支持专业化市场主体，高品质进行开发空间；
19. 建设专业化环保产业园；
20. 留住创新型企业，推动创新型产业用房建设；
21. 发挥民间力量，探索实施自组织微更新。

政策保障：完善创新体制机制，为优质产业和生活空间的全面可持续发展提供改革动力和全方位支撑。政策保障措施如下：

1. 创新“四带一核两走廊”的宏观协调机制。

2. 创新深圳高新区管理体制改革。

3. 提升城市更新的分类指导和特色规划布局。

4. 落实对外开放和区域空间协调措施。

5. 创新用地和空间管理和运营。

6. 强化责任制度保障。

探索发展产城融合空间组合新模式：吸纳国内外重点空间发展经验，有针对性地选择适合不同地块的城市单元，建立多元活跃的产城融合空间组合模式。探索发展四种组合模式：“三区联动”建设模式、创新街区发展模式、功能混合更新模式、创业社区模式。

“三区联动”建设模式。如上海创智天地。该模式是结合培育知识和科技产业、营造创新生在大学城和其他高校集中的区域推广“三区联动”建设模式。

创新街区发展模式。如美国创新区。该模式包括支柱核心型、都市区域再造型和科技园区城市化型三类型典型范例。在具备开放性、紧凑性、混合性和通达性的空间特征环境中，活化旧城改造的城市活力，形成核心研发机构、龙头企业和众多初创企业在中心城区较小空间的高度集聚。依靠交通便利、接近高租金的市中心的优势，吸引高端科研机构和支柱性企业入驻，实现物理空间和产业经济双重转型的区域。对一些与主城区隔离、蔓延式发展的科技园区，通过提升空间密度、导入生活便利设施等方式谋取空间转型，营造充满活力的都市化环境。

功能混合更新模式。如日本东京六本木山城。在更新统筹片区和重点更新单元改造中借鉴。更加注重高质量公共空间、功能混合布局和通达的步行系统的重要性。以人以核心，着力打造办公、居住和休闲三大功能区并举的城市综合区域，形成广场型结构、自然生态型、步行街型等不同风格的城市特色活力区。

创业社区模式。在中心城区的城中村和旧工业区，通过综合整治为主的方式发展新型创业社区。依托社会力量，在中心城区的城中村和旧工业区通过综合整治为主的模式，建设一批“孵化器＋宿舍”和“孵化器＋商业空间”等新型创业社区，形成创业生态示范社区，集聚青年创新创业人才。

专题四

深圳电子信息产业发展历程

程一木[1]

1 程一木，深圳市电子商会

深圳市电子信息产业经过近 40 年的高速发展，已经成为深圳市重要支柱产业之一，走出了一条从无到有、从小到大、从弱到强的跨越式发展道路，构建了完善的产业体系，成为全国乃至全球重要的通信设备、计算机及外部设备、电子元器件、家用视听和软件研发生产出口基地。深圳电子信息产业 40 年的发展历史，充分展示了改革开放和自主创新的成就，生动阐述了“速度深圳、效益深圳”的发展内涵。

一、1979-1991 年，从无到有，扩张规模

这一阶段从 1979 年开始到 1991 年，主要特征是铺摊子、上项目、打基础，主要依靠经济特区的优惠政策和低廉的土地、劳动力、水电价格等优势，通过外引内联，吸引大量外资企业和内地国有企业。

1979 年以前，深圳市只有一家电子厂，年产值仅 79 万人民币。自 1979 年开始，以“三来一补”（“来料加工”、“来料装配”、“来样加工”和“补偿贸易”的简称）为模式的深圳工业的开始起步，一些港资和内地国企开始进入深圳。1980 年开辟深圳经济特区，就将发展以电子产品为主的来料加工业作为主导产业，吸引以港资为主的大批外资进入，同时也吸引内地电子企业纷纷来深圳投资，这种外引内联政策对特区初期电子工业的发展产生了巨大的影响。

1979 年 12 月 25 日，由广东省华侨农场管理局与香港港华电子企业公司合资组建广东省光明华侨电子工业公司，即现在的深圳康佳集团股份有限公司，这是深圳工业的首家，也是我国电子工业第一家中外合资企业。

1979 年 9 月 18 日，广东省政府决定由广东电子工业局负责将地处粤北山区从事电子工业的三个省属小厂（8500 厂、8532 厂、8571 厂）同时迁入深圳，组建深圳华强电子工业公司（即现华强集团公司）。

1980 年，第四机械工业部（即后来的电子工业部）在深圳成立“中国电子技术进出口公司深圳分部”（现深圳中电投资股份有限公司）。1981 年，第四机械工业部的 083 基地（中国振华集团有限公司）也自筹资金在深圳成立自办的华匀电子有限公司、内联的深匀电子有限公司、合资的华发电子有限公司等。

1982 年 1 月，市政府决定在全国率先撤销工业主管局的同时，将一套人马两块牌子的工业局与工业公司一分为二成机械与电子两部分，市电子工业公司（后更名为市电子工业总公司）负责对市属电子行业

企业和投资参股企业的管理。

1982 年 8 月，深圳市第一栋 20 层的高层建筑、中国电子技术进出口总公司深圳公司的电子大厦（楼高为 69.9 米）在上步工业区深南大道北侧落成，在当时，电子大厦楼高 20 层，以 69.9 米高度成为深圳第一高楼，也是深圳改革开放的重要标志。电子大厦的落成，对于特区初期坚定外商投资深圳的信心起了重要的作用，作为中国电子技术进出口、吸引外资和引进先进技术的窗口，一直起着对内对外的辐射枢纽作用。电子大厦所在的上步片区，由于云集了四机部在深圳企业、三机部在深企业、振华公司、深圳电子公司（赛格集团）、华强电子公司、爱华公司等诸多电子企业而成为深圳电子工业的摇篮。

1983 年 12 月，为推动不分地区、不分部门、不分行业的交叉联合投资，由电子工业部、广东省电子局和深圳市政府联合国家有关部委驻深企业的主管部门，成立了旨在推动深圳电子工业协调发展的深圳市电子工业规划发展协调委员会。在协调委员会的指导下，从 1984 年起为加快实现整机装配的国产化，一批关键件项目，包括晶体管、发光二极管、收录机和彩电用的集成块封装、电位器、电容器、音频磁头、机芯、电源变压器、扬声器、印刷电路板、注塑件等项目都在陆续上马。

到 1985 年底深圳电子工业发展到已有能生产收录音机、彩色电视机、电话机、计算器及主要关键件的企业总共 170 多家。1985 年当年产值为 13.75 亿元（按 1980 年不变价计算），约占全市工业总产值的 49.7%，比 1979 年增长 113.5 倍（深圳电子工业水平按全国 28 个省市电子工业指标排名，此时已相当于第七位）。出口产值 1.2 亿元，约占全市电子工业产值的 11%。产品品种也从 1979 年不足 10 种发展到 400 多种，形成了以“四机一器”（电视机、收音机、录音机、电话机、计算器）为主的电子工业雏形。

1986 年 1 月 6 日，由深圳市电子工业总公司改组的深圳电子集团公司（1988 年更名为深圳赛格集团公司）成立，将隶属电子工业部、广东省电子局和深圳市的 117 家电子企业联合起来，成立全国第一家跨部门、技工贸结合的外向型企业集团。

1986 年以后，根据深圳的优势和政府制订的电子信息产业投资导向，深圳重点抓了吸引国内外知名厂商到深创办高新技术企业；从国家允许兴办民营科技企业起，就开始对民营科技企业的发展给予有力的支持。因此成功地引进了一批国内外从事高新技术产品生产的企业到深投资，比如从内地迁到深圳发展的企业，就有中国计算机发展公司

（即现中国长城计算机集团有限公司）把科研和生产基地南迁到深圳后，首先建立了我国第一个上规模、上水平的微机生产基地（即后来的中国长城计算机集团深圳股份有限公司）；同时还有联想电子公司（即后来的联想控股有限公司）也在深圳建起国内第一个专业生产电脑卡板的出口基地等。

期间，由华匀电子有限公司引进我国第一条数字用户程控交换机生产线；由深圳光通发展有限公司引进了一条光纤光缆生产线；由深圳深飞激光电子系统有限公司投资 3 亿元，引进了我国第一条生产激光视盘机、激光视盘片、激光音盘机（CD）、激光音盘片的生产线。此外，还引进了生产厚膜电路的生产线、软磁盘的生产线、液晶显示器的生产线、开关电源的生产线、功率晶体管的生产线、电子调谐器的生产线，铝电解电容和陶瓷电容的生产线、微特电机的生产线、收录机机芯的生产线及高压包的生产线等。另外还有两家彩管生产企业和一家玻壳生产企业，也都同时进入紧张的筹建阶段。由外商投资兴办的企业包括由加拿大北方电讯公司引进的数字程控交换机生产线和由日本 EPSON 公司引进针式点阵打印机生产线分别相继引进和投产。与此同时，对民营科技企业如从事程控交换机开发的华为技术有限公司等一直都很关注。

因此深圳电子工业较快完成了从消费类到投资类和基础元器件类电子产品的生产布局，同时也完成了从微型计算机生产到小型计算机的开发，从数字程交换机的生产到光纤光缆的配套生产，从应用软件的开发到开发系统的软件，从计算机磁头的生产到生产硬盘机，从功能卡板的生产到软磁盘片的生产，从 UPS 开关电源的生产到打印机的生产，以及机壳等产品的生产布局。

1991 年 9 月 28 日，年产 160 万只 21 英寸彩色显像管的深圳赛格日立彩色显示器件有限公司正式投产，这个投产确保了深圳电子工业的 1991 年产值在全市工业中率先突破工业产值一百亿元大关，达 101.74 亿元，说明深圳电子工业已在全国电子工业中占有举足轻重的地位。

到 20 世纪 90 年代初，深圳电子信息产业已形成从来料加工起步到以生产消费类电子产品为主的行业结构，以外商投资为主的投资结构和以“三资”企业为主的企业结构，形成初具规模的、产品门类齐全的、技术较内地先进和以生产视听产品为主、投资类电子产品和电子元器件产品同时并举的现代电子工业体系。

二、1992-2004年，结构调整，做大做强

1992年，邓小平南方讲话发表以后，深圳电子信息产业迅猛发展，异军突起，引起全国关注。南巡之后，深圳电子信息产业的最重要变化就是，产业从之前的主要来料加工加速往高新技术产业转型。像华为、中兴、创维、科健等高新科技企业的迅速崛起，科健当年还被评为深圳第一家高新科技企业。而相比之下传统电子产品“三来一补”企业就渐渐开始退出深圳的历史舞台，开始往东莞、惠州、顺德转移。

1993年5月，年产430万套19″、21″彩色显像管玻壳的深圳中康玻璃有限公司完成验收及开始批量生产，中康的投产，对于加强深圳电子基础元器件产业的发展产生了积极作用。但这时深圳的电子工业仍以生产消费类电子产品为主，消费类产品产值比例仍占59%，从出口量占全国省市首位的11种产品（即彩电、收录音机、汽车收放机、组合音响、录音机机芯、电话机、计算器、软磁盘、计算机磁头、液晶显示器等）看，同样可见此时仍以生产消费类电子产品为主。这种行业格局显然是既与未来的国际市场需求不相适应，又与发展高新技术产品为主的方向不相适应。

1994年，为迅速扭转以生产消费类电子产品为主的产业格局，深圳市政府及时提出了鼓励发展高新技术产品的产业政策与实施鼓励外商投资高新技术产业的举措，并且确定把发展的重点逐步转向微型计算机及软件、通信、微电子及基础元器件、光机电一体化和新材料五个产业群的建设，同时把微型计算机、软件、程控交换机、光纤光缆产品、磁头、软磁盘、液晶显示器、彩色电视机和组合音响作为拳头产品予以重点发展。一是通过支持企业在资本市场发行股票并上市方式筹集发展资金；二是通过类似赛格集团的“抓大放小”方式改组，或像康佳集团的资产重组方式，或以中兴通讯的模式改变经营方式，去寻求发展规模经济的新路；三是对华为技术有限公司等民营科技企业和中小企业给予全方位的支持，先后出台多项支持民营科技企业和中小企业的政策，以使其中的部分企业能逐步发展成为行业中的骨干。高新技术产品的产值迅速提高，高新技术产品产值的这个显著变化无疑已标志深圳电子工业开始从生产消费类电子产品为主的产业结构和产品结构，向生产高新技术产品为主的产业结构和产品结构过渡。

1996年9月，深圳市政府成立高新技术产业办公室，并在原深圳科技工业园、深圳京山民间科技工业村、深圳科技开发院、深圳市

高新技术工业村、国家工试中心，以及深圳大学、第五工业区基础上，总占地面积 11.5 平方公里，成立深圳高新技术产业开发区，实施“一区多园”的管理体制，统一规划，统一政策，统一管理。高新区的成立，为深圳以电子信息产业为核心的高新技术产业发展提供了一个全新的舞台。

进入 20 世纪 90 年代，世界电子信息产业结构调整和产业转移趋势越来越明显。1994 年 3 月 31 日巴黎统筹委员会宣布正式解散，大量跨国电子科技企业开始对华大规模进行投资。为抓住机会承接国际产业转移，加快与国外大企业与跨国公司的合作，深圳市政府又提出了在进一步改善投资环境的同时，加大吸引外资的力度，“变筑巢引凤为引凤筑巢”，使高新技术园区、福田保税区、沙头角保税区、龙岗区的坂田工业区和宝安区的石岩镇等地，成为吸引外商投资的热点。这个时候的外资也从以前的重点港资日资，转为台资和欧美资。据不完全统计，先后有 IBM、希捷、康柏、康诺、伟创力、惠普、施乐、大众、斯比泰、鸿城、理光、皇冠、可比雅、三星、菲利浦、西门子以及唯冠、才众、南太、富士康等世界知名的厂商和港澳台知名厂商，纷纷来深投资或追加新的投资项目。1996 年，台资富士康集团在宝安区龙华镇开始建立生产基地，此后的二十多年富士康的代工模式和巨大的生产规模在深圳乃至全国及世界电子行业产生了深远的影响。

香港回归和亚洲金融危机，加速了深圳电子行业的产业升级，深圳的通信产业、计算机产业、集成电路产业、高端消费电子产业全面发展，资本、技术、外资、人才加速进入深圳电子信息产业。

第一，通信产业开始在深圳蓬勃发展。首先是手机市场开始启动，桑达、科健、国威、康佳、中兴通讯、华为、天时达等巨头都开始涉及手机市场。其次是基站和程控交换机。随着手机的普及，电信网络面临巨大商机，在中国通信行业有“巨大中华”之称的四家公司，即巨龙、大唐、中兴和华为，其中中兴和华为两家公司都在深圳。1997 年，作为民营企业佼佼者的深圳华为技术有限公司开始以年产程控交换机 436 万线的水平，在国内同行中崭露头角。

第二，在深圳酝酿已久的集成电路产业终于尘埃落定，1997 年年产 3.18 亿块超大规模集成电路的深圳赛意法微电子有限公司开始批量试产。赛意法成立，深爱半导体引进 4 寸晶圆厂，还有很多合资民营的集成电路设计公司春笋般崛起。深圳在集成电路分销环节上也有着非常重要的地位，基本上所有的国际一二线品牌原厂都将亚太总部或者第二大办事处设立在深圳，顶级代理商大联大、安福利、艾睿亚太总部在深圳，华强北的电子元器件市场正在发挥越来越大的行业影响，有力支持了大批中小电子企业的发展。

第三，计算机行业在深圳落地生根。1997 年，中国长城计算机集团在宝安区石岩镇建起可装配微机和生产微机配套件的生产基地；1998 年，台商宏基电脑公司在福田保税区投资建年产值 10 亿美元的桌上电脑和笔记本电脑的生产基地。联想、新蓝科技、新天下等一批企业加快发展，涉及计算机整机和上下游的电子制造企业在 1997 年后多达三百家余。

第四，消费电子产业依然保持持续优势，彩色电视机产量最大的企业有康佳、创维 - RGB、华强三洋和 TCL 王牌（深圳）有限公司等。消费电子产品开始加速进入高端消费时代，视听产业的数字电视、发烧友音响、家庭影院，以及以先科科技为首的激光光盘 CD、VCD、DVD，而还有在几年后迅速爆发的数码市场，数码相机、MP3、U 盘等，完全改变了消费电子的产品形态。

20 世纪 90 年代末期，风险投资开始进入中国。1999 年的高交会以后，深圳市政府成立了创新科技投资有限公司，就是后面的“深创投”，加之随着中国金融市场的逐渐成熟，逐渐吸引了海外的天使和风险投资，所以说高交会以后，创投在深圳开始慢慢兴起风潮，这为深圳的民营高新技术企业的快速成长提供了重要的支撑。

1999 年，深圳电子工业产值 1277.2 亿元，成为全市第一个工业产值超千亿元的行业。2000 年，深圳电子工业产值 1615 亿元，占全市工业总产值 62.4%，投资类的产值的比例已提高到 69.8%，消费类的产值比例已连续下降到 16.7%；其中高新技术产品的产值达 953.1 亿元，约占全市电子工业产值的 59%，产品品种也已增加到包括计算机、软件、通信、视听产品、元器件及其他六类逾千种，此时的深圳电子信息产业屹然成为深圳最重要的核心支柱产业。

2001 年，受全球 IT 产业生产收缩的影响，部分电子信息类产品的产量出现下降或增速明显减慢，是年，全市电子工业的产值仅达 1800 亿元，约占全市工业产值的 50.9%。2002 年，世界经济初步回升，给外向程度较高的深圳电子工业带来了全面增长的良好机遇，不少外商又把订单转到深圳生产，使全市电子工业的产值因此突破 2000 亿元大关，并达 2187.74 亿元（现行价，下同），约占全市工业产值的 56.3%，出口产值 1334.52 亿元，占工业总产值的 61%。

2003 年全市国有工业企业及年销售收入 500 万元以上的非国有工业企业总计完成电子工业产值 2953.46 亿元，约占全市工业总产值的

58.2%，占全国电子信息产业产值的 14.3%，其中高新技术产品产值占 2208.9 亿元，出口产值 1860.7 亿元，占电子工业产值的 63%。

伴随着产业规模的持续扩张，深圳电子信息产业结构调整不断深化，推动产业结构的优化升级。从行业结构来看，实现了从以家用视听设备制造业为主向以通信设备制造业、计算机制造业为主的转变，软件业也异军突起。通信设备制造业已经成为深圳电子信息产业中竞争优势最明显、市场前景最广阔的行业，尤其是移动通信业，逐步形成了一个集通信设备制造商、信息服务提供商于一体的完整的通信产业链。从企业结构来看，实现了从以外商投资企业为主到外资、内资企业并重发展的转变，民营企业逐渐成为推动行业发展的生力军，以华为、金蝶等为代表的一批民营企业迅速成长为行业的龙头企业。从产品结构来看，实现了从以传统消费类电子产品为主到以通信设备、计算机及外设、电子元器件等投资类产品并重发展的转变，程控交换机、通信基站、笔记本电脑、液晶电视、超大规模集成电路、嵌入式软件等高端产品增长迅速，在全国具备较强的竞争力。

三、2004 年至现在，自主创新，持续发展

从 2004 年开始，深圳土地、资源、人口、环境四大约束条件迫使深圳自觉地走上“工业产业结构调整升级、由速度型向效益型转变”的产业发展转型之路，市委市政府作出《关于完善区域创新体系推动高新技术产业持续快速发展的决定》，首次系统提出了建设区域创新体系的基本要求和目标。

2004 年以后，受国际 IT 产业明显复苏的刺激，同时受益于中国加入 WTO 以后外贸环境的极大改善，以外向型经济为特色的深圳电子信息产业持续大幅增长。特别是移动通信市场的成熟和规模的急剧扩大，有力拉动了深圳电子信息产业连续几年的强劲增长。到 2008 年，深圳电子信息产业产值突破 8000 亿元。

直到 21 世纪初，中国市场还是国外手机品牌的表演舞台，如摩托罗拉、三星、诺基亚等。2004 年以后，国产手机品牌开始逐步成熟，一度占据市场半壁江山，很快由于技术、品牌等原因被国际品牌打压下去。随着台湾联发科 MTK 一站式技术方案的推出（Turnkeysolution），手机制造成本与门槛大幅降低，得益于深圳良好的产业配套环境和以华强北为代表的高效的市场渠道，深圳的山寨手机制造业遍地开花，在这一过程中也涌现了中兴、酷派、金立等一大批深圳本地手机品牌，

以及如基伍、传音等一批市场主要国外的隐形巨头，2017 年传音在全球销售 1.3 亿部手机，在非洲市场份额超越三星、苹果排名第一。

在苹果智能手机的推动下，全球各地的手机厂商纷纷跟进，移动通信进入智能手机时代。三星奋起追赶，成为在高端市场唯一能够与苹果匹敌的智能手机。在国内市场，国产手机们也开始纷纷崛起，并形成了苹果、三星之外的四强格局：中兴、华为、酷派、联想，史称“中华酷联”，中国四大品牌有三个在深圳，深圳成为当之无愧的“手机之都”。而华为凭借其强大的自主创新的技术优势，在高端智能手机领域不断突破，处于行业领先地位。

“十一五”期间（2006-2010 年），深圳大力推进工业化与信息化的“两化融合”，深圳工业“十一五”发展规划明确提出“发挥深圳电子信息产业优势，以信息技术为基础，通过实施渗透融合、拓展的延伸策略，把电子信息产业链接到汽车电子、医疗设备、仪器仪表等数字化装备制造业，数字视听、数字家电等智能化消费品制造业以及军工电子产品制造业，形成雁型电子信息产业群，以信息化带动工业化，促进产业融合发展”的策略，深圳电子信息产业涌现了汽车电子领域的航盛、医疗电子领域的迈瑞等一批产业细分领域的巨头企业。

2009 年，深圳市出台《深圳国家创新型城市总体规划实施方案》和《深圳综合性国家高技术产业基地发展规划》，电子信息产品协同互联网等 3 个国家工程实验室和国家超级计算深圳中心启动建设，制定并出台了生物医药、新能源、互联网等战略性新兴产业振兴规划以及相关实施政策，在调结构中突出创新驱动。

2010 年 1 月 16 日，由深圳市政府和 TCL 集团合资成立的深圳市华星光电技术有限公司投资的国内首条完全依靠自主创新、自主团队、自主建设的高世代面板线项目开工建设，2011 年 8 月 8 日建成投产，2011 年 10 月 12 日开始量产，其主要产品为 26 英寸、32 英寸、37 英寸、46 英寸以及 55 英寸液晶面板，设计产能为月加工玻璃基板 10 万张。该项目是深圳市建市以来单笔投资额最大的工业项目，也是深圳市政府重点推动的项目，对于深圳进一步完善电子信息产业结构和产品结构，有着十分重要的意义。

在互联网方面，深圳互联网业起步较早，产业规模位居全国前列。2009 年，深圳先后出台了《深圳互联网产业振兴发展规划（2009-2015 年）》、《深圳互联网产业振兴发展政策》，以腾讯为代表的深圳互联网产业群体在全国占据重要地位。腾讯公司于 1998 年 11 月在深圳成立，是中国最早也是目前中国市场上最大的互联网即时通信软件开发商。

1999 年 2 月，腾讯正式推出第一个即时通信软件“腾讯 QQ”，2011 年腾讯发布微信，几乎成为中国互联网的标志性应用，腾讯也因此成为无可替代的互联网霸主。

2010 年，深圳电子信息制造业产值 10544 亿元，占全国总规模的近七分之一，居全国大中城市首位，软件和互联网服务业收入位列三甲。新一代信息技术产业的规模优势更加突出，2010 年产业规模约 4870 亿元，超过全国总规模的六分之一。新一代信息技术产业在深圳经济发展中的倍增效应与日俱增。深圳的不少企业成为新一代信息技术产业的翘楚。华为、中兴通讯是全球领先的国内高端智能手机行业的代表性品牌，海思半导体产值居全国集成电路设计企业之首，华星光电 8.5 代 TFT-LCD 面板项目填补了华南地区空白。新一代信息技术产业的骨干企业日益壮大。2011 年 12 月深圳市政府颁布《深圳新一代信息技术产业振兴发展规划》，进一步推定新一代信息技术产业发展。

近年来，人工智能、机器人产业以及工业互联网等新兴产业不断发展，2014 年，深圳市政府颁布《深圳机器人、可穿戴设备和智能装备产业振兴发展规划（2014-2020 年）》《深圳市机器人、可穿戴设备和智能装备产业发展政策》，深圳在人工智能和机器人密切相关的智能智造、智能汽车、无人机等领域已形成较为完备的产业链。

集成电路产业是电子信息产业的灵魂，国家在集成电路产业上不断加大政策支持力度。经过多年不懈努力，深圳在引进和发展集成电路产业方面取得了一系列重要进展，有力地推动了电子信息产业的优化升级。2017 年深圳集成电路产业整体规模达到 668.4 亿元，同比增长 17.4%。其中，IC 设计业 2017 年的占比最高为 88.27%，规模达到 590.02 亿元；IC 封测业占比为 9.31%，规模达到 62.24 亿元；IC 制造业占比为 2.41%，规模达到 16.14 亿元。深圳市的 IC 设计业规模一直保持着持续增长趋势，多年来均位居全国首位。2017 年，国内集成电路设计业总体规模达到 2073.5 亿元，而深圳市 IC 设计业的销售额达到了 590.02 亿元，占比为 28.46%，同比增长 19.55%。此外，2017 年深圳 IC 设计企业和机构的数量达到了 168 家，同比增长 9.8%。

2017 年深圳电子信息制造业规模以上工业总产值达到 1.82 万亿元，增速达 11.4%。软件业务收入 5942 亿元，同比增长 14.2%。2017 年深圳电子信息产业总产值约占全国 10%。

当前，深圳市电子信息产业也面临着严峻的挑战，主要表现在：产业发展步入新常态，增长速度从高速转为中高速；基础研究能力不足，核心技术对外依存度高；产业资源分布不均，小企业竞争压力加剧，产业体现呈现“两头大、中间小”；土地空间、区域的竞争压力在不断地加大。

同时，深圳电子信息产业坚持自主创新，不断取得新的重大科技成果，2017 年 IT 领域专利约占全国 15%，华为在自主研发上的持续大规模投入，依然保持了专利上遥遥领先的优势；新业态快速涌现，新兴产业领域不断延伸，以云计算、移动互联网、大数据挖掘等为主导产品，同时催生出如超材料、3D 显示、柔性显示、无人机等创新，产生了光启、大疆、柔宇等一批新生的极具活力的创新型企业；新兴科研机构、高等院校和创新载体发展迅速，深圳电子信息产业发展保持着持续的创新活力。

第二篇

论文选载

论深圳新工业空间开拓①

——经济全球化、产业结构重建与转移的结果

顾朝林[1]，陈果[1]，黄朝永[1]，甄峰[1]，潘伟宗[2]，沈建发[3]，朱剑如[3]，黄钧荛[3]

摘 要：近年来，经济全球化正在促进世界经济和产业结构的重构和转移。深圳作为中国大陆外向型经济发展的地区，必然或多或少接受经济全球化带来的影响。本文基于三方面的考虑，提议深圳市政府在建设深圳高技术园区的基础上，应尽快开拓以发达制造业为主体的新工业发展空间。首先，港澳回归后，深圳作为“边境”城市的区位效应明显衰减，深圳市需要寻找新的经济增长点，将龙岗大工业区及东部工业组团定位为深圳市未来的现代化工业基地；第二，改变现状“三来一补”中小企业为主的制造业布局格局，在龙岗大工业区及东部工业组团布置大、特大型工业项目，逐步将其建设成为现代化的工业基地；第三，与经济全球化、世界产业结构高度化节奏同步，为新一轮全球产业结构重构中科技含量高的制造业向深圳转移准备空间。全文就该新工业空间开拓进行宏观分析。

关键词：经济全球化；产业结构重构和转移；新工业空间；深圳

1 引言

近年来，经济全球化正在促进世界经济和产业结构的重构和转移。深圳作为中国大陆外向型经济发展的地区，必然或多或少接受经济全球化带来的影响。长期以来，东部工业组团地区②一直作为深圳市工业发展的预备用地而控制开发，严格限制工业发展。我们提议：深圳市政府在建设深圳高技术园区的基础上，应尽快开拓以发达制造业

1. 南京大学 城市与资源学系，中国江苏 南京市 210093；2. 深圳市规划国土局 龙港分局，中国广东 深圳 518000；3. 香港中文大学 地理系，中国 香港

① 本文发表于2001年5月《经济地理》第21卷第3期。

② 东部工业组团位于深圳市龙岗区，包括龙岗大工业区和坑梓、坪山两镇，面积169km^2，可利用土地109km^2，其中规划建设用地81km^2。

（advanced manufacture industries）为主体的新工业发展空间。

2 经济全球化给深圳发展带来新的机遇和挑战

经济全球化、港澳回归为深圳市经济发展带来了难得的发展机遇和严峻的挑战。从发展机遇看，首先，由于港澳回归使该地区获得外资、外国先进技术和信息的机会增加，有利于加快该地区经济全球化进程，加速以“三来一补”为基础的劳动密集型产业向资金密集型、技术密集型产业转变，为产业结构升级提供条件。其次，经济全球化有利于深圳具有低成本、低价格优势的传统劳动密集型产品出口。第三，经济全球化有利于改变深圳与香港、与发达国家和地区之间垂直分工的局面，形成以水平分工为主、垂直分工为辅的全新国际分工格局。经济全球化同时也使深圳面临严峻的挑战。首先，由于全球范围内科技开发成本逐年攀升，知识和技术更新速度越来越快，使得创新能力、金融和管理中心越来越高度集中于少数几个全球性城市（Global City），香港作为东亚区域的全球性城市，其功能随着港澳回归日益增强，深圳的“边境”城市功能不断弱化，加上深圳的科技基础和研究与开发能力较弱，从而不利于深圳经济持续稳定的增长。第二，深圳市现状企业以“三来一补”型产业为主，这些产业赖以存在的基础是廉价劳动力优势。经济全球化，一方面加速了发达国家制造业向发展中国家的转移，另一方面低工资产品在国际市场上已经不再具有强劲的竞争力，“三来一补”产业能否成功地采用更多的新技术升级换代将成为深圳经济发展新问题。第三，在企业层面上看，跨国公司技术联盟、强强合并已成为全球发展的大趋势，越来越多的企业正朝着国际化、巨型化方向发展。深圳以中小企业为主体的企业规模结构，显然不能适应 21 世纪企业国际竞争的形势。第四，国际贸易新规则对包括中国在内的发展中国家和地区更为不利，如 1995 年世界贸易组织通过的知识产权协定极大地提高了知识产权的转让成本。今后，深圳从国外引进技术和专利将花费更大的代价。再比如，发达国家对进口产品的环境保护标准更为复杂、严格，不符合欧美国家环境保护标准的食品、纺织、机电产品将受到更加严格的限制，这对深圳的工业发展提出了更高的环境保护要求。第五，世界贸易组织要求所有成员国在 2000 年前削减和部分取消信息技术关税，这给享有技术优势的发达国家进入和抢占中国市场提供了快捷畅通的途径，从而形成对深圳传统产业的冲击。

3 全球产业结构重构与转移对深圳工业发展的影响

在传统的资本、土地、劳动力和技术等生产要素中，由于信息社会、后工业化社会和经济全球化的出现，技术成为最重要的因素。经济全球化首先实现的是世界产业结构的重构（restructure）与转移（shift）。所谓产业结构重构，本质上并非是简单的某些产业部门比例变化，而是以主导产业部门的更迭为特征的结构上的飞跃式变动。产业结构转移，狭义地说，是指由于资本、土地、劳动力和技术等生产要素在空间上的流动使得产业从经济发达的国家或地区向相对落后的国家或地区转移。广义地说，产业结构转移不单单是一个空间的概念，它还可以表现为资本、土地、劳动力和技术等生产要素在不同产业部门之间的转移。进一步地说，产业结构重构与转移是一个具有时间和空间维度的动态过程，是一个历时与共时兼容的经济现象。它既是对生产要素的空间移动的描述，也是对不同产业部门形成与演进历史的梳理。如果说产业结构高度化是产业结构变动的目的，那么，在现代全球经济化的条件下，产业结构重构与转移则可以说是产业结构变动中资本、土地、劳动力和技术等生产要素在空间和时间上流动的动态过程。产业结构的优化与否，不仅表现在一、二、三产业各占比重的消长，而且也表现在三大产业内部关系的协调上。

在产业结构的空间转移方面，由于经济全球化，新的产业不断产生。近 25 年来，发展最快、有着无限增长潜力的行业是信息、研究与开发、医疗卫生、教育与培训以及环境保护等行业。随着发达国家加速传统产业向发展中国家转移，新兴工业化国家也积极转移失去比较优势的劳动密集型产业，产业结构由以劳动密集型为主转向以资本、技术密集型产业为主，使得世界产业结构在空间上的转移变得更为广泛。随着科学技术的迅速发展和在生产领域的加速转移，尤其是高技术的开发和应用，不仅高技术产业本身上升势头很快，而且许多传统的产业部门也利用高技术进行改造，使产业结构向着高度化的方向不断迈进。从一个地区的产业结构演替的基本规律看，总是从一、二、三产业结构向二、一、三产业结构和三、二、一产业结构转化；从生产要素构成看，则是从劳动密集型产业向资金密集型、技术密集型产业过渡；从主导产业结构看，则是从轻工、机械制造向重化工演替，最终向高新技术产业发展，反映出产业结构高度化的趋势。

进入 20 世纪 80 年代以来，全球产业结构演替的进程加快，基本特征是：以信息技术为主导的高技术产业发展迅速，并向以知识、技术为主导的产业结构演变。主要表现在：①传统制造业结构的高技术化。1985—1995 年 OECD 成员国制造业中高技术工业的生产和出口比重增加了 1 倍以上，计算机、电子和航天航空工业技术成为发展最快速的产业。②生产性服务业发展。生产性服务业已成为高技术装备的主要采购者，如美国 80% 的信息技术产品、英国 70% 的计算机被生产性服务业采购，航空、电信、商业、医疗、金融保险等产业的技术经费占全部开支的 50% 以上，且年均增长 70%。③全球就业结构的知识化。专业技术人员、特别是生产性服务业的专业技术人员比重上升。

全球产业结构重构已对深圳工业发展构成正负两方面的影响。一方面，全球产业结构重构必然带来深圳工业结构重构。深圳要保持经济增长的活力，必须在新一轮全球经济结构重建过程中加快以“三来一补”为主的传统产业结构升级或向外围地区扩散转移，为大型跨国公司制造业的全球转移准备发展空间。另一方面，全球产业结构重构也会加大深圳现有产业结构升级压力。深圳如果在全球传统产业大举转移之时不能及时跟上全球产业高度化的步伐，传统制造业的技术含量提高不快，就可能落入产业空心化的陷阱，导致经济发展的长期衰退。

再从全球传统产业转移的基本态势看，从发达国家和地区向发展中国家和地区转移，从产业高梯度地区向低梯度地区转移的趋势没有改变。在东亚和南亚地区，一直存在日本，亚洲新加坡、韩国、中国香港、中国台湾“四小龙”，泰国、马来西亚、印尼等东盟三国和中国大陆沿海，印度、中国内陆地区和越南，以及蒙古、老挝、柬埔寨等五级产业发展梯度。20 世纪 60 年代日本接受美国和西欧的产业转移，GDP 连续 10 年维持了 10.9% 的高速增长。20 世纪 70 年代“四小龙”接受日本的产业转移，10 年间 GDP 年均增长 9.3%。此后，东盟三国（泰国、马来西亚、印尼）利用日本和“四小龙”产业结构调整的机会，大力吸收劳动密集型产业，1986—1990 年 GDP 年均增长 7.6%。中国沿海地区是这场产业转移接力赛中的重要一环，在吸收产业转移中获得了近 20 年的高速经济增长。全球产业结构的转移，使处于东亚地区的日本首先进入后工业化社会，形成发达制造业、信息、生物等高技术产业为主体的产业结构；使“四小龙”进入工业化中后期，资本、技术密集型产业成为主体；中国沿海地区和东盟三国（泰国、马来西亚、印尼）则进入工业化中前期，以技术—劳动密集型产业为主体；其他地区则进入初步工业化，以廉价劳动密集型产业为主体。

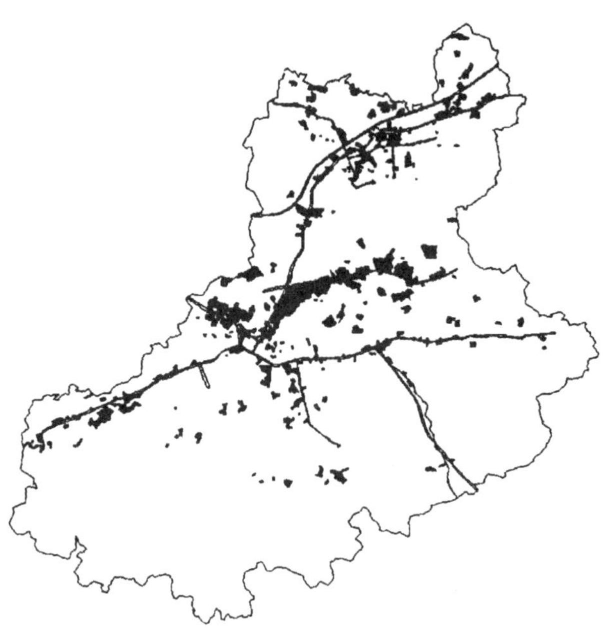

图 1　深圳东部工业组团现状工业用地空间分布图

当代全球产业转移具有以下新的特点：第一，循产业梯度从高往低的波浪式垂直转移向持续的技术扩散转化。第二，中小投资规模的企业空间转移向大跨国公司为主体的生产网络扩张演变。目前，全球44000个跨国公司及其附属企业的年产值占了全球的1/3，对外投资额占全球的70%左右，国际贸易额占全球的2/3，专利和技术转让占75%以上，跨国公司主导下的全球产业转移将为深圳产业结构的调整提供机遇。

4　港澳回归与深港澳经济一体化

港澳回归使深港澳三地从自发的经济合作发展到政府、市场双重引导下的全方位多层次合作，搭设了三地产业经济一体化的平台。然而，到目前为止，深港澳三地间的经济合作依然停留在“前店后厂”这一较低的层次，即港澳提供资金、市场、技术设备、主要原材料和零部件，深圳提供生产场所、劳动力、基础设施、部分原材料和零部件，深港澳三地间按垂直分工进行合作。

由于近年来港澳与深圳之间的产业梯度缩小，低层次合作的空间已经不大，需要拓展合作渠道，提高合作档次，开辟新的合作形式。我们知道，深圳“三来一补”企业的传统招商引资方式是“以商引商、示范跟进”，或依靠熟人、朋友介绍，政府介入程度不深，投资人和投资环境之间的信息不对称，投资和引资的盲目性较大。港澳回归后，一方面，有利于通过深港澳三地政府联手，牵线搭桥，可以提高合作成功率，减少投资和引资的盲目性，并通过政策引导，政府协调，改变“前店后厂”的分工格局，形成全方位、多层次的合作体系；另一方面，有利于在政府层面建立深港澳三地政府间的磋商机制和协调机制，加强宏观调控，形成深港澳统一的资金、技术、人才、产品市场，促进资源的优化配置，推进三地经济一体化。

改革开放以来，香港是深圳外资的主要来源地。在深圳历年引进的外资中，港资占65%以上，港商在深圳设立近1万家“三资”企业和2万家“三来一补”企业，因此，香港产业重构与转移对深圳工业发展的影响深远。对香港而言，由于用地紧张，劳动力成本上涨，交通拥挤，环境恶化，只有通过产业重构和转移、深港城市功能互补，才能解决外部经济的问题。对深圳而言，香港作为重要的国际贸易、金融、信息、航运中心，是深圳进入国际市场的便捷通道和跳板。21世纪香港将集中力量发展金融、贸易、信息服务、游憩和高新技术产业。由于香港地狭人稠，高新技术产业的生产基地将会向深圳延伸，从而带动深圳产业高度化和传统产业的扩散转移，形成新的分工合作，推动深港经济一体化发展。

澳门经济总量小，对深圳工业发展的影响微弱而间接。目前，澳门产业已从单一的博彩业向旅游、咨信、房地产业拓展，有望与深港联合发展大旅游、大信息产业，从而加快深圳特区传统产业的扩散转移，为深圳东部工业组团建设工业基地创造条件。

5 深圳工业发展现状分析

深圳市工业现状具有轻、新、高的特点，电子、轻工产业产值比重大，新兴产业发展较快，高新技术产业初具规模。1997年工业产值1256.28亿元，其中高新技术产值474亿元，占工业总产值的35%。当前工业结构的基本特点是“三多三少”。一是中小规模的“三来一补”企业多，大型跨国公司少。全市8万多家企业中，99%为中小企业。二是劳动密集型企业多，知识、技术密集型企业少。1997年经认定的高新技术企业124家，占企业总数的0.1%。三是外资企业多，内资企业少，地方经济比重小。目前，外资企业工业产值占全市的70%以上。

区位商[①]反映某一行业的比较优势和竞争力，以及在区际分工中的地位和作用。按国家统计局的行业划分标准，深圳特区共有33个行业，经计算得出深圳特区工业行业得区位商（见表1）。

① 如果区位商大于1则属于优势部门；小于1且属于劣势部门。若区位商增加则发展势头上升，属于“朝阳”产业；区位商下降则发展势头减弱，属于萎缩部门或“夕阳”产业。公式如下：

$$区位商=\frac{特区某工业部门产值/特区工业总产值}{全省相应工业部门产值/全省工业总产值}$$

深圳特区工业行业区位商表 **表 1**

行业	1995	1996	1997	1996 比 1995 增加	1997 比 1996 增加
按轻重工业分					
轻工业	0.7736	0.749	0.7134	−0.0245	−0.0360
重工业	1.3599	1.402	1.4601	0.0421	0.0580
按企业规模分					
大型企业	1.6468	1.7956	1.374	0.1488	−0.4220
中型企业	0.2826	0.2739	0.9775	−0.0087	0.7036
小型企业	0.8833	0.7983	0.7997	−0.085	0.0014
按行业分					
非金属矿采选	0.1844	0.1365	0.1495	−0.048	0.0130
食品加工	1.4106	1.6547	1.3649	0.2441	−0.2900
食品制造	0.4061	0.3470	0.2746	−0.0591	−0.0720
饮料制造	0.5272	0.5867	0.5832	0.0595	−0.0030
烟草加工	0.5836	0.7866	0.8315	0.2030	0.0448
纺织业	0.4057	0.3082	0.3003	−0.0975	−0.008
服装及其他纤维品制造	0.8367	0.7427	0.6045	−0.0939	−0.138
皮革、毛皮及羽绒制品	0.3464	0.2499	0.2587	−0.0965	0.0088
木材加工及住藤棕草制品	0.8314	0.8264	0.9641	−0.005	0.1378
家具	0.4062	0.4212	0.3316	0.0150	−0.09
造纸及纸制品	0.6338	0.4822	0.3624	−0.1516	−0.12
印刷、记录媒介复制	0.8745	1.0564	0.9257	0.1819	−0.131
文教体育用品	0.8288	0.7215	0.5262	−0.1073	−0.195
石油加工及炼焦	0.0885	0.0795	0.0462	−0.009	−0.033
化学原料、化学品	0.4237	0.34	0.3391	−0.0836	−0.001
医药	1.3474	1.7491	1.8657	0.4017	0.1166
化学纤维	0.2332	0.265	0.1914	0.0319	−0.074
橡胶制品	0.2412	0.1416	0.0885	−0.0996	−0.053
塑料制品	0.4764	0.4593	0.3975	−0.0171	−0.062
非金属矿物制品	0.5353	0.5176	0.4256	−0.0176	−0.092
黑色金属冶炼及压延加工	0.5695	0.4561	0.4155	−0.1134	−0.041
有色金属冶炼及压延加工	0.3334	0.409	0.4372	0.0756	0.0282
金属制品	0.6409	0.6806	0.6808	0.0397	0.0002
普通机械制造	0.2492	0.1499	0.1217	−0.0993	−0.028
专用设备制造	0.7312	1.1148	0.7322	0.3836	−0.383
交通运输设备制造	0.5116	0.4709	0.3218	−0.0407	−0.149
电器机械及器材	0.0276	0.2069	0.2301	0.1793	0.0232
电子及通信设备制造	2.5954	2.5122	2.5822	−0.0833	0.07
仪器仪表及文化办公机械	0.5886	1.8279	1.5428	1.2394	−0.285
其他制造	0.6043	0.3004	0.4075	−0.3038	0.1071
电力蒸汽热水生产供应	6.4314	6.6741	5.6888	0.2427	−0.985
煤气生产供应	0.1427	0.0692	0.0125	−0.0735	−0.057
自来水生产供应	1.2688	1.1177	1.3058	−0.1511	0.1881

从表 1 可见：①在轻工业和重工业两大门类中，轻工业的区位商呈下降趋势，说明传统轻工业的地位正在衰退，今后除一些传统优势行业可通过技术改造就地发展外，其余产业都可能向深圳特区外围地区，尤其是东部工业组团转移。②在企业规模结构中，大型企业的区位商出现下降，说明近年来大型企业发展优势退化，一些大型企业外迁，另一些企业的发展势头减缓，致使区位商降低。③在 33 个工业行业中，区位商大于 1 的有食品加工、医药、电子及通信设备、仪器仪表及文化办公机械、电力蒸汽热水生产、自来水生产与供应，这些部门在全市产业结构中占有重要地位，属于优势行业。④区位商小于 1 且逐年下降的行业有非金属矿采选、食品制造、纺织、服装及其他纤维品制造、皮革、毛皮及羽绒制品、家具、造纸及纸制品、文教体育用品、石油加工及炼焦、化学原料、化学品、橡胶制品、塑料制品、非金属矿物制品、黑色金属冶炼及压延加工、普通机械制造、交通运输设备制造、其他制造等行业。由于深圳特区生产成本上升、城市职能转换等因素的影响，上述产业在深圳特区内已不具备竞争优势，应尽快向外转移。

6 结论

针对加速发展的经济全球化趋势，深圳一方面要加快传统工业技术改造和升级，积极推进产业结构高度化；另一方面要大力发展高新技术产业，提高技术密集型产业的比重。经济全球化条件下的深圳工业发展思路是：①以深圳高科技园区为中心，大力发展以电子信息、光机电一体化、新材料、生物工程等为主体的高新技术产业群，带动产业结构转换和升级。②构筑新工业发展空间，加快传统工业技术改造，大力开发先进制造技术、节能技术和清洁生产技术，推广先进实用技术，促进资源的深加工，提高产品技术含量和国际竞争力，开发以龙岗大工业区为依托的东部工业组团。深圳东部工业组团本作立足现有基础，结合世界产业结构演替大趋势，促进产业优化升级，推进高新技术产业化和产业高新技术化的思路，开拓新的工业空间，重点发展那些技术含量较高、带动全局、产业关联度大发达制造业，为全球新一轮产业结构重建与转移做准备。

参考文献

[1] 王怀宁．论世界经济发展的主要趋势——兼及“知识经济”与其他 [J]. 世

界经济，1999（2）.

[2] 贝毅，曲刚 . 知识经济与全球一体化 [J]. 世界经济与政治，1998（8）.

[3] 卢根鑫 . 国际产业转移论 [M]. 上海人民出版社，1997.

[4] 古征元 . 世界科技和工业发展趋势 [J]. 全球科技经济瞭望，1998（12）.

[5] 石东平，夏华龙 . 国际产业转移与发展中国家产业升级 [J]. 亚太经济，1998（10）.

[6] 李兵 . 从美国“新经济”看加速我国高新技术产业的发展 [J]. 世界经济与政治，1998（8）.

[7] 陈锦华 . 我国发达地区应率先发展知识经济 [J]. 经济改革与发展，1998(7).

[8] 顾朝林 . 中国高技术产业与园区 [M]. 中信出版社，1998 .

[9] 顾朝林 . 经济全球化与中国城市发展 [M]. 商务印书馆，1999 .

[10] 李小建，等 . 经济地理学 [M]. 高等教育出版社，1999.

[11] Berry，B J L et al. The Global Economy：Resource Use，Locational Choice and International Trade[M]. Prentice Hall Inc.. 1993.

[12] Castells，M. European Cities，the Information Society and the Global Economy[J].New Left Review，1994，204：18 -32.

[13] Dicken，P. Global Shift：the Internationalization of Economic Activity[M]. New York：The Guilford Press，1992.

[14] Baum，S. Social Transformations in the Global City：Singapore[J].Urban Studies，1999，36（7）：1095-1117.

[15] Hamnet t，C.. Social Polarization，Economic Restructuring and Welfare State Regimes[J]. Urban Studies，1996，31（3）：401-424 .

高速发展与空间演进[①]

——深圳城市结构的选择及其评价

赵燕菁[1]

摘　要：高速发展条件下城市空间结构演变一直是城市规划理论和方法研究中的一个空白。其中一个重要原因就是缺少足够的实证案例。本文以深圳规划及空间结构演化为案例，试图在对过去20年深圳城市规划的回顾的基础上，重新评价其成败得失，从而为探索高速发展条件下的城市规划技术乃至理论提供实证基础。

关键词：城市结构；空间分析；高速发展

深圳的成长是人类城市发展史上的奇迹。在短短的20年时间，从一个只有2万多人的边陲小镇，成长为一个在国家经济中具有举足轻重意义的特大城市，深圳的发展超出了所有人最大胆的想象。无论是从城市的形象上，还是从经济的指标上，深圳都为其他城市做出了难以企及的榜样。从某种意义上讲，深圳的发展几乎是完美无缺的——它只比人们想象的更好。

但是这种快速发展，也使人们丧失了判断深圳发展的历史坐标——我们不知道这种发展是会持续，还是面临转折。事实上，深圳短短的发展史上，曾有过多次对其宿命的预言，但深圳一次又一次地超越了这些预言。当现在再次探寻深圳的未来时，我们才发现，我们对深圳的发展所知甚少。实际上，深圳的规划成就从来就没有在理论上被认真分析过，更谈不上应有的学术承认[②]。

1　城市规模与空间结构

从城市规划的角度看，深圳真正令人惊奇的还不是它超乎寻常的

① 本文发表于《城市规划》2004年第28卷第6期。

② 中国近现代城市规划理论，基本上是建立在国外规划理论之上。尽管我们曾经创造过长安、北京这样举世闻名的伟大城市，但在系统的规划理论上基本上仍然是一片空白（一个明显的事实就是，中国规划师的原创思想很少出现在城市规划主流刊物和教科书上）。而深圳的规划和建设，为中国城市规划形成自己的理论和方法提供了一个宝贵的契机和基点，使我们有可能在世界城市规划思想发展史上作出自己的贡献。

1. 中国城市规划学会会员，中国城市规划设计研究院

增长，而是这种远远超出最大胆规划预测的增长，何以能够在巨大的空间上展开而没有出现重大问题。最令规划师着迷的是，最初的城市空间发展战略，是如何适应这种异乎寻常的增长的。我们知道，传统城市空间发展规划的基础，都是建立在少数几个假定和预测的基础上的。城市人口规模就是其中最主要的一个。但恰恰是对这个基础，深圳的最初预测和实际结果产生了重大的偏差。即使按照当初（1986 年）最大胆的规划——2000 年城市人口 110 万（按 150 万校核），也远远低于 2000 年 700 万（其中特区内常住人口 205 万人，暂住人口 127 万人）的实际城市人口（深圳统计局，2002 年）。

那么是什么原因，使得深圳的规划在完全出乎预料的情况下，适应了超常规的发展速度？我们的研究发现，过去 20 年深圳城市空间发展战略成功的真正原因，在于它选择了一个非常罕见而富有弹性的空间发展模式——带状组团结构。正是这个结构强大的弹性和适应能力，满足了深圳高速发展的需求，以至今日我们回过头来看，深圳的城市结构几乎完全按照规划实现，没有任何根本性的改变。这不能不说是中国城市规划实践上的一个奇迹。

1982 年，广东省城乡规划设计研究院编制了深圳最早一版城市建设规划，率先提出了核心—组团—带状结构（图 1）。这版规划大胆突破了当时国家的城市政策（超过了 50 万人大城市人口的门槛限制），提出了在 2000 年达到 80 万人的大胆设想（但是还无法突破百万人口这个特大城市的门槛）。尽管如此，这个规模已经引起了很多争议，为了减少争议的压力，规划的编制者采用技术处理的办法——提高人均指标，为未来规模的突破留下了伏笔。98km^2 的建设用地，达到了当时城市人均用地指标的上限。但在结构上基本上仍然是核心城区加边缘组团的传统模式。

这个过渡性的规划很快就在 1986 年被一个更大胆的超过百万人口的新规划所取代。1986 年由著名规划师周干峙领导的规划小组①编制了一个 2000 年规划人口达到 110 万的总体规划，并将规划的视野扩大到 1225km^2。在这个范围里，按照一个现代化特大城市的要求完整地配置了包括港口、机场、高速公路在内的所有现代化设施。特别值得注意的是，1982 年版的中心—边缘传统城市结构被一个真正意义上的带型组团城市结构所取代（图 2）。后来的发展证明，这个规划不仅在深圳发展历史上起到了关键的作用，而且本身也成为中国城市规划的一个里程碑②，深圳以后的发展，几乎完全沿着这个规划确定的轨迹运行。不难想象，在经历了 20 世纪 50 年代后期的“大跃进”和

① 中国城市规划史上的显赫人物，1950 年代梁陈方案的作者之一陈占祥，也是该规划的顾问。具体的编制工作则由宋启林、蒋大卫等当时中国一流的规划师担纲。主要参加人见《中国城市规划设计研究院作品集》中有关介绍。在笔者看来，所有这些参加者，都应该在中国规划史的殿堂上刻上他们的名字。

② 想象一下，在此之前中国的城市规划不仅理论深受苏联教条的影响，而且至少有长达 10 年的时间没有进行过任何有意义的规划实践，这一事实本身就足以令规划史的研究者着迷。

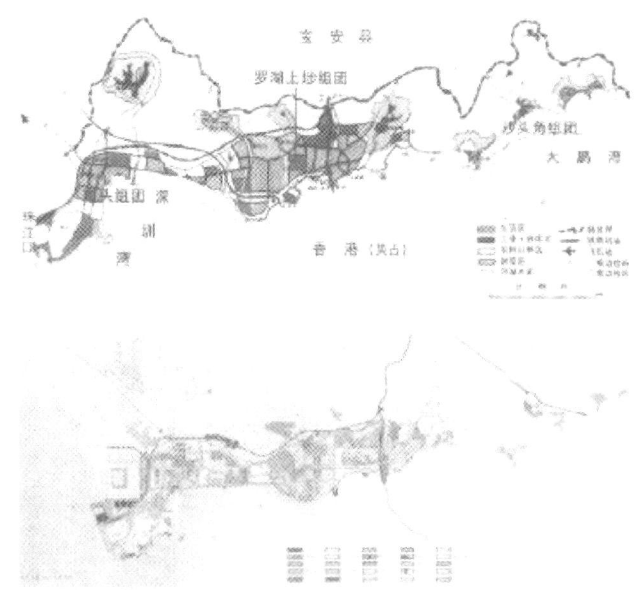

图 1　1982 年版深圳城市建设规划（广东省城乡规划设计院）；核心 – 边缘模式

图 2　规划引导开发：1986 年版深圳市城市总体规划（中国城市规划设计研究院）

1970 年代后期短暂的“洋跃进”后，这个空前的、大大偏离当时经济运行曲线的“畅想”式规划，注定要面临广泛的批评甚至非难①。但这个规划提出来的雄心勃勃的目标，不到 5 年的时间就被超过——1990 年，深圳市的人口一举突破 200 万②。到了 2000 年“五普”时，仅特区内的人口就超过 225 万人，全市人口已经高达 700 万人。

受到这个空前发展实践的鼓舞，规划师们不再怀疑自己的判断，中国城市规划设计研究院 1989 年编制的《深圳市城市发展策略（全市）》③提出了更加大胆的设想。在这个策略里，2000 年城市人口发展到 300 万人；建设用地达到 280km^2。特别是其空间战略陈述变为“全境开拓，梯次推进”。这一空间战略陈述实际暗示了从 1986 年版总体规划带状组团结构的偏离。但很快，这个被认为是“最优”的“终极”规模，又被 1996 年深圳市城市规划设计研究院编制的《深圳城市总体规划》所代替，这个新规划提出了 2010 年深圳城市人口 430 万人，建设用地 480km^2 的目标。该规划在布局上延续了 1989 年战略全境开拓的主要结论，对城市结构的陈述为：“以特区为中心，以西、中、东三条放射发展轴为基本骨架，梯度推进的组团集合布局结构”（图 3）。实际上，这个陈述不过是“全境开拓”的变种，表明了一种在全市范围内均衡发展的战略企图④。

回顾 20 世纪 80 年代深圳空间发展战略的选择与实际结果，我们可以发现深圳特区内在空间上的成长，尽管可能在规模和范围上大大延伸了，但在结构上，几乎完全没有脱离 1986 年规划所确定的发展主干。这个主干有如下两个特点：

① 尽管这些非议很少见诸正式刊物和报端，但甚至在规划的主编单位中国城市规划设计研究院内部，也不乏反对之声。

② 考虑到 1980 年时深圳本地人口不到 40 万，且大部分是农民，因此，可以有把握地确定，这 200 万人口中绝大部分都是机械增长的城市人口。

③ 现在很多人都以为《广州市城市发展概念规划》是目前风靡一时的城市战略研究的原创，但笔者以为深圳当初的这个战略才是此类研究的先声。尽管其在编制的手法（内容过于冗杂和繁复）、规划的理念（对市场经济的认识和理解）以及实际影响（几乎不为深圳以外的业内人士所知）上无法和广州概念规划相比，但这一探索在规划思想史上的地位不应被忽略。

④ 我们后面的分析表明，这一布局陈述，反映出空间战略意图和现实的展开之间开始脱节。事实上，在深圳规划院最近的规划检讨中，已经承认三条轴线发展实际并不均衡（深圳规划院，2002）。

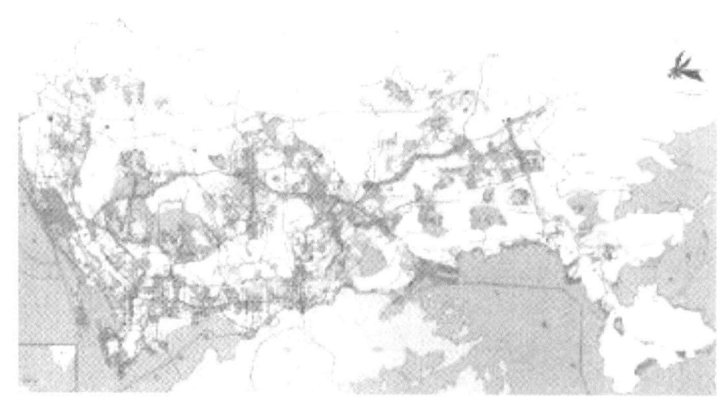

图 3　开发引导规划：1996 年版深圳城市总体规划（1996-2010）（深圳市城市规划设计研究院）

1.1　空间成长特征：不确定 / 超高速 / 外延为主

（1）高度的不确定性。尽管规划师们在深圳特区建立之初，就已经认定深圳将要获得前所未闻的高速成长。但是，事实上，当时并没有确凿的分析支持这一判断。现在可以查到的所有文献，都没有反映出当时对深圳发展的估计，是建立在任何可信的分析基础之上的。在这背后，政治领导人的取向，甚至比规划师的直觉，起着更大的作用。

深圳的高速增长同时伴随着巨大的不确定性。进入 20 世纪 90 年代，深圳相继遇到 1989 年后的治理整顿，1993-1994 年的经济“过热”，随后的宏观调控和 1997-1998 年的亚洲金融危机，1999-2000 年积极的财政政策和扩大内需、产业结构调整。这一系列外部的宏观经济环境的变化，是 1986 年总体规划，甚至 1989 年发展战略所根本没有预料到的。即使在保持相对稳定的产业，其内部结构也存在着大量的不确定性，工业结构迅速从低级的加工转向高科技产业，金融业在服务业中的比重迅速上升，这些变化也是当初规划所无法预知的。

同其他特区和普通城市不同，深圳没有任何历史可供规划师们进行回归分析，任何趋势外推为基础的分析方法，在深圳全然没有用武之地。规划师们既不知道未来的产业结构是什么，也不知道城市在什么阶段，将会有多大规模。由于深圳的投资和市场主要来自市场经济为主的外部，也使得传统的计划经济手段无法为城市空间的发展提供起码的依据。这就迫使规划师必须更多地把宝押在规划的弹性上。

事实上，深圳空间发展战略真正的成功之处也正是由于它巨大的弹性。尽管规划师们从来就没有猜准过深圳的城市规模，但这并没有影响深圳的发展。20 年来，深圳几乎抓住了每一个发展的机会，开始是贸易，然后是加工工业，以后是高科技工业，甚至娱乐（世界之窗、民俗村等主题公园）、教育（大学）、高科技和最近的房地产。虽然当年规划没有预测到这些功能，但是它们在深圳都找到了合适的发展空间。这表明，在深圳，城市规模的预测在发展战略中已经降到次要的层次。这同其他城市空间发展战略的基础主要建立在对规模的预测上完全不一样。

（2）异乎寻常的发展速度。尽管规划师们已经作出了最大胆的预测，但深圳实际上发展仍然超出人们的想象。深圳从起步时的 40 多万人（大部分是农业人口），增长到“五普”时的 700 多万人，规模上几乎是又一个香港。即使剔除暂住人口这一不可比因素，这仍然是一个令人吃惊的数字。深圳空间战略的成功和失败，几乎都集中反映在对发展速度的适应程度上——特区内，有秩序的空间结构，使人口和产业在空间上得到有效的安排，并实现了产业结构在空间上的演替。

而特区外，无序的空间安排和混乱的产权，导致自发蔓延的人口和产业集聚，反映了 1986 年版本之后规划的失败。1989 年，全境开拓的空间政策以及建立在这一政策基础上的 1996 年版总体规划，实际上更多的是对混乱的开发现实的承认，而不是有目的的规划[①]。1986 年版深圳市总体规划的主要领导人周干峙曾多次提到历次总体规划对特区外的忽视，导致了在特区二线外实际上建设了另一个深圳。从人口上来讲，二线外的人口几乎是特区内部人口的 2 倍！特区外比特区内发展更快，这是所有的规划师都没有预料到的。

（3）以外延式的展开为主。除了少数地区外（如东门），深圳 20 年来很少进行大规模的旧城改造。城市不同阶段的发展，在空间上完全是平行展开的。由于不同时期的发展在空间几乎没有重叠，深圳成功地避免了其他城市功能快速更替时大规模的拆除成本（包括折旧和时间损失）。这是其他单中心结构的城市所无法做到的。这使得深圳既降低了开发的成本，又及时抓住了产业转换带来的各种机会。

外延式的发展，也是同深圳的内部外部环境相一致的。由于深圳的主要竞争优势是低廉的劳动、低廉的土地为基础的低成本经济环境，因此，在同一水平上依靠空间外延发展，就是其保证足够的土地低成本供给的关键。这一点上，深圳同香港形成了鲜明的对比。香港由于其封闭的劳动力和土地市场，导致供给短缺，因此在其结构转型的同时，伴随着地价和劳动力价格的迅速增长。深圳虽然特区内部分土地和劳动力价格也在上升，但是由于外延扩张，廉价土地和劳动力源源不断，总量的供给从来就没有真正短缺过。从航片上也可以看出香港用地的紧凑程度，远远大于深圳。产业结构也体现出，深圳的竞争优势持续体现在工业上，外延式发展抑制了土地和其他相关成本的上升，是深

① 把这一结果完全归咎于规划师显然是不公平的。全境开发背后更深层的原因是体制。由于每一个区县都是独立的核算单位，分散的发展动力，必然导致离散的空间布局。为了不偏离本文的主题，对空间结构的制度原因将留待以后专门分析。

圳得以维持高速成长的一个关键性的因素。

1980-2000 年，深圳的工业年平均增长率高达 44%，远远高于同样高速增长的第三产业 29% 的年增幅。实际上，从 1990 年代开始，深圳的工业在产业结构中的比重超过第三产业，此后就一直再也没有被第三产业超过。这同香港工业减少，第三产业迅速取代工业成为主要的经济支柱几乎是同时发生的。“九五”期间，深圳的工业增加值增长率超过广州 3 个百分点（广州 14.7%，深圳 17.8%），但全社会消费品零售总额的增幅却低于广州 4 个百分点（深圳 11.5%，广州 15.3%），反映出深圳在区域经济中二产强、三产弱的特征（图 4）。现在，很多研究抨击深圳的低成本外延式扩张的战略，实际上，这正是深圳长期保持快速增长和强大产业竞争的基础。这个战略是和深圳的外部环境和内部条件相一致的，这也是为什么香港出现萧条，而深圳却可以保持持续增长的原因。

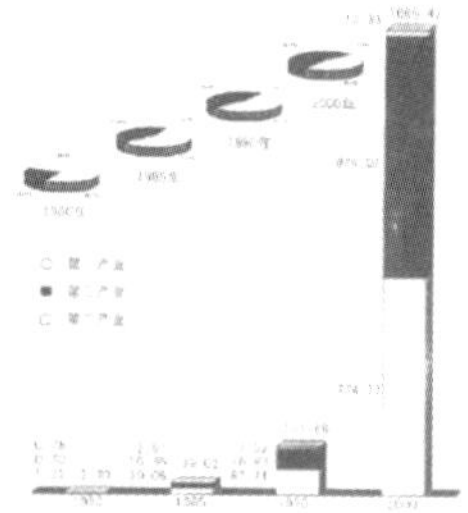

图 4 深圳市产业结构的变迁

1.2 空间结构特征：带状 / 组团 / 开放 / 外向

深圳的城市规划之所以能够适应出乎意料的高速发展，其最大的秘密就在于它在一开始就选择了一个极具弹性的空间结构——带状组团结构（图 5）。由于城市结构的弹性，使得深圳实际上不需要对城市的规模作出特别准确的预测。

同一般单中心城市（monocentric city）的形成路径不同，深圳的发展最初是从东翼的罗湖和西翼的蛇口同时展开的。特区二线与一线之间的狭长地带，是其展开的主要空间。开发的起始点和自然的地理限制，使得带状组团结构自然地成为最佳的城市结构（如果不是唯一的城市结构）。从现在已知的文献中，我们没有发现证据表明，这种城市结构是规划师根据城市发展的不确定性和高速度而提出的有目的的设计，但是从开始阶段关于城市规模的判断的几次争论，我们可以感觉到当时的规划师已经预感到深圳将面临着一个不同寻常的增长（否则，另外的一个可能选择的城市结构，会是分别以蛇口和罗湖为核心的两个单中心的中小城市或 1982 版总体规划那样的核心城区加边缘组团的结构）。

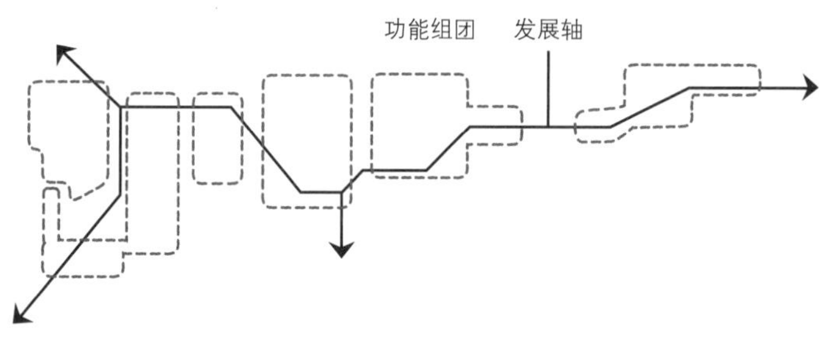

图 5 简化的空间结构

事实的发展证明了规划师的远见，这个城市结构几乎完美地适应了城市高速发展的需要。也许没有这个规划，城市也会由于地形的限制和交通轴线的引导，自发地形成带状的形态，但是，这种自发的成长（spontaneous growth）绝不可能会形成现在深圳特区内这样一种有机的结构。特区外宝安地区沿 107 国道自发的蔓延，将是深圳最可能的结果。

1.2.1 深圳城市空间结构的核心特点

（1）沿深南大道形成深圳城市结构的脊椎和主轴，并同特区外最主要的发展轴——107 国道连接。深圳早期商贸起步时的主要功能，都沿这个轴线布置，使得深南大道在一开始就成为城市主要的商业 / 贸易 / 行政轴线。

（2）随着深圳经济结构向工业转变，沿北环路形成另一条产业发展轴，各个组团主要的产业均布置在这个轴线的沿线。而这条轴线，同联结香港和内地最主要的通道——广深高速公路连接。

（3）深圳随着经济的发展，逐渐从一个以流动人口为主的“淘金”城市，发展为同时具有强大本地消费的“一般”城市，特区对区域内乃至游客的强大吸引，共同形成了一个巨大的本地市场，针对本地消费的休闲娱乐业开始出现，这时，深圳沿滨河大道形成了第三个以休闲、教育为主的发展轴。

（4）城市大部分主要组团，都串联在这三个发展轴上，并按照不同的功能展开其城市功能。按照闵凤奎的说法，深圳的城市道路结构，就像两把梳子（双梳结构）：以深南大道为中心，大运量的远距离交通向北——上北环，生活性的本地交通向南——上滨河路。不同性质的交通流，形成明确的分工（图 6）。

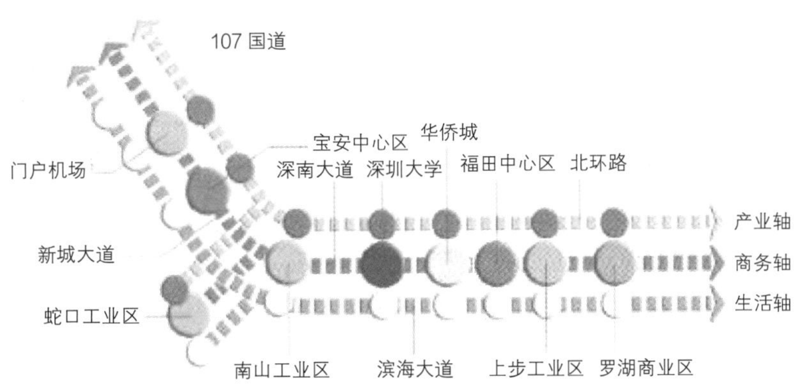

图 6 深圳城市结构的实际发展

1.2.2　深圳城市空间结构的优势

（1）具有极大的弹性。由于各组团之间的关系是平行的，城市可以根据内部和外部环境的变化，停止在任何一个阶段上，却可以保证城市结构的完整。设想如果深圳发展不如理想的迅速，没有南山组团或福田组团，深圳的城市结构依然可以支持有效的运转。事实上，这两个组团只是在最近几年里才开始大规模开发，但在这之前，深圳所有组团都自给自足（分别依托香港），独立发展，几乎没有受到任何相互之间的影响。

（2）可以使城市能够迅速抓住预料到和没有预料到的各种发展机会。市场经济的不可预知性，使得规划无法预知到底什么样的产业先来，规模有多大。由于各个组团在空间上不重合，这种结构使得城市可以在发展一种产业的同时保留其他产业的发展可能。深圳首先利用特殊政策，以贸易、三产起步发展罗湖，获得起步资金。然后开始转向上埗、蛇口等工业发展组团。与此同时，罗湖的商贸依然快速扩张。随后，深圳又在华侨城一带先后发展旅游（世界之窗、民俗村）、休闲（高尔夫、香蜜湖）和教育（深圳大学）等功能。近年来高科技的发展，使得深圳高新区获得了强大的推动力。而最近房地产业的高涨，再一次推动了深圳的快速成长。由于不同功能组团，在空间发展上不重合，因此，深圳用不着像其他城市（最典型的就是北京）那样面临调整产权（征地拆迁）带来的巨大的既得利益的矛盾，可以在极短的时间内，为突然出现的市场需求提供相应的空间。

（3）深圳城市空间结构的另一个好处，就是各个组团都有均等的发展机会。由于几乎每一个组团都可以和三个不同的发展轴接触（图 6），因此，不论是哪种发展机会来了，各个组团的机会都是均等的。由于规划师并不能左右次一级开发商的经营水平，这种结构可以保证足够的成功几率。事实上，几乎同时起步的南油和华侨城，由于经营方式不同，华侨城迅速抓住了不同发展机会，而南油的进展则相对缓慢。但空间的分离，使得不同速度的组团发展之间几乎没有互相干扰。这种多样化的组团功能，在消费半径较小的低收入发展阶段有着特别重要的意义。这个结构完美地适应了彼德·霍尔爵士（2002 年）描述的高速（dynamic）发展城市所特有的产业共生性。

2　基础设施与带状布局

深圳过去 20 年基础设施的布局和主要战略轴线的选择，同样被证明是极其富有远见和成功的。

2.1 深圳的带状组团结构，带来了城市基础设施功能布局的巨大弹性

由于深圳的带状结构，沿着带形展开的方向，密集了大量的基础设施，特别是交通设施，包括城市主干道（深南大道）、快速路（北环）和将要形成的地铁。这就使得深圳在带状方向上的空间—时间距离要比垂直方向的“短”。只要重要的基础设施“串联”在这个轴线上，就可以同其他基础设施形成好像集中在一起的“枢纽效应”。这就使得城市大型基础设施与城市结构主干的“接触点”可以大大增加，为大型基础设施的布局提供了广阔的空间。

深圳机场的选址就是一个典型的例子。虽然规划的机场确定在二线外的宝安，但是民航部门却决定将深圳机场选在城市的“腰”部——深圳湾附近。尽管深圳当时这一地区还未大规模开发，但是机场对净空的要求和可能的噪声干扰，对未来城市潜在的影响无疑是巨大的①。显然，民航部门之所以这样布局，是将深圳机场定位为一个主要为本地服务的地方机场（所以定在二线内），并没有意识到深圳潜在的发展速度和规模，香港机场和广州机场在地区中的枢纽地位在民航部门脑中已经成为定势。这从民航给深圳机场确定的规模和几乎完全由地方政府建设和拥有（白云机场民航和地方政府各投资50%）这一点上，可以清楚地体现出来。

但是规划师们坚持机场应当在二线外的宝安（这个位置是在深圳行政区域的边缘。从某种意义上讲，东莞使用这个机场甚至比深圳许多地方更方便）。最后规划师取得了决定性的胜利——机场几乎完全按照规划选址实施。现在回过头来看，规划师大胆的决定，使深圳机场处在一个绝佳的区域空间位置上，这就为深圳抢占区域枢纽的主导地位提供了可能。虽然现在看到的规划师坚持在特区外选址的理由，大部分是从潜在的环境影响角度提出的——深圳实际上是将机场作为一个“污染源”推出特区的。但是，这一战略性的选址，使得深圳机场迅速从一个本地的小型机场，成为区域性的大型机场，由于不用进入特区，深圳机场得以为区域内更广大的客源提供服务。事实上，区域现有所有机场中，唯一正确地将选址放在珠三角中心位置和区域主要经济发展轴线上的机场就是深圳机场，香港放在赤腊角、广州放在花都、珠海放在西区（三灶），都选择了远离区域中心的位置。深圳机场选址，在确保本地市场的同时，分流了相当大部分区域客源。

① 香港的启德机场就是一个典型（当时香港启德机场还没有考虑搬迁）。

从深圳机场开始使用，机场的客流量就以超乎寻常的速度增长。在极短的时间内，深圳机场的客流量就超出了最终的设计规模，并开始二期工程的扩建。现在深圳机场已经超过大部分省会机场，仅列北京、上海和广州之后。统计表明，改革开放以来，广州白云机场一直保持了高速增长，但是从深圳机场投入运行开始，白云机场的增长就几乎停止了，表面上看，这是由于广州白云机场的容量超过设计负荷，但一个潜在的原因就是深圳机场的崛起，区域内新增的客源，几乎完全转移到了深圳。我们有理由相信，深圳机场的选址效果，将会随着广州白云机场迁至花都变得越发明显。

深圳机场之所以能够选在城市边缘，很大一部分原因是因为深圳机场处于深圳城市带形结构的延伸线上。众多的交通基础设施（广深高速、107 国道），减少了单独为机场提供基础设施的压力，使深圳机场一开始就可以通过低成本参与区域竞争（反观广州、珠海和香港机场，都不得不为机场与城市的联结提供专门的交通设施）。带形结构的轴向交通特点，使深圳各组团同机场保持了方便的联系（而在“摊大饼”的城市结构中，大部分地区的外部联系，都首先要穿过其他地区）。同样的道理，深圳的带状结构，也使大部分组团可以方便地使用串联在带状结构上的港口（蛇口、盐田）、高速公路等其他区域性的交通基础设施，使城市既能够避开这些设施产生的干扰，又充分利用其带来的好处。

2.2 带形结构特别适合于发展大运量的公共交通

尽管深圳的收入水平远在北京、上海、广州等大城市之上，但是私人交通的拥有和出行，并没有显著高于这些城市。在深南大道上，集中而密集的公共交通，保证了深圳公共交通的高效益和低成本。特别有意思的是，带形城市同棋盘式城市相比，点到点的“目的地”的搜寻成本（searchcost）要小得多。凡是到过深圳的人，都会感到深圳的道路网要比北京、上海、广州这样的“摊大饼”结构容易掌握得多。这一点，对于拥有大量暂住和流动人口的深圳，意义特别重要。同样是现代建筑，单调的风格，深圳却能使外来人很快感到宾至如归。

深圳的竞争力归根到底取决于它的效率。由于深圳采用了带形的城市结构，深圳的基础设施建设要比同类城市少得多，而高效率公共交通服务的水平则高得多。相比之下，特区外由于采用了全境开拓的战略，虽然人口总数大大超过特区，但由于人口的离散分布，其公共交通的效率远远不能同特区内部相比。

3 开发时序与战略轴线

3.1 开发时序

深圳的空间展开次序，是深圳城市空间结构的重要组成部分。同样的结构展开的次序不一样，效果会完全不同。作为一个没有任何基础的特区，深圳启动的动力几乎完全来自香港。因此，深圳的起步是从两个同香港接触最紧密的组团——罗湖和蛇口——起步的。这种“不合规矩”，违反规划原理的离散式布局，表面上似乎犯了投资分散的大忌，实际上正好适应了深圳当时的发展特征——如果考虑到香港，这两个位置是深圳区域中最不离散的点：一个是陆路口岸，一个是水路口岸。因为在初始阶段，深圳内部组团之间联系的需要，远远小于它们同香港之间联系的需要。

蛇口与深圳之间的基础设施尤其是交通基础设施，为城市其他组团的形成和发展提供了有效的依托。城市以这两点为起点，相向发展，滚动展开。这种分别启动、东西对进的空间布局战略，为深圳低成本形成完整的整体空间结构，提供了绝佳的条件。

一般来讲，城市的中心应当最先形成，城市其他功能围绕中心发展，随着城市规模的扩大和功能的复杂，城市中心的范围和密度也会随之增加。由于中心区是最先发展的，一定被现有功能填满，任何新功能的增加和开发强度的提高，都必须拆除大量现有的建筑。这就形成了开发次序上的一个悖论——先来的功能档次较低，但却占用最好的位置，后来的功能档次较高，但却缺少合适的空间。由于中心区的建筑一般质量最好，功能最密集，因此，任何更新和拆除都意味着大量的成本，特别是当城市扩张和升级以极快的速度展开时，拆除的成本就会急剧上升。国内其他单中心城市的改造和更新，无不承受大量的拆迁成本，对许多工程来讲，拆迁和赔偿的成本甚至比实际建设的成本还高。如果按照规划在中心区预留未来发展用地，表面上看可以节省拆迁的成本，但由于中心区的地价很高，长期闲置必然意味着大量的机会成本。

但是深圳带状组团的城市结构和东西对进的发展次序，为深圳避开这一似乎所有城市都不可避免的宿命结果创造了条件。1986 年版的总体规划，将城市最终的中心区（CBD）布置在带形城市的中间的福田。由于深圳是从两翼起步的，因此，福田在整个城市发展的过程中，都位于城市的边缘，是地价最低的“低谷”区，这就使得深圳能够以非常低的成本，长期控制福田中心区的土地，同时对未来中心区土地的规划进行长期反复的研究。这是其他单中心城市所无法做到的（图 7- 图 11）。

图 7　改革开放前 1978 年的深圳

图 8　1986 版规划编制时的深圳用地：两翼启动

图 9　1990 年时深圳的用地情况

图 10　1995 年时深圳的用地情况

图 11　2000 年时深圳的用地情况

事实上，深圳发展的早期，福田的土地曾经低价转让给胡应湘作房地产开发，但是在规划师的强力坚持下，政府最终重新购回土地，并长期控制。自那以后，深圳就开始了其令人惊叹的跨越式发展。城市以罗湖和蛇口为起点，深南大道为主干，一个又一个组团不连续地在广阔的空间同时展开。由于这些开发互不交叉，拆迁的费用和时间大为节省，使得深圳可以在极短的时间内，快速对新出现的市场需求作出反应，及时抓住每一个发展的机会，并最终造就了前所未有的发展奇迹。

在整个发展过程中，深圳不是像其他城市（如纽约）那样，就地拆除，原地建设，而是快速、不连续地跳跃发展。所以在深圳，可以看到不同阶段开发的完整组团，老的城市组团很少因为新的城市需要而被大规模拆除。城市的重心也始终在不断地迁移。而正是深圳特殊的城市结构和空间展开次序，为这种看似危险的高速发展提供了必要的平衡。

比较一下深圳和苏州[①]城市结构演化的次序（图 12），就可以更加清楚地看出两种不同的结构演化效果。同样是高速发展的城市，同样采取了跳出去发展的模式，同样是带状空间结构，同样获得了远远高于其他城市的土地净收益，但深圳的发展次序是两翼对进，向中间发展，而苏州则是以老城为中心，向两侧展开。结果，深圳城市重心迁移过程中拆迁极少，而苏州老城却无法完全避免老城风貌的破坏和丧失（比如干将路的建设）[②]。

显然，深圳的种种反常规划手法是有风险的。甚至到了 1980 年代末，深圳已经成为上百万人口的城市时，大部分人（包括规划师）仍然在怀疑福田是否真的会在可以预见的将来成为深圳最终的中心，很多人相信福田中心区更多的是规划师图纸上的梦想和政治家们宣传上的噱头。但是仅仅 10 年以后，不仅没有人怀疑这一点，实际上，这个中心的雏形已经形成（图 13）。

3.2　战略轴线

过去 20 年，深圳的空间展开，还表现出一个显著的特征——这个特征在我们选择未来的城市发展重心时极为重要——那就是，深圳发展最快的地区，几乎全部是在广州到香港这个发展轴上实现的。而且，越靠近香港，发展越快。如果我们把广州—香港轴线比作区域经济的低谷，那么越靠近香港和广州，这个低谷就越深。区域经济要素的分布和流动，首先流向“最低”的区位，然后沿着这条“峡谷”向整个区域蔓延。

① 苏州是另一个笔者深感兴趣的案例。高速的发展和快速的结构转化同深圳类似，但却有一个强大的母城。从某种意义上讲，苏州的空间模式可能对其他普通城市更有借鉴意义。可惜笔者无缘深入了解。

② 这一点同北京极为相似。虽然北京中心区实行了极为严格的开发强度控制，但周边地区发展形成的“外溢 - 回波”效应，导致中心区压力有增无减（如平安大道的建设）。

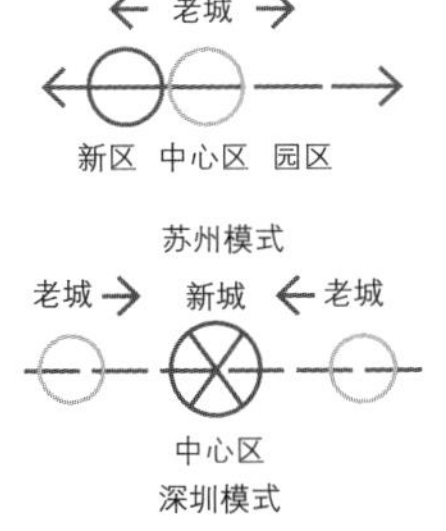

图 12 “中心开花”和“两翼对进”，苏州与深圳模式的对比

图 13 位于福田的新中心区

所以，我们看到香港—深圳—东莞和广州—佛山—顺德 / 南海两大区域发展集群。由于香港的动力更大，因此，香港集群发展的速度更快。区域内其他地区，虽然会出现一些局部的经济高地，但总的来讲，偏离这一主要轴线的地区（即使是深圳和东莞市域内），发展都不如靠近这一战略轴线的地区。

过去 20 年，深圳的发展极为精确地体现出这个战略轴线对城市发展重心的明显影响。深圳与香港接触位置的改变，几乎完全主导了城市重心迁移的方向：最早的罗湖和蛇口分别是深圳通往香港陆路和水路最大的通道，深圳的发展依托这两点起步，成为自然的选择。随着皇岗口岸的开通，陆路交通的重心西移，城市中心也逐渐从罗湖向上埗和华侨城迁移，并在最近完成了福田这一深圳城市结构上最终的一笔。这一规律并不因为规划者的意愿而改变。1996 年深圳总体规划根据 1989 年提出的“全境开拓”战略，规划了东部、中部和西部三条战略轴线。实践表明，三个轴线发展的速度完全不同——呈现出明显的西强东弱的趋势，发展最快的西部轴线，也就是处于香港—广州战略走廊上的轴线，与其他两个轴线完全不是一个数量级。实践表明，只有西部轴线才能称得上是战略性的，特区外的发展几乎完全压在西部轴线上（尽管规划在龙岗布置了全市一级的“大工业区”）。只是最近，在西部轴线几乎没有发展空间的情况下，经济才表现出向中部轴线外溢的趋势。随着深圳—广州—东莞的高速发展，这个轴线对区域内其他地区的竞争优势越来越大①。

深圳城市发展历程的回顾，展示了城市规划在城市发展中举足轻重的作用，也为其他城市的规划提供了宝贵的借鉴。深圳在不到一代人的时间里完成了一个超级城市形成的主要过程，其规划发展的轨迹，为新的空间分析技术提供了一个宝贵的参照系。

也许有人会质疑，深圳的许多在今天看来深思熟虑的布局，实际上不过是由于偶然因素或者其他考虑导致，并非有目的的空间安排。的确，在我们对历史文献的反复研究中，我们找不到直接的证据，证明规划师在提出所有这些惊人的“远见卓识”时，拥有足够的“学术依据”。事实上，深圳的一些重大选择是由政治家而非专业规划师作出的，深圳的城市带状结构很大程度上也是由于天然地形使然，但这丝毫都不会降低深圳规划在中国规划史上的意义②。

深圳带状城市的选择首先是由于选择的超常规发展的预期，20 年内城市成长上百万，无论在发展中国家还是在发达国家，都是前所未有的勇敢判断。如果深圳选择发展成为一个比如说 20 万人口的城市，

① 这个明显的趋势，也为未来深圳如何因应香港 - 深圳西部通道建设（导致区域发展战略轴线向西移动）的影响，提出了新的课题。

② 历史上的城市规划大部分都不是专业规划师做出的，政治领导人和大众对城市形态的影响，远远超过了实际上是工具性的职业“城市规划师”的作用。城市规划并不等于“规划师的规划”，规划师“没有意识到”，只证明了规划专业自身的局限。

只要罗湖一个组团就够了。而选择多中心的结构本身，则完全不需要地理因素来解释——带形布局依然可以是单中心的（比如广州）。深圳的规划不仅选择了多中心的结构，而且将未来的中心选在当时的城市以外——福田，则是更加反常规的做法——世界上没有一个城市不是将永久的城市中心规划在最初的城市中心。深圳这种两翼对进式的空间发展次序，使得城市的几何中心，一直落在建成区的外缘。这样在城市重心飘移的过程中，新区总是可以避免大量的拆迁。

退一步讲，即使地理上的限制是深圳没有选择“摊大饼”城市结构的主要原因，深圳的规划仍然可以作为其他没有这些地理原因的城市（比如北京），选择城市结构时提供宝贵的“试验依据”。如果 1989 年空间战略和随后的总规意识到这一点，就不会提出全面开花的“全境开拓”的战略，而是会继续坚持轴向发展，将宝安沿海地区纳入特区带状成长的空间秩序。实际上，宝安沿海地区的发展远远快于特区外其他地区，这本身就证明了带状城市在高速发展时空间展开的内在逻辑①。

① 用周干峙先生的话讲，深圳规划的最大失误，就是没有料到特区外实际上又建设了一个“深圳”。周先生讲的这个“深圳”大部分就集中在 107 国道和广深高速沿线。正是由于我们没有认识到区域战略轴线对深圳内部结构的重大影响，特区外宝安滨海地区才仍然维持了分散且不能交易的土地产权制度，其结果是，无论是经济效益还是社会组织，无论生态环境还是城市形象，都与特区内相差悬殊（深圳规划院，2002；中规院深圳分院，2002）。这一结果，对于其他城市（比如北京和天津）判断区域性战略轴线（比如京津塘）对本地空间结构的影响同样具有宝贵参考价值。

4　目前规划存在的问题

通过对深圳城市发展的回顾，我们也就可以清晰地看出深圳目前空间战略中存在的问题。

4.1　发展规模的选择

过去 20 年深圳规划最大的成功，就是对城市超高速增长的判断，但是，最大的失败也是来自对增长速度判断的不足。1986 年版总体规划提出 2000 年特区内发展到 110 万人，目前正在执行的 1996 年版总体规划提出 2000 年总人口控制在 400 万，用地规模控制在 380km^2，而实际上到 2000 年，现状人口和用地规模分别达到 700.8 万人和 467km^2，大大突破预测。用周干峙先生的话讲，不管多么大胆，深圳规模的预测从来都是落后于实际的发展。

但同样都是超出预期，1996 年规划同以前规划的一个最大差异，就是从发展转向控制。“控制在”和“发展到”这两个词本身，就反映了规划方向上的差异。1980 年代的规划是不顾一切想尽办法要扩大，甚至通过提高人均指标这样变通的办法“校核”被限定的规模；而现在深圳的规划则是努力控制和缩小城市的规模，甚至用“当量人口”的办法，减少已经实现的人口规模对规划的冲击。在这里，重要的不是两者在技术上谁比谁更“科学”，而是反映了两种规划截然相反的趋势判断。

对于深圳的规划师来讲，首先必须思考的就是哪种判断能够真的成立。如果城市已经进入常规发展的判断成立，那么现在的选择就是可行的，宝安滨海地区就不具有战略上的重要性，深圳也没有压力大规模地扩大特区空间的供给。如果不成立，深圳还需要维持高速发展，规划就必须放弃目前战术规模上的空间拓展，并为战役规模的开发做好准备。

4.2 发展方向的选择

1980 年代，深圳的发展战略非常清楚，就是沿着广州到香港的战略轴线延伸。但是到了 1996 年的规划，却在空间的压力下，提出了东、中、西三个平行的发展轴线。这一规划，深受 1989 年“全境开拓”城市发展战略的影响。城市，特别是特区外，在所有的地方发展所有的产业。城市也因此失去了发展的重心。由于没有判断出这三个轴线在地位上和性质上的根本差异，使得城市没有能够突出西部发展轴的战略意义，导致这个轴线上的空间和其他战略资源的浪费和低效率使用。大量低档次的开发密集在这一地区，而特区内部发展空间却严重不足，地价急剧攀升。实际的发展表明，西部发展轴在区域战略中的重要性，要远远大于其他轴线。这是 1990 年代规划同 1980 年代规划相比最大的不足。

如果当初能够将宝安滨海区作为同特区内同样的功能，采用同样的开发方式，深圳的空间短缺就可能得到缓解，特区外差异化的发展就可能早日形成。但是，最近的深圳空间战略建议，无视过去深圳特区非均衡发展的事实，仍然坚持三条轴线要均衡发展，甚至更强调中部轴线在未来五年中的作用，反映出 1989 年战略强大的惯性（图 14）。

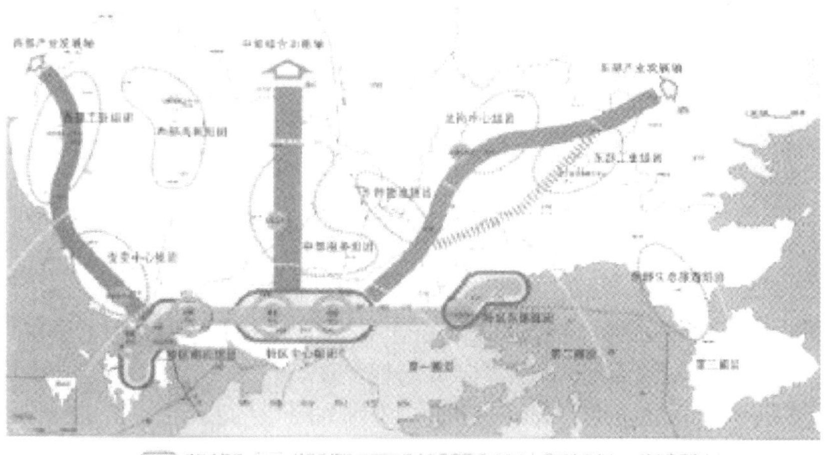

图 14 最新的深圳空间结构建议仍然将三个发展方向置于同等的地位

4.3 发展结构的选择

1980 年代的时候，深圳采取了带状组团的结构。这种结构，使深圳适应了高速发展阶段城市的特点。但是当城市发展跨出特区的时候，这种结构的特征消失了。城市不再呈带状发展，龙华的蔓延，使深圳更像是一个摊大饼的结构。机荷路、梅观路的建设和规划中的郊区轨道系统，使深圳沿着香港—广州轴线发展的秩序变得模糊。在深圳新的城市空间建议中，与其说延续了原来的带状结构，倒不如说变得越来越网络化。在最新的发展描述中，“网状组团”已经被用来描述深圳交通和用地布局（深圳城市规划设计研究院，2002）。

光明、聚龙等一系列郊区新城计划，同龙华拓展区一起，将深圳拉回传统的环路加卫星城结构。以福田为中心放射性的轨道网，“一市多城，众星拱月”的提法，“梯度推进”圈层式的空间发展次序，似乎都暗示了深圳从多中心结构向单中心结构的复归。1980 年代大胆卓越的规划思想，正逐渐湮没在暮气深重的传统规划理念中[①]。

这三个选择，显示了 1990 年代以后的深圳规划，正在悄悄背离当年的思想[②]。同 1980 年代的规划相比，充满梦想的时代已经结束，规划师从引领发展，转向追随现实。而这些变化，都是源自于深圳目前普遍弥漫的一种文化气息——创业时代的终结。

也许深圳早晚会像所有其他伟大的城市一样，超越其黄金时代，走向一个普通的城市。但我们认为，深圳的故事远没有完成。在未来的 30 年，中国城市化的高潮才真正开始，中华民族复兴的序幕才刚刚拉开，在这个时候，伟大的冒险精神不应当消失。对于深圳来讲，最令世人震惊的表演才刚刚开始，在挑战世界顶级城市的比赛中，过去的 20 年，只是在开始热身。在这个时候，我们更加需要回到当年那种充满伟大幻想和深刻洞察力的精神氛围。规划师是一个城市想象力的翅膀，他思想的枯竭，就意味着城市理想的死亡。

5 结语

深圳规划，特别是 1986 年版总体规划，乃是中国城市规划的里程碑。尽管它并没有提出复杂的理论，但是其背后隐含的思想——特别是其提出的高速发展条件下的城市空间 / 时间结构——及其实践，是中国乃至世界城市规划的宝贵财富。毫不夸张地说，以 1986 年版总体规划为核心的历次深圳规划，代表了当今发展中世界（developing world）

① 这一点同整个深圳船业文化逐渐丧失的整体趋势十分相似。随着冒险的成本越来越高，豪迈的气概在新一代深圳人身上逐渐消失。整个1990年代，深圳变得更像是一个内地常规城市，规划也没能例外。

② 具有讽刺意味的是，以战后大伦敦规划的主持者阿贝克隆比名字命名的城市规划奖，也在此时授给了深圳市总体规划。而大伦敦规划恰巧是单中心+卫星城结构的始作俑者。

城市规划艺术的顶峰。从更一般的角度研究和发掘隐含在深圳规划实践中的规划思想，对于我们今天也开始进入高速发展的其他城市来讲，具有重要的借鉴意义。对深圳城市结构演变的评价，不可避免地涉及对不同城市规划思想的评价。本文无意为这些思想及其作者分出高下①。实际上，正是所有这些规划的参与者的共同劳动，才形成了深圳今天多样化的规划思想，这些思想之间的传承关系是不可分割的②。

进入市场经济后，建立在规模估算基础上的规划体系发生了根本性的动摇。以“规模—性质”为依据的城市规划体系（总体规划—详细规划）越来越不能适应市场经济多变的需求。规划师们徒劳地试图在老的体系内改进自己的工具（最典型的就是最近颇为热门的“近期规划”），而对规划基础的改变却浑然不知。深圳规划实践给我们的一个重要启示，就是我们需要的不仅仅是规划技巧的改进，而是“范型”的转变——以“规模—性质”为基础的老“范型”,应当让位于“结构—速度”为基础的新“范型”③。也就是说，根据城市的发展速度，设计出富有弹性的空间结构，应当是远比估算城市的规模重要得多的规划内容④。

深圳规划的学术价值，在于其第一次在实践的层次，提出了应对高速成长城市的空间结构选择方案，并且获得了巨大的成功。如果说1980年代，深圳的规划先驱们并不真正清楚他们满怀希望播下种子究竟会长出什么样的大树，那么今天的规划师可以说已经是在品尝这棵大树结下的果实了。新一代规划师更艰巨的任务就是如何将前辈规划师的实践上升为理论，从而使深圳（以及其他高速发展城市）实践获得的宝贵经验，应用于其他正在步入高速发展阶段的城市。

高速发展条件下城市空间结构的演变，一直是城市规划理论中的一个空白。现有主流学派的空间结构模型，大多是静态的（或者说在时间维度上是无差异的）。这是因为世界上其他国家和地区的城市化进程，要不就是缓慢发生的（要经过几代人才能感觉出变化），要不就是发生在较小的空间尺度（如新加坡、中国香港），而缺乏一般的意义。中国目前的城市化进程，无论在发展速度上还是在分布的空间地域上，都是人类发展史上罕见的。数亿人在广袤的国土上，以不同的方式展开着人类历史上最壮观的人口迁移。这一进程是如此之快，使得规划师得以在其有限的生命周期里，观察到自己的规划从“概念”变为现实。这就为规划师从实证的角度提出创造性理论提供了千载难逢的机遇。

现在，世界上没有现成的理论解释和回答中国城市规划所面临的现象和问题⑤。世界著名的学者们无不关注着中国的实践，并思考新

① 当然，这更不意味着评论者比实践者有任何思想上的优越，就像任何竞技比赛一样，最不济的失败者，也比挑剔的观众水平高。鉴于笔者没有直接参与其中任何思想的提出，因此可以保持相对中立和客观的立场（尽管绝对的客观很难做到）。

② 在这一过程中，虽然不同的规划是以规划单位的名字出现的，但其作者往往互相交叉，同一个规划师参与两个不同规划思想的例子并不罕见。实际上，在深圳规划思想的演进中，远没有形成能以个人为标签的思想创意。

③ 几年前，笔者（赵燕菁，2001）曾经提出城市规划从重“规模”向重“结构”转变，实际上暗示着一种“范型”的转变。但学界主流却依然故我，抱残守缺，甚至不承认“范型”需要转变。一个重要的原因，就是我们对城市结构的认识还处于初级阶段，不知道结构的空间的含义，如何与具体的城市发展结合。除非我们大大丰富关于空间结构的知识，并提出相应的规划技术，这个“范型”的转换就无法完成，我们就仍然不得不陷在传统的规划“范型”中难以自拔。在这个意义上，分析深圳的规划及实践，对于我们摸索新的适合高速成长阶段的空间规划“范型”具有特别重要的意义。

的空间理论。在某种意义上，高速城市化的中国，正在成为规划师们测试其理论的“实验室”。可以说中国发展所出现的问题就是城市规划理论最前沿的问题，中国的城市规划也因此历史地成为世界城市规划研究的前沿。在这一过程中，“身临其境”的中国规划师可谓得天独厚⑥。

（本文是在中国城市规划设计研究院《深圳城市发展战略咨询报告：走向可持续的发展》(2003年）有关章节基础上改写，并曾蒙周干峙先生披阅。王昊、蒋朝晖、唐本军等项目组工作人员对报告的文字校对及图纸制作做了大量工作，特此致谢。但作者本人对文章的观点和错误负完全的责任。）

参考文献

[1] 深圳市城市规划设计研究院. 深圳2005：拓展与整合——深圳市城市总体规划检讨与对策主题报告[R].2002.

[2] Peter Hall. 长江范例[J]. 城市规划，2002（12）.

[3] 深圳市统计局. 深圳市第五次全国人口普查[Z].2001.

[4] 深圳市统计局. 深圳统计信息年鉴[Z].2001，2002.

[5] 国务院. 广东省经济特区条例[Z].1980.

[6] 广东省城乡规划设计研究院. 特区城市建设规划[Z].1982.

[7] 中国城市规划设计研究院. 深圳城市总体规划[Z].1986.

[8] 中国城市规划设计研究院. 深圳市城市发展策略[Z].1989.

[9] 中国城市规划设计研究院. 深圳城市发展战略咨询报告：走向可持续的发展[A]. 深圳发展战略2003专题报告[C].2003.

[10] 深圳市城市规划设计研究院. 深圳市城市总体规划[Z].1996.

[11] 赵燕菁. 机制与对策：宝安的土地闲置[J]. 城市规划，2001（2）.

[12] 赵燕菁. 探索新的范型：概念规划的理论与方法[J]. 城市规划，2001（3）.

④ 应当强调指出的是，本文无意暗示空间因素是决定深圳发展唯一重要的因素。深圳规划实践的内容要远远超出空间结构转变这一单纯的领域。其他因素（比如制度变迁）在城市空间结构转变中甚至起着更为基础的作用。这些都有待规划师们展开更加深入地分析。在这个意义上，本文远不是对深圳规划实践的总结，而仅仅是一个局部领域研究的开始。

⑤ 比如目前没有一个经典的理论，可以预言城市发展速度对空间结构的影响。而解释多中心的城市结构和新城的出现，乃是目前新经济地理理论力图解决的最前沿的问题。

⑥ 日本城市化高速发展阶段，其城市理论研究迅速成长，并在该领域独树一帜。著名学者如早期的木内信臧、山鹿诚次和现在的福济塔（Fujita）的开创性工作，使得日本至今仍在很大程度上处于该领域的前沿。今天，中国的城市规划学者面临着类似甚至更好的研究机遇，提出有中国特色的城市规划理论，是我们不能推卸的历史使命。由于高速城市化的进程转瞬即逝，观察城市成长的历史“天窗”也会随之关闭，因此，未来的20年是中国城市规划学者有望领先世界不容错过的“战略机遇期”。将学术的重点从引介国外规划的理论（或用中国的案例为国外理论作实证研究），转向观察和分析中国城市发展中的实际过程已经迫在眉睫。

产业技术创新对深圳产业结构升级的影响①

高俊光[1]，于渤[1]，杨武[2]

摘　要：建设效益深圳，关键是要增强产业竞争力。对提高深圳产业竞争力的研究，可从产业结构优化升级角度展开，以对深圳产业结构调整历程的实证分析为基础，研究产业技术创新与深圳产业结构升级相互作用的机理。通过详尽的数据分析得出，产业技术创新与深圳高科技产业、高科技产业集群协同发展，共同推进了深圳产业结构优化升级；产业技术创新与产业结构调整相结合是深圳实现产业结构的优化升级、解决资源缺乏问题的必由路径；同时，产业结构优化升级是经济持续增长的推动力，要加快产业结构优化升级，重点是依靠科技进步，围绕提高创新能力，推动结构调整。

关键词：产业技术创新；产业结构；高科技产业；产业集群

创新能力是推动结构调整和提高国家竞争力的重要因素。全国各地在创新、经济结构调整和产业升级等方面正在采取切实的措施，从粗放型经济向集约型经济转型，强调通过提高创新能力推动经济发展、培育核心竞争力和提升产业国际竞争力。加快产业结构调整，促进产业升级，是经济结构战略性调整的核心，而产业结构的增长效应只能通过提高生产率来实现。只有通过科技进步和创新来推进产业结构调整和升级，其所实现的经济增长才是集约型的经济增长[1]。深圳市依靠创新不断优化调整产业结构，促进经济增长的经验值得研究和借鉴。

一、产业技术创新与深圳产业结构升级

1. 创新、产业技术创新与产业结构升级

按照管理大师熊彼特的理论，创新就是把生产要素和生产条件的

① 本文发表于《哈尔滨工业大学学报(社会科学版)》2007年第9卷第4期。

1. 哈尔滨工业大学 管理学院，哈尔滨 150001；2. 清华大学 深圳研究生院，广东 深圳 518055

新组合引入生产体系，即“建立一种新的生产函数”，其目的是为了获取潜在的利润[2]。所谓产业技术创新是指以市场为导向，以企业技术创新为基础，以提高产业竞争力为目标，以技术创新在企业与企业、产业与产业之间的扩散为重点过程的从新产品或新工艺设想的产生，经过技术的开发（或引进、消化吸收）、生产、商业化到产业化整个过程一系列活动的总和[3]。产业结构升级是各个产业自身发生变化的结构性体现，表现为各个产业自身的发展进而通过产业关联推动整个产业结构变化[3]。

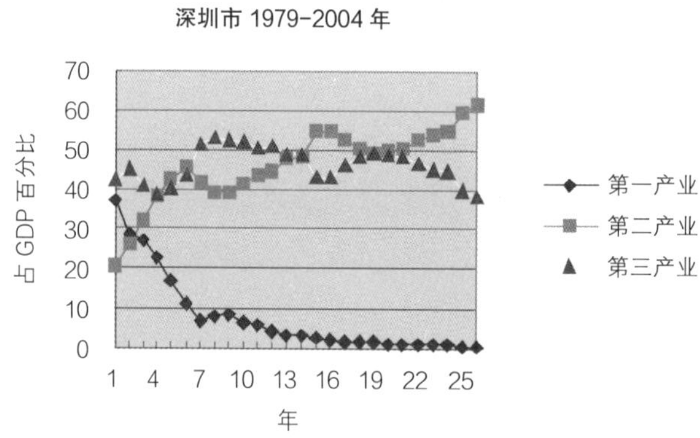

图 1　深圳市 1979-2004 年产业结构图

经济增长的过程本质上就是产业结构由低级向高级转换优化的过程。发展中的经济体进入起飞阶段后，长时期的较快增长都是以经济结构的快速转换为基础的。可以说，工业化过程既是经济总量不断增长的过程，也是经济结构的调整升级过程[4]。产业结构的升级是各个产业自身发生变化的结构性体现，表现为各个产业自身的发展进而通过产业关联推动整个产业结构变化。

现代经济发展本质上是通过技术创新实现资源利用方法上的改进和不断创造出禀赋更高的新资源。技术创新对经济发展，尤其是产业结构的升级起着决定性的作用。按照波特竞争优势发展四阶段理论[5]，结合我国目前的实际情况，可以发现我国产业参与国际竞争的过程已到了以创新驱动为主的阶段。产业是否具有国际竞争力将主要取决于产业技术创新能力的大小，技术创新是产业结构升级的基本动因。

2. 深圳的产业结构发展状况与产业结构的三次大调整

改革开放以来，深圳产业结构历经三次大调整，产业结构在不断调整中由低级向高级演进。

第一次发生在 20 世纪 80 年代初，深圳大力发展“三来一补”加工业，初步实现了从传统农业到工业化的产业转变。以加工贸易为主的工业虽然低端，但还是为深圳带来了新的技术和管理。

第二次发生在 20 世纪 90 年代的中后期。这一时期，深圳市明确提出以高新技术产业为先导的产业调整方针，产业发展主要是以高新技术创新为推动力，扶持建立高科技企业、形成高科技要素的积聚效应是这一时期的重心，高新技术产业保持高达 30% 以上的增长速度[6]。

第三次发生在 21 世纪初，2000 年深圳市进一步提出加快发展高新技术产业等三大战略性支柱产业；2004 年初出台的“ 1 号文件”在全国首次提出了“区域创新体系”的整体概念，保持高科技的可持续发展、提升城市的核心竞争力成为深圳市发展的主要目标；2006 年初，深圳市再次出台推进高科技产业发展与自主创新的“1 号文件”，把实施自主创新战略、优化产业结构、建设创新型城市作为深圳市未来发展的主导战略。

从上述三次调整中，我们可以清晰地看到知识密集型和技术密集型产业发展明显加快，劳动密集型产业发展速度下降，这也就标志着深圳的产业结构在调整中不断升级，在这样的产业结构演化过程中，技术创新无疑是最根本的推动力。

二、产业技术创新与深圳高新技术产业发展

高技术产业是建立在高技术基础之上，技术的高低是动态的概念，只有不断创新才能保证技术的领先性。区域高技术产业的发展程度同当地技术创新的成果和技术的发展水平息息相关[7]，20 世纪中期以后，技术结构不断向高级化的方向转换的变化趋势必然引起产业结构的高级化。

一方面，技术创新作为高技术产业发展的源泉，成为深圳产业结构升级的最重要推动力。2005 年深圳市高新技术产品产值达 4900 亿元，其中拥有自主知识产权的高新技术产品产值占 58%。高新技术产品产值占全市规模以上工业总产值的 50% 以上，实现增加值占全市 GDP 的 29%，高新技术产品出口占全市出口总额 46%（图 2、图 3）[8]。

另一方面，高技术产业的大力发展也促进着深圳创新能力的提高。在大力推动产业技术创新方针的指引下，深圳市高新技术企业不断增加，企业规模达到了一个新的水平，截至 2004 年底，全市共认定高新技术企业 943 家，企业规模情况如表 1[8]。正是这种发展推动着产业创新能力的提高。深圳研发投入 90% 以上来自企业，研发机构 90% 以上设在企业，科技人员 90% 以上落户企业，90% 以上的专利由企业

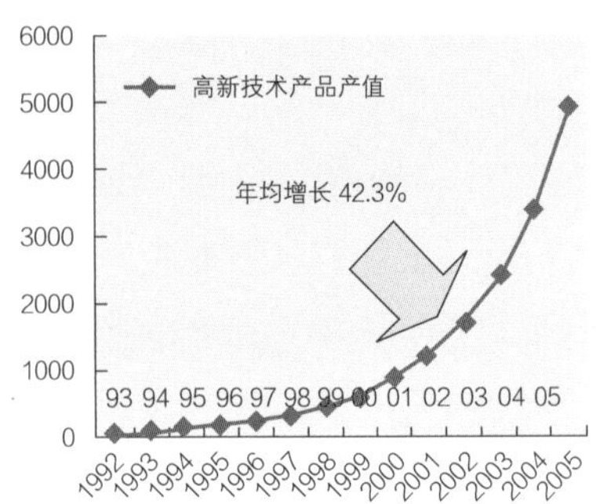

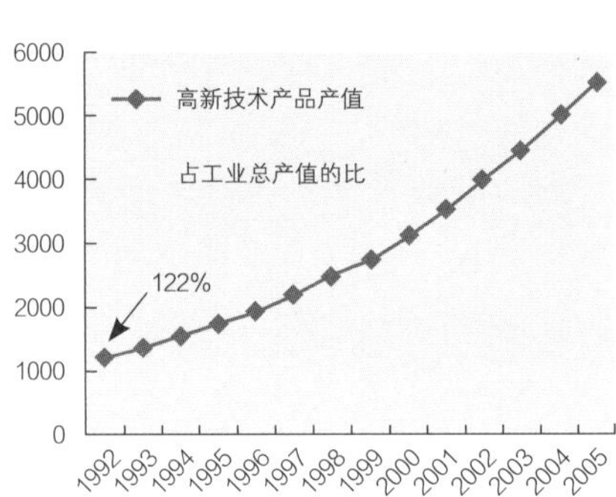

图 2　深圳市高新技术产值增长趋势

图 3　深圳市高新技术产值占工业总产值

申请；全市 38 个工程技术开发中心全部建在企业；21 个博士后工作站也都设在企业；在刚刚结束的全国科学技术大会上，深圳市获 7 项国家级科技大奖，这些科技项目大部分是以企业为主体完成的。上述数据都说明深圳高技术产业对技术创新的推动力。

深圳市 2001— 2004 年高新技术企业规模结构　　表 1

单位（个）

产值 \ 年份	过亿	过 10 亿	过 20 亿	过 50 亿	过 100 亿
2001	103	27	16	5	2
2002	163	36	19	6	4
2003	223	42	31	11	7
2004	280	50	30	11	6

美国经济学家罗斯托关于产业技术创新与产业结构升级关系的理论认为，在经济发展的任何时期，持续发展的动力，来源于一组主导产业的带动和刺激，主导产业的迅速成长，创造了新的技术发展空间和新的需求，从而推动了其他产业的发展，决定主导产业对其他产业带动能力和推力的主要是其技术水平。按照罗斯托的主导产业特征理论，高新技术产业已成为目前深圳产业结构中的最重要主导产业，其技术水平特征将决定其对其他产业的带动能力和推力，而其技术水平主要取决于其产业技术创新能力。深圳市只有继续发挥技术创新优势，大力发展高技术产业，才能进一步提升、优化产业结构，从而带动经济发展。

三、产业技术创新与深圳市高新技术产业集群的发展

经过 25 年的发展，深圳孕育出自己的创新之路，就是要继续发展

以企业为主体的创新模式，大力培育高新技术产业集群。发展产业集群，是深圳走在创新前沿的必然要求，也是深圳市高新技术产业走向成功的必由之路。目前深圳形成了六个比较明显的高新技术产业集群：

1. 数字电视产业集群

作为国家首批数字电视的试点城市，深圳抓住这个机遇充分发展。2003 年深圳市数字电视机总产值约 38 亿元，机顶盒约 8.5 亿元，其他设备约 6.3 亿元，整个数字电视产业总产值为 53 亿元。预计到 2010 年，深圳将年产 2800 万台数字电视机，实现产值 840 亿元；将年产 2000 万台各类数字电视机顶盒，实现产值 160 亿元。

2. 通信设备制造产业集群

通信产业是深圳 IT 产业中发展最快、自主知识产权最集中的代表产业之一。以华为与中兴这两家全国最大的通信设备制造商为领军，带动了一批企业从事通信相关领域产品开发、生产和服务，全市从事通信产品生产研发的企事业达到 856 家，共生产 515 种通信产品及其配套产品。

3. 平板显示产业集群

作为国内最早发展平板显示产业的城市，深圳已经汇聚了大量光电子及平板显示企业，且大部分具较强的竞争力，形成了从原材料到最终产品的完整的产业链。2006 年初，国内 4 家彩电业巨头与深圳市政府所属的深超科技投资有限公司共同投资成立深圳聚龙光电有限公司，预示着深圳开始向平板显示产业高端领域进军。

4. 生物医药产业集群

截至 2004 年，深圳生物医药企业年销售收入 10 亿元以上的有 4 家，1 亿元 –10 亿元的企业有 16 家，产值 1000 万 –1 亿元的企业已有 57 家。目前，深圳生物医药企业有近 20 个产品技术水平全国第一，有 11 个项目被列入国家高新技术产业发展示范工程项目计划，初步形成了较强的集群效应。

5. 医疗器械产业集群

2004 年深圳市医疗器械产值 41 亿元人民币，同比增长 51.9%，占广东省的 70%，仅 2005 年 1–8 月，深圳医疗器械共出口约 1.1 亿美元，同比增长 61.9%。深圳已成为我国医疗器械特别是高档医疗器械的重要制造基地。

6. 软件产业集群

深圳市的软件产值、软件从业人员数一直居全国第二位；软件出口占全国的 29%，多年来居全国第一位，且比重逐年上升；深圳软件园是国家认定的 5 个国家级软件出口基地之一。在 2004 年中国软件产业最大规模前 100 家企业中，深圳 9 家企业榜上有名，其中华为、中兴居前两位，22 家企业被推荐为国家规划布局内重点软件企业。深圳软件产业集群已初步形成，旺盛的产业技术创新活动促进了产业集群的不断优化、完善，产业集群的优势又为创新间的协作、联合创造环境，深圳高新技术产业相对完备的产业生态与产业技术创新形成了良性互动，共同促进着深圳产业结构的进一步升级。

四、结论与启示

本文在分析深圳产业结构调整历程的基础上，以产业技术创新与产业结构调整的相互影响为出发点，得出：

首先，在深圳的产业结构由劳动密集型向知识密集型和技术密集型演化过程中，技术创新是最根本的推动力，同时，针对深圳产业结构现状，只有着力提升产业链的技术层次，鼓励自主研究开发，树立自我，才有可能真正占据国际产业链上游。

其次，高技术产业已经为深圳名副其实的主导产业，其技术水平特征将决定其对其他产业的带动能力和推力，而其技术水平主要取决于其产业技术创新能力，深圳市只有继续发挥高技术产业的创新优势、提高技术创新能力和速度才能进一步提升、优化产业结构，从而带动经济发展。

第三，高科技企业集群的成功发展壮大，从量上拓展了所在地区产业结构，从质上改造了地区产业结构。深圳市高科技企业集群的形成与发展，推动着产业结构的优化升级，发展高科技产业集群，也是深圳市促进高新技术产业走向成功，进而带动经济发展的必由之路。

未来五年，建设效益深圳的关键是要增强产业竞争力，强化制度创新和技术创新，加快产业结构的优化升级，大力发展有自主知识产权的高新技术产业，全面提升高新技术产业的自主创新能力。这就要求深圳进一步提高产业技术创新能力，进一步优化产业结构，进而推动经济发展，实现建设自主创新型城市的目标。

参考文献

[1] 胡敏．结构调整要有新思路 [N]. 经济日报，2005-11-21（1）.

[2] 熊彼德．经济发展理论 [M]. 北京：商务印书馆，1990：64-105.

[3] 庄卫民，龚仰军．产业技术创新 [M]. 上海：中国出版集团东方出版中心，2005. 17-29.

[4] 姜小涓．产业结构优化升级：新阶段新任务 [J]. 财贸经济，2005（4）：3-9.

[5] 白树强．全球竞争论 [M]. 北京：中国社会科学出版社，2000. 87-103.

[6] 许明达．"深圳发展模式"初探——深圳产业结构 20 年演化的实证考察 [J]. 特区经济，2000（10）：7-12.

[7] 许庆瑞．高技术产业发展基本规律探析 [J]. 研究与发展管理，2003（2）：1-6.

[8] [美]W W 罗斯托．经济成长的阶段——非共产党宣言(中译本)[M]. 上海：商务印书馆，1962. 41-42.

园区整合：产业空间重构的必然选择

——资源条件紧约束下的深圳宝安工业布局①

李江[1]

摘 要： 集中与扩散的对立统一是引导产业有机集聚的理论基础。合理的空间集聚有利于促进产业的集群化发展和土地的集约化利用。文章结合深圳宝安区在工业快速发展过程中面临的土地资源紧张、环境恶化、城市用地功能结构失衡等诸多问题，提出了基于工业园区整合的产业空间重构思路，构建了“三轴五片二十四园”的产业布局结构，阐述了空间整合中亟待解决的核心问题，并提出推动园区整合的若干实施建议。

关键词： 整合；空间重构；工业布局

1 产业空间集中与扩散的哲学思辨

克鲁格曼曾经提出：“经济活动最主要的地理特征是生产在空间上的集中，一定数量的集中便形成集聚。”集聚是现代经济活动的重要特征，产业集聚可以产生规模经济、范围经济和外部经济，以及促进生产地域的学习和创新过程。规模经济主要在于市场的扩大促进了企业生产规模和经济效益的提高，产业的空间集聚一方面降低了企业投资费用，另一方面强化了企业间的社会接触，通过竞争激发出企业的内在活力，促进产业链条延伸、生产工艺与管理的发展。与此相对应，由于规模效应和集聚效应的作用，又进一步吸引了许多贸易、金融、科研、教育机构的形成，为企业创造了良好的外部环境，从而创造出巨大的社会生产力和规模集聚效益。

与规模集聚效应相对应的是产业空间相对集中，集中与扩散是产业空间结构演替的基本力量。作为物化状态的产业空间，它的演化遵

① 本文发表于《经济地理》2008 年第 28 卷第 4 期。

1. 深圳市城市规划发展研究中心，中国深圳 广东 518034

循一条从集中—分散—再集中—再分散的轨迹，尽管每一个阶段都有完全不同的意义，每后一个阶段也不再是前一个阶段的重复，但从深层次来看，作为人类经济活动的空间投影，恰好反映了在此背后有一只无形的手在调动着产业空间甚至城市空间结构的伸展和收缩，各种社会网络、经济、人口、生态的作用力影响产业空间结构的某个局部或全部时，必定引起原有产业空间的调整和重构。因此，产业空间结构的集中与扩散正是其背后的两股力量强弱对比的反映。

根据辩证唯物法的观点，任何东西都是对立统一的矛盾复合体，产业空间作为经济系统矛盾交融的空间载体，自然也时时处在对立统一的运动中。通过分析产业集聚与扩散的矛盾运动，观察矛盾在运动中的现象和特征，发现矛盾变化的规律以及未来趋势，对于产业布局规划以及相关产业政策的制定无疑具有重要的现实意义。

2 基于空间整合的深圳宝安区工业布局规划

2.1 工业发展存在的问题

深圳宝安区是珠江三角洲穗—深—港发展脊梁上的重要地区，全区土地面积 713km^2，常住人口 332 万，2005 年地区生产总值为 1174 亿元。经过多年的快速发展，这里已经成为深圳重要的制造业基地，工业发展迈入工业化中期阶段。这一时期既是宝安工业发展的“黄金时期”，也是“矛盾凸显期”，所暴露出来的一些深层次问题已经影响到宝安工业的持续、健康发展。其中，城市空间结构与产业布局不协调，自下而上为主的开发建设模式是造成产业空间布局零乱的症结所在。

2.1.1 城市用地结构与空间布局双重失衡，工业用地规模大、效益偏低

2.1.1.1 从用地结构来看，全区工业用地比例过高，现代服务功

图 1 宝安区在珠三角的区位

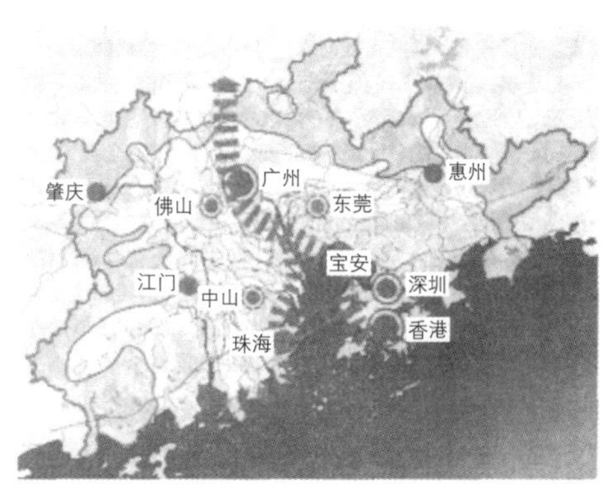

能用地比例过低。按照城市建设标准，城市各种功能用地的比例应保持在一个相对合理的范围内，才能促进城市社会、经济的和谐发展。然而，宝安区目前的用地比例结构严重失调，2006 年全区城市建设用地 299km^2，其中工业用地为 140km^2，占全区建设用地比例高达 47%，而在有的街道，这一指标甚高达 60%；相反，最能体现生活环境质量高低和现代服务功能的四类用地：商服设施用地、政府社团用地、道路广场用地及绿地约 70km^2，占建设用地比例为 23%，仅为工业用地的一半。

2.1.1.2　从工业用地的空间布局来看，工业用地过分集中在西部工业组团和西部高新组团，而这两个组团的商服设施用地却严重不足；宝安中心组团作为全市的次中心，虽然商服用地是四个组团中最高，但其服务功能远远不能辐射全区。众多的工业区沿 107 国道无序布点，也制约了道路沿线两侧纵深土地的开发利用，并给道路的拓宽整治以及沿路景观风貌的改善带来了极大的难度，超负荷的交通流量已成为经济快速发展的瓶颈。

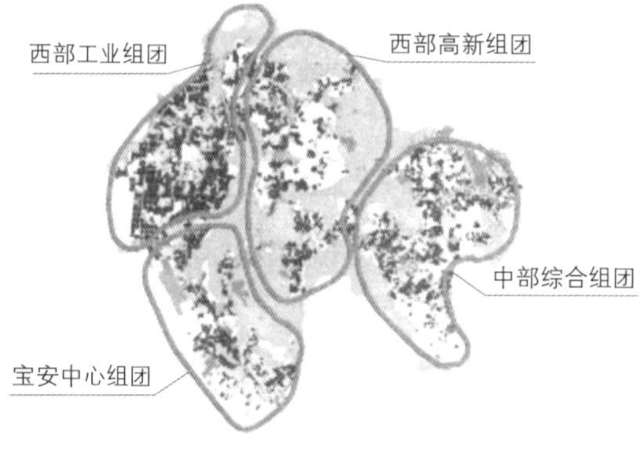

图 2　各组团中的工业用地

2.1.1.3　土地的供需矛盾十分突出，违法用地迅速扩张。宝安区目前除去基本生态控制线[①] 303km^2、基本农田 12km^2 外，所剩余的城市建设用地不足 40km^2。在过去的 5 年里，违法工业用地占了全部新增工业用地的 30%。在粗放式的开发建设和管理下，园区产业档次较低、生产效益偏低，2005 年全区工业用地效益为 4.44 亿元 /km^2，居全市倒数第一，仅相当于香港同期工业用地效益的 1/12。日趋紧张的空间资源及低效益的开发利用已成为制约宝安经济持续发展的重要瓶颈。

2.1.2　工业区整体建设水平不高，管理较为粗放

规模偏小、功能单一、配套设施不足，整体环境较差是宝安工业区面临的普遍问题。从工业区内部的用地功能来看，普遍缺乏综合性

① 基本生态控制线是深圳市人民政府批准公布的生态保护范围界线。

商服、物流仓储，市政配套等设施，污水乱排放现象严重，一些工业区和城中村混杂在一起，村中有厂、厂中有村，相互干扰，这既影响了工业区本身的招商引资和发展建设，也对环境造成较大污染。另一方面，工业区管理和服务水平低，不能满足现代化工业生产的需要。宝安除少数几个工业区、如光明南高新区、产业集聚基地以及地产商开发管理的工业区外，大部分工业区是由原村集体股份公司开发建设的，这类工业区在短期利益驱动下粗放经营，在土地利用、项目引进、产业定位等方面都缺乏长远规划，对工业区的管理松散、不规范，管理者为工业区提供的服务也仅限于卫生、治安等方面，无法满足现代化工业发展在信息技术服务、产业配套链接、人力资源提升等多方面的需要，这在很大程度上也限制了园区产业的优化升级。

2.1.3　工业区整体建设水平不高，管理较为粗放

2.1.3.1　产业同构现象严重，未形成真正的集聚效应。从大尺度空间范围来看，宝安区的工业结构与珠三角东岸城市尤其是东莞和惠州非常相似，其相似系数分别高达 99.7% 和 96.5%，产业门类基本上以电子通信和电气机械为主，反映出珠三角东岸地区存在明显的产业同构现象。从宝安区内部工业结构看，各街道、村为了追求地方经济利益，盲目竞争，园区之间出现低水平的重复投资、重复引进和重复生产，目前除了光明街道外，其他街道基本都以电子通信、电气机械、塑料、金属制品等行业为主导产业，各街道之间的产业相似系数高达 90% 以上；另一方面，宝安区的企业主要是“三来一补”的外向型企业，这些企业的经济联系主要在国外，宝安实际上变成了它们的组装加工厂，产业位居链条的下游端，难以在区内建立有效的产业关联。

2.1.3.2　支撑工业发展的生产性服务业严重滞后。由于第二产业获取的资源过多，发展速度太快，致使第三产业明显滞后于第二产业的发展。2000 年第三产业占 GDP 比重为 46.8%，2005 年下降到 38.5%，下降 8 个百分点；而同期第二产业由 51.3% 增长到 61.1%，上升 10 个百分点，其中工业由 49.6% 增长到 59.1%，上升近 10 个百分点。宝安区第三产业不仅比例趋于下降，而且产业类型主要以商业饮食业、运输邮电业等生活性服务业为主，对工业发展有重要意义的金融保险业仅占 3.6%，第三产业整体层次较低。生产性服务业发展滞后，表明服务业对制造业的发展配套不足，同时也反映出大多数工业企业在研发、信息咨询、金融保险、市场营销、法律、培训等方面缺乏足够的重视，产业专业化还不够深入，大量生产性服务业务尚未从制造业中分离出来，企业在通过正常路径提高工业经济效益和进一

步扩大生产规模方面缺乏内在动力。这种变动偏差，有悖于产业结构“自然升级”规律，最终将影响宝安区工业的持续发展。

2.2　产业空间的有机集聚

城市发展的本质是空间的集聚和集中，城市空间的集聚过程是一种复杂的经济文化和人口资源的集中过程，它是在特定的地理环境和一定的社会经济发展阶段中，人类各种活动和自然环境相互作用的综合结果。

长期以来，宝安区的工业发展处于自下而上的无序扩张之中，工业用地随着交通网络的延伸而蔓延、填充，空间资源的快速消耗已使存量土地所剩无几。过去粗放式的开发建设已经难以为继，有机集聚则是促进工业集约化发展的理想模式。产业空间的有机集聚首先表现为工业园区的空间整合，但整合的目的不仅仅是将零散的工业用地整合为规模化的工业园区，更重要的是要促进企业间的有机关联，延长产业链条，形成产业集群。其次，有机集聚也并不是强调工业空间的绝对集中、反对工业用地的适当分散，而是要依据工业发展现状、资源禀赋、社会网络等发展条件，按有机秩序的原则组织和安排一切空间与非空间要素，形成有生命力的、可持续发展的产业集聚空间。因此，从宝安区的空间尺度来看，园区整合必然包涵着必要的集聚和适当的分散，形成集聚中分散和分散中集聚的内在张力。

园区整合是解决空间资源紧约束下工业持续发展的理想途径。它通过扩大园区规模，把工业区和零散工业厂房整合成业园区；通过加强管理，增进互动，提高园区市政及公共配套设施的建设水平，改善园区投资环境，以形成一个有机的空间整体，从而挖掘工业发展潜在价值，促进工业空间的增值和资源优化配置，逐步实现工业经济从无序分散向有机集聚转变，建立有利于实现工业空间集中、产业集聚、土地集约的工业发展管理机制和市场环境。

2.3　园区整合与工业布局规划

结合各组团规划提出的城市功能布局、现状产业发展和分布特点，按照有利于区域产业空间关系协调、有利于城市功能结构完善、有利于生产要素优化组合原则，合理引导宝安区的产业空间有机集聚，即调整西部工业组团、西部高新组团的工业用地适度集中，以发展高新技术及其配套产业，同时适当保留宝安中心组团的工业用地，以发展研发、设计及都市型工业。为此，我们提出了“三轴五片二十四园”的工业布局结构。

三轴包括：以107国道、广深高速公路为主要交通廊道的西部产业聚合轴；以松白公路、龙大高速公路为主要交通廊道、连通市高新区、留仙洞、石岩、光明南四大高新区的中部产业聚合轴；以梅观高速为主要交通廊道、连通观澜、龙华、坂雪岗三大高新区的东部产业聚合轴。

五片即为规划的五大基地，包括：以新安、西乡为核心的中心区高新产业研发基地，产业定位以通信设备、广播电视、计算机、家用视听等信息产品的研发、设计和生产为主，形成生产和生活性服务业比较发达、辐射全区的综合性服务中心；以福永北、沙井为核心的西部先进制造业基地，产业定位以计算机、通信设备及其配件、电气机械、交通运输设备及精细化工等为主，形成宝安西部重要的以IT产业为核心的综合性产业集中片区；以光明南、石岩、龙华为核心形成中部高新产业制造基地，产业定位以新材料－化合物半导体为龙头，发展计算机及其电子器件、平板显示、生物制药等高新技术产业，形成宝安乃至全市的高新产业集中片区；将观澜建设成为以发展汽车整车制造、汽车电子及其配件为核心的北部先进制造业基地；将松岗打造成为珠三角乃至更大范围内提供配套生产的西北部高新产业配套基地。

二十四园即对零散分布的800多个工业区及厂房通过功能调整、空间置换等方式，将其整合为24个具有一定规模的工业园区，并对每个园区的功能定位、内部用地结构及产业发展方向等进行引导（图3）。

图3 土地金融指数（2003年）

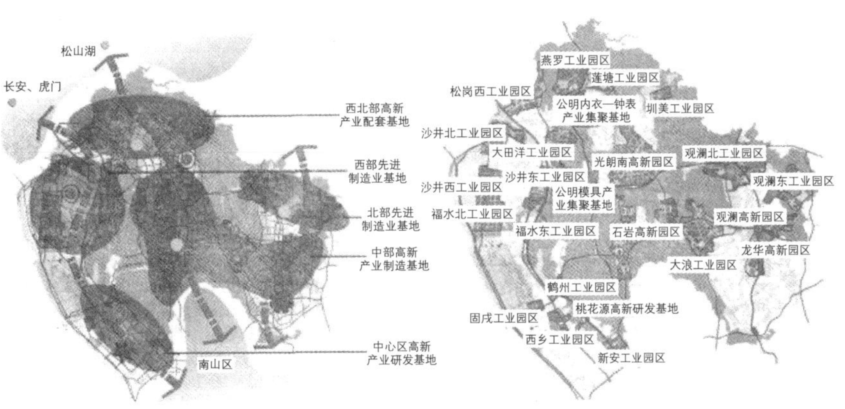

3 基于空间整合的深圳宝安区工业布局规划

3.1 土地利益的再分配问题

在“自下而上”的城市化发展过程中，村集体与镇政府共同成为土地市场的供给主体，也是农地转用的主要开发主体和土地增值的受益主体。主要体现在：一方面与农民根深蒂固的土地情结有关，农民早已意识到“地能生财”从而通过“圈地”运动占有土地来为自己创造经济效益；另一方面，大量“三来一补”企业的进驻和私营企业的发展以及外来劳工的激增，成为诱发村集体、镇政府大肆扩地建厂房的重要市场因素。由原村集体土地资产市场发育形成的既得利益集团已成气候，尽管深圳市已在2003年完成了城市化转地工作，但园区整合中要改变已经倾斜的土地利益分配格局阻力很大，绝不可能通过土地的收回、收购等形式进行空间整合，只能寻求与原村集体共同分享利益的调控手段进行协调。因此，园区整合只能从土地经济关系的本质特征出发，通过各种直接和间接的经济手段、行政措施加以引导和调整，使土地利用与土地收益的再分配满足多元土地利益主体的合理要求，引导各利益主体服从全区工业经济发展的整体利益与长期需要，才有可能达到产业空间重构的目的。

3.2　土地利益的再分配问题

长期以来宝安区实行城乡二元化管理，其典型特征是城市与农村的行政管理体制混杂、责权不清，呈现“区—镇（街道）—村（居）”三级管理模式。在城市政府管理不到位的情况下，村集体股份公司（即村委会）相当于一级政府，承担着辖区内工业区开发、道路交通、市政配套设施建设以及社会治安、清洁卫生等管理职能。而在财税管理体制上，村股份公司无法从企业的税收中享受公共投资的回报，在巨大经济压力下，只能通过扩大工业用地规模、建设更多的厂房以增加租金和工缴费，以此推动村股份公司经济的运转。而对引入企业的技术含量、对环境的污染程度重视不够，对于贯彻市政府倡导的产业结构升级、土地资源集约化利用等政策缺乏内在动力。因此，在园区整合中，要彻底改变城乡二元化的管理体制。一方面，要扩大政府的管理和服务范围，将原村集体辖区统一纳入到城市的综合管理范围内，加大城市配套设施建设，提高整个辖区的管理和服务水平，同时也减轻村股份公司在社会管理方面的压力和负担；另一方面，加快村、街道办的政、企职能分离，使村股份公司真正成为市场经济中的经营者，变单一的物业经济为多元化综合服务经济，进而提高工业园区的管理水平，有利于产业的优化升级。而街道办和社区则从经济职能中逐渐转型，成为地方社会的管理者和服务者。

4 实施建议

4.1 建立行之有效的工业园区管理—运营—服务机制

结合现有的行政资源，整合后的工业园区应采取“政府引导下的多元经济主体运作模式”。政府的主要作用在于管理、引导、服务和培育，包括制定产业发展政策、法规和工业园区规划、给予适当资金倾斜建设市政与公共服务配套设施、搭建信息平台等；多元经济主体体现在整合园区内各工业区的开发管理主体仍然是各业主，这些多元化的主体可以吸纳企业、个人及外商等社会资金以多种方式参与工业区的开发和经营，分享开发利润。在空间组织上采取“一园多区”的形式。园区层面的管理主要由政府相关机构负责实施；工业区层面的运营由各工业区法人在政府的指导下负责实施。政府与工业区多元经济主体之间相互配合，共同参与工业园区的开发、建设、运营和管理，形成政府与企业充分合作的管理模式。

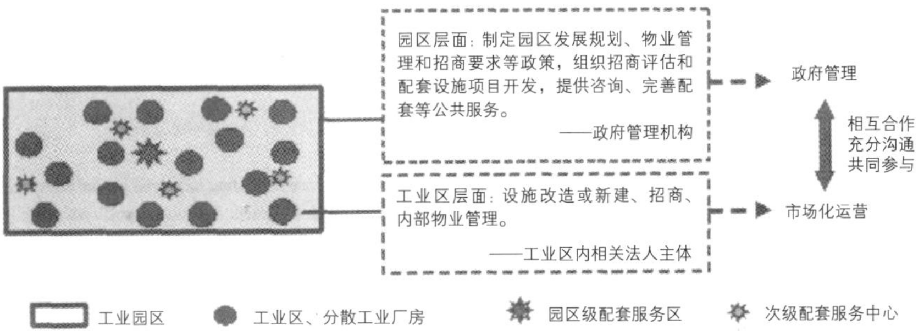

图 4 工业园区整合模式示意

4.2 加快对村、镇级旧工业区的分类改造

紧紧围绕改善城市综合环境、完善城市功能结构、增强工业经济发展后劲等目标，在对各旧工业区地理位置、建筑质量、用地规模、土地产出效益、产业类型、环境影响、权属状况、使用年限等众多因素进行综合分析的基础上，对旧工业区进行功能置换和升级改造，其中，位于各组团中心区、次中心区的旧工业区，以及 107 国道等重要交通干道两侧的旧工业区或零散厂房，随着城市功能结构的调整，这些旧工业区将逐步进行功能置换，改造为商务办公、居住、酒店以及公共配套设施等；而对于整合后的 24 个工业园区内以及中心城区周边早期建设的一些规模较小、效益偏低、空置率较高的旧工业区和成片厂房，

在符合规划的前提下，通过增加和完善公共配套及市政设施等，对其进行升级改造以满足现代工业发展的需求。

4.3　推行生态工业园区试点建设

为了将整合后的工业园区建设成为环境友好且能满足现代经济发展的客观需要，必须对工业园区推行生态工业园区试点建设。推行生态工业园区建设，不仅可以改变生产模式，促进企业进行生产工艺的革新，减少环境污染产出，降低行业单位工业产值资源耗费量，提高资源利用绩效，而且可以通过物质集成、水系统集成、能源集成、技术集成、信息共享和设施共享等措施，建立和加强工业园区内产业之间以及园区内与园区外围产业之间的共生耦合关系，构建宝安“工业生态系统”。按照园区产业门类的多少，将试点建设的工业园区分为综合型和行业型两类。其中，综合型生态工业园的试点以光明南、观澜、石岩和龙华等高新区为对象，而行业型生态工业园的试点以模具、服装、内衣和珠宝四大产业集聚基地为对象，通过对生态工业园区的试点建设，探索提高园区产业关联度、强化产业集聚效应的途径，为其他工业园区的产业升级及生态化建设提供借鉴。

4.4　以人为本加快推进城市型配套设施建设

工业园区整合的一个突出优势，就是引导政府有重点地加大对整合园区的公共配套及市政设施建设。在工业园区的住房建设方面，应集中规划建设服务于单身职工宿舍（主要满足低收入人群的需求）及普通商品房居住区（满足中等层次员工需求）。原则上新增的单身职工宿舍和商品房居住区由政府在园区统一规划、集中建设，各工业区不再新建、扩建职工宿舍及商品房住宅区；生产性公共配套设施的建设包括展示中心、检测中心、中试基地信贷担保、中介咨询等。园区功能定位不同，档次不同，生产性公共配套的标准也不同，一般高新园区的生产性公共配套标准高于一般工业园区。生活性公共服务配套设施可根据服务人口规模进行配套。其中，服务人口达到 1 万 -2 万，可配置基本的日常生活所需的公共服务设施（即小区级），服务人口要达到 4 万 -6 万，可配置有一整套较完善的、能满足居民物质与文化生活所需的公共服务设施（即园区级）；在市政配套设施建设方面，尽快实施和落实交通路网专项规划和电力专项规划。在规划新建 7 座污水处理厂基本能满足工业发展的需求，以彻底解决宝安区的环境污染问题。

参考文献

[1] 顾朝林，甄峰，张京祥 . 集聚与扩散：城市空间结构新论 [M]. 南京：东南大学出版社，2000.

[2] 朱喜钢 . 城市空间集中与扩散 [M]. 北京：中国建筑工业出版社 .

[3] 李江，贺传皎 . 深圳工业空间集聚的动力机制分析 [J]，珠江经济，2006（12）.

[4] 王缉慈 . 创新的空间 [M]. 北京：北京大学出版社，2001.

[5] 方创琳 . 区域发展规划论 [M]. 北京：科学出版社，2000.

[6] 藤田昌久，克鲁格曼等 . 空间经济学 [M]. 北京：中国人民大学出版社，2005.

[7] 藤田昌久,雅克 - 弗朗科斯・蒂斯 . 集聚经济学 [M]. 西南财经大学出版社，2004.

[8] 李江，陆佳，王芬芳等 . 宝安区工业布局研究与规划 [M]. 深圳市城市规划设计研究院，2007.

[9] 达婷，刘博敏，胡汉辉 . 城市化背景下城市规划与产业规划的互关系 [A]. 城市规划年会论文集（上）[C]，2004.

产业空间集聚发展的动力机制研究[①]

——以深圳市为例

李江[1]，贺传皎[2]

摘　要：本文认为产业集聚有利于发挥个体企业外部经济效应，提升整体的竞争力，但其形成既有偶然性也有必然性；从产业生存的基本要素出发，强化集聚发展的内在动力机制，并不断地将要素转化为机制优势，是产业空间集聚发展的内在逻辑。结合深圳产业发展的基本要素条件，提出强集聚因素和弱集聚因素对产业空间集聚的作用，并在深圳产业空间集聚动力机制比较研究基础上，将深圳主要的行业类型进行空间集聚指引，以期为产业的合理布局及产业政策制定提供科学依据。

关键词：产业；空间集聚；动力机制；深圳

产业集聚是指同一类型或不同类型的相关产业在一定地域范围内的集中、聚合。分析当今世界经济活动的空间格局就会发现，具有国际竞争力的产业大多倾向于在某一特定区域集中，全球经济格局中最具活力的地区恰恰也是产业集聚的地区[1]。迈克尔·波特（Porter）等人对这种现象作了进一步的阐释，认为产业聚集不仅是地理位置、产业领域、相关人才等的集中，更重要的是同业交往、行业文化、产业技术链和产业价值链等的集合，是竞争、合作、交流、知识共享和文化共通，并由此提出了“产业集群”的概念[2]。目前对于产业集群的理论研究仍停留在对集群案例的归纳研究上，而引用这些理论分析区域产业集聚发展潜力、指导产业空间集聚发展方面的研究鲜有报道。本文以深圳市为例分析产业空间集聚的动力机制，以期为产业的合理空间引导提供借鉴。

对深圳主要工业行业集聚发展状况进行分析发现，家具制造业、

1. 李江，深圳市城市规划发展研究中心，高级城市规划师；2. 贺传皎，深圳市城市规划发展研究中心，城市规划师

① 本文发表于《城市规划》2008 年第 32 卷第 9 期。

交通运输设备制造业、工艺礼品、医药制造、通用设备制造等9类行业在深圳集中程度较高，具有形成产业集群的有利条件。由于产业差异的存在，各产业集聚形成的过程不尽相同，但也存在着许多必然的、规律性的因素。根据对世界现有产业集群的研究发现，它们的形成基本上可归于三种主要方式[3]：一是自发形成，这类集群的形成往往是一个“历史的偶然性”，一个产生于某地的集群是因为它最初公司就选址在那里[4]。这种最初诞生的企业往往就是龙头企业，也称为关键性企业，它通过发挥龙头带动效应，引起聚集、衍生、裂变与被模仿等行为发生，逐渐引致与吸引一系列相同、相近与相关企业，在空间上进行靠拢，形成产业集群。二是“自下而上”的培育与发展，这种方式往往都是在集群的雏形已经出现或者集群的某些因素已经具备之后，政府开始运用集群发展的方式加以规划、引导，从而使之发展成为严格意义上的产业集群。三是“自上而下”的方式，即集群主要是在地方政府积极主动的规划、扶持下出现、发展和壮大。

1　产业空间集聚发展逻辑及影响因素

1.1　产业空间集聚的发展逻辑

波特认为产业集群所拥有的生产要素（物质资源、劳动力、资本等）是其竞争优势的来源基础[5]，低层次的、基于传统自然资源禀赋的基本生产要素只能带来静态比较优势，而高层次的、基于知识集聚的高级生产要素则可带来强劲的动态竞争优势。要把集群的生产要素转化为竞争优势，还需具备一定的生产要素整合能力。动力机制作为推动产业空间集聚发展的根本动力，其主要功能就在于将集群的要素转化为显性的竞争优势，而获取持续竞争优势是产业空间集聚成长的标志。因此拥有要素，培育动力机制，并不断地将要素转化为机制优势，是产业空间集聚发展的内在逻辑（图1）。

图1　产业空间集聚的发展逻辑

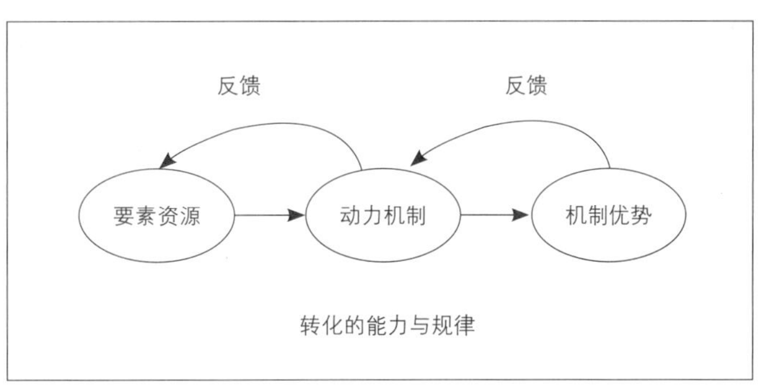

动力机制是产业空间集聚能力及其作用的内在规律，集群主体（企业、政府、中介等）对机制优势的期望和在实践中对竞争优势的检验反馈，指引了动力机制的调整和优化。动力机制的发展又具备了更有效地利用要素的能力和方式，并促使产业各主体去更新或获取更有价值的要素。在动力机制作用下，产业从空间集中到集群，形成的集群优势往往具有自我繁殖和演进的趋势，动力机制越成熟，竞争优势的增长就越快。

从深圳产业发展现状来看，推动产业空间集聚发展的驱动力不外乎政府推动和市场引导两方面，其中，政府推动型的产业布局主要依赖优惠的产业政策；而在市场机制日趋完善的今天，市场引导下的产业布局则更具有集群研究意义。按照波特提出的不同生产要素将产生不同的比较优势理论，我们将影响产业空间集聚的因素分为强集聚因素和弱集聚因素两类，其中，强集聚因素是促进产业集中布局的主导因素，而弱集聚因素则是产业集群化发展的辅助因素（图2）。

1.2 强集聚因素

1.2.1 企业间的联系

企业间是否存在功能联系以及存在哪种方式的联系是形成不同产业群的重要因素。企业联系主要指工业生产活动之间的相互关系（物质、信息等的交流与互换），不同产业内部联系方式不同，利用规模经济和范围经济的可能性也不同，存在功能联系的产业对空间集聚程度的要求较高[6]。功能联系包括企业间的垂直联系（纵向联系）和水平联系（横向联系），由此而形成的企业集聚有垂直型集聚和水平型集聚。

图2 深圳市工业集聚驱动因素分析

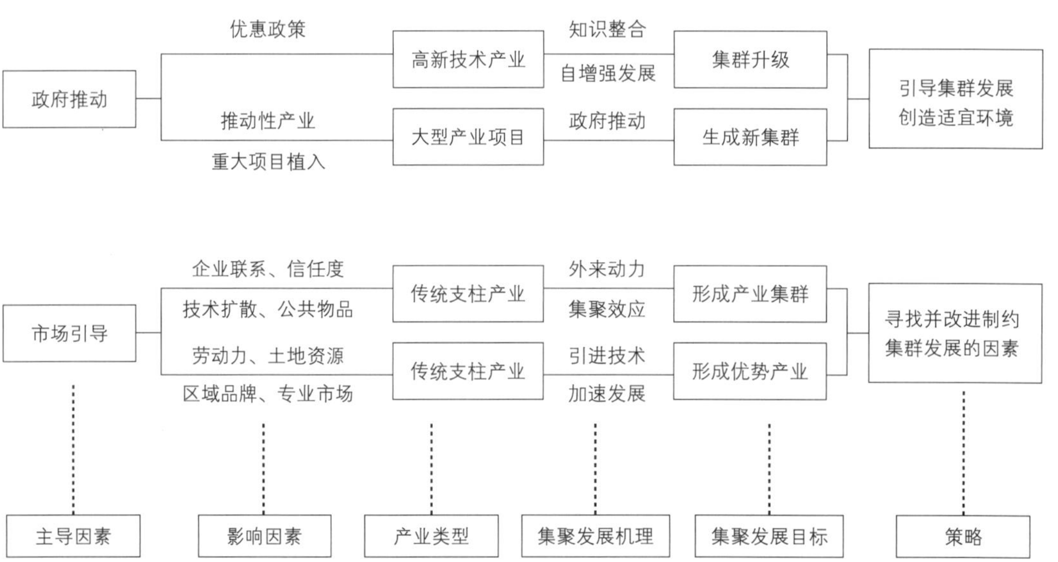

（1）垂直型集聚：属于同一产业链不同产业层次（环节）的企业基于产品的上下游关系，在一定经济空间的集聚，集聚产生规模经济。如钟表、黄金珠宝、家具生产等，企业间属于上下游关系，具有较高的关联性，集聚在一起发展可以获得较高的集聚效应。

（2）水平型集聚：不同产业链中处于相同或相近产业层次（环节）的企业基于产品的互补性而形成的空间集聚，这种集聚多是中小企业的集聚或无核心的大小企业并存的集聚。如通信、计算机产业在深圳已形成较为完整的产业链，企业间存在大量的分工与协作，形成了复杂的水平垂直关系网络，使企业更容易获得外部规模经济和外部范围经济。

1.2.2　地方公共物品

地方公共物品不仅包括道路交通、通信、电力等市政基础设施的建设，还包括设立共同的技术创新机构、教育培训机构、产品质量检测设施、采购中心、物流中心、举办交易会展览会等完善企业集群功能方面的建设。共同利用地方公共物品有利于降低生产成本，给企业提供更大的发展空间[7]。如深圳的电镀业，在生产过程中对排污设备要求很高，这些对环保设施有共同需求的企业在空间上集聚发展，一方面可以大大降低企业的生产成本，另一方面也可以提高对污水的集中处理率。

1.2.3　信息交流与技术扩散

由于共同的地域文化背景，形成了马歇尔所说的“新鲜的产业空气”。集群内企业可以获得有关上游供应商、同行竞争对手、下游客户的相关信息，可以更好地洞察市场需求、产业发展趋势、新市场开拓状况以及技术演变和革新的信息等，在信息相对封闭的工业化时代，信息交流与技术扩散对产业发展非常重要，即使在当今开放的信息社会，集群内企业在信息和技术方面依然占有先机，可以更好地掌握信息，更早地发现市场机会，或应付多变的市场需求。

1.2.4　信任度

建立在共同产业文化背景下、人与人之间信任基础上的合同和准合同经济关系，可以吸引顾客和生产者参与经济活动中来。如深圳的黄金珠宝企业中，许多企业主来自同一地方，甚至是朋友、亲戚，他们很容易形成企业家社会网络关系，使交易不确定性风险成本得以降低[8]。企业间的相互联系比如承包、转包、产品的质量、交货时间、资金结算等本身就是建立在信任的基础上。

1.3 弱集聚因素

1.3.1 劳动力

有些劳动密集型产业在发展之初是靠丰富和廉价的劳动力资源发展起来的，企业会因为充足和廉价的劳动力而聚集于此，但随着技术创新、产业升级、竞争加剧，廉价劳动力已不再是特有的竞争优势，企业会因为在其他地方可能出现更廉价的劳动力市场而转移。如深圳的食品加工业、服装业、五金制品业等在发展之初是由于廉价劳动力吸引了大量企业，而随着深圳经济的发展，廉价劳动力已不是深圳参与竞争的主要优势，从而导致劳动密集型企业逐步外迁。

1.3.2 土地资源

企业产品成本结构中土地成本所占比例高的行业，其发展受土地资源丰度和土地价格影响明显，如农产品加工等。深圳通过以“土地换取市场”的快速发展，已形成较完善的产业体系。同时，随着土地资源的日趋紧张，地价不断上涨，一些靠低廉土地价格优势进入市场的企业，都已纷纷搬迁到其他地区，土地资源已不再是深圳吸引企业的主要原因。另外，从单位产品的价格来看，土地的租金在产品价格中所占比例不到 10%，可见，土地租金的高低已不是企业集中布局的主要因素。

1.3.3 区域品牌

同类企业在某个空间集聚，可以树立区域品牌——由企业共同的生产区位产生，如法国的香水、瑞士的手表、西湖的龙井茶叶、深圳沙井的蚝等。“区域品牌”与单个企业品牌相比，更形象、直接，是众多企业品牌精华的浓缩和提炼，更具有广泛的、持续的品牌效应。区域内优胜劣汰的竞争规律迫使企业不断创新发展，区域品牌效应更易持久。依靠区域品牌而存在的产业群不一定局限于某一区域，甚至有很大的地域尺度，例如深圳的电子信息、通信产品等，都是借深圳的品牌优势，在全国乃至世界范围内雄踞一方。

1.3.4 专业化市场

企业群中存在着最终企业和中间企业，最终企业是向企业群以外的市场提供产品的经营者，最终企业主要从事产品设计、营销策划和组织生产工艺的工作，对专业化市场要求度很高。而中间企业是指向最终企业的经营者，为其提供中间制品和服务，中间企业不直接与市场接触。最终企业的市场也分为本地市场和外部市场，对于本地市场主导的企业，成熟的本地专业化市场将是这些企业在此集聚的一个重要要素。深圳的许多企业就是中间企业或者是市场在外的最终企业，对本地的专业化市场要求并不高，因此导致了根植性弱以及空间分布上的集聚特征不明显。

2 深圳产业集聚的动力机制

从产业集聚发展的成因分析，深圳产业的形成可分为两种类型：政府推动型和市场引导型。政府推动型产业的发展方向、选址布局主要是政府行为，政府是此类产业发展的重要影响因素，虽然其中也不乏市场机制的调节作用，但是企业的准入门槛、企业间是否存在链条、空间上是否集聚，主要是受政府影响。市场引导型产业内部有无联系、空间上是否集聚主要是一种市场行为，虽然其中也有政府政策的引导，但主要是企业根据自身利益选择的结果，属于企业的自发行为。根据深圳产业集聚发展历程及发展现状，将深圳的产业按形成路径分为两类，一类主要是自上而下受政府政策影响，一类是自下而上受市场机制影响。

2.1 政府推动型

政府推动型产业集聚的主要驱动力是政府，政府通过消除体制性障碍，创造良好的外部环境，引导产业集聚加快形成。深圳由政府推动的产业主要有两类，一类是高新技术产业，另一类是重大产业项目。高新技术产业集聚的形式主要以各级高新技术产业园、软件园等为空间载体，1997 年深圳市完成《深圳市高新技术产业带规划与发展纲要》的编制工作，提出“9 + 2”高新产业带规划，并成立管理机构负责高新园区的招商引资、企业服务、配套设施建设等工作，进入园区的企业可以享受地价、税收等方面的优惠。截至 2007 年底，高新产业带内的工业用地占全市工业用地的近 20%，工业增加值 1052 亿元，占全市工业增加值近 1/3 以上。

重大产业项目引发产业集聚发展的理论依据是“增长极理论”，当政府将某种推动型产业植入一地区后，相当于在该地区植入了一个极核，该地区的产业将围绕极核而集聚，再通过乘数效应以及极化效应，形成集聚增长模式。深圳市于 2004 年提出工业“适度重型化”，将精细化工、汽车及电子零部件、装备制造列为深圳市近期的重大产业项目，这些产业过去在深圳基础薄弱，现在通过一些产业、土地、税收等优惠政策，推动重大产业项目的快速发展，如在坝光建设精细化工产业基地等。

2.2 市场引导型

市场引导型产业集聚的主导力量是市场调节机制，市场需求是产业集聚生存、发展和壮大的必要条件。这种集群在刚开始时并不需要政府的介入，属于自发形成，但其发展却需要相关政策的扶持，不断地引进新的技术，促使原有集群进一步发展，在集群发展到一定阶段后，政府通过各种辅助性政策措施带来集群的知识更新，使得集群升级。

深圳的市场引导型产业主要以传统支柱产业为主。如钟表、家具、自行车、工艺礼品、服装等产业，这些产业在集聚、发展过程中受一些集聚因素影响，如企业间的联系、地方公共物品的使用、信息交流与技术扩散、信任度、劳动力资源、土地资源、区域品牌共享以及专业化市场等，在市域空间范围上表现出不同的集聚程度。

在现实的经济活动中，政府推动和市场引导往往并存，政府推动型产业离不开市场的调节；而市场引导型产业同样受到政府产业政策的影响，政府会依据本地的优势条件制定适当的产业政策[9]。不论是哪种产业集聚类型，都离不开自下而上和自上而下两种驱动作用的影响。

3 产业空间集聚指引

按照国民经济行业分类标准，深圳列入国民经济统计的工业行业有39类，其中96%的规模以上①工业产值及98%的规模以上工业企业数量集中在表1中的28个行业。为了突出重点产业，笔者主要对这28个行业的工业基尼系数、区位熵以及各个行业规模以上企业产值的密度在GIS环境下进行空间插值统计[10]。

按照对空间的集聚需求程度的不同，深圳的产业可以分为三类。第一类是强化集聚型。这类产业对空间集聚有强烈需求，如以家具、自行车、工艺礼品和黄金珠宝首饰加工为代表的部分优势传统产业；以通信设备、电子计算机设备、医药、化学原料、化学制品及通用设备制造业为代表的高新技术产业，现已表现出集聚发展趋势，未来在空间布局上应有侧重地强化这种集聚（图3），以获得更大的规模效应。

第二类是引导集聚型。这类产业虽然现状在空间上表现为分散，但在未来发展中对集聚有较高需求，所以应根据产业特点引导其集聚发展，如以钟表、皮革、纸制品、印刷、玩具制造为代表的部分优势传统产业；以电池制造、照明器具、专用设备制造为代表的高新技术产业。

① “规模以上”工业是指全部国有企业和年产品销售收入500万元及以上的非国有工业企业。本文所采用的基础数据为深圳市统计局2003年统计的深圳市规模以上工业企业数据，涉及的企业特征属性包括：行业分类、工业产值、区位等。

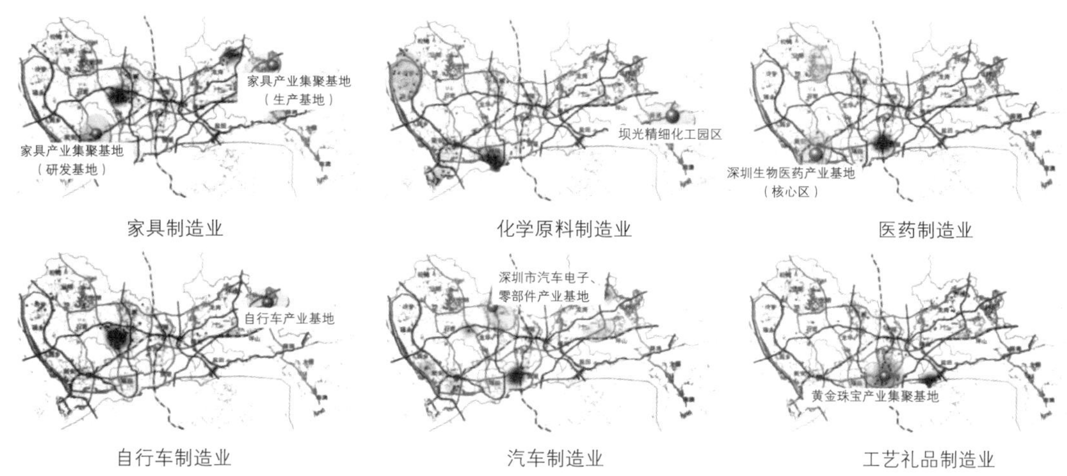

图 3 部分强化集聚型产业空间指引

第三类是非集聚引导型。这类产业以整个城市为集聚基地发展，对空间集聚没有明显要求。如以服装、塑料、橡胶、金属、非金属及文化办公机械制造等为代表的传统产业，以电线电缆、电工器材、家用视听设备、家用电力器具、电动机制造及电子元器件等为代表的高新技术产业，现状多数为分散布局。由于该类行业间的联系不强，其在空间集中未必产生规模或集聚效应，未来这类产业在布局上可按市场规律自由发展。具体指引见表 1。

4 结论与建议

本文分析了深圳市相关产业政策对产业集聚发展的动力机制，并进一步研究这一动力机制的影响路径和影响效应，得出以下主要结论：

（1）对于具有一定基础、符合产业导向目录、适宜在市域范围内集中布局的产业，建议政府对其给予一定的政策倾斜，例如深圳已建的服装、模具、黄金珠宝、家电、家具、自行车等产业集聚基地，引导这类企业集聚发展，以求规模效应；对于没有建产业集聚基地但具有集中趋势的产业，如医药、印刷、玩具、皮革等产业，未来应引导这类产业集聚发展。

（2）对于深圳有很强基础的产业，如通信、电子元器件、电气机械等高新技术产业，在市域范围内已经是遍地开花，很难向具体某一地区引导，因此，可以将这类产业看作是在全市内集聚，在引导过程中可将高新技术产业中的研发设计、市场销售向特区内集中，而将生产制造向特区外几大高新园区引导。

深圳市产业集聚空间指引　　　　表 1

<table>
<tr><th></th><th colspan="2">产业名称</th><th>现状分布</th><th>空间集聚指引</th></tr>
<tr><td rowspan="9">强化集聚型</td><td colspan="2">家具制造业</td><td>龙华、坪地、大工业区</td><td>南山、坑梓</td></tr>
<tr><td colspan="2">化学原料及化工制品制造业（精细化工）</td><td>福田、南山、沙井</td><td>沙井－福永、坝光</td></tr>
<tr><td colspan="2">医药制造业</td><td>罗湖、南山</td><td>市高新区、光明高新区</td></tr>
<tr><td colspan="2">木材加工及木、竹、藤制造业</td><td>福永</td><td>福永</td></tr>
<tr><td>通信设备、计算机及电子设备</td><td>通信设备制造</td><td>南山、布吉</td><td>龙华－布吉</td></tr>
<tr><td rowspan="2">交通运输设备制造业</td><td>自行车制造</td><td>龙华、沙井</td><td>坑梓</td></tr>
<tr><td>汽车制造</td><td>南山</td><td>观澜、宝龙－碧岭</td></tr>
<tr><td colspan="2">工艺礼品及其他制造业（黄金珠宝）</td><td>盐田、罗湖、龙岗</td><td>罗湖水贝工业区</td></tr>
<tr><td rowspan="8">引导集聚型</td><td colspan="2">皮革、皮毛及其制品业</td><td>南山、龙岗、罗湖、福田、盐田</td><td>松岗（沙浦工业区）</td></tr>
<tr><td colspan="2">造纸及制品业</td><td>横岗、福田、沙井、坪山、南山、石岩</td><td>松岗（沙浦工业区）</td></tr>
<tr><td colspan="2">印刷业及记录媒体复制</td><td>布吉、福永、福田、南山</td><td>南山、福永－西乡</td></tr>
<tr><td colspan="2">文教体育用品制造业（玩具制造）</td><td>布吉、观澜、平湖、石岩</td><td>布吉－观澜</td></tr>
<tr><td rowspan="2">电气机械及器材制造业</td><td>照明器具制造</td><td>南山、龙华、横岗</td><td>光明高新区及周边</td></tr>
<tr><td>电池制造</td><td>葵涌、罗湖、布吉</td><td>葵涌、坪山</td></tr>
<tr><td>仪器仪表及文化、办公机械</td><td>钟表制造</td><td>南山、福田、西乡、龙华</td><td>南山、福田</td></tr>
<tr><td colspan="2">化学纤维制造业</td><td>布吉</td><td>布吉</td></tr>
<tr><td rowspan="17">非集聚引导型</td><td colspan="2">通用设备制造业</td><td>南山、福田、宝安各街道、布吉、横岗等</td><td>市域集聚型</td></tr>
<tr><td rowspan="3">通讯设备、计算机及电子设备</td><td>计算机制造</td><td>南山、福田、罗湖、福永、沙井、石岩</td><td>市域集聚型</td></tr>
<tr><td>家用视听设备制造</td><td>石岩、西乡、沙井、龙华、布吉、平湖等</td><td>市域集聚型</td></tr>
<tr><td>电子元器件</td><td>南山、福田、宝安各街道、布吉、横岗等</td><td>市域集聚型</td></tr>
<tr><td colspan="2">电气机械及器材制造业</td><td>南山、福田、罗湖、宝安各街道等</td><td>市域集聚型</td></tr>
<tr><td colspan="2">专用设备制造业</td><td>南山、福田、盐田、龙华、布吉</td><td>市域集聚型</td></tr>
<tr><td colspan="2">塑胶制品业</td><td>除盐田及大鹏三街道外，几乎分布全市</td><td>市域集聚型</td></tr>
<tr><td colspan="2">文化、办公机械制造业</td><td>南山、福田、福永、沙井等</td><td>市域集聚型</td></tr>
<tr><td colspan="2">非金属制品业</td><td>南山、福田、横岗</td><td>市域集聚型</td></tr>
<tr><td colspan="2">纺织及服装鞋帽制造业</td><td>除个别街道外、几乎分布在全市</td><td>市域集聚型</td></tr>
<tr><td colspan="2">农副食品加工业</td><td>南山、罗湖</td><td>市域集聚型</td></tr>
<tr><td colspan="2">食品加工业</td><td>南山、福田、罗湖等</td><td>市域集聚型</td></tr>
<tr><td colspan="2">饮料制造业</td><td>罗湖、横岗</td><td>市域集聚型</td></tr>
<tr><td colspan="2">金属制品业</td><td>全市均有分布</td><td>市域集聚型</td></tr>
<tr><td colspan="2">石油炼焦及核燃料加工业</td><td>南山</td><td>市域集聚型</td></tr>
<tr><td colspan="2">电力、热力生产及供应</td><td>南山、大鹏</td><td>市域集聚型</td></tr>
</table>

（3）对于深圳虽然有一定基础的产业，如深圳的服装、木材加工、设备制造、金属制品、食品制造等产业，这类产业根植性不强，有些产业附加值也不高，集聚很难产生规模效应，建议在市场机制下引导这类产业自由发展，必要时引导其外迁，为新兴产业的发展腾挪出宝贵的空间。

参考文献

[1] 王缉慈．关于中国产业集群研究的若干概念辨析 [J]. 地理学报．2004，59（S1）：49-54.

[2] Porter M E. Location，Competition and Economic Development：Local Clusters in a Global Economy [J]. Economic Development Quarterly，2000，14（1）：15-35.

[3] 钱平凡．培育产业集群、促进我国经济发展的战略思路 [J]. 城市经济导刊，2003（10）.

[4] 曾忠禄．产业群集与区域经济发展 [J]. 南开经济研究．1997（1）：69-73.

[5] 陈继祥，徐超，史占中．产业集群与复杂性 [M]. 上海财经大学出版社，2005.

[6] Porter M E. Clusters and the New Economics of Competition[J]. Harvard Business Review，1998，76（6）：77-91.

[7] 王缉慈．地方产业群战略 [J]. 中国工业经济．2002（3）：47-54.

[8] Lloyd P，Dicken P. Location in Space：a Theoretical Approach to Economic Geography [M]. New York：Harper and Row，1990.

[9] 张辉．产业集群竞争力的内在经济机理 [J]. 中国软科学，2003（1）：70-74.

[10] 牛慧恩，李江，贺传皎，等．深圳市工业布局研究与规划 [Z]. 2006.

深圳组团式空间结构演变与发展研究 ①

陈可石[1]，杨瑞[1]，刘冰冰[2]

摘　要：近年来，我国一些城市提出城市组团式发展。通过研究深圳组团式空间结构的发展历程和影响因素，指出当前深圳组团式空间结构发展面临着组团内职住平衡被打破、组团发展储备用地不足、网状组团结构有待加强以及特区外组团建设发展趋同四个问题。在此基础上，总结深圳建设组团式空间结构的经验与教训，提出发展组团城市时，应引导组团居住、就业、公共设施配置等相对平衡，安排科学合理的组团开发时序，注重组团隔离带建设，塑造特色鲜明的组团形象，建设适度超前的交通基础设施以及制定连贯的规划指引。

关键词：深圳；城市空间结构；组团

20 世纪六七十年代，我国城市规划受苏联的影响，多采取单中心“摊大饼”式发展，随着城市化进程加快，“摊大饼”式发展出现了交通堵塞、环境污染、住房拥挤、人口过多等问题。未来大城市发展应该采取多中心组团式，以避免或缓解大城市病的发生[1]。

城市组团式结构最早是指城市受到地形地貌等自然条件的限制，被迫分散进行建设，形成由多个相对独立的组团构成的空间结构。每个组团都有其独立的中心、相对完善的道路系统，各个组团通过便捷地交通连在一起。早期组团主要强调其空间形态的特征。随着组团结构的发展，其高效运作、接近自然等优势显现，这种布局结构开始渗透到城市规划中，组团被规划者赋予了功能上的意义[2]。如《深圳经济特区总体规划（1986-2000）》就确定了以自然山川和规划绿带为隔离，形成带状组团式空间结构，每个组团内部新城配套相对完善的综合功能，适当安排组团之间的相互分工，既分隔又联系，共同组成各

1. 北京大学深圳研究生院城市规划与设计学院，广东 深圳，518055；2. 深圳市城市规划设计研究院，广东 深圳，518000

① 本文发表于《城市发展研究》2013 年第 11 期。

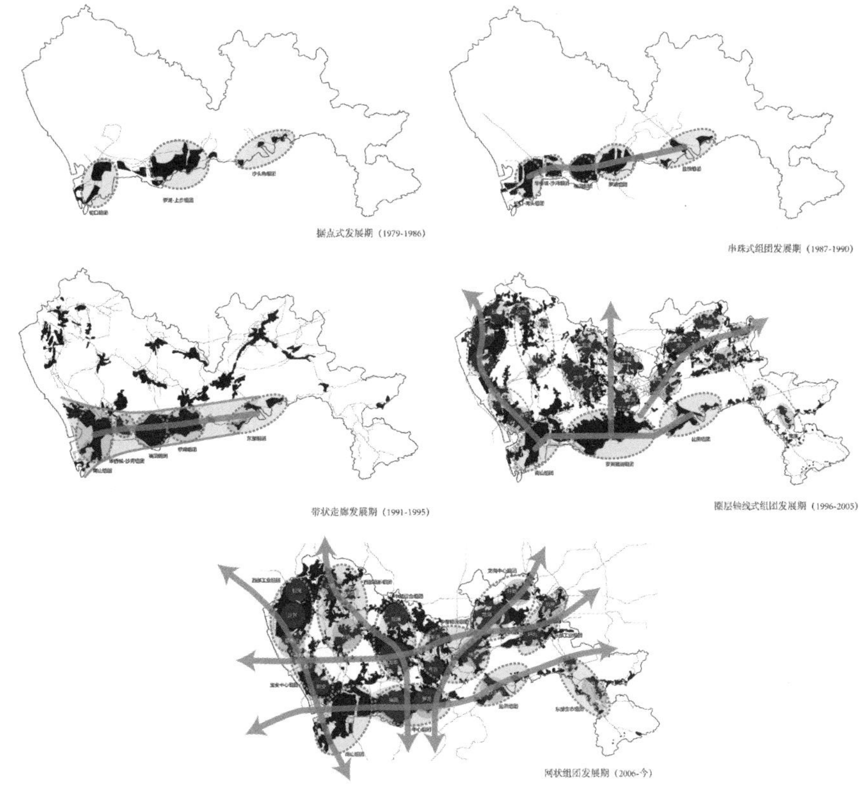

图 1　各阶段组团空间结构图
资料来源：作者自绘

具特点而又协调统一的特区整体。

中国城市发展研究中心指出，在城市高速发展的今天，鼓励城市组团发展。全国各地掀起了组团式城市建设热潮，重庆、青岛、佛山、合肥、南昌、郑州、北海等城市纷纷提出构建组团式空间结构。深圳是我国较早提出建设组团式空间结构的城市。组团式布局是深圳城市最大特色[3]。本文试图通过分析深圳城市组团式空间结构的发展历程和演变原因，指出其在发展中面临的问题，进而总结深圳建设组团式空间结构的经验与教训，为我国其他建设组团式空间结构的城市提供参考。

1. 深圳组团式空间结构发展历程

深圳地表形态复杂，全境地势东南高、西北低。土地总面积为 1991.64km^2，土地形态以低山、平缓台地和阶地丘陵为主[4]。境内梧桐山、七娘山、羊台山、大南山等山脉绵延，河流、湖泊、水库众多。独特的地形地貌对城市建设用地形成了自然阻隔，决定了深圳沿东西向带形空间分散发展。在香港强大的带动力、政府的优惠政策以及相关规划等的推动和引导下，深圳组团式空间结构不断发展。

本文根据组团结构特征将深圳城市空间结构的发展划分为五个时期：据点式发展期（1979–1986 年）、串珠式组团发展期（1987–1990 年）、带状走廊发展期（1991–1995 年）、圈层轴线式组团发展期（1996–2005 年）以及网状组团发展期（2006 年至今）。

1.1　据点式发展期（1979–1986 年）

深圳特区成立后，实施“据点式”的开发策略，选择与香港毗邻的蛇口、罗湖、沙头角，形成三个据点同时开发建设的城市空间格局。组团空间拓展表现出以港口、口岸为基点，产业空间为主，居住、商业及配套为辅的特征。罗湖组团发展最快，建成区 32km^2，约占全市建成区的 75%[5]；人口 40 万，约占特区总人口的 77%。

1.2　串珠式组团发展期（1987–1990 年）

在《深圳经济特区总体规划（1986–2000）》确立的城市带状组团结构引导下，特区内最初开发的三个据点之间安排了莲塘、华侨城、福田、南油开发区和科技工业园等片区，各据点和片区由深南大道串联在一起，形成串珠式组团布局结构。在此时期，特区内各组团稳步发展，功能开始出现分化，建成区总面积达 69km^2，总人口 100.98 万人。

1.3　带状走廊发展期（1991–1995 年）

随着北环大道的建成通车和南环大道的建设，各组团的发展不再单一依托深南大道，城市整体呈现出带状走廊式空间形态。城市建设以罗湖上步组团、福田组团、南山组团的充实和调整，以及特区外区县快速扩张为主。1995 年年底，特区内组团建成区达 88km^2，常住人口 151.18 万人（全市总人口 345.12 万人）[6]。这一时期，各组团中心人口密度一般在 1.5 万人 /km^2 以上，最高的罗湖中心超过 2 万人 /km^2；各组团边缘地区以及宝安、龙岗两区城镇密集地区，每平方公里人口在 1 万人以上，其余地区在 4000–8000 人左右[7]。城市的过快增长打破了原特区规划确定的“组团内部功能相对平衡”的原则，为城市空间功能有序发展留下了较大的隐患[8]。

1.4　圈层轴线式组团发展期（1996–2005 年）

这一时期城市以特区内带状走廊为核心，对外交通线为依托，形成沿东、中、西三条发展轴（沿 107 国道和广深高速的西部发展轴，沿广九铁路、梅观高速的中部发展轴，沿深惠公路、深汕高速的东部

表 1

深圳城市空间结构发展历程

	组团整体发展情况	各组团建设情况	组团间绿带	新增重要交通基础设施	新增重要公共设施	主要产业	政策与相关规划
据点式发展期（1979–1986 年） 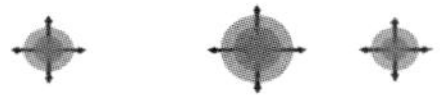	分散的三个据点快速扩展	蛇口组团向北部内陆扩展，人口 9.75 万，规划用地面积 130.9km^2；罗湖组团中心地位确立，人口 40 万，用地面积 140.28km^2；沙头角发展尚不具规模，建成区面积仅 11.4km^2，人口 2.2 万，规划用地面积 65km^2	大片自然的绿色隔离带	深南大道、南油大道、泥岗路、笋岗东路、蛇口港、赤湾港	住区配套服务设施、荔枝公园等	工业	深圳城市建设总体规划、深圳经济特区社会经济发展大纲；改革试验田、对外窗口、三来一补、《深圳经济特区土地管理暂行条例》等
串珠式组团发展期（1987–1990 年） 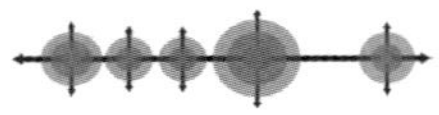	由深南大道串联起各组团，组团稳步发展	罗湖组团空前发展，形态趋于完整；福田组团呈现无中心分片发展态势；华侨城—沙河组团轮廓初步显现；蛇口—南头呈现完整形态；盐田组团尚不具规模	以自然山川和规划的绿带为隔离，规划各组团之间预留 400 ~ 800 米绿化隔离带，主干道两侧分别布置 15 ~ 30 米宽的带状花园	深南大道、沙头角口岸、皇岗口岸	博物馆、图书馆、大剧院、科技馆等八大文化设施；香蜜湖度假村；仙湖植物园等	工业	深圳经济特区总体规划（1986–2000）、深圳市城市发展策略；土地所有制改革、住房制度改革、《关于鼓励科技人员兴办民间科技企业的暂行规定》等
带状走廊发展期（1991–1995 年） 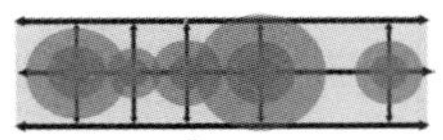	三条东西向交通干道形成的带形走廊空间被快速填充	罗湖组团基本定型；福田组团形态基本完整；南山组团轮廓基本形成；东部组团形态仍为斑块状、散点式	以梧桐山、福田 800m 绿化带、香蜜湖度假村、高尔夫球场为主的绿化隔离带	广深高速公路、北环大道、梧桐山隧道、盐田港	深圳体育馆、宝安图书馆；世界之窗、锦绣中华、观澜湖高尔夫球场、沙河高尔夫球会等	以高新技术为龙头的先进工业、第三产业	深圳市城市总体规划（1996–2000）；撤县改区、《深圳市人民政府关于在特区内停止审批“三来一补”等项目的通知》、《关于推动科学技术进步的决定》等
圈层轴线式组团发展期（1996–2005 年） 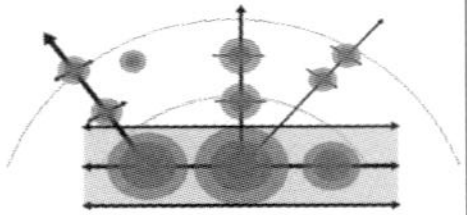	特区内沿带形走廊充实完善，特区外沿对外交通线圈层拓展	罗湖组团（面积 78.36km^2、86.04 万人）趋于稳定，可建设用地仅 1.04km^2（2004 年底）；福田组团（用地 78.8km^2、116.6 万人）功能改变；南山组团（用地 182km^2、90.06 万人）整体结构基本定型；盐田组团（用地 72.36km^2、21.58 万）迅速扩展	划定基本生态控制线，防止了组团间无序填充确保组团间绿化隔离带不受侵蚀	滨海大道、松白公路、地铁、梅观高速公路、深汕高速公路、机荷高速	何香凝美术馆、关山月美术馆、市民中心、盐田区文化中心、宝安体育馆、会展中心；欢乐谷、园博园、莲花山公园、银湖公园、深圳中心公园等	高新技术产业	深圳市总体规划检讨与对策（2001–2005）、深圳 2030 城市发展策略；《关于进一步扶持高新技术产业发展的若干规定》、《关于完善区域创新体系，推动高新技术产业持续快速发展的决定》等
网状组团发展期（2006 年至今） 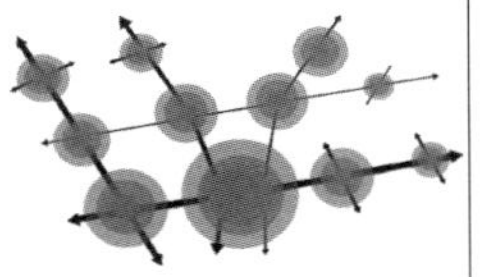	沿东、中、西三条发展轴，南北两条发展带网状发展	中心组团的罗湖区（用地 78.75km^2、93.1 万人）面貌得到更新；福田区（用地 78.66km^2、132.52 万人）综合服务功能日益凸显，确立了城市中心地位；南山组团（用地 186.58km^2、109.99 万人）不断优化；盐田组团（用地 74.64km^2、21.11 万人）初具规模；宝安龙岗八大组团依托现状和各自优势迅猛扩张	以福田 800m 绿化隔离带、黄牛垅绿化隔离带、大沙河绿化隔离带为主的绿化隔离带	地铁、广深港客运专线、深港西部通道、即将通车的厦深铁路	深圳湾体育中心、龙岗大运中心、盐田体育中心；保利剧院、深圳音乐厅；深圳湾公园、东部华侨城等	高新技术、金融、物流和文化产业	深圳城市总体规划（2010–2020）《深圳经济特区金融发展促进条例》、《关于促进创意设计业发展的若干意见》等

发展轴）放射式扩展，按圈层梯度推进的空间结构。2005 年年底，全市建成区达 713km²，常住总人口 827.75 万人[9]。特区内组团向集约化、紧凑化发展，除盐田组团（用地 72.36km²、21.58 万人）外，各组团相互融合，逐渐演化为福田—罗湖组团（用地 157.16km²、202.64 万人）、南山组团（用地 182km²、90.06 万人）两个规模较大的组团，城市建设重心逐步西移。特区外，组团结构形态基本形成，但各组团发展时序不一，发展程度不均匀，东部发展轴上的增速高于西部、中部发展轴。此外，滨海各组团的海岸线多用作保税区、工业区、港口、仓库等，缺乏生活岸线，城市海滨特色未形成。

1.5 网状组团发展期（2006 年至今）

依托城市空间扩展的东、中、西三条发展轴，南北两条发展带，结合自然山体及保护区，形成三轴两带城市空间网状结构。2011 年年底，全市建成区达 841.68km²，常住总人口 1046.74 万人。特区内组团形态趋于稳定，组团结构得到优化。深圳湾公园的开放在一定程度上改善了滨海区缺少海滨景观的问题。特区外宝安龙岗八大组团依托现状和各自优势，重点发展一种或几种相关产业，建设功能综合的组团（表 2），组团规模较大，平均用地 195km²。目前，发展较好的有

宝安龙岗八大组团功能定位 **表 2**

组团名称	组团用地面积（km²）	人口控制规模（万人）	组团范围	组团功能定位	
				宝安龙岗八大组团功能规划（2005-2020 年）	深圳城市总体规划（2010-2020 年）
宝安中心组团	162.1	128	新安、西乡、福永南	西部发展轴上的综合服务中心，物流基地	国际航空城，国际供应链基地，发展物流业
西部工业组团	156.5	76.57	沙井、松冈、福永北部	区域性生产服务中心，先进制造业基地	高端制造业园区，深圳市重要的制造业基地
西部高新组团	221.15	75	公明、光明、石岩	高新技术产业和生态旅游基地	建设光明新城副中心，绿色新城，市级高新技术产业基地和生态型都市农业基地
中部综合组团	203.5	125	龙华、观澜、坂雪岗	市中心区的配套服务区	建设龙华副中心，城市中心区的功能拓展区，提升综合服务功能
中部物流组团	163.85	98	平湖、布吉、横岗	特区综合服务功能外溢区，全市重要的物流基地	环境宜人的现代化城区，承接中心城区功能外溢，发展物流业
龙岗中心组团	195.88	74	龙城、龙岗、坪地	核心城区组成部分，东部发展轴上的综合服务中心	建设龙岗副中心，深圳向粤东北地区辐射的区域性综合服务中心
东部工业组团	167.02	50	坪山、坑梓	东部新城，全市先进制造业基地	建设坪山新城副中心，全市重要的先进制造业、高新技术产业基地
东部生态组团	289.02	25	葵涌、大鹏、南澳	区域性滨海旅游度假区和自然生态保护区	国际性的滨海旅游度假区，适度发展生态产业和海洋产业

资料来源：根据《宝安龙岗八大组团功能规划（（2005-2020）》、《深圳城市总体规划（2010-2020）》整理绘制。

宝安中心城、光明新城、龙岗大运城等，但整体水平不及特区内组团，各组团粗放式发展，建成区粘连，组团式空间结构受到威胁。[10]

深圳受用地条件的限制，未来发展仍将沿带形空间展开。随着《前海深港现代服务业合作区综合规划》获批实施。到 2015 年前海合作区基础设施将全面建成，具备基本建设条件，初步形成优良的营商环境，具备招商引资条件[11]。前海中心在国家战略和深港合作的支持下，将与现有罗湖 - 福田中心构成网状结构的双中心。香港—广州区域战略轴线未来仍将发挥强大带动作用，东部发展轴战略意义不断加强，宝安沿海地区将是未来深圳最有竞争潜力和优势的地区，是深圳未来 20 ~ 30 年的战略利益所在[12]。总而言之，深圳未来将在带形空间内依托发展轴差异化发展，形成双中心网状组团结构。

2. 深圳组团结构演变的影响因素分析

深圳组团结构是在重大决策、宏观政策、经济发展、产业结构、规划、行政体制、土地制度、房地产、道路交通及其他基础设施等因素综合作用下不断演进的。本文从政策及相关规划、产业、交通基础设施、公共设施四个方面对影响因素进行分析。

2.1 政策及相关规划

政策及相关规划体现出人对城市建设发展的干预，对组团结构发展产生影响。

土地所有制改革和住房制度改革，带动房地产业的发展，城市建设机制向市场体制转型，推动大规模城市扩张与改造，城市组团空间形态不断充实完善；宝安撤县设区（宝安区、龙岗区）拉开了全市域工业化和城市化序幕，但由于管理不到位，特区外组团建设用地无序蔓延，影响市域范围内组团结构的发展。1989 年《深圳市城市发展策略》提出“全境开拓”策略，推动特区外组团沿对外交通线向外圈层式扩张，在一定程度上阻碍城市组团结构健康有序发展。

政策及相关规划会对组团结构发展演变产生引导、推动，甚或阻碍的作用，有时这种作用更为直接，影响更为深远。

2.2 产业

产业发展在一定程度上促进组团形成，优化组团结构。

特区建立之初，依靠“三来一补”等优惠政策发展工业，在最初的三个据点开发工业区，组团快速扩张。不断集聚的商业、办公业抢占城市中心，罗湖组团发展逐渐成熟。随后深圳在华侨城发展旅游、休闲和教育产业，推动华侨城－沙河组团的发展。高新技术产业的发展极大推动高新园区的建设，优化南山组团空间结构。之后，高涨的房地产业极大地推动各组团快速发展。新时期，金融、贸易业兴起，促进 CBD 快速发展，完善福田组团的空间结构。

每个组团根据自身优势，抓住不同的产业发展机遇进行建设，推动深圳组团结构的整体发展。

2.3　交通基础设施

交通基础设施对组团结构演变起到重要作用。

梧桐山隧道改善盐田组团的交通可达性，促进组团旅游资源的开发；由东、中、西三条发展轴上的重要公路、铁路，以及东西向的深南大道、机荷高速、即将通车的厦深铁路，共同构成的两横三纵城市空间拓展网状骨架，引导深圳城市未来空间拓展。此外，深圳北站带动周边办公、商业综合体、高档住区、公园的建设，优化中部综合组团的空间结构；宝安机场凭借其强大的吸引力和辐射力，推进机场片区及西乡快速扩张。

公路、铁路、地铁线路等交通基础设施的建设有效改善组团交通可达性，促进组团发展；适度超前的交通基础设施将会为组团未来发展预留潜力；一些重要的交通基础设施构成城市空间拓展的骨架，引导组团结构拓展。火车站、机场、口岸、港口等交通基础设施在组团空间拓展、整合、优化中发挥积极作用，促进组团商业、服务业的发展，为组团建设注入新的活力。

2.4　公共设施

公共设施的建设，能够完善组团功能，优化组团空间结构。

音乐厅、中心书城等公共设施的建设使福田 CBD 的功能更加综合，福田组团结构更加合理；龙岗依托 2011 年深圳大运会主要场馆建设大运城，盘活周边用地，吸引香港中文大学建立分校，推动片区综合开发建设，优化龙岗中心组团结构；深圳湾体育中心的综合利用，保利剧院的文化演出，深圳湾公园的开放，优化南山组团中心区功能，丰富市民生活，美化组团空间形态。

完善的公共设施，为组团居民的生活带来方便，其长期良好的运营更能为组团吸引足够的人气，促进组团可持续发展。

3. 深圳组团式空间结构存在的问题

30 年的高速发展，深圳获得了国际化大都市、国际花园城市、国家园林城市等殊荣，城市建设取得了优异成绩。但由于经验不足，深圳在城市组团结构发展中，出现了组团内职住平衡被打破、组团发展储备用地不足、网状组团结构有待加强以及特区外组团建设发展趋同等问题。

3.1 组团内职住平衡被打破

龙岗中心组团在规划中定位为“居住—就业平衡”的功能组团[13]，然而在其建设过程中存在城市发展和产业发展脱节的现象，沦为卧城。《深圳市中部综合组团分区规划（2005-2020）》将二线拓展区定位为“兼有为福田中心区配套居住功能”，这样的定位使得组团间功能逐步融合，组团内部职住平衡难以实现。

特区外组团的产业发展不完善，而特区内组团发展成熟，能够提供大量就业岗位，加上拥有快捷便利的交通网络，使得特区外组团内职住平衡很难实现，出现跨组团交通需求日益增加的隐患。

3.2 组团发展储备用地不足

深圳经历了 30 年的高速发展，面临土地、空间紧缺。特区内建设用地存量不足；特区外受“全境开拓”“宝安撤县设区”等影响，大规模同步进行开发建设，造成土地空间资源的浪费和低效利用。从现在起到 2020 年，深圳新增可建设用地不足 $50km^2$，且用地分布零散，历史遗留问题较多[14]。

由于早期缺乏对特区外的有效管理，以及未能合理安排特区外组团开发次序，造成组团未来发展的储备用地不足。

3.3 网状组团结构有待加强

从全市域看，深圳呈现出单中心放射式的空间结构特征，形成以福田 - 罗湖为中心，环路加向外放射的路网结构。福田 - 罗湖中心集聚全市主要的行政、文化、商业、金融功能。特区外组团依托原有村镇和交通干线向外摊大饼式快速蔓延。原有成片的自然生态系统逐渐被蚕食、侵占，一些重要的生态廊道被割断，全市生态用地呈破碎化格局，生态体系的完整性遭到一定程度的破坏[15]。

“一市多城，众星拱月”的提法，“梯度推进”圈层式的空间发展次序，似乎都暗示了深圳从多中心结构向单中心结构的复归[16]。深圳网状组团结构有待加强。

3.4　特区外组团建设发展趋同

特区外组团在短时间内大规模开发建设，大多组团定位为综合服务中心（表2），定位趋同、功能相近，组团相互竞争，造成不必要的损失；中心建设不完善，人气不足，跨组团交通量大。特区外组团除光明发展生态农业建设光明农场、龙岗利用大运场馆建设大运城、东部生态组团凭借其优美的自然环境发展生态旅游、宝安依托机场建设航空城外，其余大部分没有明显特色，组团形象趋同。

4. 启示与借鉴

深圳组团式空间结构发展有其特殊性。特区成立之初，能够实现三个据点同步快速发展，是源于依托香港强大的带动力和政府扶持下的超常规发展机遇，而这是其他城市不可能复制的。此外，1983 年国务院批准在深圳经济特区与内地之间设立具有相应管理设施的陆地管理线（二线关），虽为深圳的快速发展提供了重要保障，但严重阻碍特区外的发展，对深圳全市域范围建设组团结构造成消极影响，这是其他城市不会出现的情况。

但深圳组团式空间结构发展也存在一定的共性，从中吸取经验教训，为其他组团城市的科学发展提供参考借鉴。

4.1　引导组团居住、就业、公共设施配置等相对平衡

特区成立之初，蛇口、罗湖、沙头角三个据点发展工业，组团功能较为完备，居住与就业临近布置，职住平衡基本实现。但随着特区内组团各产业不断集聚，造成就业过度集中，职住平衡被打破，跨组团交通量增加。

在组团公共设施配置方面，深圳采用结合行政区划和组团分区人口规模、居民实际需求的区级公共设施配置标准与准则[15]。在促进区级公共设施均衡分布和公平使用的同时，确保各组团内部配置管理服务、商业、文化娱乐、体育、教育、医疗卫生和社会福利等公共设施，方便居民生活。

因此，在发展组团城市时，应合理安排居住和就业用地，引导组团居住、就业、公共设施均衡协调及与产业同步发展；完善配套公共设施的建设，提升综合服务功能，使居住在组团内的人不出组团，就可进行购物、休闲、游憩、就医、教育等活动，有效避免由于组团功能

缺失而造成的跨组团交通量增加。

4.2 安排科学合理的组团开发时序

深圳以蛇口、罗湖为起点，采取东西对进的开发时序进行建设发展。深圳的中心区位，在整个发展过程不断迁移，总是落在拆迁较小的边缘位置上[12]。福田中心区准备了十年，建设了十年[17]。在准备的十年间，中心区用地虽受到工业区建设和房地产开发的冲击，但完整保留下来，避免了高额的土地置换费用。未来的前海中心也将在填海空地上建设。然而目前特区外组团盲目无序开发，造成开发建设用地紧缺，为未来发展留下隐患。

因此，组团应科学合理安排开发次序，避免土地更新和改造带来的拆迁和赔偿费用；对于城市未来发展的战略地区，应尽量避免过早开发，为城市未来的发展预留空间，确保组团储备用地充足。

4.3 注重组团隔离带建设

深圳早在《深圳经济特区总体规划（1986-2000）》就开始组团绿色隔离带的规划建设，当时规划的福田800m绿化隔离带（现深圳中心公园）、黄牛垅绿化隔离带（现深圳园博园）、大沙河绿化隔离带，一直保留到今天。组团绿色隔离带在前海得到延续，前海合作区规划了三条水廊道，为高层建筑群体提供绿色的开放空间缓冲[11]。然而特区外因缺少组团绿色隔离带，建设用地粘连，直到2005年基本生态控制线的划定，才在一定程度上隔离城市功能组团，阻止城市建设无序蔓延，保障区域生态安全。

因此，应完善组团隔离带的规划建设，避免在发展组团城市时，组团无序扩张导致组团结构受到威胁。同时应重视组团隔离带的整体完整性，不得以任何形式侵占绿色隔离带，确保组团隔离带能够发挥作用，有效防止建设用地粘连，减弱城市热岛效应，提高城市环境质量，美化城市景观，促进城市建设可持续发展。

4.4 塑造特色鲜明的组团形象

深圳特区内组团形象各具特色：福田组团拥有能代表现阶段深圳城市建设水平的现代化城市景观；罗湖组团保存有深圳30多年的发展印记；华侨城组团建有大量的旅游休闲设施，景观优美，环境宜人；蛇口组团由于大量外国人聚居，建筑风格、景观环境充斥着异国风情。鲜明的组团形象为人们营造出特有的归属感与亲切感，增添了城市魅力。然而特区外组团建设趋同，除东部生态组团、光明农场、龙岗大运城外，其他均无明显特色。此外，全市域范围内，山海城市形象有待加强。

因此，在全球化的背景下，应鼓励组团差异化发展，塑造特色鲜明的组团形象，以增加组团的归属感和亲切感，提升城市竞争力。

4.5　建设适度超前的交通基础设施

深圳在基础设施规划建设中，采用适度超前的发展策略。在特区成立之初，深南大道就开始建设，路幅从最初的 7m 扩宽到 135m，自西向东串联起各城市组团，承接深圳超高速发展所带来的巨大交通量。在深南大道初具规模后，为满足日益增加的交通需求，又规划建设了北环大道、滨河大道，适度超前的规划建设为深圳城市未来的发展奠定了坚实的基础。然而之后受“全境开拓”的战略影响，交通设施过度开发，导致机荷高速和梅观高速低效率使用，影响城市运营效率。

因此，交通基础设施的建设应当适度超前，充分考虑城市未来交通需求，为发展留有潜力，同时应避免过度开发造成的资源浪费和低效使用。

4.6　制定连贯的规划指引

深圳是一个基本按照规划建设的城市。从 1982 年《深圳经济特区社会经济发展大纲》已经有了组团式布局的设想，到《深圳经济特区总体规划（1986-2000）》确定带状组团结构，再到《深圳市城市总体规划（1996-2010）》确立轴带结合、梯度推进的全市域组团结构，以及近期的《深圳城市总体规划（2010-2020）》确定网状组团结构。连贯的规划引导了组团结构的发展，对深圳组团式空间结构发展演变起到关键作用。

因此，在发展组团城市时，应保证规划的连贯性，引导组团结构的有序发展。定期对实施成效进行检讨，及时发现问题，确保组团结构健康发展。

5. 结语

深圳从 1982 年开始有组团式布局的设想到现在网状组团结构初步显现，30 多年的建设实践积累下来的经验教训指出：在发展组团城市时，应引导组团居住、就业、公共设施均衡协调及与产业同步发展，实现组团内职住平衡；安排科学合理的组团开发时序，为未来发展预留储备用地；注重组团隔离带建设的整体性，确保组团结构健康发展；塑造特色鲜明的组团形象，以增加组团归属感和亲切感，提升城市整体魅力；建设适度超前的交通基础设施，为发展预留潜力；制定连贯的规划指引，实施高效监管。

参考文献

[1] 肖金成．中心组团式布局避免“大城市病”[J/OL]. 经济日报·中国经济网（第九十八期），2012.11.15.

[2] 易峥．重庆组团式城市结构的演变和发展 [J]. 规划师，2004，20（9）：33-36.

[3] 组团式布局是深圳城市最大特色——市规划国土委有关人士解读《关于提升城市发展质量的决定》亮点 [J/OL]. 深圳特区报多媒体数字版，2011-04-02（A04）.

[4] 深圳年鉴编辑委员会．深圳年鉴 2012[M]. 深圳：深圳市史志办公室，2012.

[5] 罗佩．深圳城市形态演进研究 [D]. 广州：中山大学，2007.

[6] 张勇强．城市空间发展自组织研究——深圳为例 [PH.D]. 南京：东南大学，2003.

[7] 张志斌．深圳市空间发展研究 [D]. 北京：北京大学，2000.

[8] 王富海．深圳城市空间演进研究 [D]. 北京：北京大学，2003.

[9] 深圳年鉴编辑委员会．深圳年鉴 2006[M]. 深圳：深圳年鉴社，2006.

[10] 深圳市城市规划设计研究院．深圳 2005：拓展与整合——深圳市城市总体规划检讨与对策主题报告 [R]. 2002.

[11] 深圳市城市规划设计研究院等．前海深港现代服务业合作区综合规划 [Z]. 2013.

[12] 深圳市规划局，中国城市规划设计研究院．深圳 2030 城市发展策略 - 公众咨询报告 [R]. 2005.

[13] 深圳市城市规划设计研究院．深圳市城市总体规划（1996-2010）[Z]. 1996.

[14] 深圳土地告急，七年后新增建设用地不足 50 平方公里 [EB/OL]. 深圳新闻网，2013-07-08. http://www.sznews.com/news/content/2013-07/08/content_8271735_2.htm.

[15] 深圳市人民政府．深圳市城市规划标准与准则条文（征求意见稿）[S]. 2012.

[16] 赵燕菁．高速发展与空间演进—深圳城市结构的选择及其评价 [J]. 城市规划，2004，28（6）：32-42.

[17] 王富海．深圳福田中心区的规划得失 [J]. 北京规划建设，2006（6）：106.

北京市与深圳市就业—居住空间结构对比研究①

加那提古丽·卡德尔[1]，王星[2]，孟晓晨[1]

摘　要：中国城市内部就业—居住空间结构在经济体制改革之后发生了很大的变化。以北京市和深圳市为研究对象，利用经济普查和人口普查数据，对城市就业居住空间分布与特征以及就业—居住空间结构（匹配）情况进行了对比研究。研究发现就业与居住空间分离是基本态势，总量上的就业—居住匹配度在27%和53%，而划分第二和第三产业后的就业—居住匹配度下降到22%～36%。将就业和居住分别来看，两个城市在总体上均呈现出就业的空间集聚度高而居住的空间集聚度相对较低的特点。从不同产业空间的集聚程度分析，则呈现出第三产业集聚度高于第二产业的特点。这些共性规律对于认识城市内部空间结构的一般规律具有重要的启示。而两个城市空间结构的差异则与城市性质、产业结构以及劳动力结构等因素相关。

关键词：就业—居住空间结构；产业空间集聚度；北京；深圳

引言

中国经济体制改革之后的三十多年间，城市的快速发展推动了城市形态与城市内部空间结构的变化与重构，市场规律在城市内部空间结构的形成和重构过程中发挥的作用越来越明显。原先由政府力量主导形成的城市就业—居住基本平衡的模式逐渐被打破，就业和居住在市场力量的作用下开始分离并向新的空间结构发展。那么市场力量作用下的城市空间结构是否有一般性的规律存在？不同产业的就业和居住空间结构具有怎样的共性和差异？不同城市的就业和居住空间结构具有怎样的共性和差异？本文作者通过对北京市和深圳市的就业—居住空间结构对比研究对以上问题进行了探讨。

1. 北京大学城市与环境学院，北京，100871；2. 伦敦大学学院，英国伦敦，WC1E6BT

① 此文发表于2014年第3期《城市发展研究》（21卷）。

城市内部空间结构研究的重点是就业与居住之间的空间关系。工业革命之后，城市发展的规模越来越大，城市内部交通问题日益严重，就业—居住平衡就成为一种理想的结构模型。这一理念最早可以追溯到 Howard（霍华德）[1]“田园城市”中就业和居住相互临近、平衡发展的思想，后被普遍采用在城市规划中。但在西方，城市发展是由市场力量主导的，城市规划的理想很难在市场中得以实现。这促使学者们对市场力量作用下形成的就业和居住空间规律进行研究。始于 20 世纪 50 年代的城市居住空间研究取得了大量的成果，学者们对居住空间分布特征不仅进行了定性分析，而且进行了数学模拟[2-8]。后来伴随着郊区化的不断发展和交通拥堵的恶化，研究重点转向对就业中心的界定和就业—居住平衡程度的测定[9-10]，从而检测就业—居住失衡程度及其对交通拥堵的影响。塞韦罗[11]提出了就业—居住平衡的数量和质量两种平衡的概念。尽管学者们对“就业—居住平衡”能否解决交通拥堵问题还有着诸多争议，但美国一些地方政府还是在规划政策中给予了采纳，并取得了一定的成效[12]。

中国计划经济时期政府主导的“单位大院”布局模式在较大程度上实现了就业—居住平衡，但改革开放中市场经济的引入打破了原有的空间结构。“单位大院”开始解体[13-14]，CBD 就业中心的形成和居住郊区化都导致了居住地和工作地的分离[15-16]，促使学者们开始对居住与就业空间关系的影响机理进行研究[17-18]。对城市的案例研究以北京市为例的最多。孟斌[19]从城市空间结构变迁的角度审视北京城市居民职住分离的空间组织特征和职住分离的影响因素。陈蕾等[20]考察了北京市居民的通勤特征和居住地、就业地的空间分布特征，测算了样本的就业—居住平衡度，进而比较了居住—就业平衡和不平衡的居民社会经济属性的差异。李霞[21]以北京市为研究对象，以城市通勤交通和居住就业空间布局为研究范围，从交通工程领域角度，提出了城市通勤交通与居住就业空间分布关系的理论与方法。对其他城市的研究有孙斌栋等[22]对上海市居住—就业平衡性的研究，发现由于平衡性趋弱导致跨区交通出行增加和平均出行时距上升；以及贺中辉[23]对深圳市高新科技园区就业—居住空间特征及其规划影响进行的分析等。

与国外研究相比，国内关于城市就业—居住空间结构的研究还处于起步阶段，无论在理论探讨还是实证研究上都还是很有限的。本文通过对北京市和深圳市不同产业的就业—居住空间结构的对比研究，来探讨中国不同产业和不同类型城市就业—居住空间结构的共性和特性，以期为认识中国城市空间结构演化规律和合理进行城市规划提供依据。本文选取的两个城市差异巨大。北京是历史悠久的古都，又是新中国的首都，历史的遗迹和计划经济时期的遗产仍在城市结构中保留着很大的惯性；而深圳则是在改革开放中快速发展起来的新兴城市，规划与市场是主导城市结构形成的两个主要力量。北京市以第三产业为主导产业（占70%），深圳则以制造业为主导产业（占50%）。北京市有1.6万km^2的辖区面积，深圳则仅有2000km^2土地面积。这样两个差异巨大的城市，空间结构上无疑也具有很大的差异。但是否存在着一些能够代表一般规律的共性特征，是我们研究的重点。虽然两个城市的共性特征还不能代表在其他城市也存在的一般规律，但可以看作是对这一规律探讨的开端。

1　数据与方法

1.1　研究区域

考虑在北京的1.6万km^2辖区面积中，有几个远郊区县在功能上与中心城区的联系并不是很紧密，主要的人口和城市功能都集中在中心区和近郊区，以及靠近近郊区的几个远郊区县，即一般所称的都市区。所以研究中对北京选取的空间范围排除了平谷、怀柔、延庆、密云4个远郊区县，只取都市区范围，总面积约为9000km^2。深圳则取全市域范围，面积约为2000km^2（图1）。

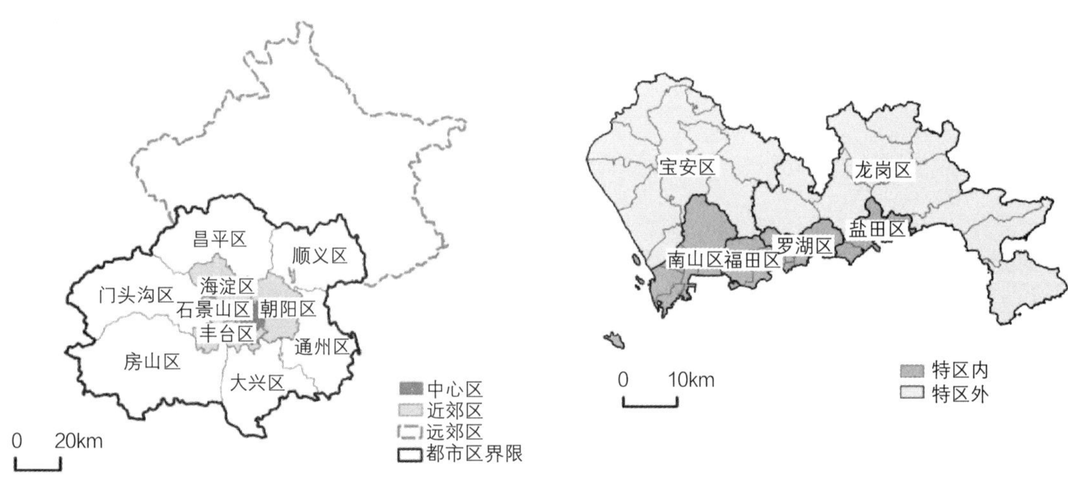

图1　北京市与深圳市研究区域范围

1.2 数据来源

研究中统一采用 2001 年基本单位普查数据作为就业数据；第五次人口普查中的在业人口数据作为居住数据。北京市 2001 年有单位 244615 个，就业岗位 9060599 个，岗位密度 986 个 /km^2，平均单位规模 40 人。深圳市 2001 年有单位 57926 个，就业岗位 5433137 个，岗位密度 2772 个 /km^2，平均单位规模 94 人。北京市 2000 年常住在业人口 6320198 人，人口密度 688 人 /km^2。深圳市 2000 年常住在业人口为 5494000 万人，在业人口密度 2373 人 /km^2。本研究中的空间单元采用街道（城区）和乡镇（郊区），统称为街道。北京市有 240 个空间单元，深圳市有 45 个空间单元。就业数据根据各企业所在的位置汇总成为各空间单元的就业岗位数；居住数据则直接取自人口普查中各空间单元的在业人口数。

1.3 研究方法

本文首先对两个城市的就业空间集聚度和居住空间集聚度分别进行测算分析。空间集聚度的测量采用基尼系数法，基尼系数越大，说明集聚度越高，空间分布越不均衡。

然后作者对两个城市的就业密度和居住密度分别进行了测算分析。为了能够在统一标准下对两个城市的就业和居住空间结构进行对比研究，采取了相对密度的计算方法。即以城市最高街道就业（居住）密度为 1，其他街道就业（居住）密度以此为基点进行折算，得出两个城市相对就业（居住）密度的空间分布特征。

进一步作者对两个城市的就业—居住空间结构进行了研究，采用的是就业—居住空间匹配度的方法，以就业—居住平衡指数代表各空间单元的就业—居住匹配程度。计算方法为以街道为单位计算就业岗位数量与在业居住人口数量的比值（JHB 比值）。就业—居住平衡指数在 0.8-1.2 之间为就业—居住平衡区，大于 1.2 为就业主导区，小于 0.8 为居住主导区。

作者还考虑到由于产业性质存在着差异，用总量进行空间结构的研究容易掩盖不同产业的差异。因此本文在第三部分对总体就业—居住空间结构进行研究的基础上，在三、四部分分别对第二和第三产业的就业—居住空间结构进行了比较分析。分析方法与总量的分析是相同的，只是在就业和居住数据中分别剔除了流动性较强和流动人口较多的建筑业和社会服务业。

2 总体就业—居住空间结构比较分析

总体就业—居住空间结构研究是采用城市总就业数据和总居住数据进行空间分布和空间匹配分析，从中可以看出城市空间结构的基本特征。

2.1 北京市总体就业—居住空间分布特征

从空间集聚度来看，北京的就业空间基尼系数高达 0.85。都市区 10% 的面积上集中了约 80% 的就业人口，20% 的面积集中了超过 90% 的就业人口，剩余 80% 的面积上，仅有不足 10% 的就业人口。北京的居住空间基尼系数为 0.75，比就业低 0.1，相对分散些。都市区 10% 的面积集中了近 70% 的居住人口，20% 的面积集中了 80% 的居住人口。

从相对密度来看，北京市相对就业密度 40% 以上的街道数量不足全部街道数量的 1.7%，分布在二、三环沿线，空间上并不相连。相对就业密度 20% ~ 40% 的街道以 4 个就业密度最高的街道为中心，形成连绵的高密度就业区。高密度就业区在内城中心形成由中轴线相隔的两片。相对就业密度大于 5% 的街道集中在北京市五环内，并向东、西、北三个方向延伸。远郊区全部街道和近郊区边缘的街道相对就业密度均低于 5%，所占面积最大（图 2）。北京常住在业人口相对居住密度 40% 以上的街道较多，且多分布在二环周围，构成环状，北部多于南部。相对居住密度 20%-40% 的街道大部分分布在四环以内，构成北京的主要居住区。除中心城区之外，部分远郊区的行政中心所在街道相对居住密度也较高，如昌平的昌平街区、顺义区的仁和街区、房山区的城关街区等（图 2）。

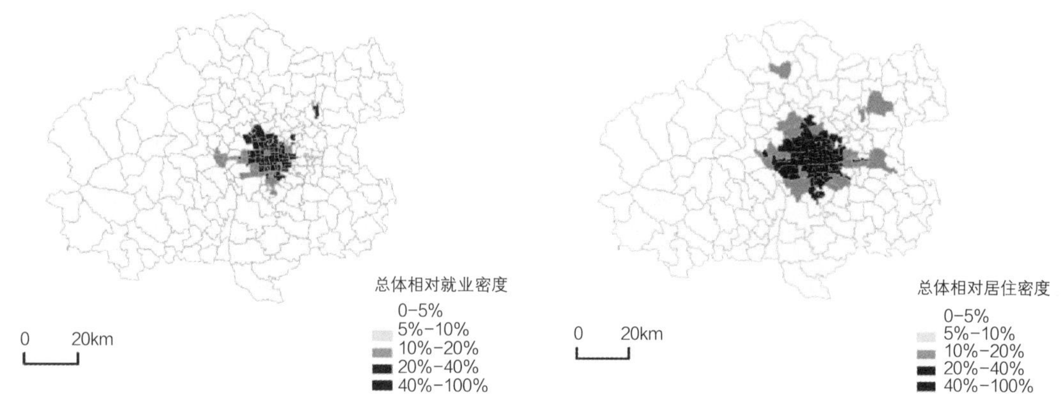

图 2 北京相对就业密度空间分布（左）与相对居住密度空间分布（右）

2.2 深圳总体就业—居住空间分布特征

深圳市的就业空间基尼系数为 0.48，比北京低得多。10% 的面积上仅集中了 40% 的就业人口，20% 的面积集中了 50% 左右的就业人口，即相对于北京，深圳的就业空间分布相对均衡。深圳的居住空间基尼系数为 0.44，也低于就业，且比北京低得多。10% 的面积上则仅集中了 30% 的居住人口，20% 的面积集中了 50% 左右的居住人口。

与北京市相似的是，深圳市相对就业密度 40% 以上的街道数量也较少，但不同的是仅有的 5 个街道都集中在紧邻香港的罗湖区与福田区交界地区，形成较为明显的就业高密度中心。相对就业密度 20%-40% 的街道数量分布较广，一部分围绕在高密度就业中心周围，一部分则分散在特区内外，相对孤立。相对就业密度为 5%-10% 的街道数量较多，除了继续以高密度就业中心为中心向周边延伸外，也有分布在深圳市的西侧，珠江沿岸和宝安区龙岗区的交界地带。相对就业密度大于 5% 的街道连绵成片，形成沿香港与深圳交界一线，向珠江口内部延伸的较高就业密度区，而在宝安区中部、龙岗区东部形成了相对就业低地（图 3）。深圳市居住高密度区的分布相对就业更分散一些，但与就业高密度区有一定的相关性。除新安街道外，相对居住密度大于 40% 的街道集中在罗湖、福田两区，形成明显的居住中心区。相对居住密度 20%-40% 的街道大部分在高密度地区周围，向周边递减。居住密度低于 5% 的街区多集中在龙岗区东部。整个城市居住密度呈现西高东低、南高北低的特征（图 3）。

2.3 总体就业—居住空间结构比较

以前述就业—居住平衡度的测量方法，计算出北京市 240 个街道和深圳市 45 个街道的平衡指数，并将其按数值划分为就业主导区、居住主导区和平衡区三种类型，做出三种类型区的空间分布图（图 4）。

北京市就业—居住平衡的街道共有 65 个，占总街道数的 27%；居住主导的街道为 109 个，占 45%；就业主导的街道为 66 个，占 28%。可见居住主导区是分布最为广泛的，平衡区和就业主导区相差不大。进一步的分析发现居住主导的 109 个街道共包含 32.1% 的居住人口，而就业主导的 66 个街道共包含 57.6% 的就业岗位，说明就业比居住更集中。从空间分布上来看，中心城区及近郊区内侧街道多为就业主导，近郊区外侧街道和远郊区多为居住主导。

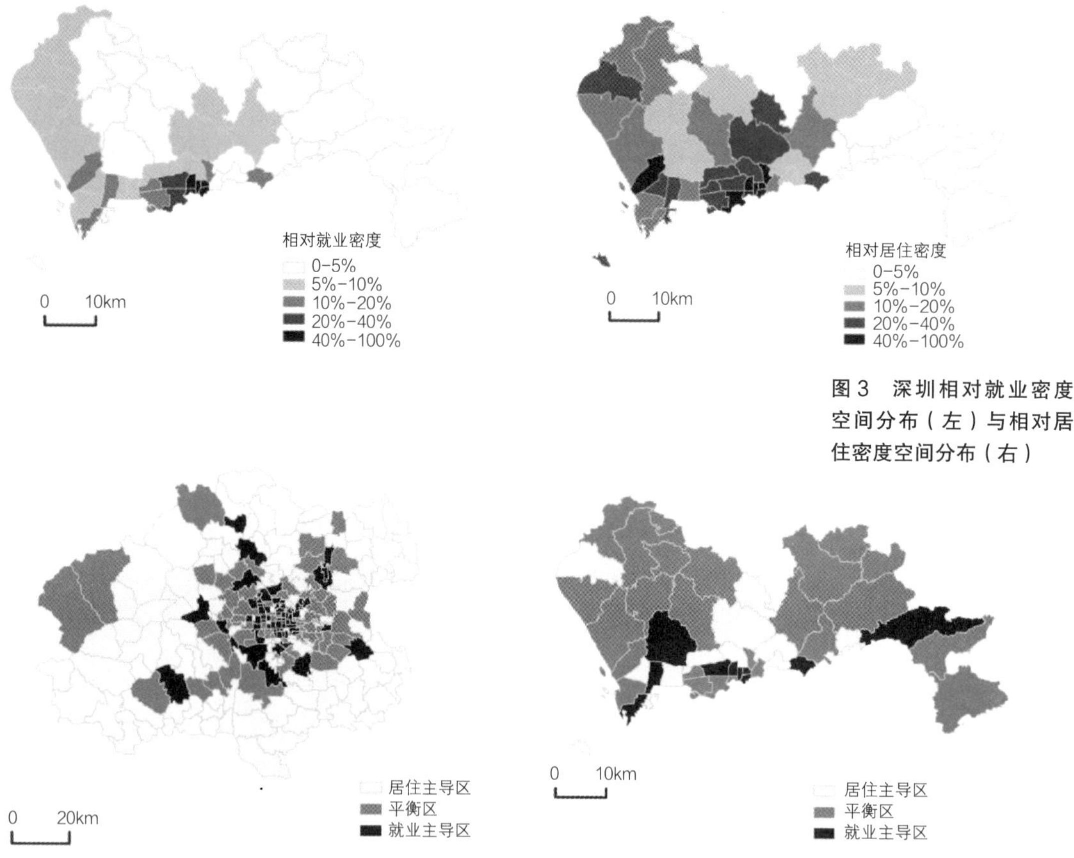

图 3　深圳相对就业密度空间分布（左）与相对居住密度空间分布（右）

图 4　北京（左）与深圳（右）就业—居住空间匹配图

深圳市就业—居住平衡的街道共有 24 个，占总街道数的 53%；居住主导的街道为 11 个，占 25%；就业主导的街道为 10 个，占 22%。可见总体上的就业—居住平衡度还是很高的。居住主导的 11 个街道共包含 27% 的居住人口数，就业主导的 10 个街道共包含 20.2% 的就业岗位数，二者相差很小。从空间上看，罗湖、福田交界地带的深圳就业中心是典型的就业主导地区；蛇口港以及与其相连的腹地，也是就业主导区。居住主导区则多出现在特区外围，宝安区和龙岗区之间。

2.4　小结

综上分析，两个城市共性是均呈现出就业与居住空间分离的基本态势，且就业空间集聚度高于居住空间集聚度。这基本符合市场经济的规律。因为就业和居住区位选择考虑的因素不同，就业（即生产活动）更多地追求集聚效益，而居住则倾向于良好的环境。所以在市场力量的作用下就业和居住会出现空间分离，而且就业的空间集聚度会更高。

两个城市的差异在于北京的空间集聚度大大高于深圳，不管是将就业和居住分别来看，还是从就业—居住匹配度来看，均呈现出这一特点。这可能是空间面积造成的差异，分析所用的北京都市区范围约 9000km^2，但产业和人口主要集中在五环内及周边的约 1000km^2 范围内，这就体现出很高的空间集聚度。而深圳的研究范围受到行政边界的限制，尽管其都市区（即通勤圈）范围可能大大超过了其行政边界，但研究中无法纳入进来，造成空间范围过小，从而空间密度的差异不是很大。另一个可能的原因是产业结构的差异造成的，这在下面的分析中得到了证实。

3 第二产业就业—居住空间结构比较分析

为了在总量分析的基础上进一步深化研究，作者将所有数据作了第二、三产业的划分，并用与总量分析同样的方法和思路做了分产业的分析。

3.1 北京第二产业就业—居住空间分布特征

分析结果显示，北京第二产业就业空间基尼系数为 0.73，比总体就业的系数低了 0.12。都市区 10% 的面积集中了约 60% 的就业岗位，20% 的面积集中近 80% 的就业岗位。而第二产业居住空间基尼系数为 0.75，比就业略高，与总体居住系数相同。都市区 10% 的面积集中了约 65% 的居住人口，20% 的面积集中了近 80% 的居住人口。可见居住比就业更集中。

从相对密度来看，第二产业就业人口高密度区域分布较广，不仅仅集中在中心区，在远郊区县也存在相对密度较高的区域，圈层差异并不明显。相对密度大于 40% 的街道集中在中心城区偏东。相对密度在 10%–20% 和相对密度在 20%–40% 之间的街道相互交错，集中在中心城区偏东、偏南，且在整个中心区的中部形成就业密度低谷（图 5）。

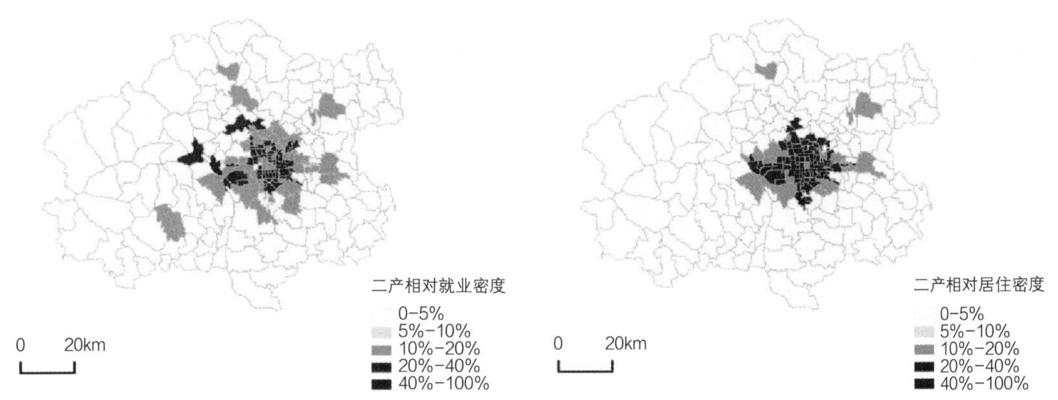

图 5 北京第二产业相对就业密度空间分布（左）与相对居住密度空间分布（右）

居住方面，第二产业居住人口高密度区域分布也很广，不仅仅集中在中心区，在远郊区县也存在相对密度较高的区域，圈层结构较为明显。但圈层间的密度差距并不大，中心城区相对密度在 20% ~ 40% 之间的街道较多，且成连片分布。在外围则密度下降，向东西两个方向延伸（图 5）。

3.2　深圳第二产业就业—居住空间分布特征

深圳第二产业就业空间基尼系数为 0.39，低于总体就业系数 0.09。10% 的面积集中的就业岗位不足 20%，20% 的面积集中的就业岗位不足 40%。而同等面积比例下的居住人口则分别为 25% 和 45%，居住基尼系数为 0.42，显然居住的集聚度高于就业，但与总体居住基尼系数 0.44 差别不大。

深圳第二产业相对就业密度高于 40% 的街区较少，且分散在特区内部，接近香港。这一情况也体现在相对就业密度在 20%-40% 的街道上。相对就业密度为 10%-20% 的街道所占比例最大，分布在深圳由西至东的中部地区。由于第二产业集聚度较低，在空间上形成了连续的高密度就业区，但并没有明显的就业中心（图 6）。深圳第二产业居住人口圈层差异并不明显，总体呈现出由西至东的阶梯形态，局部地区有所起伏。相对居住密度在 40% 以上的街道较多，构成西部和中部的两个高密度条带。在两条带之间，是相对的密度低谷。低谷内部居住密度也相对较高，多数街道相对密度在 10% 以上。从第二条带向东居住密度逐渐降低，在深圳市的最东端居住密度最低（图 6）。

3.3　第二产业就业—居住空间结构比较

将第二产业的就业和居住数据以空间单元为单位计算平衡指数，得到二产就业—居住空间匹配状况。北京二产就业—居住平衡的街道共有 71 个，占 30%；居住主导的街道为 69 个，占 29%；就业主导的

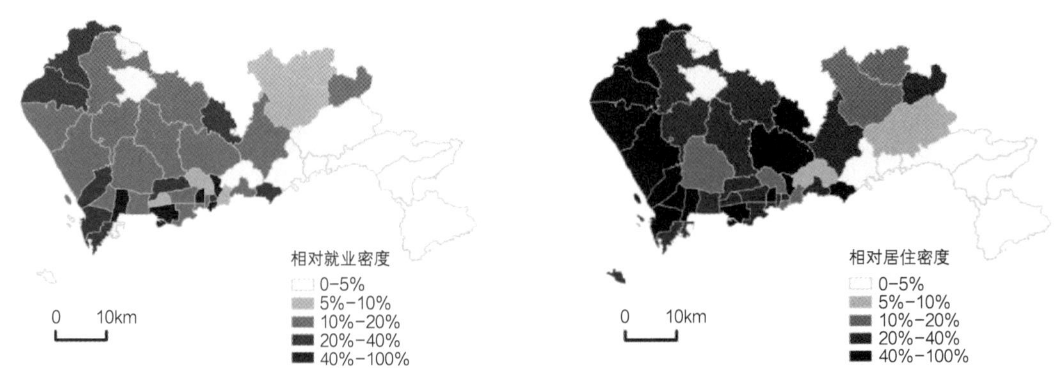

图 6　深圳第二产业相对就业密度空间分布（左）与相对居住密度空间分布（右）

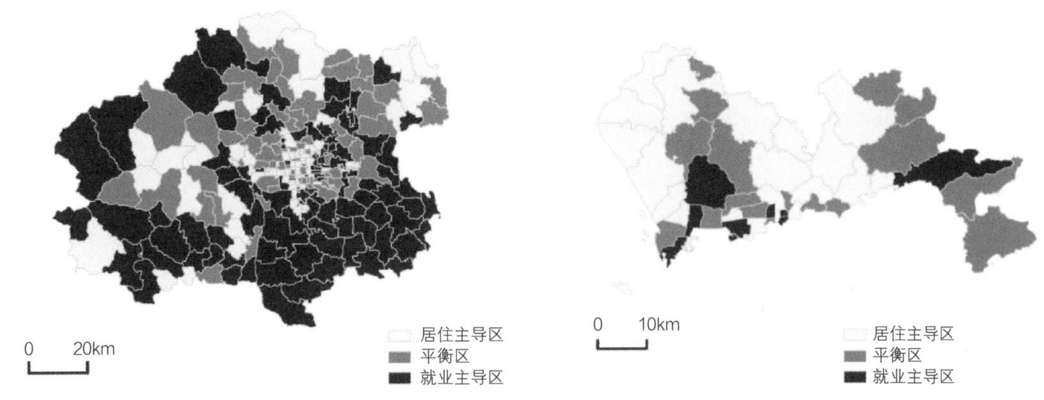

图 7 北京（左）与深圳（右）第二产业就业—居住空间匹配图

街道 100 个，占 41%。与总体就业—居住平衡分析结果相比，居住主导街区比重下降了 16%，而就业主导街区的比重上升了 13%，平衡街区比重上升了 2%。说明划分产业后的空间结构与总体上有很大的差异。进一步分析显示占 29% 的居住主导街区共包含 31.4% 的居住人口，而占 41% 的就业主导街区共包含 63% 的就业岗位数，就业仍具有比居住更高的空间集中性。（图 7）。

深圳市第二产业就业—居住平衡的街道共有 16 个，占 36%；居住主导的街道 21 个，占 47%；就业主导的街道 8 个，占 18%。与总体就业—居住平衡分析结果相比，居住主导街区比重上升了 22%，而平衡街区比重下降了 17%，就业主导街区的比重下降了 4%。产业的空间结构也显示出与总量结构的很大差异。进一步分析显示占 47% 的居住主导街区共包含 70% 的居住人口，而占 18% 的就业主导街区共包含 14% 的就业岗位数，显示出居住的空间集中程度高于就业。空间分布上特征比较明显，东、西部各有一大就业主导地区，这是与北京的不同之处（图 7）。

3.4 小结

第二产业的分析显示出的两个城市的共性特征是第二产业的空间基尼系数均比总体基尼系数要低，说明第二产业的空间分布更均衡些。而且两个城市第二产业的居住空间集聚度均高于就业，这与总体分析的结论恰恰相反。这可能是因为第二产业有较多的外来打工人口，居住在集体宿舍中，所以居住更集中。深圳的二产雇佣的主要是外地打工人员，其这一特征也比北京更明显，说明这一解释在一定程度上是成立的。另一个共性是二产的就业—居住空间结构均与总体结构有很大的差异，说明如果只用总量进行分析会对城市空间结构的认识产生较大的偏差，分产业的分析是十分必要的。

第二产业分析中两个城市的明显差异是，在空间结构上北京以就业主导街区比重最大，占到41%；而深圳则以居住主导街区比重最大，占到47%，说明北京的第二产业就业在空间上的集聚度更高。再仔细分析三个类型区就业和居住百分比，可以看出深圳比北京的均衡度要高。这与北京有较多的大企业（如钢铁、石油化工、汽车制造等），雇佣较多的本地人口有关；而深圳主要是劳动密集型的中小企业，以外来打工人员为主，且分散在各个村镇，所以呈现出更加均衡的格局。

4 第三产业就业—居住空间结构比较分析

4.1 北京第三产业就业—居住空间分布特征

北京第三产业就业空间基尼系数高达0.89，高于总体就业基尼系数和二产基尼系数（总体0.85，二产0.73）。都市区10%的面积集中了约85%的第三产业就业人口。而第三产业的居住空间基尼系数为0.85，也高于总体和二产（均为0.75）。都市区10%的面积集中了80%的第三产业居住人口。

从相对就业密度来看，北京市第三产业就业人口分布更加集中，相对就业密度大于5%的街道几乎全部分布在四环内。相对密度40%以上的街道仅有三个，分别是东二环内侧的建国门街道、建国门北侧的朝阳门街道以及位于原宣武区、二环南侧的牛街街道。第三产业相对就业密度在20% ~ 40%的街道数量也并不多，其分布范围与主中心区总体就业中心相一致（图8）。相对居住密度方面，北京市第三产业居住人口密度大于5%的街道几乎全部分布在四环内，相对密度40%以上的街道呈多中心分布，最大的第三产业高密度居住区集中在北京北部的中关村和酒仙桥地区。而在第三产业就业人口高度集中的建国门地区，并没有形成高密度居住区。相对居住密度在5%-10%的

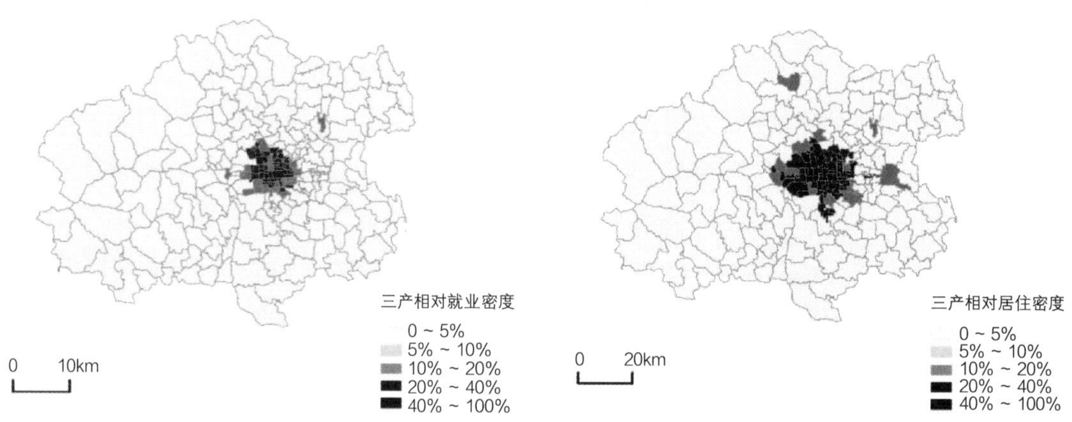

图8 北京第三产业相对就业密度空间分布（左）与相对居住密度空间分布（右）

街道较少，除了少量分散在城市居住中心外侧，其他的则为近郊区的次级居住中心（图 8）。

4.2 深圳第三产业就业—居住空间分布特征

深圳第三产业的就业基尼系数为 0.56，高于深圳市总就业基尼系数和二产基尼系数（总体 0.48，二产 0.39）。深圳第三产业居住空间基尼系数为 0.62，也高于总居住和二产的基尼系数（总体 0.44，二产 0.42）。都市区 10% 的面积集中了近 50% 的第三产业就业和居住人口。

深圳第三产业就业较第二产业分布得更加集中，且圈层特征明显。第三产业就业人口以罗湖口岸为中心，集中在罗湖、福田两区的交界处。相对密度大于 40% 的街道均集中在这里，同时 20%-40% 的街道紧邻第三产业就业中心区，更外围是第三产业就业密度在 10%-20% 的街道。形成了一个不规则的扇形圈层结构，就业密度在顶点最大，随着距离顶点的距离越远，就业密度随之降低（图 9）。第三产业居住人口的分布也呈现出明显的圈层特征。在罗湖、福田两区的交界处，集中了相对密度大于 40% 的街道，同时 20%-40% 的街道紧接着分布在外围，再向外则是居住密度为 10%-20% 的街道。第三产业居住密度形成明显的单中心格局。而西部宝安区行政中心所在的新安街道也有着较高的第三产业居住密度，是除中心区外的另一个次级居住高密度区（图 9）。

4.3 第三产业就业—居住空间结构比较

北京市第三产业就业—居住平衡街道共有 64 个，占总街道数的 27%；居住主导的街道为 86 个，占 36%；就业主导的街道 90 个，占 37%。与总体就业—居住空间结构相比，也有很大的差异，居住主导的街道比重下降了 9%，就业主导的街道比重则上升了 9%。而且居住主

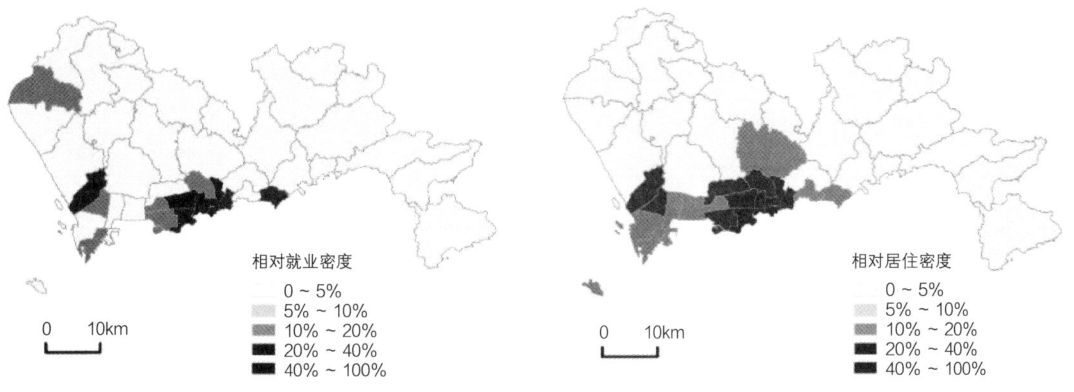

图 9 深圳第三产业相对就业密度空间分布（左）与相对居住密度空间分布（右）

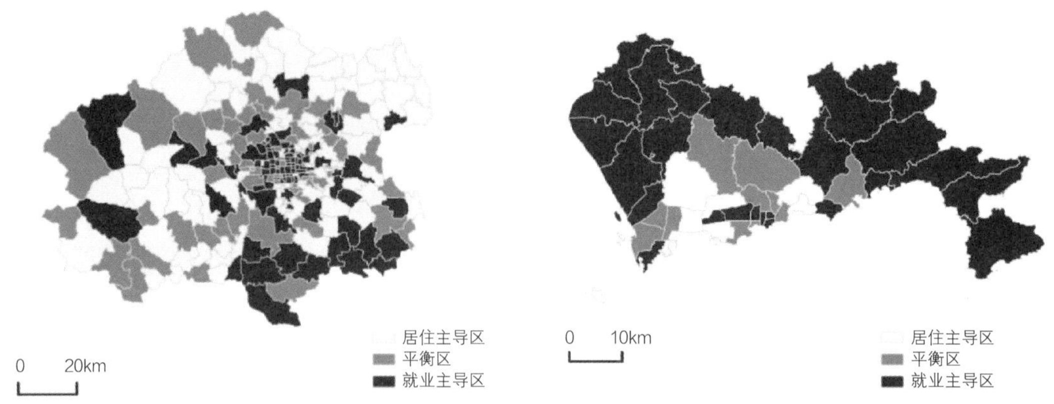

图 10　北京（左）与深圳（右）第三产业就业—居住空间匹配图

导的 86 个街道共包含 24.1% 的居住人口数，就业主导的 90 个街道共包含 68.5% 的就业岗位数。可见就业主导区的街道比重高，密度大，就业更加集中。与二产比较，就业与居住都更为集中。就业主导区主要集中在市区，并向外构成了几个环状的空间结构（图 10）。

深圳市第三产业就业—居住平衡街道共有 10 个，占总街道数的 22%；居住主导的街道为 7 个，占 16%；就业主导的街道 28 个，占 62%。与总体就业—居住空间结构相比差异巨大，平衡街区比重下降了 31%，居住主导的街道比重下降了 9%，就业主导的街道比重则上升了 40%。可见第三产业空间上高度集聚的特征相当明显。进一步分析显示，占 16% 的居住主导街区仅包含 12% 的居住人口数，而占 62% 的就业主导街区共包含 77.6% 的就业岗位数，就业比居住更为集中。就业主导的街区空间分布上具有一定圈层结构，分布在深圳市的最中心和最外围（图 10）。

4.4　小结

第三产业的分析显示出的两个城市的共性特征是，第三产业无论是就业还是居住空间集聚度均高于总体和第二产业，这是由于第三产业需要面对面的服务，所以集聚度越高，交易成本越低。北京的第三产业集聚度又高于深圳，因为北京是第三产业为主导的产业结构，且三产中的生产者服务业很发达，所以带来了更高的空间集聚度。深圳的第三产业比重低于二产，且以消费者服务业为主，所以空间上相对分散。

两个城市第三产业的差异在于北京的三产就业空间集聚度高于居住，而深圳则正相反，居住的空间集聚度高于就业，就业—居住空间结构上北京比深圳匹配度更高。这可能与就业人口中外来人口的比重有关，因为外来人口在居住上比本地人口更集中，而深圳的外来人口是主要的劳动大军，从而形成更高的空间集聚度和更不均衡的空间匹配。这个解释还需要进一步的研究来加以证实。

5 结论

综合以上对北京和深圳两个城市的就业—居住空间结构从总体上和分为二产和三产的对比分析，可以得出的比较明确的结论为：

（1）两个城市均呈现出就业与居住空间分离的基本态势。以街道为单位划分第二和第三产业后的就业—居住匹配度在 22% ~ 36% 之间，二产的空间匹配度高于三产，深圳的匹配度高于北京。这与以下的产业集聚特点和城市的产业结构特点有关。

（2）两个城市在总体上均呈现出就业的空间集聚度高而居住的空间集聚度相对较低的特点。但分产业后这一特点不再存在，二产和三产呈现出不同的特征，北京与深圳也不同，这可能与就业人口中外来人口和本地人口的居住空间特征有关，需要进一步加以研究。

（3）两个城市的第三产业空间集聚度均高于第二产业的空间集聚度。无论是就业人口还是居住人口，第三产业均较第二产业更加集聚，空间基尼系数也更大。这是因为第三产业需要面对面地进行交易，因而更趋向于空间集聚。

（4）两个城市总体上的空间集聚度差异较大，北京的空间集聚度高于深圳。这一方面是由于研究区域的面积差异造成的，另一方面是城市产业结构的影响。北京以第三产业为主导产业，而第三产业又具有空间集聚的特性，所以整体上集聚度更高。深圳以第二产业为主导产业，而第二产业空间上更分散，所以整体上集聚度较北京为低。

（5）两个城市的空间形态也有较大的差异，北京呈现出向心集聚的同心圆结构，深圳则是面向香港的扇形结构。这是城市性质的不同造成的。北京是国家的首都，其城市形态以天安门为中心向外环形发展。深圳是外向型的边境城市，是中国的对外窗口，所以整个城市形态呈现出面向香港的开放态势，就业中心紧靠在边境线上。

以上的研究结论说明，虽然北京和深圳两个城市的差异巨大，但在城市内部空间结构方面仍具有一些共性的特征。这些共性特征在一定程度上反映出我们试图寻求的一般规律，而要真正找到一般规律还需要进一步做大量的案例分析与研究，本文只是一个起点。

参考文献

[1] Howard E. Garden Cities of Tomorrow[D]. London. Swan Sonnenschein & Company，Limited. 1902.

[2] Clark C. Urban population densities[J]. *Journal of Royal Statistical Society*, 1951，114：490-496.

[3] Sherratt G G. A model for general urban growth[A]//Churchman C W, Verhulist M. Management Sciences，Modelsand Techniques：Proceedings of the Sixth International Meeting of the Institute of Management Sciences(Vol. 2) [C]. Oxford：Pergamon Press，1960：147-159.

[4] Tanner J C. Factors affecting the amount of travel[M]. Road Research Technical Papers. London：Her Majesty' s Stationery office，1961.

[5] Smeed R J. The Traffic Problem in Towns[M]. Manchester Statistical Society Paper. Manchester：Nor-bury Lockwood，1961.

[6] Newling B E. The spatial variation of urban population densities[J]. *Geographical Review*，1969，59（2）：242-252.

[7] Heikkila E，Gordon P，Kim J I，et al. What happened to the CBD-distance gradient? Land values in a policentric city[J]. *Environment and Planning A*. 1989，21（2）：221-232.

[8] Small K A，Song S. Population and employment densities：structure and change[J]. *Journal of Urban Economics*. 1994，36：292-292.

[9] Gad G. Office location dynamics in Toronto：suburbanization and central district specialization[J]. *Urban Geography*，1985（6）：331-351.

[10] Coffey W J，Shearmur R G. Intrametropolitan employment distribution in Montreal，1981-1996[J]. *Urban Geography*，2001（22）：106-129.

[11] Cervero R. Jobs-housing balance as public policy[J]. *Urban Land*, 1991（10）：4-10.

[12] 孟晓晨，吴静，沈凡卜. 职住平衡的研究回顾及观点综述 [J]. 城市发展研究，2009（6）：23-29.

[13] 柴彦威. 中国城市的时空间结构 [M]. 北京：北京大学出版社，2002.

[14] 张帆. 单位大院的分解之路 [J]. 北京规划建设，2006（2）：67-70.

[15] 宋金平，王恩儒，张文新，等. 北京住宅郊区化与就业空间错位 [J]. 地理学报，2007，62（4）：387-396.

[16] 郑思齐，龙奋杰，王铁军，等. 就业与居住的空间匹配——基于城市经

济学角度的思考 [J]. 城市问题，2007（6）: 56-62.

[17] 郑思齐，曹阳 . 居住与就业空间关系的决定机理和影响因素——对北京市通勤时间和通勤流量的实证研究 [J]. 城市发展研究，2009，16（6）: 29-35.

[18] 周素红，刘玉兰 . 转型期广州城市居民居住与就业地区位选择的空间关系及其变迁 [J]. 地理学报，2010，65（2）: 91-201.

[19] 孟斌 . 北京城市居民职住分离的空间组织特征 [J]. 地理学报，2009，64（12）. 1457-1466.

[20] 陈蕾，孟晓晨 . 北京市居住—就业空间结构及影响因素分析 [J]. 地理科学进展，2011，30（10）: 1210-1217.

[21] 李霞 . 城市通勤交通与居住就业空间分布关系——模型与方法研究 [D]. 北京：北京交通大学，2010.

[22] 孙斌栋，潘鑫，宁越敏 . 上海市就业与居住空间均衡对交通出行的影响分析 [J]. 城市规划学刊，2008（1）: 77-82.

[23] 贺中辉 . 深圳高新科技园区就业—居住空间特征及其规划影响分析 [C]. 南京：转型与重构——2011 中国城市规划年会 2011 年 9 月 20 日 . 7156-7161.

从响应到引导——深圳产业转型的规划应对①

李启军[1]

摘　要：深圳的产业转型升级已渐渐地走在国家的前列。30多年来深圳产业发展经历了四个主要阶段并实现了三次重要的产业升级，为深圳的可持续发展奠定了坚实的基础。城市规划在深圳的产业升级发展中扮演了重要的角色，分析深圳城市产业和空间演变对当前阶段我国新型城镇化建设和传统产业转型升级的深入推进具有重要借鉴意义。

本文以深圳华强北地区为例，结合现状通过对其城市规划的梳理后发现，城市规划要正确地处理好政府、企业与市场的关系，才能发挥规划对产业升级的引领作用。深圳的城市规划应对产业转型升级正在进行由“土地空间的单一供给”到“资源综合统筹供给”转向“产业目标导向—空间优化配置—政策系统支撑”的空间响应体系建设，实现城市规划对产业发展由被动的响应到主动的开放式引导。城市规划要突出市场与人在产业升级中的重要作用，需要不断创新工作组织模式，促进多学科交叉、多专业并轨与多部门协作。

关键词：产业；空间响应；空间配置；开放式引导

深圳由改革开放初期的“三来一补”加工制造基地，一跃成为中国的创新中心，产业升级取得了巨大的成就。城市规划在深圳产业升级中起到了重要作用。深圳以市场为导向的产业和空间经历了多次变迁，分析深圳城市产业和空间的作用机制及城市规划在其中扮演的重要角色，对目前我国新型城镇化建设和传统产业的转型升级具有重要借鉴意义。空间经济学研究表明，资源空间配置和经济活动的空间区位是城市经济发展的重要因素。深圳的城市规划一直遵循这一原则，积极引导产业升级，实现空间综合资源对产业发展的积极响应与引导。

1. 城乡发展与规划研究所所长，副总规划师，深圳市城市规划设计研究院有限公司

① 本文发表于2015年中国城市规划年会。

1. 深圳产业升级过程中城市规划的应对

1.1 产业升级的历程

改革开放30多年，深圳由小渔村成为粗具规模的现代化国际化滨海城市。中国社科院发布的2015年中国《城市竞争力蓝皮书》显示，在2014年中国城市综合竞争力排名中，深圳首次超越香港排名第一位，其后依次是香港、上海、台北等城市[①]。深圳已成为中国的创新中心之一，2014年深圳PCT国际专利申请量达到11646件，连续11年居全国各大中城市之首；每万人口发明专利拥有量达到66.7件，居全国各大中城市首位[②]，产生了中兴、腾讯、华为等一大批国内外著名的企业。

纵观深圳产业发展历程，总体经历了三次重要的转型升级，第一次转型实现了从口岸经济到"三来一补"工业化的浪潮，第二次转型升级推动了高新技术产业的蓬勃发展，第三次转型引领了金融、文化、物流、IT信息等现代服务业和互联网、生物科技、工业机器人等新型科技产业的兴起。深圳产业发展可分为四个阶段：

第一阶段（1980-1985年）：商贸服务业主导。在中国计划经济物资短缺的年代，深圳依托特区的政策优势积极发展统购统销，城市框架开始拉开，商贸业和建筑获得快速发展。

第二阶段（1986-1995年）：功能性架构搭建。深圳积极建立以工为主、工贸结合的外向型经济，吸引外资和技术发展"三来一补"加工业。在此期间，深圳证交所成立以及海港、空港建成为搭建了深圳外向型工业乃至城市发展的架构。

第三阶段（1996-2006年）：工业高新化发展。1995年深圳第二次党代会提出"第二次创业"，要建设高技术密集型产业基地，产业发展战略由"三来一补"加工业转向发展高新技术产业。该时期工业对经济增长贡献率一度超过60%，工业成为深圳经济增长的第一推动力，扮演着"发动机"角色。

第四阶段（2007年至今）：现代服务业和新经济发展。深圳工业高新化发展十年之后，服务业呈现出加速发展势头。深圳市先后出台《关于加快我市高端服务业发展的若干意见》、《前海深港现代服务业合作区总体发展规划》等若干政策，推动高端服务和创新型产业发展。2008年，深圳第三产业所占比重已经超过第二产业，代替第二产业成为经济发展第一推动力。

① 来源：http://business.sohu.com/20150516/n413165208.shtml

② 来源：http://sztqb.sznews.com/html/2015-02/02/content_3139371.htm

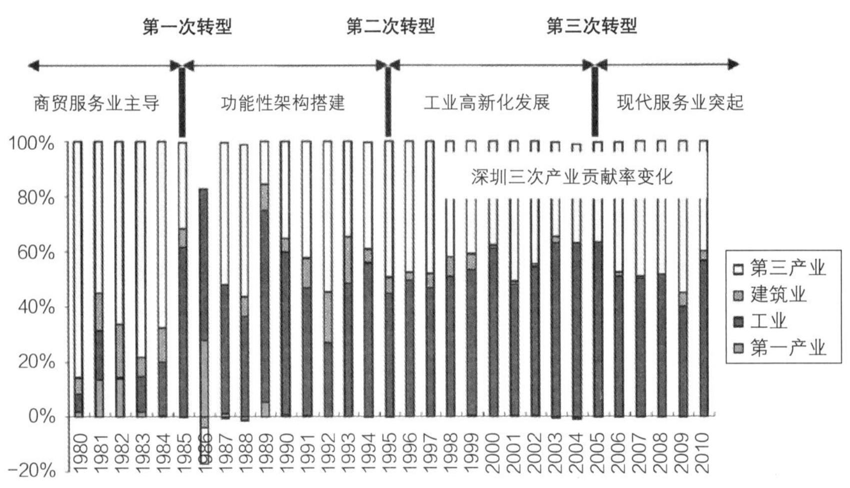

图 1 深圳产业发展的三次转型与四个阶段

1.2 城市规划的应对

深圳在产业升级的不同阶段，城市规划根据产业发展的需求，进行了适应性的调整，从以项目为导向的单一用地供给，到对产业发展资源的统筹安排，并最终形成"产业目标导向一空间优化配置一政策系统支撑"的产业升级空间响应体系。规划紧抓产业发展核心要素，实现了由被动响应到主动开放式引导。深圳城市规划应对与产业转型同步，可分为四个阶段。

1.2.1 第一阶段（1980-1985 年）：直接指导项目建设

1980 年深圳经济特区成立，以项目为导向直接编制工业区修建性详细规划，主要委托国营开发机构进行工业项目建设，包括蛇口、上步、八卦岭等工业区，大型国企在深圳产业发展之初发挥了重要的作用，并形成了目前的招商集团、平安集团、华侨城集团等一批品牌化企业。

1.2.2 第二阶段（1986-1995 年）：统筹土地，发挥市场积极性

这一阶段，深圳利用廉价的土地和劳动力成本，积极发展"三来一补"出口加工业，工业在空间布局上具有分散的特征。1987 年《深圳经济特区土地管理条例》实施后土地开始有偿使用，蓝图式规划已不能对城市进行有效管控，深圳开始编制法定图则，统筹土地出让。而深圳市经济特区城市总体规划（1986－2000）（简称 86 版总规）提出组团弹性发展结构，则适应了这一时期产业分散、灵活的布局特征。

1.2.3 第三阶段（1996-2006 年）：推进产业空间资源优化配置

深圳的快速城市化过度消耗了深圳市的各种资源，尤其是土地资源，土地已不再成为深圳产业发展的廉价要素。1995 年深圳提出发展高新技术产业，而高新技术产业的发展需要政策支持和良好的城市

环境。深圳市城市总体规划（1996-2010）（简称96版总规）规划范围拓展至深圳全域，并将城市非建设用地纳入规划研究范畴，并先后出台《深圳市高新技术产业带规划》《深圳市工业布局研究与规划》《深圳市现代物流业布局规划》等规划，开始对产业空间资源和城市总体环境进行优化配置与提升。

1.2.4 第四阶段（2007年至今）：形成产业升级空间响应体系

深圳市城市总体规划（2010-2020）（简称07版总规），深圳进入存量发展时代，规划内容由物质性规划向综合型规划转变。深圳市出台《战略新兴产业布局规划》，提出产业发展的总体目标和政策分区。深圳市先后出台《深圳市优化空间资源配置促进产业转型升级“1+6”文件》《深圳市城市规划标准与准则》（简称“深标14版”）等政策与技术标准文件，提出新型产业用地（MO）、创新型产业用房、工业楼宇转让等政策与技术规定，主动适应产业升级。自此深圳城市规划形成“产业目标导向一空间优化配置一政策系统支撑”的产业升级空间响应体系，实现了对产业发展由被动响应到开放式引导的转变。

2. 深圳华强北片区（上步片区）典型案例解析

深圳华强北片区位于深圳市福田区东部，由深南中路、红荔路、上步中路及华富路四条城市主要道路围合而成，总用地面积171hm^2。深圳上步工业区始建于1982年，至1985年基本形成，是深圳市发展最早的以电子、轻工为主的工业区之一。20世纪90年代初期开始形成以商业、办公为主导，兼有居住、餐饮文化娱乐等功能的城市综合性生活区。随后，华强北地区逐渐成为全球著名的电子产品集散中心、深圳重要的商业中心和创新中心。

华强北片区（上步片区）编制的相关城市规划主要《上步工业区调整规划》（1998年）、《华强北二期商业空间环境改造规划》（2000年）、《深圳上步工业区详细蓝图》（2002年）、《深圳市上步片区发展规划》（2004年）、《深圳市福田区城市空间资源配置发展规划研究》（2007年）、

图2 华强北片区由工业区到城市重要功能区演变

《华强北商业区发展定位与规划》(2006年)、《深圳市上步片区城市更新规划》(2008年)等，总结发现：

2.1 规划与市场、政府的关系是主线

在深圳华强北片区的快速发展过程中，市场一直起主导作用，持续推动华强北产业升级。在2008年以前，城市规划在应对华强北的快速城市化过程中，始终处于被动应对状态，出现城市功能定位滞后于现状、规划建筑容量频频被实际建筑容量超越等现实问题。

随后，城市规划逐渐响应与引导产业发展。2004年的《深圳市上步片区发展规划》提出要充分发挥政府与市场的作用，由市场决定做什么，规划来规范市场：引导市场的良性运作并确保城市问题不致恶化，片区改造要以功能置换为主，明确鼓励与支持、限制与控制、尚需研究与决策的内容。2007年的《深圳市福田区城市空间资源配置发展规划研究》提出华强北地区空间资源优化配置策略，保障城市的品质与产业活力。2008年的《深圳市上步片区城市更新规划》提出从系统资源结构、基础配套、发展模式、管理体制等方面全面统筹引导华强北地区发展。

2.2 以人为本的产城融合发展

由关注空间分配到关注公众利益。深圳华强北片区2005年以前的规划重点关注城市土地空间的分配与空间环境的提升，这一时期编制的规划主要有《上步工业区调整规划》(1996年)、《华强北二期商业空间环境改造规划》(2000年)、《深圳上步工业区详细蓝图》(2002年)。但在2008年的《深圳市上步片区城市更新规划》开创性地提出“城市更新单元”的概念，打破城市既往以用地权属为开发主体的定义概念，考虑优先保障城市公共利益，将城市公共利益与市场开发利益在单元内形成捆绑和有效关联，为城市高价值地区普遍面临公共利益难以保障的问题，提供了有益的探索。

不断满足人的需求，城市功能日趋完善。城市规划提出人性化的街区尺度，奠定了华强北片区人性化发展的框架。城市规划顺应市场要求，按照“城区”融合的理念，在工业园区内配置小型社区、员工宿舍、便利服务点、食堂、KTV、邮局、银行网点、小型仓储等服务设施。后期，小型社区、员工宿舍等逐步演变为商住楼，部分还变成了学区房；食堂变成了快餐店、美食街；银行网点最终形成了振华西路“金融街”；邮局、仓储成为诸多物流快递公司的集散地。

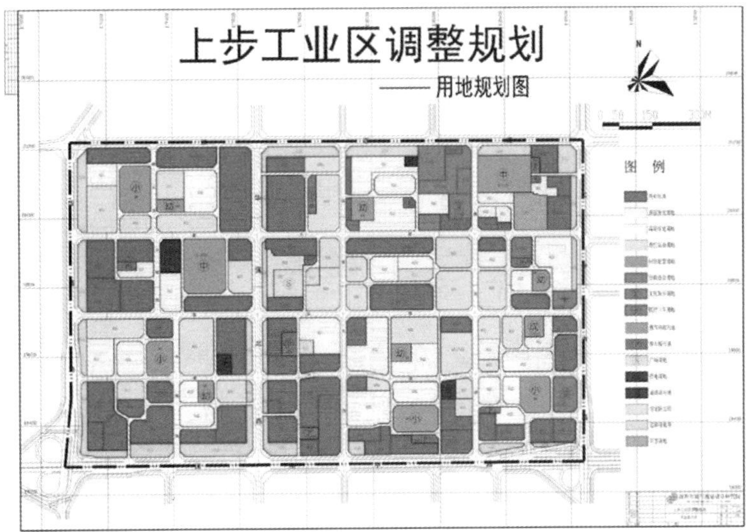

图 3 《上步工业区调整规划》（1998 年）土地利用规划图

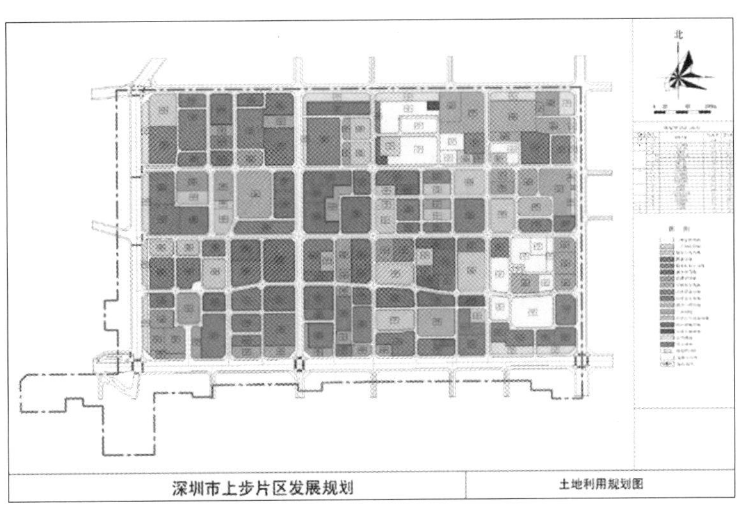

图 4 《深圳市上步片区发展规划》（2004 年）土地利用规划图

图 5 《深圳市上步片区城市更新规划》（2008 年）空间方案总平面图

2.3　保持产业链条完整的空间“微改造”

在 2000 年的《华强北二期商业空间环境改造规划》中，积极保持产业链条与空间秩序的关联度，不随意对市场配置好的展示、销售、物流和仓储等空间关系进行调整。在 2008 年的《深圳市上步片区城市更新规划》中，提出对空间改造可能造成的影响进行充分评估，改变单纯追求空间质量和土地价值最大化的导向，而是把产业链条与空间关系的更好结合作为第一出发点。城市规划重点对交通基础设施和空间环境进行改造，提出以微循环为主导的道路系统和适度客货分离的交通组织组织模式，建设以“标准厂房 + 服务空间”的标准化空间模块，为持续的城市产业升级奠定空间基础。

2.4　“刚性”与“弹性”的协调

城市规划对华强北的产业发展由“刚性控制”逐渐转变为“刚性控制与弹性引导”相结合。20 世纪 80 年代初期，华强北片区在修建性详细规划的指导下开始建设上步工业区。2000 年，编制的《深圳市福田 02-03 号片区 [上步工业区] 法定图则》试图加强对华强北片区的刚性管控，但这个规划一直没有得到审批。2008 年的《深圳市上步片区城市更新规划》提出，刚性与弹性管控相结合，对华强北片区的建筑容量、容积率等控制指标进行刚性管控，提出用地弹性布局、土地混合使用等弹性发展策略。其提出的“城市更新单元”，只对单元整体空间结构、建设总量、公共设施配置与开发指标进行控制，以保证单元内空间资源的高效流动与共享，将规划成果与社会经济发展诉求相匹配，也赋予了城市规划更大的弹性。

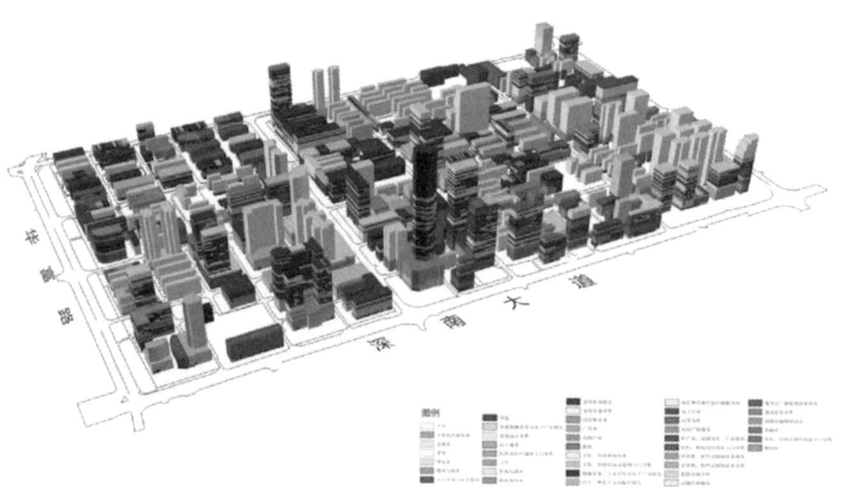

图 6　深圳上步片区功能混合利用

3. 深圳城市规划应对产业升级的探索

3.1 推进城市规划开放式引导

城市规划要处理政府与市场的关系，协调好规划的“刚性”与“弹性”。城市规划要主动适应产业发展的市场要求，制定一个具有高度灵活性和适应性的空间框架，并与相应的规划控制管理手段绑定，清晰界定空间要素的开发权责，保持规划弹性，为未来发展预留多种可能。在城市规划中，要落实政府的宏观引导与加强对公共利益的保障，推进空间资源的优化配置，制定产业发展的政策支撑体系。

3.2 形成可持续的空间响应

城市规划要理顺产业生产链、价值链与空间的互动关系，逐步形成促进产业升级的“目标导向一空间优化配置一政策系统支撑”的空间响应体系。首先要面向未来，明确产业发展目标，顺应市场规律，预留多种可能性。其次，积极推进城市空间资源优化配置，通过产业空间资源的优化配置推进产业转型升级，完善针对产业主导要素发展的空间配套体系。最后，要建立空间政策支撑体系，引导产业空间资源向产业升级的重点方向、重点领域、重点行业和重点企业配置，制定有利于产业发展的动态政策与技术标准体系。

3.3 促进以人为本的弹性应对

城市规划要将产业园区转化为高度社区化组织。产业升级具有多种可能性，但“人”是产业发展的唯一不变要素。产业升级需要创新，而高度的社区网络化组织是产业创新的重要土壤，要积极推进产业园区的社区化发展。城市规划要搭建一个激发动力、汇聚活力的自组织创新生态圈，通过产业功能与高标准公共空间、服务设施和支撑系统等空间要素的协同集成，引导资本、人才、信息、技术和教育等创新要素的高度复合，逐渐构建一个“产城融合”、富有归属感的创新经济社区。同时，城市规划要建立人性化的街区尺度与公共交通，整体提升产业综合发展环境。

3.4 创新城市规划工作模式

城市规划的工作模式要创新。城市规划要改变以强调物质空间，重在土地利用与空间环境的单一思路，将产业发展放置在城市的综合系统中。城市规划要坚持以人为本的理念和多学科协同解决问题的方式方法，积极探索多领域新技术运用，寻求全面、综合、更深入的规划对策，推进规划实施。同时，积极探索实现“人、城市、产业、环境”协调发展的新型规划工作模式。

4. 结论与展望

深圳产业升级表明，产业区是城市不可分割的重要组成部分，产业升级本身也是城市升级的过程。深圳的城市规划总体经历了从被动适应（产业）到开放式引导的过程，规划模式逐步从空间规划转向以多学科交叉、多专业并轨、多规合一的模式转变，规划主要导向也逐步从空间供给到产业综合承载，再到政策系统支撑。

随着城市化水平的提高和互联网时代不确定的创新模式，城市规划将更加关注人（才）的需求，以及产业链条的自组织、微观尺度的人性化、功能关系的自平衡、物质环境的生态化等。未来城市规划对产业的开放式引导，将以空间为载体，以人为出发点，政策创新、技术创新、手段创新与空间落实、保障实施并重，推动城市产业科学、可持续的城市发展，这些值得我们去进一步思考与探索。

参考文献

[1] 刘国宏．城市化过程中产业与空间发展关系研究——以深圳发展为例 [D]. 北京：中国社会科学院经济研究所，2014.

[2] 刘堃．社会主义市场经济背景下韧性规划思想的显现与理论建构——基于深圳市城市规划实践（1979-2011）[J]. 城市规划，2014（11）: 59-64.

[3] 黄卫东，张玉娴．市场主导下快速发展演进地区的规划应对——以深圳华强北片区为例 [J]. 城市规划，2010（8）: 67-72.

[4] 深圳市城市规划设计研究院．上步工业区调整规划（汇报稿）[Z]. 1996.

[5] 深圳市规划国土局,深圳市城市规划设计研究院．上步工业区调整规划（送审稿）[Z]. 1998.

[6] 深圳市城市规划设计研究院．深圳市上步片区发展规划 [Z]. 2005.

[7] 中国城市规划设计研究院深圳分院．《深圳市福田区城市空间资源配置发展规划研究》（汇报稿）[Z].（2007）.

[8] 深圳市城市规划设计研究院．上步片区城市更新规划 [Z]. 2008.

深圳轨道交通对城市空间结构的影响①

——基于地价梯度和开发强度梯度的分析

乐晓辉，陈君娴，杨家文[1]

摘　要：大运量的城市轨道交通系统在一定程度上决定了城市的布局结构和土地利用格局。从时空两个维度出发，基于地价和开发强度两个要素，探讨轨道交通影响下的深圳市空间结构动态演变过程。通过描述性分析和空间计量模型实证发现，轨道交通站点周边地价和开发强度在受到距市中心或组团中心距离影响而空间衰减的同时，呈现出明显的站点导向性。轨道交通对城市空间结构的影响在时间上是超前的，规划方案的公示和轨道系统的建成运营均塑造了土地价格梯度和容积率梯度。并且，由于城市建设和历史原因，深圳原特区内外在轨道交通的影响下，地价和开发强度呈现了差异化的增长趋势。研究结果对理解轨道交通对城市空间结构影响及政府财政效应评估等具有积极意义。

关键词：轨道交通；空间梯度；城市空间结构；地块交易；深圳市

1　引言

随着城市化进程加快，城市轨道交通因其运量大、舒适便捷等特点有别于其他客运交通方式，成为大中城市公共交通系统不可或缺的部分。由于轨道交通在一定程度上决定了城市的布局结构和土地利用格局，规划者也期待通过对轨道交通结构的合理规划，实现城市向紧凑型的土地开发模式转变[1，2]。同时，城市土地作为一种资本，其经济价值很大程度上由区位决定。而城市交通，特别是轨道交通，作为影响土地区位的一项重要因素，通过整体上改善城市交通状况，来有效提升沿线土地的价值。从土地交易价格和开发强度的角度来评价城市轨道交通设施给城市空间结构带来的外溢作用，有利于更好地理解轨

① 本文发表于2016年11月《地理研究》（第35卷）。

1. 北京大学深圳研究生院城市规划与设计学院，深圳　518055

道交通系统对城市空间引导的作用机制，引导两者协同发展。

长期以来，基于级差地租和扇形结构等理论，发达国家在轨道交通对城市土地、空间结构的相互关系的研究及实践上积累了大量经验。从20世纪开始，学者们采用不同模型和定量方法探讨了轨道交通给土地（房产）带来的增值效应[3-5]，研究方法日益成熟，轨道交通对土地造成的梯度性的空间效应特征也得到大部分学者的认可。但是，由于研究阶段、对象和数据、模型方法等的不同将带来差异化的影响结果，依然需要各城市针对自身情况展开地域性研究，以便评估其影响效应。例如，Sara等采用Meta分析法对1980-2007年间23项有关轨道交通影响地价的文献进行了研究，结果显示轨道交通类型、网络成熟度、距站点距离、区位和土地利用类型等因素造成的地价升值均带有地域性特征[6]。

由于我国轨道交通建设起步较晚，在建设实践方面仍在寻找利用轨道交通引导城市空间结构调整的成功案例。近年来，国内不少学者对轨道交通和城市结构的关系进行了实证研究，表明地铁的建设运营改变了可达性，从微观上带来站点周边圈层式扩展和城市局部空间的土地变更，进而影响城市空间集聚模式和形态[7-8]。也有学者采用GIS、遥感影像数据或空间计量模型等解读土地价值的时空演变过程[9-12]。同时，随着数据获取的便捷和空间分析技术的完善，对轨道交通与地价（房产）采用定量评估也相当普遍。但其中以房地产价格为研究对象较多[13-15]，极少共同涉及土地价格和容积率。然而，容积率是对城市空间结构的直观表达，地块价格则决定了资本在多大程度上替代土地。研究者分别从物质空间和机制层面描述了轨道交通对空间结构的作用，两者缺一不可。容积率作为城市规划阶段的重要指标，土地价格作为市场化交易结果，两者在实际交易过程中也存在着较强的依附性，轨道交通带来的可达性提升对两者的影响也需要引发更多的关注。此外，国内现有的研究只是很笼统地考虑轨道交通对地价的影响，缺乏时空维度下城市结构动态影响机制的剖析，也没有区分不同区位地铁站点的影响强度，更缺乏从城市发展的角度审视轨道交通基础设施对城市空间结构的引导作用。因此，本文从空间和时间两个维度出发，对地价和容积率进行描述性分析，探求轨道交通影响下的城市空间结构动态变化特征；进一步构建空间计量模型，对深圳市全市及原特区内外区域进行轨道交通影响下的土地价格梯度和开发强度梯度演变的实证分析。基于快速城市化的深圳开展轨道交通影响下的土地价格梯度和开发强度的梯度研究来帮助理解城市空间结构的动态变化过程，能形成对现有研究的补充，同时对土地价格、开发强度的确定以及政府财政效应评估等具有积极意义。

2 数据来源与变量界定

2.1 数据来源与研究区概况

深圳市位于广东省南部沿海地区，呈“带状”增长格局，长期在空间规划上坚持多中心结构。但随着人口、经济的持续增长，土地资源紧缺，特区内外改制和空间移动带来的交通需求的增加，轨道交通对城市空间结构的作用存在一定程度的不确定性。深圳地铁一期工程于1999年开始建设，2004年12月开通运营，二期工程于2011年全部开通运营。目前共完成5条轨道交通的建设与运营，全长为178.47km。

本文研究对象为深圳市范围内2000-2014年间交易的地块。地块交易信息来自深圳市土地房产交易中心网站（http://www.sz68.com/），包括交易价格、地块位置、交易时间、土地面积、出让方式、用地类型和容积率等。由于各个地块成交的时间存在先后，因此通过构建回归模型，统一得到以2014年为基准的土地价格。另外，加入深圳市兴趣点（Point of Interest，POI）数据作为研究的控制变量，包括医院、公园和学校等。将以上数据在ArcGIS软件上统一处理和计算，图1显示的是交易地块样本及地铁线的相对位置关系。深圳市轨道交通线路共设站点131个，位于城市中心区的站点间距较小，而位于城市边缘区的站点间距较大。通过样本散点图判断，发现受地铁影响的范围主要为距离地铁站点1km内，再综合考虑模型拟合需要和个体步行距离、地铁站间距等因素，将轨道交通的研究区域界定为距站点2km范围，得到样本量314个。

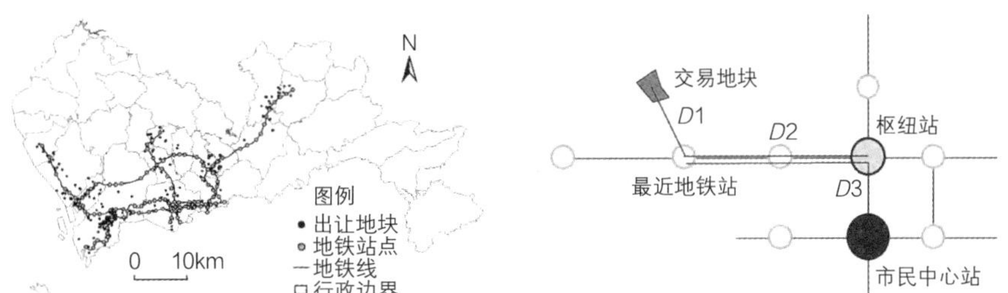

图1 2000-2014年站点2km范围内交易地块及地铁线的GIS定位

图2 距离变量*D*1、*D*2、*D*3的示意

2.2 变量界定

2.2.1 距离变量

决定城市居民和企业进行区位选择的一个重要因素是交通成本和

可达性。在城市中，多种交通方式并存，轨道交通以其运量大、速度快等特点占据较大优势。本文假设地铁站周边的出行主要依赖于轨道交通，那么，地块交易价格必然受到其与地铁站临近程度的影响。同样，若将范围扩大到整个城市空间，地价也将因其与城市中心或次中心的距离不同而变化。已有研究大多只考虑距地铁站和市中心这两个距离变量的影响，而忽视了地铁换乘站或城市组团中心地铁站的经济集聚效应。轨道交通溢出效应实际上存在于不同尺度下的空间范围内，在各层级形成了差异化的空间格局。因此，在这里为每一个交易地块定义 3 个距离变量：① $D1$，地块距最近地铁站的直线距离；② $D2$，地块就近地铁站沿地铁线到最近枢纽站的最近距离（枢纽站：13 个换乘站和 1 个后海站，其他为非枢纽站）；③ $D3$，地块就近地铁站沿地铁线到市中心（市民中心站）的最近距离（图 3）。

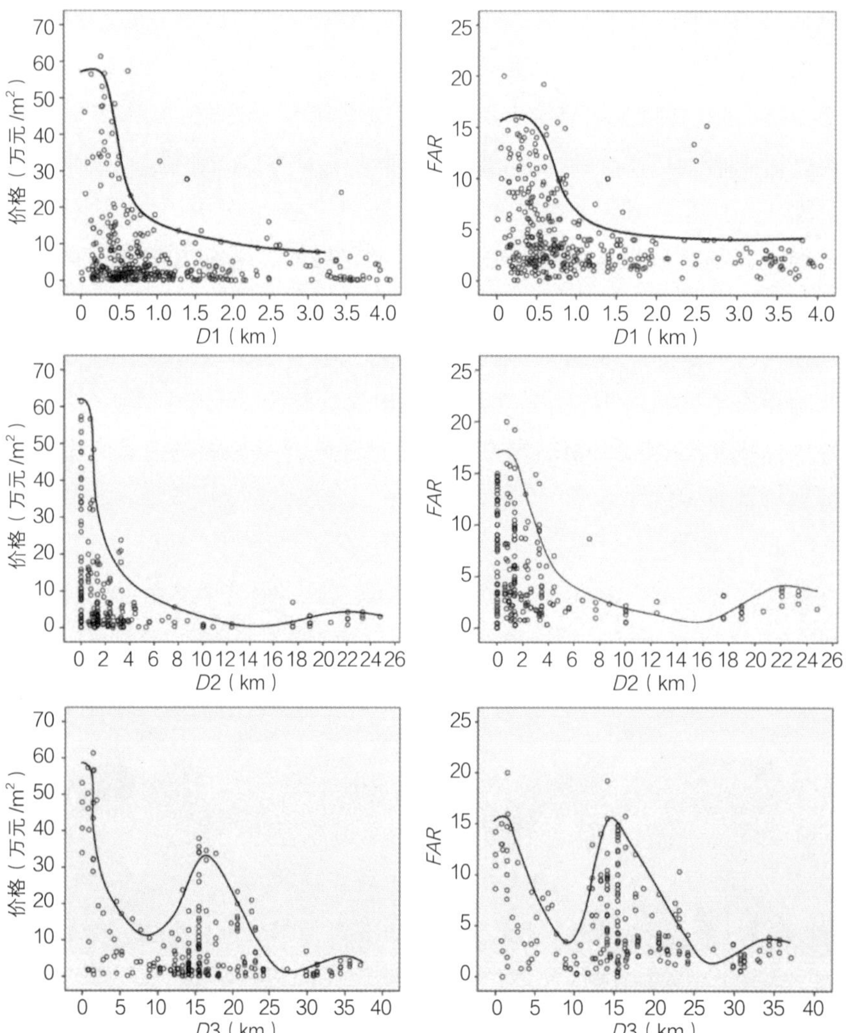

图 3 地价与 FAR 随距离变化图

2.2.2 时间变量

轨道交通潜在的可达性和机动性诱发了开发商和居民的购买行为，但规划、建设、运营的各阶段具有差异化的选择影响，具体表现在轨道交通周边地块的交易数量和价格上。本文主要研究地铁规划方案公示和地铁开通运营对地价梯度及开发强度梯度造成的影响，因此，依据地铁公示与开通运营这两个时间节点，将总样本划分成3组：① Group *A*，轨道交通规划方案公示前交易的地块；② Group *B*，轨道交通规划方案公示后到地铁开通前交易的地块；③ Group *C*，地铁开通运营后交易的地块。

3 时空维度下的地价梯度与容积率梯度的描述分析

3.1 空间维度下的梯度特征

在国内学者对北京、上海等城市的已有研究中，大部分都发现了轨道交通建设对住房的积极影响。虽然地价受到的影响因素与房价略有差异，但两者之间存在着紧密的依附关系，并在城市轨道系统的作用下呈现趋同性。从地块距最近地铁站距离 *D*1 来看（图3），深圳市地价和容积率（Floor Area Ratio，FAR）在1km范围内呈现出明显的站点导向性，即距地铁站越近，地价越高，容积率也越大。因为快速轨道交通系统依靠站点与外界获得联系，客流的集中与疏散均通过站点来完成。从以地块沿地铁线距枢纽站距离 *D*2 为横坐标的散点图和趋势线可以看到，地价和容积率随着地块距枢纽站距离的增加而降低，并且发现在距离某枢纽站22km远处形成一个小高峰。将数据导入GeoDa软件查看，显示该枢纽站为布吉站，小高峰处的样本点位于龙岗线末端龙城广场站附近，说明当远距离的轨道交通系统到达城市外围，将给城市边缘站点周边的地块带来明显的增值效应。位于原特区外的龙岗区在地铁建设前开发程度并不高，但随着龙岗线的延伸，大大加强了其与市中心的联系。因此，地铁系统在承接并扩大市中心对外辐射能力的同时，也让边缘站点成为城市空间中一个新的经济增长点。而从地块距市中心的距离 *D*3 来看，地价和容积率共出现了3个波峰，分别代表市中心、后海站—宝安中心站和龙城广场站。这也从某种程度上印证了深圳市因得益于自然山体阻隔和前瞻性规划决断而形成的组团式空间结构特征。从峰值来看，市中心地价明显高于其他组团中心（后海、宝安中心），但两者在容积率上并没有太大差别，因为土地的限制性供给和交通的高度可达性往往促使站点周边用地的开发强度最大化。

3.2　时间维度下的梯度演变

距地铁站 1km 范围内，规划方案的公示和轨道线路的开通运营均会给地价和容积率带来较大提升，但这两个阶段的影响稍有差异。从图 4a 上看，规划方案公示前，地价、容积率与地块距地铁站距离 *D*1

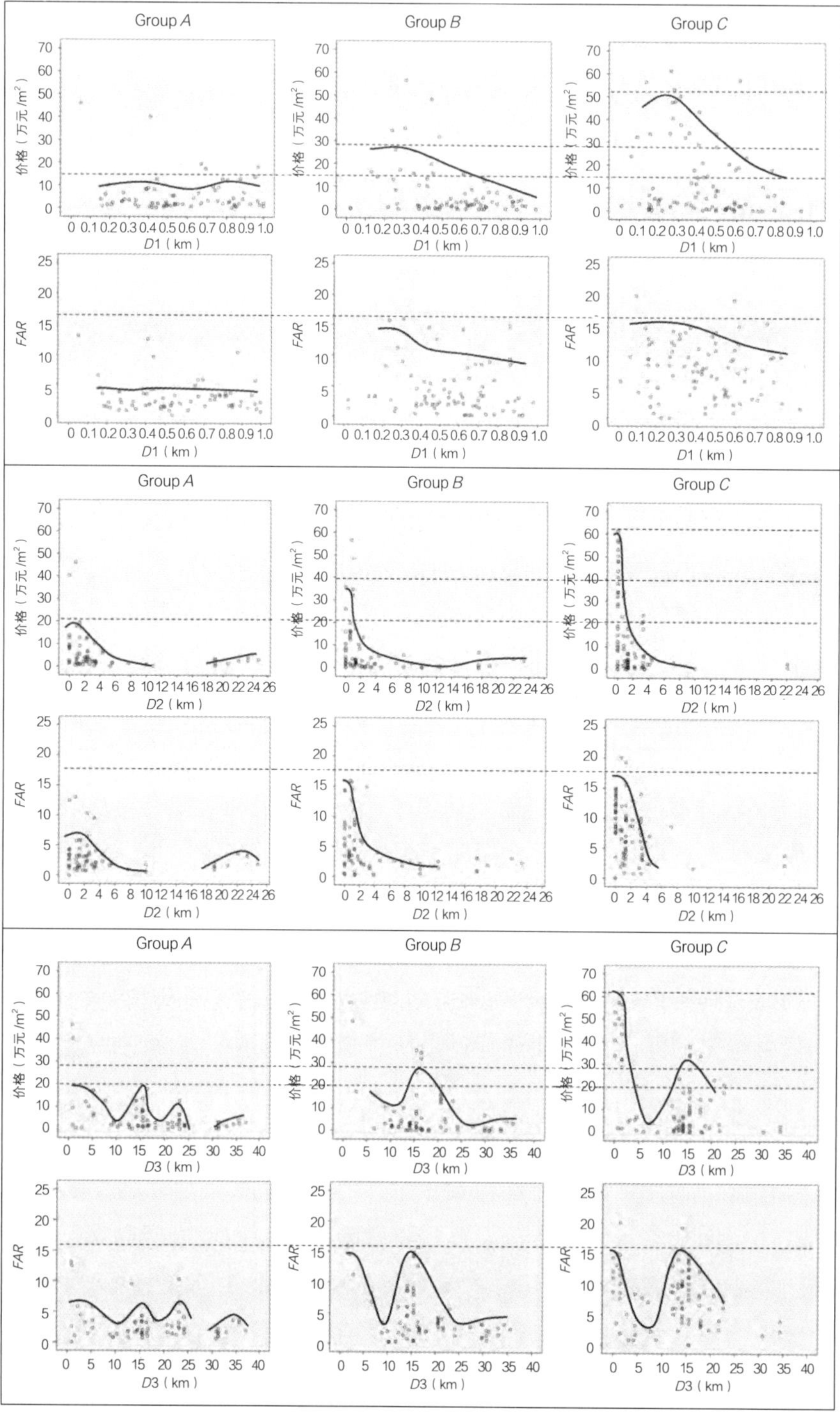

图 4　轨道交通不同开发阶段的地价、FAR 梯度图

基本无关。数量上看，公示后出售的地块主要集中在距地铁站 500m 以外，而开通后则带来更多 500m 范围内地块的交易。以地块距枢纽站距离 *D2* 为自变量，可以看到方案的公示主要带动了沿地铁线各个站点周边土地的开发，而开通后则多数集中在枢纽站点及其附近站点周边（图 4b）。从地块距市中心距离 *D3* 看出，方案公示前，土地开发主要围绕着组团中心进行。公示后，从样本的峰值和集聚程度来看，轨道交通方案在增强市中心或组团中心吸引力的同时，也带来了沿地铁线的带状开发趋势。地铁线开通后，市中心和组团中心站附近交易的土地数量有所增加，土地的增值幅度也较大。价格和容积率的梯度趋势也在这个过程中被不断强化（图 4c）。

城市的发展，包括外部扩张和内部升级，轨道交通的加入会使城市对站点周边的有限土地资源产生更为强烈的需求，进而改变城市原本的空间结构特征。对于深圳市普通站点来说，站点周边地区先前的开发程度并不高，因此，规划方案的公示对其周围地区的土地开发带动是非常明显的，从 3 组地价与容积率的梯度变化趋势图（图 4）中可以看出。对于市中心站或组团中心站来说，可开发的土地资源有限，一开始站点周围地区的空间开发受地铁影响较小，但后来，随着轨道交通带来的交通成本的节约更为明显，其周边土地进行再开发的几率上升，带来了一部分用地结构调整和功能上的转型升级。

4 空间计量模型实证分析

4.1 模型选择

通过以上分析发现，轨道交通增强了交通可达性，使得中心区和站点周边的土地资源价值和开发强度升级，与未受地铁辐射的区域形成了明显的梯度变化。并且，随着轴向地铁线路的延伸，在原特区外围形成了新的经济增长点。为更有效地衡量距离、时间及其他要素对价格梯度和容积率梯度的影响，需要进一步量化分析。特征价格模型是研究此类问题的常用方法，国内外学者普遍采用特征价格模型检验轨道交通对土地价格的影响 [16-19]。但随着对空间相关性的关注，学者们发现空间计量模型的解释能力远胜于特征价格模型 [11, 12]，同时，将深圳市看作同一个土地市场环境，暂不考虑 GWR 模型。另外，虽然宏观经济形势会在一定程度上影响价格估算，但由于本文的研究对象是价格梯度，即交通通达性造成的影响，并不会因此产生结果上的偏差，所以也暂不将宏观经济等因素纳入考虑。本文在构建经典模型的基础上对比 Robust LM 检验，结果发现空间滞后模型的拟合效果相对较优，因此采用空间滞后模型。本文分别将地价和容积率作为因变量，距离变量、时间变量、用地类型、土地交易类型和 POI 可达性等作为自变量，主要检验不同空间尺度及规划建设阶段下轨道交通对地块价格梯度和开发强度梯度的塑造过程。计算公式为：

$$\ln P = P_0 + \sum_{i=1}^{3} d_i \times D_i + \sum_{i=1}^{2} t_i \times Group_i + \sum_{i=1}^{3} \beta_i \times LD_i + \sum_{i=1}^{2} m_i \times TR_i + \sum_{i=1}^{5} p_i \times POI_i + qFAR + \varepsilon + W\_\ln P$$

表 1 是对变量的描述及数据属性。

变量选择与定义　　**表 1**

变量类型	变量	变量描述	变量特性	最大值	最小值	平均数
因变量	*lnP*	地块交易价格	对数值	12.73	3.17	8.63
	FAR	容积率	连续	20	0.05	4.75
距离变量（km）	*D*1	地块距最近地铁站的直线距离	连续	1.99	0	0.73
	*D*2	地块就近地铁站沿地铁线到最近枢纽站的最近距离	连续	24.78	0	4.01
	*D*3	地块就近地铁站沿地铁线到市民中心站的最近距离	连续	37.08	0	16.54
时间变量（以 *Group A* 为参考基准）	Group *B*	成交时间位于最近地铁站公示后，开通运营前为 1，否为 0	虚拟	1	0	0.35
	Group *C*	成交时间位于最近地铁站开通运营后为 1，否为 0	虚拟	1	0	0.32
用地类型（以其他用地类型为参考基准）	商业用地（*COM_LD*）	商业用地为 1，非商为 0	虚拟	1	0	0.30
	居住用地（*RES_LD*）	居住用地为 1，非居为 0	虚拟	1	0	0.28
	工业用地（*IND_LD*）	工业用地为 1，非工为 0	虚拟	1	0	0.25
土地交易类型（以“挂牌”为参考基准）	拍卖（*AUC*）	拍卖为 1，非拍卖为 0	虚拟	1	0	0.07
	招标（*TEN*）	招标为 1，非招标为 0	虚拟	1	0	0.03
POI 可达性	医院（*HOSP*）	地块 1km 内有医院为 1，没有为 0	虚拟	1	0	0.35
	公园（*PARK*）	地块 1km 内有公园为 1，没有为 0	虚拟	1	0	0.20
	小学（*PRIM*）	地块 1km 内有小学为 1，没有为 0	虚拟	1	0	0.66
	中学（*MIDD*）	地块 1km 内有中学为 1，没有为 0	虚拟	1	0	0.61
	高校（*COLL*）	地块 2km 内有高校为 1，没有为 0	虚拟	1	0	0.25

4.2 模型结果分析

4.2.1 深圳市总体的估计结果

通过将不同变量和样本组合加入到模型当中对比，可发现轨道交通在城市空间中塑造的地价和容积率的梯度效应（表2）。首先，模型1中地块距最近地铁站距离 *D*1 的系数为负，且在10%水平上显著，说明距站点距离与地价呈负相关，与散点图预期相符。*D*3 系数为负，表明随着到市中心的距离增加，地价有下降趋势。这也反映了城市土地竞租理论，越靠近市中心或轨道站点的土地越稀缺，地租从四周向中心递增。模型2选取了公示前出让的地块作为样本，结果显示地价和容积率并没有呈现显著的站点导向性。将模型2与模型1作比较，发现公示前出让的地块仅受到市中心距离的影响，而地铁的公示及运营则对地铁周边地块造成了溢出效应，形成了地价围绕站点的空间梯度。

不同变量类型对土地价格影响效应的模型回归结果 **表2**

模型		模型1	模型2	模型3	模型4	模型5
数据范围		2km以内	2km以内 Group *A*	2km以内	1km以内	2km以内
距离变量	*D*1	−0.39*	−0.21	−0.16	0.32	0.07
	*D*2	0.012	0.03	0.02	0.02	0.01
	*D*3	−0.04**	−0.05***	−0.04**	−0.04**	−0.02
时间变量	Group *B*	–	–	0.97***	1.12***	0.70***
	Group *C*	–	–	1.60***	1.65***	1.08***
开发强度	*FAR*	–	–	–	–	0.16***
用地类型	*COM_LD*	2.19***	1.59***	2.33***	2.52***	1.41***
	RES_LD	0.56**	1.02**	1.07***	1.11***	0.46*
	IND_LD	0.23	0.55	0.26	0.26	−0.27
交易类型	*AUC*	−0.05	−0.26	0.12	−0.01	0.43
	TEN	1.07**	0.45	0.87*	0.84	1.08**
POI可达性	*HOSP*	−0.32*	−0.24	−0.11	−0.03	−0.03
	PARK	0.10	0.22	0.28	0.25	0.26
	PRIM	0.44**	0.71***	0.36*	0.52**	0.26
	MIDD	−0.33*	−0.37	−0.37**	−0.35	−0.27*
	COLL	0.28	0.29	0.25	0.25	−0.10
常数项	*CONS*	6.79***	5.40***	5.56***	6.16***	5.78***
空间自相关	*W_lnP*	0.20***	0.24*	0.19***	0.07	0.14**
统计结果	R^2	0.42	0.47	0.50	0.46	0.54
	AIC	1177.94	286.90	1134.82	893.147	1081.12
	Log Likelihood	−573.97	−128.45	−550.41	−429.57	−522.56
	样本量	314	103	314	236	307

注：***、**、* 分别表示在1%、5%和10%水平上显著。

模型3加入了时间变量，模型解释能力由42%提高到50%。Group *B* 和 Group *C* 变量呈正向显著，说明城市轨道交通的公示和运营将带来地价的提升。但由于这种价格的提升是地铁公示运营和空间临近性共同作用的结果，因此时间变量和距离变量之间存在一定干扰，使得距离变量在这里并不那么显著。但这也恰恰说明了地铁在这两个阶段对地价梯度的塑造作用。模型3和模型4的数据显示，2km范围内规划方案公示后的地块交易价格是公示前地价的2.64倍（exp（0.97）= 2.64），1km内则是3.06倍（exp（1.12）= 3.06）；开通运营后2km内成交的地价是公示前成交地价的4.95倍（exp（1.60）= 4.95），1km内则是5.21倍（exp（1.65）= 5.21）。结果表明，地铁对距站点1km范围内的地价具有更大的提升作用，而对1–2km范围的地价提升幅度则明显较小，从而在站点周边形成了较为明显的价格梯度。

模型6～模型9将容积率作为因变量，检验了各类型变量对土地开发强度梯度的影响。由于部分样本容积率数据缺失，剔除后剩余样本共307个。结果显示（表3），地块距最近地铁站距离 *D*1 的系数为负，*P* 值小于0.01，说明容积率与地价相似，围绕地铁站呈空间递减趋势。*D*3 具有较强的显著性，意味着距离市中心越远，开发强度越低。并且通过模型7可以看出，地铁方案公示前出让地块的容积率均没有呈现以上特点。

模型8中，当加入时间维度变量 Group *B* 和 Group *C*，发现与地价一样，轨道交通的公示和开通运营给开发强度带来的影响是显而易见的。模型8、模型9的数据表明，在规划方案公示后，1km范围内交易成功的地块平均容积率可在公示前容积率的基础上增加2.67，而扩大到2km范围就只有1.95；开通运营后，1km范围内容积率则可增加3.62，而2km范围内仅有3.08。模型实证说明，深圳市城市空间因大容量轨道交通的连接，形成一个个围绕站点开发的高密度区域，并围绕站点呈现明显的梯度。轨道系统对地块开发强度的影响是超前的，这种空间集约开发的效应是由交通成本的节约带来的，并在地铁开通运营后不断加强。

另外，土地出让价格与开发强度之间也存在强烈的相关性。模型5得到的数据显示，当容积率FAR每提高一个单位，土地价格将抬升至原来的1.17倍，暗示了资本与土地间的替代效应。现实情况下，地铁沿线土地往往意味着由高度可达带来的可观商机，政府期望能够从中获取丰厚的土地财政收入，对站点周边土地进行高强度开发[20, 21]。而土地市场化情况下，大量竞争者的出现也将价格一路抬升。对此，也

不同变量类型对土地开发强度影响效应的模型回归结果　　表 3

	模型	模型 6	模型 7	模型 8	模型 9
	数据范围	2km 以内	2km 以内 Group *A*	2km 以内	1km 以内
距离变量	*D*1	−1.25***	−0.37	−0.80**	−0.49
	*D*2	0.03	−0.01	0.06	0.07
	*D*3	−0.07**	−0.04	−0.07***	−0.09***
时间变量	Group *B*	–	–	1.95***	2.67***
	Group *C*	–	–	3.08***	3.62***
价格变量	*P*	–	–	–	–
用地类型	*COM_LD*	5.10***	3.42***	5.50***	6.45***
	RES_LD	2.19***	1.92**	3.25***	4.06***
	IND_LD	2.93***	1.16	2.97***	3.68***
交易类型	*AUC*	−2.02***	−1.28**	−1.72***	−1.88**
	TEN	−0.16	0.61	−0.66	−0.16
POI 可达性	*HOSP*	−0.26	0.09	0.07	0.21
	PARK	−0.41	−0.34	−0.10	−0.32
	PRIM	0.61*	−0.03	0.53	0.76*
	MIDD	−0.13	0.45	−0.22	−0.17
	COLL	1.49***	−0.64	1.64***	1.89***
常数项	*CONS*	2.01**	0.83	−0.30	−1.41
空间自相关	*W_FAR*	0.30***	0.33***	0.24***	0.19***
统计结果	R^2	0.53	0.33	0.60	0.60
	AIC	1530.71	443.48	1485.34	1182.4
	Log Likelihood	−750.36	−206.74	−725.67	−574.20
	样本量	307	103	307	236

注：***、**、* 分别表示在 1%、5% 和 10% 水平上显著。

有学者正在研究如何合理确立深圳市轨道交通 TOD 开发密度分区构建及容积率规范体系 [22]。

将以上 9 个模型之间配对比较，发现地块自身属性和设施的临近性也对地价梯度和开发强度梯度变化有所影响。结果表明，在土地利用类型上，商业、居住用地对土地价格和容积率均为正向显著，商业、居住用地的价格在站点周边呈现明显的梯度，该结论也可以从其他相关研究中得到印证 [23]。值得注意的是由于研究区内的工业用地多为高新技术产业用地，它们与商业、居住用地的价格形成机制较为相似，而与传统制造业用地相去甚远，并在容积率上呈现了明显的站点导向性。区域 POI 可达性特征的影响略有差异，小学和中学对土地价格梯度有正向影响。

4.2.2　原特区内外区域的差异化结果

从城市历史发展来看，1980 年深圳市成立经济特区，将罗湖、福田、南山和盐田部分地区划为关内，其他地区为关外，直到 2010 年，国务院才批复将深圳经济特区扩大到全市范围。这必然造成了原特区内外的土地供给和城市建设上的差异。也正是从 2009 年 12 月起，《深圳市城市更新办法》施行，城市更新成为了原特区内主要的土地来源，而原特区外的土地则开始进行大量开发。并且，随着地铁的建设运营，沿罗宝、龙华、龙岗三条放射状地铁线形成的交通走廊强化了原特区外的轴向空间集聚模式（图 5）。一方面，是由于政府在进行地铁站点规划选址初期，往往会考虑拆迁成本较低的空地，将其用于后期出让开发，从中获得更大的财政收益；另一方面，也暗示了原关外地区较之关内更为充足的土地资源供给潜力。结合图 7 和数量统计可以看出，原关内地区地铁站 1km 范围内出让地块主要集中于市中心和后海附近，且 0.5km 内大部分用于商业开发，住宅开发总量较少，且工业用地多为高新技术产业，集中于深大、高新园和科苑片区。对原关外地区来说，地铁站的辐射影响半径较大，0.5-2km 范围内各类型用地均匀分布，且出让用于住宅开发的数量较多。这表明，随着地铁的参与，深圳市空间集聚模式发生改变，引导城市空间结构调整，进一步推动了人口、就业的转移和产业的革新。原特区内各组团中心功能升级，尤其是地铁站点附近带来了更多就业岗位，而原关外围绕轨道交通车站已形成大量新的城市经济增长点，承担起了更多的居住功能。而随着快速轨交网络的形成和完善，地铁也成了城市人口与就业离心化的强大动力，有数据显示，2000-2010 年，原特区内岗位分布比例由 30% 增至 39%，而人口分布比例却从 37% 减至 34%，跨原特区内外的出行量增加 10 倍，早高峰时段龙华线和龙岗线的方向不均衡系数分别达到了 3.1 和 2.1[24]，深圳市职住分离趋势可见一斑。

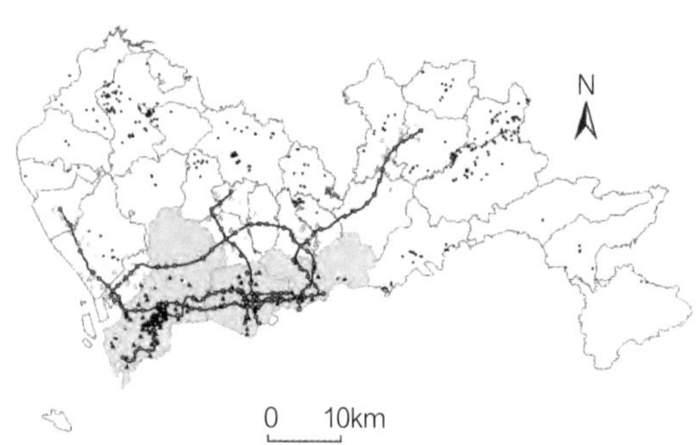

图 5　原关内外地区地铁站 2km 内出让地块分布

通过以上分析，发现地铁对于原特区内外地块出让的作用是不同的。本文按区域将样本分为两部分，分别构建模型 10、模型 11 来探讨地铁的建成和运营对不同区域出让地块造成的影响差异，即整个城市空间范围内的梯度差异。从出让价格看，地铁的公示对原关内地区没有显著影响，而相比两者系数，可以发现地铁对原关外地区的作用强度远高于关内（表 4），关内分别上涨为原来的 1.60 倍（exp（0.47）=1.60）和 3.53 倍（exp（1.26）=3.53），而关外则达到了 2.94 倍（exp（1.08）=2.94）和 9.97 倍（exp（2.30）=9.97）。可能是由于原本关内区域的地价和公共交通可达性普遍较高，上升空间有限，地铁虽在一定程度上强化了中心性，但不如原关外地区获得的地铁开通带来的溢出效应大。而对于容积率来说，原关内的增幅则明显高于关外。土地的稀缺性和区位的良好优势，已使得原关内地铁站周边形成了高强度的开发模式，资本与土地的替换也更为明显，地块交易的容积率峰值主

不同变量类型对原关内外土地价格影响效应的模型回归结果 **表 4**

	模型	模型 10（以 ln（*P*）为因变量）		模型 11（以 *FAR* 为因变量）	
	数据范围	2km 以内原关内	2km 以内原关外	2km 以内原关内	2km 以内原关外
距离变量	*D*1	0.21	0.23	−0.78	−0.21
	*D*2	−0.09	−0.05	−0.09	−0.08***
	*D*3	−0.04*	0.05	−0.13**	0.08***
时间变量	Group *B*	0.47	1.08***	3.18***	0.69***
	Group *C*	1.26***	2.30***	3.94***	2.06***
用地类型	*COM_LD*	2.52***	1.30***	7.58***	1.80***
	RES_LD	0.41	0.86***	4.36***	1.15***
	IND_LD	0.70*	−0.47	5.34***	0.34
交易类型	*AUC*	0.72	0.36	−1.67	−0.86**
	TEN	1.62**	0.76	1.12	−0.60
POI 可达性	*HOSP*	−0.11	0.02	0.75	0.17
	PARK	0.20	0.78***	−0.22	0.36
	PRIM	0.73**	−0.27	0.12	0.06
	MIDD	−0.69***	−0.29	0.14	−0.20
	COLL	−0.06	−1.89*	1.33**	−0.05
常数项	*CONS*	8.31***	5.51***	−0.81	−0.37
空间自相关	*W_lnP*	−0.07	0.64***	0.12	0.17*
统计结果	R^2	0.50	0.62	0.57	0.46
	AIC	633.46	464.87	855.66	467.50
	Log Likelihood	−299.73	−216.43	−410.83	−216.75
	样本量	168	146	164	143

注：***、**、* 分别表示在 1%、5% 和 10% 水平上显著。

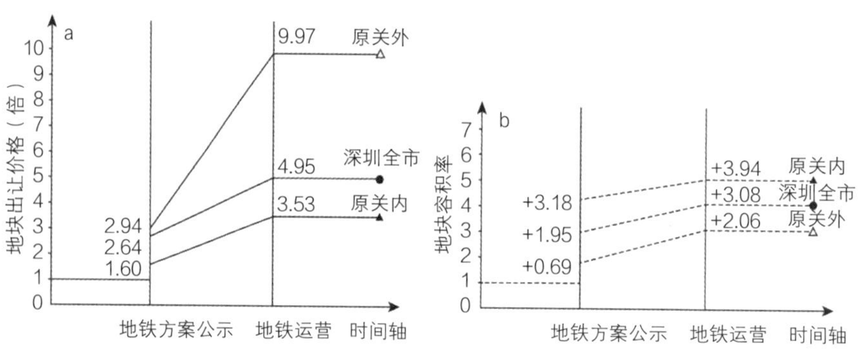

图 6 原关内外地区地铁站 2km 内地块价格与容积率增幅对比

要位于后海和市民中心站附近。图 6 为深圳全市与原关内外地区的地价和容积率涨幅比较。

4.2.3 时空间维度影响下的深圳市空间结构演变

基于以上描述分析和模型结果，结合空间和时间双重维度的分析，绘制得到一个轨道交通影响下的地价梯度和开发强度梯度的变化示意图（图 7）。图 7 中 *A* 表示轨道交通建设前的地价曲线图，仅围绕市中心和组团中心呈现较平缓的地价和容积率的衰减。轨道交通的公示及建成运营，促使地价和容积率的梯度曲线从 *A* 经过 *B* 变为 *C*。图示表明轨道系统在加强市中心或区域中心附近的梯度效应的同时，也塑造了普通站点周边的地价梯度与容积率梯度，特别是原关外位于城市边缘区的地铁站点。从上文的模型结果来看，距地铁站 1km 范围内的地价和容积率增幅较 2km 内更为明显。另外，由于深圳市原关内外地区城市建设水平、区位及土地供给的差异，地价和容积率的梯度曲线在地铁规划建设阶段的增幅也有较大差异。原关外地区站点周边地价涨幅高于原关内，而容积率的涨幅差异却刚好相反。但总体来说，深圳市轨道交通通过站点影响交通成本，带来地价梯度和容积率梯度的形成并强化，促进了城市多中心结构的发育。

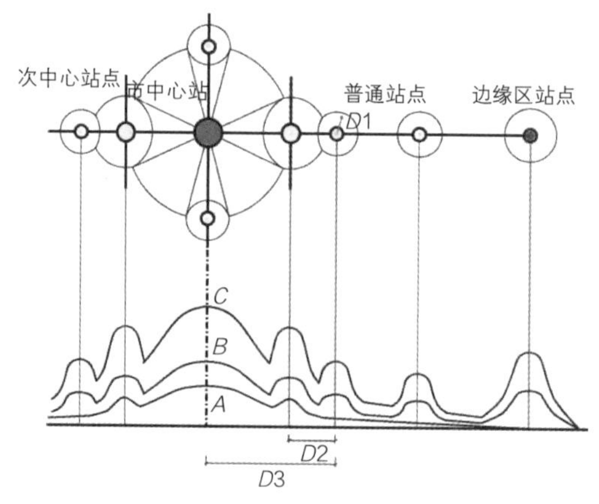

图 7 轨道交通影响下的地价和容积率梯度变化

5 结论

本文从时空两个维度构建了轨道交通对地价梯度及开发强度梯度的影响模型，并且根据深圳市城市建设特点从整体和区分原关内外地区两个角度，剖析了轨道交通带来的不同效益，为回答轨道交通如何作用于土地开发及城市空间结构演变做了有效补充。在单个站点层面，地价和开发强度随着距轨道交通站点距离的增大而递减，呈现明显的站点导向性。从更大的城市空间角度来看，地价和土地开发强度随着距市中心或次中心距离增加呈现出空间衰减的规律。由于轨道交通带来了极大的交通成本的节约，无论基于站点尺度还是城市尺度，这种梯度规律都遵循了土地竞租理论。从时间上来看，轨道交通对沿线土地的影响是超前发生的，规划方案公示前，地价和容积率未呈现梯度，而公示对地价梯度和开发强度的提升具有显著影响，地铁开通后又进一步加强。数据显示，规划方案公示对距地铁站 1km 范围内的地价提升为 3.06 倍，2km 范围内的平均值仅为 2.64 倍，而随着地铁的开通运营,1km 范围内与 2km 范围内的地价的增幅分别为 5.21 倍和 4.95 倍。同时，容积率也呈现出类似的梯度特征，公示和开通运营阶段 1km 范围内容积率平均分别增加了 2.67 和 3.62，而 2km 范围内的该值仅分别为 1.95 和 3.08。研究结果表明，轨道交通系统持续地塑造和强化着地价梯度和容积率梯度，并促进了深圳市多中心空间结构的发育。

研究结果也表明，地铁沿线在形成高密度点状开发模式的同时，也改变了深圳市原关内外地区土地利用结构、就业居住和交通出行特点，引导原关外地区新的经济增长点的形成。将样本分为原关内外两个不同区域来看，关外承接了部分中心区外溢的居住功能，而大量就业岗位则更多地集中于关内站点附近。并且，轨道交通在地价和开发强度上造成的影响也稍有差异。原关外地价升值幅度大于原关内区域，而原关外的开发强度增幅则小于关内地区。这种关内外的差异也说明了在城市尺度上，轨道交通带来的通达性的提升对不同区域造成的差异化影响。通过这种时间、空间多个层面的模型分析，可以发现，轨道交通对整体城市空间结构的塑造作用是明显的，但在轨道交通公示和建设运营的不同阶段或是城市的不同发展片区，对地价梯度和容积率梯度的影响程度是存在差异的。最后，因为本文仅从地价梯度和容积率梯度两个要素探讨空间结构变化，未来的研究还可进一步考虑，例如，深圳市地铁投融资模式、地上地下站点形式及轨道交通规划投资等层面对城市发展造成的影响，为溢价回收、财政评估等提供有效参考。

参考文献

[1] 叶仲平，吴瑞麟．轨道交通对城市土地利用规划的导向作用研究．华中科技大学学报：城市科学版，2005，22（S1）：173-176，180.

[2] 陈燕萍．城市交通问题的治本之路：公共交通社区与公共交通导向的城市土地利用形态．城市规划，2000，24（3）：10-14.

[3] Ryan S. Property values and transportation facilities：Finding the transportation-land use connection. Journal of Planning Literature，1999，13（4）：412-427.

[4] Cervero R，Kang C D. Bus rapid transit impacts on land uses and land values in Seoul，Korea. Transport Policy，2011，18：102-116.

[5] Knaap G J，Ding C，Hopkins L D. Do plans matter? The effects of light rail plans on land values in station areas. Journal of Planning Education and Research，2001，21：32-39.

[6] Mohammad S I，Graham D J，Melo P C，et al. A meta-analysis of the impact of rail projects on land and property values. Transportation Research Part A：Policy and Practice，2013，50（4）：158-170.

[7] 边经卫．城市轨道交通与城市空间形态模式选择．城市交通，2009（5）：40-44.

[8] 靳来勇．城市土地利用与城市交通互动机理模型研究．四川建筑，2009（S1）：67-69.

[9] 包善驹，陆林．合肥城市规划引导空间演进对地价时空演变的影响．地理学报，2015，70（6）：906-918.

[10] 包善驹，陆林．合肥主城区住宅剖面线型地价的比较与成因分析．地理科学，2015，35（2）：197-203.

[11] 董冠鹏，张文忠，武文杰，等．北京城市住宅土地市场空间异质性模拟与预测．地理学报，2011，66（6）：750-760.

[12] 隋雪艳，吴巍，周生路，等．都市新区住宅地价空间异质性驱动因素研究：基于空间扩展模型和 GWR 模型的对比．地理科学，2015，35（6）：683-689.

[13] 冯长春，李维瑄，赵蕃蕃，等．轨道交通对其沿线商品住宅价格的影响分析：以北京地铁 5 号线为例．地理学报，2011，66（8）：1055-1062.

[14] 张维阳，李慧，段学军．城市轨道交通对住宅价格的影响研究：以北京

市地铁一号线为例 . 经济地理，2012，32（2）: 46-65.

[15] 潘海啸，钟宝华 . 轨道交通建设对房地产价格的影响：以上海市为案例 . 城市规划学刊，2008，（2）: 62-69.

[16] Cervero R，Landis J. Assessing the impacts of urban rail transit on local real- estate markets using quasi-experimental comparisons. Transportation Research Part A：Policy and Practice，1993，27（1）: 13-22.

[17] Hess D B，Almeida T M. Impact of proximity to light rail rapid transit on station-area property values in Buffalo，New York. Urban Studies，2007，44（5）: 1041-1068.

[18] Hurst N B，West S E. Public transit and urban joint development：The effect of light rail transit on land use in Minneapolis，Minnesota. Regional Science and Urban Economics，2014，46：57-72.

[19] 谷一桢，郭睿 . 轨道交通对房地产价值的影响：以北京市八通线为例 . 经济地理，2008，28（3）: 411-414.

[20] 深圳市规划和国土资源委员会（市海洋局）. 深圳市城市规划标准与准则条文说明 . 深圳，2014（4）: 37-40.

[21] 姚文琪，郑玉颜 . 提高城市轨道交通效能的规划对策与建议 . 城市规划学刊，2011（5）: 73-79.

[22] 王京元，郑贤，莫一魁 . 轨道交通 TOD 开发密度分区构建及容积率确定：以深圳市轨道交通 3 号线为例 . 城市规划，2011（4）: 30-35.

[23] Cervero R. Rail transit and joint development. Journal of the American Planning Association，1994，60（1）: 83-94.

[24] 郭莉，孙永海，彭坷珂 . 深圳市空间结构多情景假设下的交通评估 . 城市交通，2015（2）: 19-25.

国家创新型城市发展中的规划作用①

——兼论深圳产业布局规划的思路演变与实施成效

邹兵[1]

摘　要：从城市发展和产业发展两条主线阐述了深圳建设国家创新型城市历程的阶段性特点，期间城市政策与产业政策对深圳创新发展产生了重要影响。深圳三个产业布局规划案例的编制思路变化及其实施效果表明，有效的产业布局规划应研究产业的空间需求，并创造适应其发展的空间环境，而不要试图对各类产业空间进行直接安排。深圳最新的规划政策实践则说明政府的产业空间政策应以问题为导向，致力解决创新发展面临的现实困难。

关键词：创新型城市；产业布局规划；产业空间政策；规划实施；深圳

深圳是国务院批准的首个国家创新型城市，在 2016 年出台的国家“十三五”规划纲要中又被确定为国家产业和科技创新中心。多年来，深圳坚持实施创新驱动战略，取得了显著成效，得到全国乃至全球的普遍关注，被誉为“引领新常态的典范”。深圳成功的奥妙究竟在哪里？为何能层出不穷地涌现大批优秀的创新企业？政府的产业政策在其中发挥了怎样的作用？这些问题自然引发各方热议和争论。而关于产业政策的有效性问题，学术界本来就是众说纷纭，莫衷一是②。

城市规划既是深圳制度创新的组成部分，也是城市创新的重要支撑。那么，作为空间政策的城市规划对于产业创新的影响力究竟如何？创新型产业的空间能够被规划吗？政府制定的产业空间政策有效吗？本文试图梳理深圳创新型产业成长历程和产业布局规划发展的脉络，并提出对上述问题的初步思考。

① 本文发表于《城市规划》2017 年第 4 期。

② 2016 年底国内两位著名经济学家林毅夫和张维迎就产业政策是否有效的问题展开了一场针锋相对的学术争论并举行当面辩论，在经济学界反响强烈。

1. 邹兵，中国城市规划学会理事，深圳市规划国土发展研究中心总规划师，深圳市城市规划协会会长，教授级高级城市规划师。

1 深圳建设创新型城市的发展历程

分析深圳30多年发展的阶段性特征，可以梳理出两条逻辑主线：一是城市发展主线，与城市规划紧密相关，规划界研究很多；二是产业发展主线，经济界学者有一定研究[1]，但规划工作者关注较少。实际上，深圳的创新产业发展与城市发展具有高度的关联性，两条线索相互交织、相互影响和促进，共同构成了深圳城市变迁的绚丽图景。以下采用两条线索平行阐述的方式，解析深圳建设创新型城市的演进历程。

1.1 1979-1985年：特区起步与工业化启动

深圳是从以渔业和农业为基础的边陲小镇发展起来的。1979年深圳建市时，GDP仅1.97亿元，三次产业结构比例为37.0：20.5：42.5，工业基础非常薄弱。1980年经济特区成立，拉开了大规模基础设施建设的序幕，建筑业成为二产中增长最快的产业。1982年，深圳二产中工业与建筑业产值之比为3：7，建筑业占绝对优势。在特区起步阶段，城市发展是以基建和贸易为主要动力；工业规模很小，更谈不上发展高新技术产业。1982年编制的《深圳经济特区社会经济发展规划大纲》提出了多中心组团式城市结构，并按照中央的部署确立“以工业为主、以外资为主、以出口为主”的产业发展方针。1985年底召开的全国经济特区工作会议进一步明确了深圳发展外向型工业的产业主导方针。此后，深圳利用毗邻香港的地缘优势，大力引进“三来一补”劳动密集型加工业，大规模启动了工业化进程。1984年原特区工业用地仅2.54km^2，占建设用地面积的7.7%[2]。

1.2 1986-1994年：特区城市化与快速工业化

1.2.1 城市发展主线

1986年完成的86版特区总规以法定规划的形式将“多中心带状组团”结构确定下来，除了5个弹性功能组团之外，还规划了15个成片开发的工业区。这些工业区在大举引进工业项目的过程中保证了特区工业用地相对集中布局和有序发展，如今已升级成为孕育孵化创新型产业的重要载体。1988年后，土地使用制度改革等一系列市场化的制度创新，大大激发了市场经济的活力和能量。1992年，深圳借邓小平南方讲话东风掀起“二次创业”的高潮，并将原特区土地一次性统征为国有，实现全面城市化。同时，原特区外撤县改区，启动了大规模工业化和城市化进程。1994 年全市工业用地增长到 $82km^2$，占建设用地面积的 27.5%[2]。

1.2.2　产业发展主线

1986 年后，原特区基础设施建设取得初步成效，为承接香港制造业大举北迁创造了有利条件。1987 年，深圳出台政策鼓励科技人员下海自主创办民间科技企业，催生了华为、中兴、金蝶等一批后来名声显赫的著名科技企业。1992 年，在建设国际化城市和特区全面城市化的关键时间节点上，深圳果断决策停止原特区注册新的“三来一补”企业，推动产业升级。关外的宝安、龙岗成为劳动密集型产业转移的主要基地，成为全市工业增长的强大引擎。1994 年深圳二产比例达到 54.7%，基本实现了工业化。深圳形成了以电子、轻纺、服装等劳动密集型工业为主的产业结构，其中电子信息工业成为第一支柱产业。赛格集团成为这一行业的领头羊，其所在的上步工业区成为电子工业的集聚区，并奠定了后来成为“中国电子第一街”的基础。这一阶段深圳创新产业发展可以概括为“赛格驱动”的时代。

1.3　1995-2004 年：全域城市化与高新产业主导

1.3.1　城市发展主线

适应原特区外快速工业化、城市化的形势要求，1996 年完成的 96 版总体规划，将城市规划区拓展到全市域，对于全市产业布局和土地利用进行统一安排。1997 年，深圳启动了大工业区规划建设，加速原特区外工业发展。2001 年，深圳在现代化国际化城市发展目标的基础上，首次提出建设高科技城市目标，并规划“9+2”高新技术产业带，拓展全市高新技术产业发展空间。2003 年，深圳将宝安、龙岗两区的土地一次性转为国有，实现全域城市化，成为第一个“没有农村”的城市。到 2004 年，深圳工业增加值超过 1900 亿元，仅次于上海，成为名副其实的工业大市。全市工业用地达到 $208km^2$，占全市建设用地的 40%[2]。

1.3.2　产业发展主线

1995 年，深圳确立了“以高新技术产业为先导”的战略思想，以科技创新推动产业升级。1998 年出台《深圳市人民政府关于进一步推动高新技术及其产业发展的若干规定》（俗称“22 条”），对高新技术产业提供诸多优惠扶持政策；着重强调现代科技与市场机制的融合，强调有利于科技创新的法治环境建设。1999 年，深圳停办荔枝节，取而代之的是全国唯一的国际高新技术成果交易会（高交会），至今举办了

18届，成为名副其实的“中国科技第一展”。

在原特区产业转型升级的进程中，位于南山区的深圳市高新技术产业园区（下简称市高新区）快速崛起，不仅吸引了联想、四通、北大方正等外来知名企业入驻，而且聚集了华为、中兴通讯等一大批本地企业；园区周边还环绕着中国科技开发院、深圳大学等一批科研机构，首次被称为“深圳硅谷”。深圳将市高新区作为全市发展高科技的主要平台，专门成立了高新办，编制市高新区规划，支持园区空间扩容；同时制定市高新区管理规定，颁布市高新区条例，在土地、税收等方面给予优惠。

2001年，深圳确立高新技术产业、现代金融业和现代物流业三大支柱产业，其中高新技术产业成为产业的第一增长点。华为无疑是深圳高新技术产业的杰出代表，其强大的自主创新能力不仅带来营业收入连年翻番，而且率先走出国门参与全球市场竞争。更可贵的是，华为的研发投入一直保持在总收入的10%-15%左右，保证了企业创新的持续性①。这个时期深圳的创新产业发展可以称为“华为驱动”的时代。

1.4 2005-2013年：城市转型与创建国家创新型城市

1.4.1 城市发展主线

2005年，深圳市委市政府直面“四个难以为继”的严峻挑战，提出了从“速度深圳”向“效益深圳、和谐深圳”全面转型的战略。2006年深圳首次提出“建设国家创新型城市”的目标，并于2008年获批成为全国唯一的国家创新型城市试点。深圳随即出台了《关于加快建设国家创新型城市的若干意见》，编制国家创新型城市总体规划，将“自主创新”作为城市发展的主导战略。2009年《深圳市城市更新办法》颁布，标志着城市进入存量空间主导发展的时代。2010年，深圳第三版城市总体规划获得国务院批准，进一步明确了城市空间发展从增量扩张转向存量优化的转型路径。同年国务院批准深圳经济特区扩大到全市域范围，进入特区一体化发展的新阶段。2011年，深圳把“提升发展质量”作为城市主要方针，“创新驱动、质量引领”成为新时期深圳城市发展的新内涵。

1.4.2 产业发展主线

产业转型与城市转型形成互促并进的态势。2005年，深圳继高新技术、金融、物流三大支柱产业后，将现代文化产业作为第四大支柱产业。为了应对2008年以来国际金融危机的挑战，深圳在强化原

① 深圳的创新一直有“四个90%”的说法，即90%以上研究开发机构设在企业，90%以上研发人员在企业中，90%以上研发经费来自企业，90%以上专利由企业来申请。

有高新技术产业优势的基础上，着手谋划布局战略性新兴产业，促进新技术、新业态、新模式的融合创新发展。先后制定互联网、生物、新能源等战略性新兴产业规划，推进 23 个战略性新兴产业基地的建设，并进一步筹划生命健康、海洋经济、航空航天等未来产业发展。至此，深圳的高新技术产业不再是过去电子信息产业的一业独大，战略性新兴产业成为经济增长的“主引擎”，深圳也成为国内战略性新兴产业规模最大、集聚性最强的城市。2009 年，历经 10 年的艰难曲折历程，深圳证券交易所推出创业板，终于实现了“科技 + 金融”的创新组合。

在互联网、生物、新能源等战略性新兴企业中，腾讯、华大基因、比亚迪、大疆科技等无疑是佼佼者。腾讯更是其中的领头羊，2016 年 9 月在香港股市的市值达到 1.99 万亿港元，成为名副其实的亚洲第一市值。这个阶段，深圳创新产业发展可概括为“腾讯驱动”时代。

1.5　2014 年至今：自主创新示范区建设与“双创驱动”

2014 年 6 月，深圳国家自主创新示范区获得国务院的正式批复，这是首个以城市为基本单元的自主创新示范区。同年 12 月，深圳前海—蛇口自贸区获得国务院批准，政策叠加优势更加明显。2015 年，深圳新一届市委市政府将“现代化国际化创新型城市”作为“十三五”时期的城市发展目标。2014 年以来，中国经济发展进入新常态。回应国家发出的“大众创业、万众创新”号召，深圳涌现了柴火空间、创客学院等一批微创企业，创新发展进入“双创驱动”时代。

2　深圳产业布局规划编制思路的变化及实施成效

深圳历任决策者不仅视产业发展为第一要务，而且高度重视城市规划与产业规划的协同以及规划对产业的空间支持作用。城市规划追求的是一种空间秩序；相比于城市空间的紧凑有序，深圳产业空间发展却较为混乱无序、粗放低效。2000 年以来，政府组织编制了许多重要的全市性产业布局规划，涵盖工业、物流、金融、文化、海洋等各个行业，整合空间资源、促进有序发展、提高空间效益是这些规划共同的目标。随着城市发展阶段的目标和要求的变化，以及对于产业空间发展规律的理解逐渐全面深入，深圳产业布局规划的编制思路也在不断地调整和改进。

2.1 2001 年："9+2" 高新技术产业带规划的编制思路与实施成效

2.1.1 规划目标和编制思路

该规划是深圳整合全市高新技术产业空间的首次尝试。进入 21 世纪后，原特区发展空间日益饱和。由于市高新区空间不足，华为企业总部被迫迁往龙岗区的坂雪岗，并存在进一步外迁的可能。与此同时，东莞松山湖高新园异军突起，对深圳高新技术产业构成直接挑战。面对这一紧迫形势，市政府 2001 年组织编制 "9+2" 高新技术产业带规划，将既有的 9 个工业园区以及大学、生态农业两个片区的土地空间连成一个贯穿全市的产业带，全长 100km，面积达到 152km^2，作为建设高科技城市的载体，不仅要实现全市高新技术产业空间资源的整合，而且要提高产出效益，争取尽快达到市高新区的水平。其目标是 2005 年产业带工业总产值达到 2000 亿元，2010 年达到 4000 亿元，相比 2001 年再造一个深圳 [3]（图 1）。

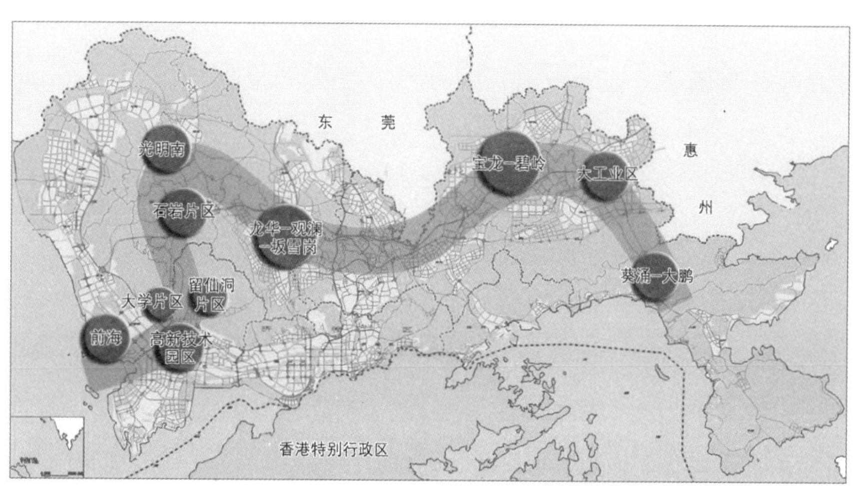

图 1 深圳 "9+2" 高新技术产业带规划布局（2001 年）

2.1.2 规划实施成效

由于诸多因素限制，该规划只是对原有工业区进行物质形态上的空间拼合，并非产业和功能的有机整合，加上缺乏大型基础设施投资的支持，各片区缺少空间联系，实施结果是 "有产无带"，"9+2" 的概念只能停留在图纸上。规划的初衷是把市高新区的辐射效应扩散到产业带的所有片区，带动建设管理水平和产出效益的整体提高，但缺乏配套政策和实施机制的保障。高新办的管理权限仍只局限于市高新区，其他片区依然是各自为政。一方面，市政府主导的前海、大学城、留仙洞、大工业区等片区的管理职能分属不同部门，发展定位和思路并不一致；另一方面，原特区外其他片区则继续延续以区、镇为主体的发展模式，开发建设管理和招商引资水平参差不齐。虽然这并没有影响经济目标的实现，2005 年深圳高新技术产业产值 4800 亿元，2010 年超过 10000 亿元，大大超过原有指标，但通过规划整合产业空间资源的目标基本落空。

2009 年，深圳又组织编制了《深圳高新技术产业园区专项规划（2009-2015 年）》，覆盖了原“9+2”产业带中除前海以外的其他所有片区，范围扩大到 186km^2。按照一区多园模式，争取原市高新区优惠政策对全市各高新园区的全覆盖[4]。经过 5 年的努力，整合全市高新技术产业园区的目标终于得到实现。随着 2014 年国家自主创新示范区获批，不仅原规划的所有高新产业园区都可以参照执行中关村科技园的优惠政策，而且覆盖范围更大，达到 397km^2。至此，2001 年“9+2”高新产业带规划的夙愿也终于化为现实，不过不是建设安排的落实，而是空间政策的落地。

2.2 2005 年：深圳市工业布局规划的编制思路与实施成效

2.2.1 规划目标和编制思路

2005 年开展的《深圳市工业布局规划与研究（2005-2010）》是引导全市产业空间集聚的又一次努力。2004 年全市土地国有化后，尽快改变原特区外长期以来由村镇主导、粗放分散的工业发展模式和工业用地低效使用的状况成为当务之急。另外，深圳高新技术产业的主体还是高新制造业，优化工业布局也是加快发展高新技术产业的迫切需要。

“9+2”高新产业带的实践带来的启示是，政府一厢情愿的产业布局规划并不一定能取得预期效果；充分认识企业选址的规律，是做好产业布局规划的前提。《深圳市工业布局规划与研究（2005-2010）》从区域联系、城市功能结构、土地竞争机制、产权与开发模式、用地潜力、基础设施、环境保护等多个方面研究了决定企业选址的影响因素，发现并不是所有的产业都有同样程度的空间集聚需求。有的是强集聚需求的，如家具、化工、装备制造等；有的是需要引导集聚的，如皮革、造纸、仪器仪表等；有的并没有很高的集聚要求，如纺织、服装、电子元件、塑料制品等。根据上述特点，该规划对于不同类型工业提出了空间集聚的分类指引；确定了重点发展 9 个园区（143km^2）、重点培育 20 个园区（52km^2）、重点整治提升 23 个园区（46km^2）的空间发

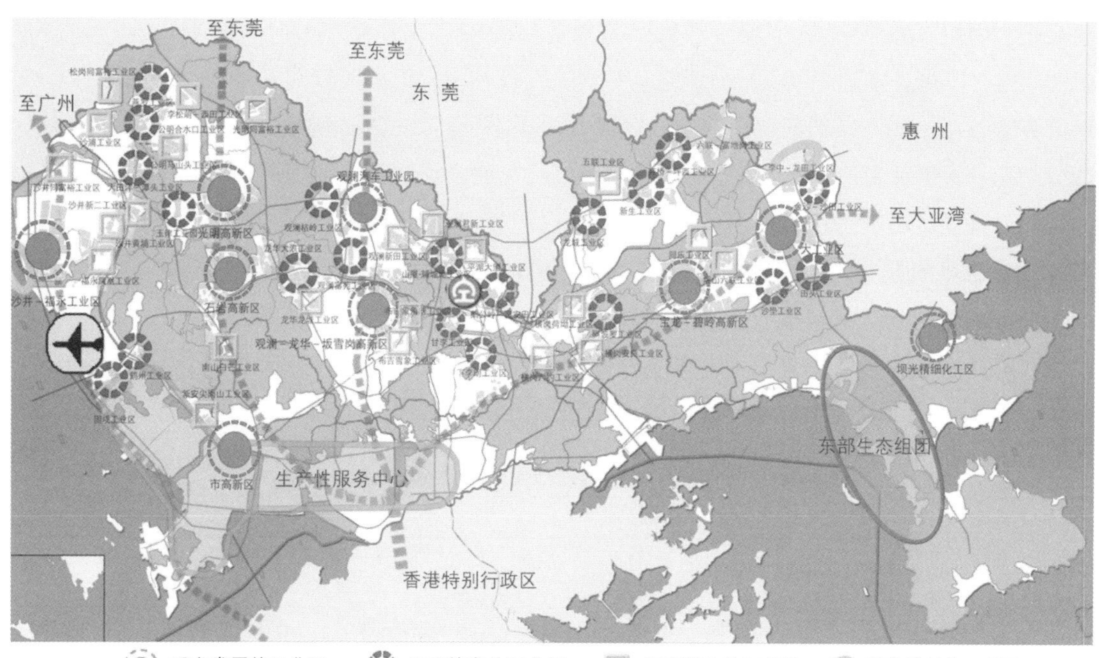

图 2　深圳市工业布局规划（2005 年）

展策略，基本覆盖了全市所有的工业用地。除了布局高新技术产业外，还提出重点打造服装、钟表、内衣、黄金珠宝等 9 大传统产业集聚基地。在整合优化原特区外工业园区布局的同时，还提出了原特区旧工业区更新改造的思路 [2]（图 2）。

2.2.2　规划实施成效

该规划在引导新增工业用地的空间集聚方面取得一定的成效。2009-2014 年，深圳全市新增工业用地中，70% 是安排在规划的工业园区的，但对既有园区的整合力度却十分有限。尤其是政府重点打造的 9 个传统产业集聚基地，除了水贝黄金珠宝基地发展较好之外，其他 8 个都不尽人意，有的甚至已经改变功能。规划虽然对于产业园区空间整合的成效一般，但对原特区旧工业区更新改造的政策影响力却很大，直接促成了政府在 2007 年就出台旧工业区升级改造的指导意见。

2.3 《深圳市产业布局规划（2012-2020）》编制思路与实施成效

2.3.1　规划编制思路

深圳产业布局规划经历了 2001-2007 年期间主要由产业部门确定产业类型、规划落实空间的分行业编制规划方式，到 2008-2011 年期间按照总部—制造—创意研发的产业链环节分阶段编制规划的变化过程 [5]。这些规划都发挥了一定的引导作用，但与实施操作又都存在不小的差距。2012 年新一轮《深圳市产业布局规划（2012-2020）》调整了研究思路，不是直接规划某类产业的空间布局，而是从不同产业对空间要素的需求角度出发，研究各类产业布局规律，再提出针对性的规划对策。现代产业发展更注重科技、服务、成本、特色资源、生态环境等方面因素的影响，规划首先分析了这些要素的具体内涵以及能够吸引的产业特征，建立起全口径的产业与空间要素的对应关系（表 1）。把深圳全市产业空间按产业属性划分为中心区、过渡区、产业园区、特色资源区和生态保护区，针对 5 类区域提出了产业分类指导与功能引导策略（表 2）。适应

深圳产业布局影响因素及产业对象重组 表 1

编号	城市区位	具备要素	吸引主要业态
1	中心区	服务要素：高端综合服务	企业总部、金融前台、互联网、销售服务、文化服务、旅游服务、商贸会展等
2	过渡区	服务要素：综合服务；成本要素：土地	文化生产、创意设计、互联网、优势传统产业总部等
3	产业园区	科技要素：高校、研究院、公共服务平台；成本要素：土地、劳动力	战略新兴产业总部、研发、生产；先进装备制造总部、研发、生产；优势传统产业生产；互联网后台、金融后台等
4	特色资源区	交通要素、政策要素、历史文化要素等	物流会展、保税服务、旅游产品等
5	生态保护区	生态要素	休闲、观光、种植等

深圳产业分区划定标准与引导内容 表 2

<table>
<tr><th colspan="2">产业分区</th><th>划定原则</th><th>功能引导</th><th>产业类型</th><th>空间目标</th><th>用地调整</th></tr>
<tr><td colspan="2">产业园区</td><td>面积 10-20km^2，建设用地连片，现状工业用地比重在 30%-50% 的城市片区</td><td>以制造业为基础，鼓励发展总部、研发、中试等功能；完善产业所需的生产、生活等配套功能</td><td>战略新兴产业、电子信息产业、先进装备制造、优势传统产业</td><td>将塌陷的城市边缘地区转变为辐射周边城市的新增长极</td><td>保持稳定的工业用地规模</td></tr>
<tr><td colspan="2">过渡区</td><td>临近城市中心区，与轨道交通站点距离不超过步行 30 分钟范围，现状工业用地比重在 0-30% 的城市片区</td><td>制造业原则上不再新增，已有制造业鼓励向总部、文化创意等产业升级</td><td>文化生产、创意设计、互联网、优势传统产业总部</td><td>通过城市更新完善服务功能、提高生活质量与就业层次的主要区域</td><td>维持适当工业用地规模</td></tr>
<tr><td colspan="2">中心区</td><td>总体规划确定的城市主中心、副中心和组团中心</td><td>鼓励发展总部功能及其他生产生活等高端服务功能；制造业原则上不再新增，已有制造业引导外迁或转型</td><td>总部、金融前台、互联网、销售服务、文化服务、旅游服务、商贸会展</td><td>引领深圳向世界城市迈进的核心区域</td><td>逐步置换工业用地</td></tr>
<tr><td rowspan="3">特色资源区</td><td>特殊政策</td><td>海关特殊监管区</td><td rowspan="3">积极引入能够充分发挥特色资源价值的产业功能；对不能充分利用特色资源的产业功能应审慎发展</td><td>保税服务</td><td rowspan="3">彰显城市特色的主要区域</td><td rowspan="3">合理配置工业用地</td></tr>
<tr><td>历史文化</td><td>各级文化保护单位</td><td>旅游产品</td></tr>
<tr><td>交通设施</td><td>机场、港口、高铁</td><td>物流会展</td></tr>
<tr><td colspan="2">生态保护区</td><td>基本生态控制线范围</td><td>生态保护、保育功能</td><td>观光农业、生态旅游</td><td>保障城市生态安全格局</td><td>逐步清退工业用地</td></tr>
</table>

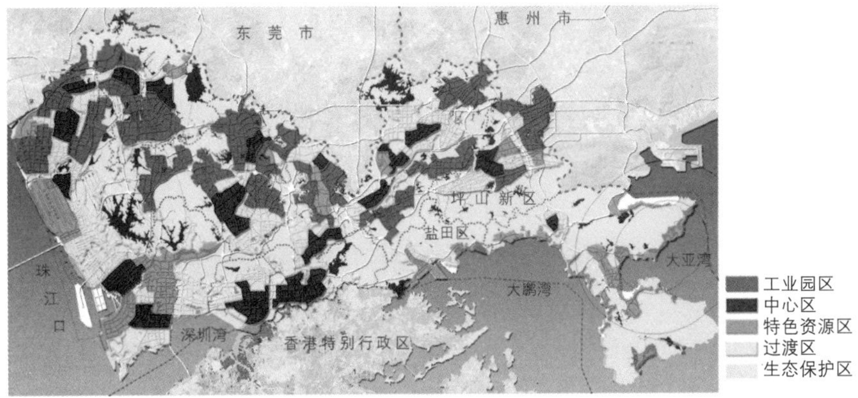

图 3 深圳 5 类产业分区规划（2012 年）

存量发展时代的产业用地管控需求，规划加强了产业布局与用地管理手段的对接和协同，将城市总体规划确定的工业用地指标分解落实到法定图则的标准分区中；提出了划定产业用地区块控制线的管控要求，保证必要的产业空间以满足新兴产业的发展需求[6]（图 3）。

2.3.2 规划实施成效

该规划的定位是对产业空间的引导而非直接安排，评估其实施成效的方法应着眼于长期效应而非即时效应，关注间接效应而非直接效应。该规划重要的贡献是对近期深圳产业空间政策的影响。在 2016 年深圳市政府出台的《关于支持企业提升竞争力的若干措施》中，明确要求全市各区要划定产业用地区块控制线，支持实体经济的持续发展，确保近期全市工业用地不少于 270km^2。目前，该项工作已在全市各区普遍展开，旧工业区改造中“工改居”“工改商”的趋向得到有效控制。

3 支持创新发展的深圳产业空间政策

产业布局规划着眼产业的长远发展，产业空间政策则应立足于解决创新发展当下面临的现实问题。深圳的产业和科技创新虽然成效卓著，但面临的挑战也十分严峻：产业发展空间严重不足，生产经营成本提高过快，连华为这样有实力的企业都难以承受；房价持续上涨、居高不下，企业吸引和留住人才困难加大；中小企业融资受到制约，土地金融化挤压实体经济生存空间，等等。对这些问题严重性的认识早有共识，但空间资源的硬约束使得常规性政策措施难以奏效。因为深圳不可能像内地城市那样给企业慷慨供地；而创新产业生命周期的短暂性，也决定了一次性卖地的方式无法维持创新能力的可持续。突破传统思维，深圳近年来出台了多项支持创新发展的产业空间政策，较为重要的如下。

3.1　创新产业用房政策

创新型产业用房，就是由政府主导建设或配建、筹集（含租购），并按政策出租或出售给创新型企业的政策性产业用房，分生产型和研发运营型两类。作为支持企业创新发展的重要空间载体，其政策思路是：以政府主导、统筹规划为建设原则，政府投资与企业参与相结合，新增用地与旧区更新相结合，多渠道、多方式进行建设，并特别制定了城市更新项目中创新型产业用房配建比例的规定；以统一管理、租售并举、自用为主、严控转让为管理原则，明确产权由政府持有，租售价格实行政府基准价，原则上为同区同类用房市场价的50%–70%；限定自用，企业确需转让的优先由政府回购[7]。

该项政策出台后社会反应良好，不仅各级政府都加大了投入，而且企业参与的积极性也很高。前海的万科企业公馆、龙岗的天安云谷是企业参与建设创新型产业用房的典型范例，给创新型企业提供了优质的发展空间。创新型产业用房的推出，一定程度上缓解了产业空间资源瓶颈约束，并逐步形成支持创新型产业发展的长效机制。

3.2　促进产业转型升级的“1+6”政策

这是深圳2013年出台的一个政策系列，作为核心政策“1”的主文件是《深圳市人民政府关于优化空间资源配置促进产业转型升级的意见》[8]，6个配套政策包括产业用地供应、创新产业用房、产业地价管理、闲置土地管理、工业楼宇管理、配套住房管理等。

3.2.1　多种渠道供应创新产业发展的空间资源

过去单一的土地供应模式对进入存量发展时代的深圳已经难以为继，必须实行房地并举、优先供房的策略，建立以房招商、养商、稳商新机制，引导企业通过租赁、购买生产和配套用房解决发展空间。创新型企业可享受租金补贴或优惠，但必须限定销售对象、价格和二次转让周期。此外，盘活原农村集体用地，允许“农地入市”①。

3.2.2　盘活工业楼宇资源，支持中小企业创新融资

原来的工业楼宇是不能分割转让的，这给起步期的中小企业抵押融资造成困难。为给中小企业的成长提供实际支持，深圳适度调整工业楼宇分割转让范围、比例和转让方式。考虑到可能造成炒作工业房地产、投机买卖而扰乱交易市场等负面效应，对转让时限进行严格控制，并规定转让增值收益须按比例上缴。

① 因为2004年以后深圳土地已经完全国有化，并没有真正的农村用地，所以“农地入市”要打上引号。这里的“农地”，是指原农村集体经济组织仍实际占用却难以流通交易而低效使用的那部分土地。

3.2.3　改进住房保障制度，吸引和留住创新型人才

为了吸引和留住创新发展所必需的人才，深圳调整了产业配套住房定位，明确住房保障工作由“解困型”向“发展型”转变。扩大住房保障覆盖范围，涵盖所有的产业职工，而非局限于户籍人口和高端人才。采取多元化渠道筹集房源，不仅包括政府建设、企业自建和合作开发，还包括租赁、收购城中村自建房、没收违法建筑等多种方式。住房供应形式包括集体宿舍、单身宿舍、人才公寓、探亲周转房等，满足不同类型产业职工的多样化住房需求。产权模式为内部循环，供给方式以租为主，产权不得分割转让。

3.2.4　实施“差别化”的土地供给，扶持创新型产业成长

对于战略性新兴产业、未来产业等符合深圳产业发展导向的产业，在地价、配套用房、土地供应方式和年限等方面进行扶持和保护；对于落后产能企业，最高可提高 100% 的土地使用成本，要么淘汰或转移，要么升级转型。

4　结语

深圳作为第一个国家创新型城市，其发展历程表明：创新产业的成长轨迹与城市发展的阶段性特征具有十分密切的关联性；关键时间节点上的城市发展政策和产业政策对于创新发展具有重要的影响。

在影响城市发展的各要素中，经济要素是最活跃的，不确定性也是最强的。产业的发展，尤其是创新型产业成长演化的生命周期变幻无常，不仅是难以预测的，更是难以规划的。但城市空间又是相对稳定和延续的，这决定了产业布局规划需要重新确定自己的工作定位和思路。不要试图对各类产业的发展空间进行直接的布局安排，而是要研究这些产业共同的空间需求，努力创造适应各类产业发展需求的空间环境，为其提供更多的空间选择机会。

产业布局规划注重目标导向，产业空间政策的制定应坚持问题导向。针对创新发展面临的现实困难，从政府层面提供必要的空间支持；特别是对孕育成长中的初创企业“雪中送炭”，而不是给已经成功壮大的企业“锦上添花”。弥补市场机制的缺陷，是产业空间政策的“可为”之处。

（本文是以笔者在 2016 年 11 月召开的第四届中国城乡规划实施学术研讨会上做的主题报告为基础，进行充实修改后完成。文中引用了

深圳市规划国土发展研究中心同事们完成的诸多研究成果并得到帮助，在此表示诚挚谢意。）

参考文献

[1] 金心异．深圳科技产业史系列 [Z/OL]. http://jincheng918.blog.tianya.cn.

[2] 深圳市规划局．深圳市工业布局规划和研究 [Z]. 2006.

[3] 深圳市规划和国土资源局．深圳市“9+2”高新技术产业带规划纲要 [Z]. 2001.

[4] 深圳市人民政府．深圳高新技术产业园区发展专项规划（2009-2015 年）[EB/OL].2009. http://www.szsti.gov.cn/info/plan/13.

[5] 贺传皎，王旭，邹兵．由“产城互促”到“产城融合”——深圳市产业布局规划的思路与方法 [J]. 城市规划学刊，2012（5）: 30-36.

[6] 深圳市规划国土发展研究中心．深圳市产业布局规划（2012-2020）[Z]. 2012.

[7] 深圳市人民政府．深圳市创新型产业用房建设方案 [EB/OL].2008. http://www.sz.gov.cn/zfgb/2008.

[8] 深圳市人民政府．深圳市人民政府关于优化空间资源配置促进产业转型升级的意见 [EB/OL].2013.http://www.szpl.gov.cn.

深圳参与粤港澳大湾区规划建设的定位与着力点①

卢文彬[1]

摘　要：打造粤港澳世界一流湾区，为深圳"高位过坎"、促进更高质量发展竖立了新标杆，为深圳全方位开放合作注入了发展新动力，为深圳更好发挥中心城市辐射引领功能提供了新空间。深圳应充分发挥毗邻香港的独特优势、浓厚的改革创新氛围、强大的人才和产业基础以及国际化市场化的体制机制优势，打造前海和落马洲河套等重大合作平台，积极争取若干先行先试政策，谋划一批重大项目，力争为粤港澳大湾区建设发展作出更大贡献。

关键词：粤港澳大湾区；深圳；定位；着力点

粤港澳大湾区被中央明确为国家层面的区域发展重大战略。通过打造成为比肩纽约、旧金山、东京湾区的世界一流湾区，粤港澳大湾区力图突破现有"一个国家、两种制度、三个独立关税区"的体制机制障碍，充分激发和释放该区域的发展潜力和活力。作为粤港澳大湾区的重要城市，深圳参与粤港澳大湾区规划建设的意义和价值、优势和定位以及着力点和突破口如何体现，需要作深入研究和探讨。

一、深圳参与粤港澳大湾区规划建设的战略价值和意义

作为粤港澳大湾区的重要城市，深圳正在全球坐标系下谋划全方位开放新格局，打造粤港澳世界一流湾区是深圳重塑发展新优势的重大战略机遇：

（一）打造粤港澳世界一流湾区，为深圳"高位过坎"、促进更高质量发展竖立新标杆。"打造粤港澳大湾区，建设世界级城市群"，是国家在新时期做出的重大战略部署，不仅是粤港澳地区自身加快经济

① 本文发表于《特区实践与理论》2017年第5期。

1. 深圳市发展和改革委员会区域经济处

社会转型、实现可持续发展的迫切需要，也为深圳实现更高水平发展提供了广阔空间。深圳经过三十多年的发展，2016 年全市 GDP 达 2936 亿美元，人均 GDP 达 2.5 万美元，均位居国内大中城市前列。但对标纽约、东京等世界一流湾区城市，目前深圳人均 GDP 仅为纽约的 1/4、东京的 1/3；地均 GDP 也只相当于纽约的 1/8、东京的 1/3 左右，在引领全球要素资源配置等方面，深圳与世界一流湾区城市相比差距巨大。在粤港澳大湾区新的发展要求下，深圳绝不能固步自封，要清醒地认识到自身的差距和不足，主动对标国际一流湾区城市，弥补不足和短板，深入挖掘未来发展潜力和空间，充分借鉴世界一流城市建设和管理经验，努力在高平台上实现更高质量的发展，在新的起点上勇当尖兵、再创新局，推动“高位过坎”，保持长久持续快速发展。

（二）打造粤港澳世界一流湾区，为深圳全方位开放合作注入发展新动力。在粤港澳大湾区框架下，珠三角“一小时都市生活圈”加快形成，前海蛇口等自贸片区加速开发，广深港客运专线、莲塘口岸等基础设施加速推进，湾区各兄弟城市合力发展的潜力必将进一步释放。作为全国市场化程度最高、市场体系最完备的地区之一，深圳基本形成了一套与国际接轨的体制机制和营商环境，集聚了金融、航运、贸易、创新等湾区核心功能要素。深圳应更好发挥比较优势，与湾区兄弟城市合力培育国际竞争新动能，共同打造产业发达、功能强大、开放协同、集聚外溢的一流湾区经济，促进大湾区产业链和价值链向高端延伸。

（三）打造粤港澳世界一流湾区，为深圳更好发挥中心城市辐射引领功能提供新空间。作为全国经济中心城市，与其他一线城市相比，深圳行政区域狭小，发展腹地严重不足。粤港澳大湾区为深圳拓展战略腹地和纵深提供了重要的平台和空间。向东，借助厦深铁路、沿海客专，深圳将能更好地辐射带动惠州、汕尾乃至粤东地区发展；向北，通过赣深高铁，深圳与河源、粤北乃至江西的合作将更为紧密；向西，通过深中通道、深茂铁路，深圳与中山等珠江西岸由“隔江相望”变为一体发展。借粤港澳大湾区建设契机，将深圳创新、金融、航空航运、会展等要素优势与珠江西岸、粤东西北乃至泛珠三角地区的制造、资源、土地等优势充分整合，深圳作为国家中心城市的辐射引领作用必将更充分释放和发挥。

二、深圳在粤港澳大湾区规划建设中的优势和定位

深圳毗邻港澳，背靠珠三角，地处亚太主航道，具有突出的区位

优势、浓厚的改革创新氛围、强大的人才和产业基础以及国际化市场化的体制机制优势，深圳应充分认识和利用好这些优势，在粤港澳大湾区规划建设中抢占先机：

发挥毗邻香港的独特优势，释放合力发展潜能。深圳与香港陆路相连，经过三十多年的改革开放，深港之间由早期的“前店后厂”模式进入合作共荣的新阶段。随着前海蛇口自贸片区、落马洲河套港深创新及科技合作区开发合作的加快推进，广深港客运专线以及莲塘口岸的全面开通，港深金融、专业服务、教育医疗等领域合作的不断深化，深港合力发展的潜能必将进一步释放，港深共建国际大都会区已成为现实可能。

发挥创新发展的强大优势，强化创新引领作用。2008年深圳获批成为全国首个创建国家创新型城市试点，2014年获批成为国家自主创新示范区，是全国首个以城市为基本单元的国家自主创新示范区。2016年，深圳全社会研发投入占GDP比重达到4.1%，PCT国际专利申请量占全国一半，国家级高新技术企业约占广东省总数的40%。以创新为特色的深圳实体经济持续快速增长，一批高科技企业更是领先全球同行。深圳强大的创新优势在粤港澳大湾区中独树一帜，打造粤港澳世界一流湾区迫切需要深圳创新的引领和带动。

发挥市场化国际化的先行优势，更好服务“一带一路”等国家战略。深圳在深化改革中一直走在全国前列，获批成为国家综合配套改革试验区，是国内对外开放的先行地，也是全国市场化程度最高、市场体系最完备的地区。深圳率先形成了一套与国际接轨的体制机制和营商环境，2016年在深圳投资的世界500强企业累计达到215家，国际友好城市和友好交流城市达到83个。在华为、中集、招商局国际等骨干企业的带动下，深圳企业“走出去”优势十分突出，在海外通信工程、工程承包、海工装备、港口建设等方面走在各大城市前列。深圳应充分利用好这些优势，在“一带一路”等国家战略实施中更加主动作为，全面提升城市国际竞争力。

发挥高端要素资源集聚的领先优势，增强湾区核心功能。作为国家经济中心城市，深圳已成为全国重要的金融中心，2016年在全国大中城市中证券业位列第一，基金业位列第二，银行业位列第三，保险业位列第四。初步成为国际航运中心，拥有全球第三大集装箱海港。深圳机场初步成为国际航运枢纽，初步被明确为国家级铁路枢纽城市。金融、航运、贸易等湾区核心功能业态齐备。应巩固和强化这些优势，与兄弟城市优势互补，错位发展，全面增强湾区核心要素功能的辐射引领能力，共同促进发展创新、增长联动、利益融合，推动产业链和价值链向高端延伸。

总体而言，深圳在粤港澳大湾区规划建设中特色鲜明，优势显著，应强化作为湾区核心城市的引领作用，进一步提升在粤港澳大湾区规划建设中的战略定位：

突出粤港澳大湾区建设核心支撑区战略定位。作为粤港澳大湾区最具活力、最具发展潜力的地区之一，按照国际大都市标准规划、建设、管理和运营城市，以产业技术链和物流链为纽带，合力打造香港—深圳—广州为轴心的世界级金融、航运、贸易、科技、产业中心，实现在更大范围、更高层级集聚配置要素资源，从而增强对接世界、服务全国的能力。

突出国际科技产业创新引领区战略定位。作为国内创新创业最活跃的地区之一，深圳应立足全球视野，主动整合全球创新资源。以国家自主创新示范区为载体，建设一批重大科技基础设施、基础研究机构、制造业创新中心，建立与国际接轨的海外人才政策体系，打造国际引智示范区，成为粤港澳湾区创新主引擎。

突出全面改革开放先行区战略定位。充分发挥深圳作为经济特区和综合配套改革试验区的叠加效应，统筹推进供给侧结构性改革和重点领域改革，释放经济社会发展新潜能，扩大高质量产品和服务供给，着力推进基础设施供给侧结构性改革，率先形成更加有利于科学发展的体制机制、利益导向和政策体系。

突出对港合作先导区战略定位。率先促进基础设施互联互通和发展要素高效便捷流动，为内地与香港更紧密合作提供示范，更有力促进香港长期繁荣稳定。依托香港引入国际先进行业标准和管理经验。打造综合性高端开放平台，共建开放高效的世界级港口群和机场群，共同打造世界级的港深国际大都会区。

三、深圳在粤港澳大湾区规划建设中的着力点和突破口

深圳完全有条件、有意愿、有能力勇挑粤港澳大湾区规划建设试验田和主力军的历史重担，应积极作为，主动谋划。重点在以下方面争取有所突破：

（一）打造落马洲河套深港科技合作区新的国家级重大合作平台。在加快推进前海重大平台开发建设的同时，着力推进落马洲河套深港创新科技合作区开发建设。深圳已与香港达成共识，在落马洲河套地区共

建“港深创新及科技园”，在深圳河北侧毗邻河套地区建设“深方科创园区”，共同打造“深港科技创新合作区”，以创新和科技为主轴，促进港深及国际创新资源有机对接，新建一批国家级实验室、重点实验室、工程研究中心，加强深港高等院校产学研联动，推动香港高校在河套区内设立分校、科研中心及产业化基地，推动科研成果在区内产业化，将其打造成为粤港澳大湾区国际科技产业创新中心的重大功能引擎。

（二）全面提升大湾区一体化发展层级。积极推进深港融合发展，推动与香港在金融贸易和专业服务、科技文化、医疗教育、环境保护等领域的更多合作事项落地。开展港深陆海交通一体化规划研究，继续深化深港机场合作，共同推进优化调整口岸布局和通关模式改革，完善大湾区交通基础设施，争取推进大湾区空域试点改革。加强深港知识产权合作，促进港深创新人才无障碍流动，积极推动港澳青年来深创新创业，建设大湾区食品安全标准化与信息交流平台，继续深化深港文化创意产业合作，进一步提升深港教育合作水平。在大湾区港口设施共享、取消大湾区内电话漫游、建设沙头角边境购物城、大湾区“一程多站”邮轮旅游、湾区生态修复和垃圾处理设施共建等方面进一步加强与港澳方面的沟通协商，共同争取国家和广东省的支持。

（三）积极争取相关先行先试政策。争取国家和广东省以及港澳方面支持，获得更多先行先试政策。推进前海扩区尽快获得国家批准，争取在前海蛇口自贸片区实施更加灵活开放政策，落实前海金融创新优惠政策，开展深港科技创新合作区科技政策创新试点。依托太子湾邮轮母港，加快建设中国邮轮发展试验区，率先探索实施更为便利的出入境政策，进一步增加24小时通关口岸数量，落实144小时过境免签政策。争取实施最严格的知识产权保护先行区政策，打造国际引智示范区，创新高等教育和职业教育办学机制，使深圳真正成为全球创新人才的“栖息地”，从而率先实现湾区人才流、物流、资金流、信息流的高效便捷流动。

（四）抓紧谋划建设一批重大项目。加快推进深中通道、赣深高铁、穗莞深城际等公路和轨道交通项目建设，积极谋划深肇铁路、沿海客专、机场扩建、皇岗口岸整体改造等一批重大项目。开展港深西部轨道、港深东部轨道等项目规划研究工作，尽早恢复梅沙和南澳旅游口岸，抓紧开展沙头角边境购物城、湾区游艇自由港等项目的论证，全面促进湾区基础设施互联互通。此外，还应加快深汕特别合作区、深圳（河源）产业城，深圳中山生物健康科技创新示范区等若干重大平台和项目的合作建设，为粤港澳大湾区增添更多的发展新动能。

深圳城市空间结构的演进历程及其中的规划效用评价①

邹兵[1]

摘 要：本文回顾了深圳历次总体规划的发展历程，对三次总体规划关于空间结构的规划思路、城市实际发展结果及其影响因素、规划实际发挥的作用进行了全面分析，指出深圳多中心、组团式结构的形成与城市的基础条件、土地管理制度、发展模式、行政体制等诸多因素密切相关，城市规划只是在结构性要素控制、策略传导、决策影响等方面发挥着有限的作用。

关键词：空间结构；多中心体系；城市规划；效用评价；深圳

城市规划的主要目标是构建城市发展的整体空间秩序，空间结构始终是规划最重要的研究内容。将规划构想的空间结构方案与城市实际发展结果进行比较，自然就成为规划实施评估的重点。尽管城市空间结构是在自然地理环境、历史文化、经济、社会、政治等诸多因素共同作用下形成的，并不完全是规划构建的结果，但最令规划工作者关注的无疑是规划在其中实际发挥的作用。深圳被称为“基本按照规划建设的城市”，建市以来，始终坚持的多中心组团式空间结构得到广泛的赞誉，已成为深圳的城市名片。关于深圳城市空间结构演进的机理和成因研究一直受到学术界的青睐，是常研常新的课题。对深圳历次总体规划在城市空间结构演进过程中的效用评价，也是见仁见智，莫衷一是。本文对此问题的分析遵循如下逻辑线索：以86版《深圳经济特区总体规划》、96版《深圳城市总体规划》和10版《深圳城市总体规划》这三版获得国家法定程序批准的总体规划为对象，对照当初的空间规划要点，对城市空间的实际发展状况及其影响要素进行分析，再对此过程中规划发挥的实际作用进行评价。在展开这些讨论之前，

1. 深圳市规划国土发展研究中心总规划师

① 本文发表于《城乡规划》2017年第6期。

本文先对过去三十多年来深圳总体规划的发展历程作一个概要梳理。

1 深圳城市总体规划的发展历程概览

深圳自特区成立起就形成了快速应对城市发展变化的“滚动规划”传统，37 年来组织编制过十多次总体层面的规划和空间策略，大致可以分为三个阶段。

1.1 1980-1989 年：特区初创时期的总体规划

深圳特区成立之前曾组织编制过两次总体规划，范围都局限于罗湖老城周围，一次是 1978 年，将 2000 年的深圳规划为建设用地仅 10.6km^2、人口规模为 10 万人的小城市；另一次是 1979 年，规划将深圳建设成为建设用地达 35km^2、人口规模 30 万人的中等城市。1980 年 8 月，特区正式成立，由广东省建设委员会组织编制的《深圳市城市建设总体规划》是深圳第一次真正意义上的城市总体规划。其重要作用是划定了特区 327.5km^2 的地域范围，并规划成为人口达 60 万的大城市。1982 年，深圳在组织编制《深圳经济特区社会经济发展大纲》(简称《特区大纲》)的同时，邀请全国各地专家共同“会诊”深圳城市规划，首次提出“带状组团”的空间构想：根据深圳面海靠山、地形狭长的特点规划罗湖、蛇口和沙头角三个功能组团，形成“多点推动、齐头并进”的发展格局。这种与内地城市规划通常采用的圈层式结构完全不同的布局，当时在全国产生了重大影响。

1986 年，为指导快速发展的城市建设，深圳以《特区大纲》为指导编制完成了《深圳经济特区总体规划 (1986—2000)》(简称《86 总规》)。规划首次按特大城市规模对深圳进行规划，确定到 2000 年特区总人口规模为 110 万，其中常住人口为 80 万，暂住人口为 30 万，并将交通和市政基础设施按更大规模进行弹性预留。《86 总规》对《特区大纲》所确立的“带状组团”结构进行了优化和细化，奠定了经济特区的基本空间框架，具有里程碑意义。

然而，深圳城市发展的速度很快就超出了规划的预测。1988 年，深圳对《86 总规》进行了局部调校，在基本延续空间结构的前提下，将 2000 年的规划人口规模调整为 150 万人。

1.2 1990-2005 年：全域开拓时代的总体规划

随着香港“三来一补”企业的大举北迁，城市建设已扩展到原特区外的宝安县。1990年，深圳首次编制完成《深圳市城市发展策略》，把原特区外的发展纳入规划范围，提出了“全境开拓、梯度推进”的空间发展策略，将全市域划分为三个圈层和六个次区域。1992年，为适应宝安县撤县改区的城市化需求，深圳市政府分别批准了《宝安区城市总体规划》和《龙岗区城市总体规划》，作为原特区外空间发展的重要指引。

1993年，深圳启动《深圳市城市总体规划（1996—2010）》（简称《96总规》）编制时，开发建设已在全市范围内铺开。原特区建成区超过100km²，原特区外建成区接近200km²，城乡二元化的矛盾凸显。《96总规》将城市规划区覆盖到全市域，确立全市“网状组团”的空间结构；规划2010年的人口规模控制在430万，但实际的基础设施配置都给予了超前的预留。规划于2000年获批，成为深圳市首个由国务院批准的总体规划，适应了经济高速增长阶段城市空间拓展的需求。

《96总规》被批复后，深圳于2001年编制完成《深圳市总体规划检讨与对策（2001—2005）》（简称《总规检讨》），针对城市人口已经突破《96总规》控制目标的现实状况，将2005年的阶段性人口控制目标调整为560万人。2003年，按照国家建设部的部署和城市自身发展的需要，深圳以《总规检讨》为基础首次单独编制近期建设规划，对“十五”期间城市发展重点地区和重大项目进行统筹安排。从此，近期建设规划成为深圳实施城市总体规划的重要手段。2006年编制的第二轮近期建设规划注重与国民经济和社会发展“十一五”规划的充分对接，强化了规划的空间统筹协调功能，将2010年的规划人口规模调整为900万，并对空间结构进行了局部优化，将原特区外空间调整为八个功能组团。同年，深圳开始推行年度实施计划制度。

1.3 2005年至今：城市转型时期的总体规划

进入21世纪后，深圳高速增长的经济需求与人口、资源及环境的矛盾日益尖锐，城市发展已经面临“四个难以为继”的严峻挑战。2005年编制完成的《深圳2030城市发展策略》确立了“建设可持续发展的全球先锋城市”的目标和“高速增长—高效增长—精明增长”的转型发展路径，并提出“南北贯通、东联西拓、中心极化、两翼伸展”的空间发展策略，将城市空间划分为差异化发展的五个分区。这是全国第一个通过人大立法确立的城市发展策略。

2006年启动编制、2010年获得审批的《深圳市城市总体规划（2010—2020）》（简称《10总规》），确立了面向区域协调发展的“三轴两带多中心”的空间结构。规划 2020 年的常住人口为 1100 万，全市交通和基础设施按照 1500 万 -1800 万人的管理服务人口规模进行实际配置。《10 总规》率先探索了严控增量、优化存量的非扩张型城市发展模式，将城市更新作为优化城市空间结构的重要手段，成为指导深圳城市转型发展和质量提升的纲领性文件。

《10 总规》获得批复后，深圳又连续组织编制了两轮城市近期建设规划，分别对“十二五”和“十三五”期间的城市建设和土地利用进行系统安排。这两轮近规实现了城市建设和土地利用在五年实施期限内的“两规合一”。

1.4 对城市空间演进与总体规划互动关系的初步认识

深圳城市空间发展是一个连续演进的过程。伴随这一历程，城市总体规划也始终处于动态调整、优化的过程中。两者是相互作用、互为因果的，并非单向地影响或推动。在这一动态过程中，既有规划顺应形势变化对城市空间布局的主动引导，也有城市空间自身的演化趋向倒逼规划的调整和适应。由于发展形势变化过快和规划方案调整频繁，大部分规划实际上都无法实施一个完整的规划周期，往往在达到规划期限之前就已经被新的规划所替代。因此，简单地以规划期末的城市空间现实状况来检验或评判某个特定规划的成败得失，并不是一种十分严谨、科学的研究方法。评价规划对于空间结构的效用，不仅要比较城市空间结构与规划预期目标间的符合度和差异性，还要客观分析规划对于决定城市空间发展的关键要素实际发挥了怎样的作用，以及这种作用的程度和持续性。

2 《86 总规》的空间规划要点和效用评价

2.1 空间结构规划思路和要点

《86 总规》开始编制时，经济特区经过五年的快速建设已形成了 47.6km^2 的建成区和 40 万人左右的城市规模（常住人口和暂住人口各为 20 万人）。这时开发建设的范围主要集中在罗湖—上步地区，在蛇口和沙头角也有部分开发，现在的华侨城、福田、香蜜湖片区均未启动开发。《86 总规》的空间规划要点是：规划罗湖—上步、南头、福田、沙河、东部五个功能组团，并将前海—妈湾填海区作为 2000 年以后开发的第六组团；各组团之间以自然河川、绿化隔离带为空间界限，组团内部功能相对完整；明确福田作为未来新的市中心的地位。

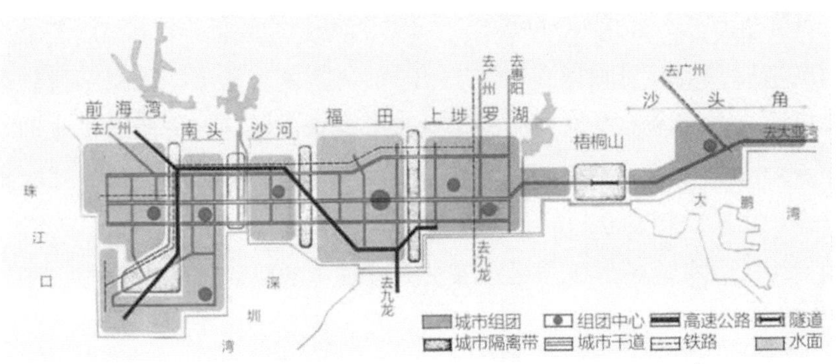

图 1 《86 总规》空间结构图

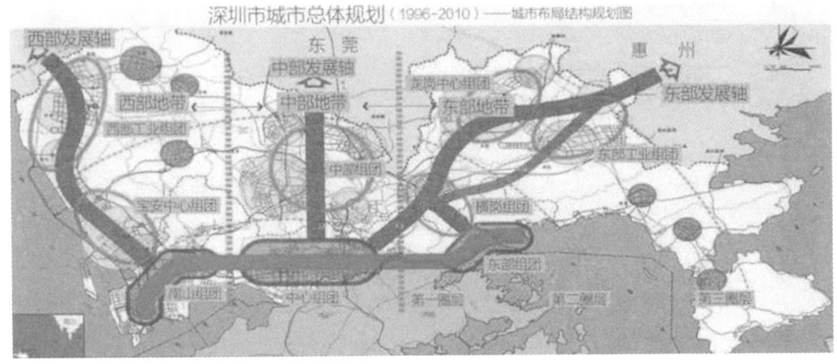

图 2 《96 总规》空间结构图

采取这样布局的原因是：①顺应背山面海的自然地形和原有的发展基础，多点启动；②由于罗湖老城中心尚无力提供更大范围的公共服务，只能选择各组团相对独立发展的方式，实现组团内部居住—就业—服务的平衡；③各组团就近依托一线口岸与香港这个资金和技术的策源地建立紧密联系，平行接受其经济辐射，抓住各自的机遇并行发展而不相互干扰；④将单一、向心的活动转化为分散、多中心的活动，减轻交通压力。《86 总规》对内构筑了串联各功能组团的"三横十二纵"城市道路交通体系，对外交通系统则合理地布局了机场、港口和一、二线口岸等大型基础设施，建立了城市与周边区域的广泛联系，构成"带状组团"结构的支撑骨架。

2.2　城市空间的实际发展进程

特区空间发展从罗湖、蛇口、沙头角三个"据点"起步。1985 年后，华侨城、南油等片区开始建设，20 世纪 90 年代后，福田中心区和盐田港等地相继启动开发。至此特区才初步形成了五个组团并行发展的空间格局，以罗湖—上步组团的规模和功能最为强大，但在城市整体产业层次和公共服务水平不高、东西向交通联系不畅的条件下，各组团内部基本能够实现居住—就业—服务的平衡，组团间的交通出行较少。

2000 年以后，随着特区东西向主干道的全面贯通和机动化交通工具的快速发展，组团内部的居住一就业平衡被打破，跨组团的通勤交通明显增加，这也是深圳向特大型城市发展的必然结果。这个时期城市多中心服务体系发展滞后、功能不全的矛盾凸显出来。全市性的商业和公共服务过度集中于罗湖一上步组团，包括福田中心区在内的其他组团的服务功能迟迟不能培育起来，造成罗湖一上步组团的人口过密、开发强度过高以及交通堵塞等“大城市病”。深圳整体的城市空间结构一度呈现“有多组团、无多中心”的局面。

2005 年后，随着福田中心区、香蜜湖、华侨城、后海等片区商业、服务业的成长，以及车公庙、高新园等就业集聚地的逐步成熟，罗湖—上步地区过于集中的功能得到一定疏解。虽然各组团居住一就业平衡的格局难以再现，但组团内的居住一服务格局在更高层面上取得了新的平衡，居民出行和消费拥有了更多选择。多中心公共服务体系日益成熟，形成了以福田的行政文化和金融商务、罗湖的商业消费、华侨城的旅游娱乐、南山的科技教育、盐田的港口物流中心等为主导的各项功能分工合作、各具特色的多中心格局。

特区空间发展虽然经历了曲折的历程，但发展结果与《86 总规》的规划预期基本吻合，因此获得“基本按照规划进行建设”的美誉。多中心组团结构是富有弹性的空间结构，能够适应市场经济条件下城市发展的不确定性，有利于规划根据形势变化择机分期、分片开发建设。各组团虽然起步有早晚，开发进程和建设水平不一，但基本都是按照规划方案有序推进。到 2000 年，原特区内常住人口达到 225 万，城市建设用地为 133km^2；到 2010 年，常住人口规模更是超过 350 万，建设用地达到近 200km^2，远远超过了《86 总规》的规划预期。但城市的开发建设仍然有效地控制在规划的结构框架内，这体现了《86 总规》实施总体上的成功。这个规划实施存在的缺憾是：规划的几条组团绿化隔离带由于缺乏强有力的刚性管控，后来被开发建设行为不断蚕食和侵占，目前仅福田中心公园和沙河高尔夫绿带保存较为完整。随着空间不断加密、开发强度持续提高，组团空间界限模糊是一个不可避免的结果。除了因梧桐山的天然阻隔造成东部组团相对独立外，其他组团已基本呈现出连绵一体的形态，呈现出“有多中心、无多组团”的格局。

2.3 “基本按照规划进行建设”的成因

一个新城市的建设过程往往面临两种风险：一是缺乏投资，动力不足，城市整体骨架迟迟不能形成；二是增长过快，开发失控，破坏城市整体的空间秩序。所幸的是，深圳特区在三十多年的开发建设中较好地处理了这两种矛盾，实现了经济快速增长和空间有序建设两者的平衡。其成功原因在于：

2.3.1　尊重城市发展规律的正确战略决策

深圳这种“弹性规划”强调顺应城市的形势变化适时、动态地调校规划方案，但对规划的基本原则和战略性要素控制却坚持到底，毫不动摇。这一点充分反映在对福田中心区已出让土地的回购和机场原规划选址方案的坚持等重大事件中。特别是深圳机场选址的曲折过程及其最终的理性决策，使得深圳避免了一次因战略性决策错误造成无法挽回的灾难。这是深圳城市发展的最大幸事，也为深圳成长为今天的超大城市赢得了宝贵的空间和机会。

2.3.2　多元主体共同参与城市建设

在特区建设起步初期资金严重缺乏的条件下，深圳引入了招商、华侨城、南油、盐田港等大型企业集团实施集规划、建设、管理、运营于一体的成片开发模式，承担了各组团重要片区的开发建设任务，履行了“准政府”的职能。市政府主要负责全市性的交通干道网络建设和福田中心区的规划建设。这种“诸侯并起”的格局，大大加快了各组团的开发进程，弥补了市政府财力的不足。而这些大型国企也基本遵循着统一规划、集中建设的开发模式，使城区形成各具特色的空间形态。

2.3.3　城市土地利用的有效控制

早在20世纪80年代特区成立之初，深圳政府就给农民建房统一划定了用地红线，使得村集体建设行为基本控制在有限的地域范围内。之后，随着特区开发建设的推进，政府逐步进行土地成片征收，到1992年，对原特区土地进行集中统征、实现全面国有化已是水到渠成的结果。虽然特区在三十多年的建设过程中，也存在“城中村”等违法建设失控的状况，但大都发生在局部范围内，不足以影响城市整体的建设格局。政府对于土地使用的有效掌控，为特区建设的“规划先行”提供了有力保障。

2.3.4　国土开发基金模式的支持

1987年城市土地使用制度改革以及1992年对原特区土地的集中统征和全面国有化，为深圳建立“统一规划、统一征地、统一出让、统一建设、统一管理”的实施机制奠定了制度基础。政府在此基础上创建了“取之于地、用之于地”的国土开发基金模式，形成了城市建设资金的良性循环，顺利完成了机场和主要交通干道的建设，为后续滚动开发创造了条件。

除上述原因外，特区初创时期的人口、经济和建成区规模都很小，基本不存在既得利益格局，在一张白纸上更容易描绘美好蓝图。这也是深圳能够“基本按照规划进行建设”的难得机遇。

2.4 《86 总规》对空间发展的实际效用

2.4.1 有效地引导了特区整体空间格局的形成

《86 总规》具有鲜明的建设规划特点，不仅对之后 15 年内的城市整体布局作出了全面安排，而且对近期重点片区的开发建设进行了详细规划。如均衡地布局了 15 个工业区和 179 片居住小区，保证接下来的规划建设基本不走样。这与后来几版总体规划注重策略性有很大不同，也是与特区发展初期的建设需求相吻合的。《86 总规》与道路交通规划同步编制，构筑了“三横十二纵”的道路交通体系，搭建了较为完整的城市空间骨架，为城市建设分阶段、有步骤地展开创造了有利条件。后来的发展虽然也经历了波峰和低谷，但所有建设行为基本是在划定的结构框架内进行的填充式开发，保持了开发的系统性和完整性。就连受市场影响最大的招商引资和工业开发，也被统一布局在 15 个工业区中，这些都得益于规划的结构性要素控制。

2.4.2 有效影响了战略性空间的布局决策

《86 总规》对机场、港口等大型基础设施的选址安排和福田中心区的定位布局，给城市空间的总体格局和未来走向带来了重大而深远的影响。

2.4.3 规划思路在后续规划中得到有效传导和延续

《86 总规》的多中心组团结构布局思路得到了广泛认同，并为后续规划所继承、延续。此后陆续编制的福田、罗湖、南山、盐田分区规划，以及各类专项规划，都是据此进行的深化落实。后来的《96 总规》和《10 总规》对于多中心带状组团的结构也进行了继承和延续。

3 《96 总规》的空间规划要点和效用评价

3.1 空间结构规划要点

《96 总规》的突出特点是将规划区覆盖到全市域范围，且没有简单地套用“中心城区 + 市域城镇体系”的传统空间模式，而是对全市的人口、产业、环境、交通、各类设施等要素进行通盘考虑和综合安排。规划确立了轴带结合、梯度推进的“网状组团”结构，可以概括为“三条轴线、三个圈层、三级中心体系”。“三条轴线”是以特区为中心，依托对外交通干道向西、中、东三个方向放射发展的三条城镇发展轴；

“三个圈层”是根据既有发展基础划分的，在产业层次、服务设施水平、开发建设密度等方面实施梯度推进的差异化地域空间；“三级中心体系”是由福田—罗湖市级中心，南山、新安、龙城等七个次级中心，以及各片区、各镇的社区服务中心共同组成的三个层次的中心服务体系。

《96 总规》将原特区的组团结构模式推广到全市空间，划分为九个功能组团和六个独立城镇。各组团和独立城镇之间以绿色生态用地相隔离，构筑了自然生态和人工生态两个层次的空间构架：城市建设用地整体形态呈W字形；生态保护用地以山体、水系和组团隔离带为要素联成整体的系统，呈M字形；建设空间与生态空间交相融合成为一个整体。

3.2 城市空间的现实发展状况

《96 总规》确立的西、中、东三条发展轴线是深圳进行区域联系的主要通道，也是深圳最重要的产业发展走廊，城市沿轴线发展的态势十分明显，至今仍延续着这种趋势，相较而言，按圈层“梯度推进”的趋势并不明显。规划的二、三圈层之间既没有形成梯度化的产业分工格局，也没有形成建设密度差异化的空间形态，而是呈现一种同质化低效蔓延的状态。“三级中心体系”的建设程度不一。福田—罗湖市级中心的服务功能日益完善、强大；次级中心中，南山、新安、龙城、沙头角等区政府所在地的次中心发展较好，龙华、沙井和大工业区作为次中心应有的服务功能基本没有形成。原特区外六个功能组团和六个独立城镇的实际发展格局与《96 总规》的构想有很大差异，后来通过规划调整进行了多次重组，但各组团内部居住—就业—服务功能的平衡至今没有完全形成。作为组团隔离带的生态用地空间保护效果不佳，不断被粗放的开发建设行为侵占，呈现出不连续和破碎化的状态。若不是一些山体、河川和自然保护区的阻隔，组团空间结构将不复存在。2005 年，深圳基本生态控制线划定之后，这种态势才得到一定程度的遏制，但部分组团的空间界限已经十分模糊，形态上已连绵成一体。

3.3 全域开拓策略收效不佳的原因

自《96 总规》确立“全域开拓”的目标和策略后，原特区内外一体化发展就成为城市规划一直努力的方向，但实施效果总体收效不佳。这源于诸多深层次的体制机制原因。

3.3.1 土地制度

原特区外长期实行土地的村集体所有制，政府对集体土地的使用缺乏行之有效的管理。1993 年，宝安撤县改区，并没有给各村集体划定建设用地红线，或者虽然划了但管理形同虚设。原特区土地统征加剧了宝安、龙岗的村集体和村民对自身土地所有权的不确定性预期，抓紧抢建、抢占土地以攫取眼前利益成为村集体一致的行动，以至于1994年，两地竟产生了230多km^2的推平未建土地。1993年到2003年的10年，正是深圳经济增长和开发建设最快的时期，也是土地资源消耗最多的时期，开发建设大部分都分布于原特区外。虽然2003年年底宝安、龙岗两区全面推行城市化，从名义上将土地一次性转为国有，但这些土地至今仍没有完全为政府所掌握，大量土地还处于“应转未转”和“应补未补”的纷争之中，规划对于土地的管理始终难以落到实处。土地管理的失控使得任何理想的空间结构方案都成为空中楼阁。

3.3.2 发展模式

以土地的村集体所有制为基础，各村利用外资和大量涌入的外来劳动力，凭借廉价的土地形成依靠出租厂房和私宅获利的“出租经济”模式，主导了原特区外地区的发展。这种发展模式不可能形成产业梯度分工的空间格局和组团式的紧凑布局形态，也不可能实现配套服务设施的共建、共享。

3.3.3 资源配置

尽管1993年宝安撤县改区后，全市已经具备了统一发展建设的条件，但在2000年之前，政府投资的重点依然高度集中于原特区，原特区外基本处于自行发展的状态。2000年以后，原特区的建设趋于饱和，政府才将建设投资逐步转向原特区外，但大规模的基建投资则是在2006年以后。长期以来，原特区外地区的发展因投资不足，欠账过多，管理的事权也与资源不匹配。特区外个别大镇的常住人口已近百万，超过内地大城市的规模，却只能按照镇级行政配置，建设投入、设施配置、管理服务都无法满足高水平建设的需要。

3.3.4 行政架构

原特区外地区长期由两个区政府管理着五倍于原特区的地域范围，规划建设重点只能集中于区政府所在地，如宝安、龙岗中心区的建设水准明显高于其他地区，而紧邻特区的布吉却一直沦为“被遗忘的边缘”。由于缺乏行政架构的支持和匹配，由若干镇拼合成的功能组团的建设管理主体缺失，组团级的公共服务设施难以实施，多中心服务体系也成为纸上谈兵。直到2007年以后，深圳实施行政管理体制改革，成立了多个新型功能区，新区范围与组团结构基本契合，这种局面才逐步改变。

3.3.5　管控措施

空间管制政策缺位导致空间发展失序。如基于生态用地空间保护的基本生态控制线直到 2005 年才划定并出台管理规定，这种亡羊补牢的“抢救式”保护，既难以综合考虑生态空间结构的系统性，也不能保证组团结构的完整性。

3.4 《96 总规》对空间发展的实际作用评价

《96 总规》编制时面临的形势是城市发展建设已经全面铺开，已经不是在一张白纸上描绘理想蓝图的状态，对于大量既成的建设现状只能予以现实的承认而不能无视其存在。再加上前述体制机制要素的影响，其作用的发挥受到极大的制约。

3.4.1　规划价值体现在先进理念的引导

《96 总规》首次对全市域的土地空间进行整体性的布局安排，为后来全面推进特区一体化打下了基础。后来编制的干线路网、轨道交通、市政设施等专项规划都把全市作为一个整体进行考虑，得益于规划的前瞻性引导。《96 总规》的规划理念也很超前，如今普遍倡导的“区域协调、城乡统筹、生态优先、两规合一”等思想都有所体现。

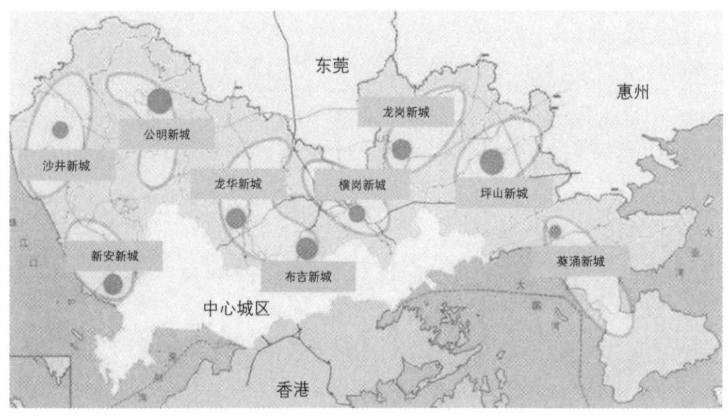

图 3 《深圳市卫星新城发展规划》结构图

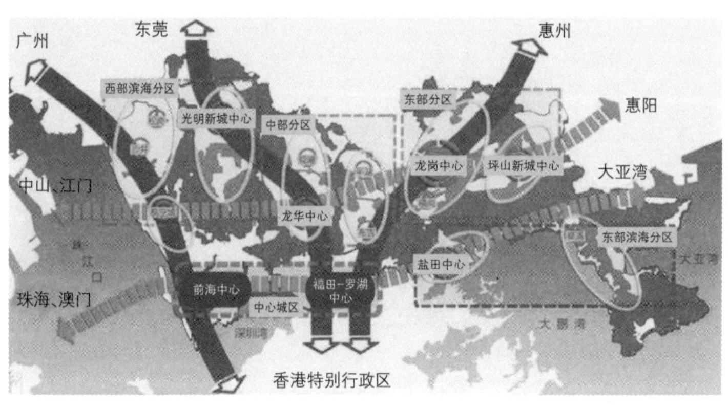

图 4 《10 总规》空间结构图

3.4.2 规划策略未得到有效的传导和落实

《96 总规》的规划区扩展到全市域后，不可能像《86 总规》那样进行全面和详细的建设安排，只能突出策略性和结构性的引导。总体规划的思路需要传导到下层次规划和各专项规划进行进一步细化和落实，但实际上规划的传导存在严重问题。原特区外地区很长一段时期仍是以镇为单位编制镇域规划，不仅出现各自为政和重复建设，而且规划标准也不高，无法落实组团结构的思路。直到 2006 年，深圳才以组团为基本单元统一编制了原特区外组团分区规划，这大大滞后于实际开发建设的进程。面对大量已经发生的建设行为，这些规划不得不被迫迁就现状或被动适应开发建设,而难以进行主动引导和控制。另外，《96 总规》对空间的结构性控制较弱，虽然同步编制了交通规划，但全市“七横十三纵”的干线路网规划直到 2005 年左右才编制完成，实施建设则更加滞后，原特区外开发建设始终缺乏结构性的控制，基本生态控制线划定之前，全市的生态空间结构管控也基本失效，M形建设空间和W形生态空间相互融合的规划思路只能停留于图纸上。

3.4.3 规划对于政府重大决策影响有限

《96 总规》确立的“圈层发展、梯度推进”策略并没有被决策层完全接受。1997 年，以发展先进制造业为目标的大工业区动工兴建，却选址于第三圈层的坪山。2002 年，市政府开展的“一市多城、众星拱月”卫星新城规划，采取的是全市均衡的布局，全无“梯度推进”的思路。2006 年，市政府提出重点打造龙华、大运、光明、坪山“四大新城”，除龙华外，其他三大新城全都位于第三圈层，这意味着对“圈层发展、梯度推进”策略的彻底放弃。

3.4.4 空间结构的规划缺乏稳定延续性

在城市建设高速推进的形势下，各组团发展状况偏离了《96 总规》功能定位的态势早在 2001 年编制《总规检讨》时就已经显现。在 2003 年和 2006 年开展的两轮近期建设规划，都对部分组团的单元组合和功能定位进行了调整，六个独立城镇也重新组合为两个新的功能组团，形成原特区外八个组团的空间格局。组团结构的频繁调整也在一定程度上影响了规划实施的成效。

4 《10 总规》的空间规划要点与效用评价

4.1 空间结构规划要点

《10 总规》是首个不追求新增建设用地扩张，由增量空间拓展转向存量空间优化的转型规划。在空间结构上，它注重加强区域间的联系来提升自身对外的辐射功能，以扩大经济腹地来拓展、弥补实体空间的不足；对城市内部既成空间结构并未进行大幅度调整，尽量保持稳定和延续，强调功能优化和质量提升。规划提出“南北贯通、西联东拓”的区域空间发展策略，确立了面向区域开放发展的“三轴两带多中心”组团空间结构。其中，“三轴”基本延续《96 总规》的西、中、东三条发展轴线，仅对中部轴线的走向进行了微调，突出与龙华、光明副中心的串联和高铁、轨道等交通干线的支撑，强调与南面香港地区的全方位对接；“两带”是新增的两条东西向发展带，意在向西加强与珠中江都市区、湛茂城镇群、北部湾经济区的联系，向东加强与惠州、粤东北地区和海西经济圈的联系，但体现的是区域功能指向而并不反映空间形态的发展趋势；“多中心”是《10 总规》对空间结构优化调整的重点内容，将《96 总规》的三级中心体系进行了能级上的全面提升，形成“2+5+8”的三级公共服务中心体系。在福田—罗湖中心的基础上，新增前海市级中心，涵盖原南山和宝安次中心，打造市级“双中心”格局。规划五个城市副中心，在承担地区性综合服务功能的同时，赋予其全市性的专项服务职能。其中四个布局在原特区外，旨在打造原特区外的服务高地，辐射带动全市空间质量的提升。另外，规划了八个组团级中心，强调提供更大空间范围和更高水平的公共服务。原特区外的空间结构延续八个组团的格局，并与《深圳 2030 城市发展策略》确定的差异化空间分区衔接，贯彻生态用地“底线管控”的理念，将基本生态控制线范围与国家规定的“禁建区 + 限建区”对接，通过政策叠加强化生态空间的保护和建设空间的有效管控。

4.2　城市空间发展的实际状况

多层次的中心服务体系是《10 总规》的重点，既是组团式空间结构发展完善的基础，也是促进特区内外一体化的关键所在，可作为评判空间结构成效的核心内容。

市级中心层面，福田—罗湖中心的行政文化、金融商务功能被进一步强化。新设的前海中心近年来已经成为全市新一轮发展的重要平台。在完成前阶段的水环境治理和基础设施建设密集投入的准备期后，目前，前海中心已经进入加快建设的新阶段。预计到 2020 年，它将初具规模，成为展现深圳现代化国际化形象的新标杆，并与南山的后海中心区和宝安中心区共同构成服务功能强大的新市级中心。

五个城市副中心发展程度不一。龙岗中心和龙华中心借力世界大学生运动会的举行和深圳北站建成通车等重大机遇，将城区面貌和基础设施水平提高到一个新台阶。随着龙岗国际大学城和深圳北站商务区的建设，这两个副中心的综合服务功能有望得到进一步提升。盐田中心的港口物流和旅游综合服务功能也将得到进一步完善，但其辐射范围受制于区位条件只能覆盖东部滨海地区。光明中心和坪山中心的基础设施建设取得了很大进展，但在凝聚人气、提升功能方面还有所欠缺。八个组团中心均为传统的镇级中心所在地，布局上较多考虑区域平衡因素。各中心的服务功能都得到一定的发展，但距离组团级综合服务中心的要求还有较大差距。

随着全市人口和产业持续高速增长，各组团建设加密、增高的趋势十分明显。多层次中心服务体系的完善给各组团居住—服务功能的平衡创造了条件，促使居住人口迅速向原特区外各组团转移。但全市的就业岗位仍高度集中于由原特区福田—罗湖组团和南山组团组成的中心城区，形成严重的职住分离现象。跨“二线关”的通勤交通需求与日俱增，交通设施不堪重负。若从居住—就业功能平衡的角度来评判，由福田—罗湖组团和南山组团组成的中心城区的单中心趋向十分严重，理想的多中心结构尚未形成。

4.3 近年来影响城市空间结构发展的关键因素

经过三十多年的快速发展，深圳积累了巨大的建设存量资产，已经告别空间扩张的时代，进入一个惯性持续发展、优化提升空间的时期。空间结构也趋于基本稳定，任何一种要素都不具备对城市空间格局进行颠覆性重构的机会和能力，只能对其产生有限的影响。

4.3.1 “大特区”时代到来与特区一体化专项行动

2010 年以后，深圳城市空间发展的一个明显成效，是特区一体化发展取得突破性进展。2010 年，国家批准深圳特区扩大到全市范围，深圳正式进入“大特区”时代。自 2010 年起，政府连续六年实施“特区一体化”行动。2010 年至 2013 年为第一阶段，重点是建设“四大新城”；2013 年至 2015 年为第二阶段，重点是加强基础设施和基本公共服务建设，目前在干线路网、轨道交通、基础教育、医疗卫生、环保设施建设等方面取得了显著成效。随着特区一体化攻坚计划的实施，各项政策、投资向原特区外倾斜的力度进一步加大，2020 年有望基本实现特区一体化。

4.3.2 国家战略实施和重大事件影响

前海中心建设的成功得益于国家战略的有力支持。自 2010 年，前海中心获批成为深港现代服务业合作区之后，2015 年，又被纳入中国（广东）自由贸易试验区。凭借多重政策叠加的优势，前海已从深港合作平台升级为深圳融入“一带一路”国家战略、迈向国际化、参与全球竞争的重要战略支点。而龙岗中心则借助举办世界大学生运动会的契机，高标准地建设大运新城，大大提升了公共服务水平和城市形象。

4.3.3　行政管理体制改革与区划调整

深圳继 2007 年和 2009 年分别设立光明新区和坪山新区后，2012 年又设立了龙华新区和大鹏新区，2017 年正式成立了龙华区和坪山区，进一步完善了原特区外地区的行政管理架构。与此同时，深圳还将原特区外占地过大的街道进行拆分，到 2016 年，原特区外的行政架构由两个行政区优化调整为四个行政区和两个功能区，20 个镇细化为 41 个街道办。资源配置与服务人口和地域规模、管理事权逐步相匹配，适应了建设现代化城区的精细化管理要求，有益于提升城市建设、管理服务质量。

4.3.4　区域协作的不确定因素影响对外联系

大型区域性基础设施建设对城市空间格局的影响较大，但这又是城市自身不可控的因素。谋划十年之久的深中通道直到国家“十三五”规划才正式立项，将至 2023 年之后才可能建成；深茂高铁建设也相对延后，使得深圳与珠江西岸的联系受到极大阻滞；向东联系方面，深惠城际轨道线尚未实施；新规划的赣深高铁最终采用了西线方案，使得龙岗、坪山的区域交通枢纽地位被削弱。这些重大设施建设的滞后，严重弱化了深圳的区域联系强度，规划的东、西向两条发展带的区域辐射功能发挥不尽如人意，也影响了城市空间结构的优化。

4.4 《10 总规》对空间发展的实际效用评价

《10 总规》尚在实施过程中，全面评价其效用为时尚早。但规划在编制过程中与城市多项重大战略决策同步推进，产生良好的互动效果，也奠定了规划实施的坚实基础。

从前面的分析可以判断，《10 总规》对于空间结构发展至少在三个方面发挥了重要的作用：一是对完善多中心服务体系的引导作用。“2+5+8”的中心体系达成共识并得到有效推进，特别是前海中心、龙岗中心、龙华中心等建设成效显著。二是对综合交通系统，特别是轨道网络布局的指导作用。近年来深圳地铁的规划建设都与城市发展主轴和重点地区紧密衔接，大运量轨道系统的支撑使得三条发展轴线成为复合式交通走廊和城市综合服务功能走廊。如轨道交通 1 号线和 11

号线串联前海中心和空港新城等重要战略节点，使得西部轴线成为珠三角城镇群发展“脊梁”和粤港澳大湾区的核心区域，显著地提升了区域的地位和服务功能。轨道交通4号线和6号线串联光明、龙华副中心和福田中心区，使得这些区域的综合服务功能大大提升，特区一体化的示范带动效应十分明显。三是对组团式空间结构的支撑、固化作用。《10总规》通过政策叠加强化了其对生态空间的保护和建设空间的有效管控，使得建设用地粗放扩张的态势得到有效遏制，组团空间结构基本被保持而未受到进一步的破坏。

《10总规》也存在实际效用不佳的方面：一是通过生态清退优化空间结构的策略没有落实。规划曾提出对位于几大水库周边地区和重要生态廊道的违法建筑实施强力清退，以达到生态修复、保全生态系统安全的目的，并优化城市空间格局，但缺乏有效的政策手段，实施情况很不理想。二是对存量规划的实施机制研究不足。具体表现为各级城市中心的建设都不是在空地上展开，涉及复杂的既有利益调整，大规模集中实施推进十分困难。如光明和坪山副中心之所以发展建设滞后，一方面是因为这两个副中心的核心区选址飘忽不定，始终没有形成投资合力；另一方面是没有类似龙岗大学生运动会这样的重大活动驱动，也缺乏旗舰型项目带动，仅靠自身更新进展缓慢，不能形成中心集聚的效应。

5 结语：启示与展望

多中心组团结构一直是深圳城市规划坚持和努力追求的目标。随着城市发展阶段的变化，对这一结构的认识、理解也越来越全面、深刻。多中心组团结构的初衷是力求在一定空间范围内居住一就业一服务功能的平衡，但这种平衡具有相对性、层次性、区域性和动态性。在深圳城市空间的演进历程中，城市发展初始阶段层次较低、范围较小的职住平衡，发展到一定阶段后必定会被层次较高、范围较大的不平衡所打破，之后经过自身调节、演变，又会在更高层次、更大范围内达到新的平衡，如此循环往复，持续上升。多中心结构的形成是一个连续、动态演化的过程，既需要长时间的自然成长，也需要持续、耐心的功能培育。各阶段的空间结构特点与当时城市的人口规模和结构、发展速度、产业层次和功能级配有密切的关系，也受到政策和体制因素的影响。城市规划能够对城市空间结构的优化发展施加重要的影响，但影响程度既取决于规划自身的科学合理与否，也取决于配套制度和政策支持的力度。无论是规划编制还是实施，认识和遵循城市空间演进的规律都十分重要。

深圳已成为全国人口密度最高的超大型城市之一，创新发展动力强劲，未来的经济规模仍将有大幅度的增长，但可利用的空间资源已濒临极限。深圳必然要跳出自己狭小的行政辖区范畴，从珠三角甚至更广阔的区域来谋划城市的发展。深圳与东莞、惠州组成的珠江东岸都市区，无论从人口规模还是空间范围都与东京都市圈极其相近。在不改变行政区划的条件下，以深圳为核心打造都市圈，在更大范围内利用和配置空间资源，实现居住—就业—服务的功能平衡应是努力的方向。深圳城市空间从起初“小特区”的多中心带状组团结构，发展成为如今“大特区”的多中心网络组团结构，未来与周边城市共同形成大都市圈范围的多中心网络集合城市结构，将是可以展望和预期的结果。

大都市经济圈与湾区城际轨道交通模式选择

——对粤港澳大湾区都市圈高速城际轨道交通系统的探讨①

谢志岿[1]

摘　要：轨道交通是联结城市群、支撑大都市经济圈形成的重要交通方式。当前我国城际轨道交通的规划建设和运营模式不完全适应城市群产业和人口转移的需要，存在客流不足和经营亏损等突出问题。城际轨道的规划建设，必须把握好如下几组关系：产业和人口的流动趋势与城际轨道建设时序，城际发展的异质性与人口流动的动能势能，轨道交通供给和运行方式与需求之间的诱增和诱减效应，交通满足率、交通自给率与交通方式分配，城市规模、经济发展水平、住房自有率等指标与城际交通规模等。在大湾区内部创制一种自成体系的、结合高铁和地铁优势的世界一流的城际轨道交通模式，即地铁化运营的高速城际轨道交通系统，是满足粤港澳大湾区和大城市群内部产业和人口转移需要的必然的模式选择。

关键词：粤港澳大湾区；高速城际轨道交通系统；地铁化运营；大城市群

粤港澳大湾区是由香港、澳门和珠三角九市组成的大城市群，面积5万多平方公里，人口6000多万，2017年GDP总量逾10万亿元，规模总量居世界大湾区前列。作为拥有巨量人口和经济规模的世界级的都市圈和经济圈，需要世界一流的交通系统。唯有如此，才能实现湾区内部之间产业、人口、物流、资金流、信息流的快速流动和转移，实现湾区一体化和湾区大都市经济圈协调发展。当前，湾区内部城市间发展水平和资源状况是不均衡的，以深圳、广州为代表的湾区较发达地区，产业和人口密度较大，营商成本高，存在转型升级和向周边转移疏散的需要，而周边地区由于交通和公共服务设施等方面存在的

① 原载于《城市观察》2018年第6期，略有改动。

1. 深圳市社会科学院社会发展研究所、研究员，香港中文大学博士深圳，518028

问题，目前尚不能很好地引进和承接发达地区的产业和人才转移。这种状况，严重制约了湾区的整体发展。因此，研究湾区内部的交通模式，促进产业和人口在湾区内部顺畅地转移流动，更好地发挥湾区内部城市各自的比较优势，发挥广深的辐射带动作用，对粤港澳大湾区的未来发展意义重大而深远。同时，对粤港澳大湾区城际轨道交通模式的探讨，也对我国长三角、环渤海等大城市群的城际轨道交通模式具有参考价值。结合现有各种交通模式的现状和优势、劣势，充分利用和发掘现有的交通技术，本文提出，构建一种新的世界一流的轨道交通模式，即湾区内部自成体系的“地铁化运营 + 高铁速度”的高速城际轨道交通系统，是破解湾区内部发展瓶颈，促进粤港澳大湾区经济圈产业和社会一体化发展的关键。

一、城际轨道交通是连接城市群之间的重要交通方式

城际轨道交通在定位上属于区域轨道交通，在轨道交通体系中，是介于国家级干线交通和城市（城区）内部交通之间的一个交通层次。因此它的全称是“区域性城际轨道交通”，在国外被称为 Regional Rail System 即区域轨道系统。城际轨道交通是指在经济发达、人口稠密的经济区域的主要中心城市之间或在某一大城市轨道交通通勤圈范围内修建的便捷、快速、运力大的客运轨道交通系统。[1] 朴爱华将城际轨道交通系统划分为区域城际轨道交通主轴系统和大城市城际轨道交通通勤系统两大类别，两类城际轨道交通系统在开行距离、服务对象、客流特点、服务水平、运输组织等多方面具有不同的特点（表 1）。[2]

两类城际轨道系统比较　　表 1

	区域城际轨道交通主轴系统	大城市城际轨道交通通勤系统
联结区域	主要中心城市之间	区域内部某一大城市中心与外围
通行距离	通常在 100-300km	通常 100km 以内，个别在 100-150km
服务对象	沿线各城市间探亲、访友、商务、公务等交流需求的中短途城际旅客	中心城市、城市组团、部分次中心城镇之间的日常通勤、通学、购物、休闲、娱乐等交流需求的短途城际旅客
客流特点	旅客以实现一日往返为主，具有明显的潮汐现象，客流具有早晚高峰的特点，早高峰出现的时间较早，晚高峰出现的时间较晚	短途城际旅客以实现通勤为主，客流在具有潮汐现象的基础上，还具有明显的向心特点，早晚高峰更加明显，早晚高峰出现的时间较城际主轴系统分别延后和提前
服务水平	单程旅行时间应不超过 3h	全程旅行时间应控制在 1h 左右
运输组织	利用干线客运专线开行“高密度、小编组”的城际列车，一般不需要与干线客运专线并行修建同样标准的专用城际轨道交通线路	建设城际轨道专用线路，也可以将大城市内部的城市轨道交通线路向城市远郊区、周边城市延伸、扩展，还可以将干线铁路向区域中心深入或利用既有干线铁路的闲置资源开行具有通勤功能的公交化城际列车等多种形式

城际轨道交通是伴随大都市区或大城市群的发展而产生，并随着轨道交通技术的进步而不断演进的交通方式。现代意义上的城际轨道交通较早出现在经济发达的大都市区，如东京、纽约、旧金山湾区、巴黎等大城市都是城际轨道发达的地区。或者说，正是发达的城际轨道交通，支撑了大城市群的发展。

东京市区面积 621km^2、东京都面积 2186km^2，大都市区面积 19650km^2，是城际轨道交通最发达的大都市之一。从 19 世纪到“二战”以前，东京在优先发展轨道交通的理念指引下，建设了比较完善的轨道交通系统。“二战”后，随着日本经济的恢复和发展，涌现了东京、名古屋、大阪等经济中心，但当时连接这些地区的东海道铁路线只占日本铁路总长度的 3%，却承担着全国客运总量的 24% 和货运总量的 23%。适应大都市区发展的交通需求，20 世纪 50 年代中后期，日本启动新干线铁路建设。1964 年，最高时速超过 200 公里的东海道新干线投入使用。之后，东海道山阳新干线、东北新干线、山形新干线、秋田新干线、上越新干线、长野新干线陆续建成。到 21 世纪初，东京城市轨道交通圈内的铁路总长度为 2246.4km，城市轨道网络密度达 222m/km^2。[3]

旧金山湾区（San Francisco Bay Area），陆地面积 18040km^2，人口超过 760 万，共有 9 个县、101 多个城镇，主要城市包括旧金山、奥克兰（Oakland）和圣荷西（San Jose）等，硅谷（Silicon Valley）位于湾区南部。[4] 旧金山湾区的公共交通非常发达，覆盖整个区域。公交线路通车里程为 11200km，其中轨道交通 660.8km，主要的城际轨道有湾区快速轨道交通（BART）和半岛通勤列车等。公交化、通勤化是湾区轨道交通的重要特点。城际轨道交通已经不是当初以服务商务旅行为主要目的的旅客运输，而是以服务本地居民为主要任务（公交化），以解决居民上下班问题为主（通勤化）的交通工具。区域城市之间实现公交化运营，使得中心城市的积聚功能和核心作用更为显著，也带动了中小城市的繁荣，城市布局和城市分工更为合理。[5]

巴黎市中心区面积 105km^2，近郊 657km^2，远郊面积 9433km^2。大巴黎地区的轨道交通系统分四个层次，分别为：服务于市区的地铁（M），长度为 221.6km；服务于市中心外近郊 60km 范围的市城快线（RER），长度为 589.9km；服务于市中心 60km 外远郊范围的市郊铁路，长度为 1263km；联结 RER 和 M 线的有轨电车（T）。因此，巴黎大都市区轨道交通总长度达 2074.5km。[6]

纽约市区面积为 786km^2，纽约都市区面积为 7000km^2，纽约大都市圈面积为 33165km^2，人口 2000 多万。纽约大都市区轨道交通系统由三个层次构成，分别为：服务于中心城区的地铁（M）线路 26 条，368km；PATH 线路 4 条，22.2km；服务于大都市区范围内的通勤铁路。通勤铁路主要是大都会北方铁路和长岛铁路，前者有 8 条线路 618km，[7] 后者有 8 条支线，总长约 1100km。[8]

大都市区（城市群）选择以轨道交通为优先和主要的交通方式，是由轨道交通的独特优势所决定的。（1）运力大。一条快速轨道线的客运能力，相当于 5 条高速公路，而一条高速公路的宽度，至少相当于两条复线铁路。[9] 在人口密集的大都市区，只有轨道交通能够持续稳定大规模地实现人口在不同地区的转移。（2）快速可靠。轨道交通由于专线行驶，误点率低，能确保规定时间到达目的地，高速轨道的运行速度也超过汽车。（3）节能环保。相比而言，公交车和私人汽车的能量消耗分别是轨道交通的 3 倍多和 11 倍多，燃油车碳、氮、硫排放是轨道交通将近 2-3 倍。（4）安全。汽车交通事故死亡率是轨道交通的 200 倍以上。（5）节约土地。同样运力的轨道交通占地仅为汽车的 1/16 左右，详见表 2。

不同交通方式的效益比较　　表 2

<table>
<tr><th colspan="2" rowspan="2"></th><th rowspan="2">轨道交通</th><th colspan="2">公路交通（汽车）</th></tr>
<tr><th>公交车</th><th>私人汽车</th></tr>
<tr><td rowspan="2">能量消耗</td><td>J/（人·km）</td><td>209</td><td>670</td><td>2479</td></tr>
<tr><td>比率</td><td>1</td><td>3.2</td><td>11.84</td></tr>
<tr><td rowspan="3">空气污染</td><td>CO_X</td><td>4600</td><td colspan="2">123000</td></tr>
<tr><td>NO_X</td><td>179</td><td colspan="2">257</td></tr>
<tr><td>SO_X</td><td>11</td><td colspan="2">21</td></tr>
<tr><td rowspan="2">交通事故
（人/10 亿人·km）</td><td>死亡率</td><td>0.053</td><td colspan="2">11.968</td></tr>
<tr><td>伤害率</td><td>0.106</td><td colspan="2">856.282</td></tr>
<tr><td>运能</td><td>人/h</td><td>83020</td><td colspan="2">7820</td></tr>
<tr><td>标准宽度</td><td>m</td><td>10.9</td><td colspan="2">17</td></tr>
</table>

资料来源：根据冈田宏《东京城市轨道交通系统的规划、建设和管理》（《城市轨道交通研究》2003 年第 3 期）整理。

二、我国城际轨道交通的运营模式和存在问题

（一）发展历程

伴随着城市群的发展和对城市群的重视，城际轨道交通被提上议事日程。虽然之前一些连接城市间的铁路（如广深铁路）符合城际轨道交通的定义，但我国大规模的城际轨道交通规划和建设始于 2004 年

1月通过的《中长期铁路网规划》。2004年规划专门对城际轨道交通尤其是我国京津冀、长三角、珠三角城市群的区域城际轨道交通进行了布局，共规划线路15条，路网长度总计1659km，投资规模约1373亿。为了推进三大城市群轨道交通建设，2005年3月，国务院常务会议审议并原则通过了《环渤海京津冀地区、长江三角洲地区、珠江三角洲地区城际轨道交通网规划》之后，其他省市和城市群也提出了建设城际轨道交通的要求，2008年修编的铁路网规划新增城际轨道线路18条，里程3887km，投资规模约2357.2亿元。2016年，国家发展改革委、交通运输部和中国铁路总公司印发了新版《中长期铁路网规划》，将“四纵四横”的高速铁路网升级为“八纵八横”，并对拓展区域铁路连接线，发展城际客运铁路等进行了规划。规划提出到2030年，中国铁路版图将基本实现“省会高铁连通、地市快速通达、县域基本覆盖”。

（二）主要运营模式

经过将近三个五年计划的建设，目前东南西北中主要的城市群都建设了城际轨道交通，经营模式主要有如下几种类型。

1. 高铁专线+国铁运营。典型线路有京津城际等。该线路是北京和天津两大直辖市的城际客运专线，也是我国《中长期铁路网规划》中环渤海地区城际轨道交通网的重要组成部分。铁路起点为北京南站，终点为于家堡站，全长165km，设北京南、亦庄、永乐、武清、天津、军粮城北站、塘沽站、于家堡站。京津城际按高速客运专线标准设计，设计时速350km，最小行车间隔3min。京津城际采用国铁方式管理运营，需提前购票进站候车。为方便乘客，2017年5月，京津城际推出“城际月票”，旅客可根据自己的出行规律，购买不同乘坐次数的“京津城际同城优惠卡”。

2. 非专线高铁+国铁运营。根据《中长期铁路网规划》，利用现有高铁和普速铁路承担城际交通是一个重要策略。这一策略对充分利用现有铁路资源，促进区域互联互通具有重要意义，尤其是在旅客数量不是太多、现有国家干线铁路运力尚不饱和以及新线路暂未开通的情况下。目前非专线高铁运用于城际交通的典型线路有厦深高铁等。深圳市区去往坪山、惠州和深汕合作区等地的交通需求虽然很大，但由于没有别的轨道交通选择，在沿线居民和政府的要求下，该线路承担了城际交通的功能。为了方便沿途居民，厦深高铁还实行了深汕合作区和坪山与深圳市区的捷运化。

3. 普速专线+国铁运营。典型的有长株潭城际和莞惠城际等。长株潭城际是联通长株潭城市群的城际铁路，全长 104.36km，设站 24 个，设计目标时速为 200km/h，初期运行时速 160km/h，采用电力牵引，自动控制。长株潭城际由湖南城际铁路有限公司建设，委托中国铁路广州局集团有限公司管理。长株潭城铁购票可通过中国铁路客户服务中心网站、12306 手机 APP、车站自助机等方式购买，支持手机支付。购票时没有座票站票之分，全程不对号入座。莞惠城际是东莞市和惠州市之间的城际客运专线铁路，属于珠三角城际快速轨道交通的一部分。目前已开通运营的广莞惠城际铁路小金口站—道滘站全程 103.1km，设 18 个车站，设计运营时速 200km，高峰期 6min 一班车。莞惠城际的管理模式与长株潭城际类似，也采用国铁管理运营模式。

4. 普速专线 + 地铁运营。典型的线路有广佛城际地铁。广佛线横跨广州的海珠、荔湾区和佛山的禅城、南海、顺德区，呈东西走向。线路西起佛山市魁奇路，东达广州市沥滘，总长约 40km，全线共设站 21 座，其中广州设站 10 个，佛山 11 个。广佛线的列车为 B 型车，4 节编组，设计时速 80km/h。全线通车后，广州到佛山全程只需要 49min。作为广佛同城的基础设施，广佛城际采用地铁方式运营，目前广佛线发车间隔时间约为 5-9min。

（三）目前城际轨道交通存在的主要问题

按照国家发改委宏观经济研究院董焰研究员的研究，目前城际轨道交通存在的主要问题包括：（1）对城际轨道交通概念的认识不统一；（2）各种通道重复建设，综合运输能力超出实际运输需求；（3）城际轨道交通定位（服务对象和技术标准）存在误区；（4）城际轨道建设不完全符合区域的发展阶段和需求。[10] 朴爱华则通过技术论证，认为目前城际轨道交通存在追求过高的速度目标值与城际轨道交通站点布设、系统制式选择等不匹配的矛盾。[11] 概括而言，目前城际轨道交通存在如下主要问题。

1. 在规划和建设上，布局不尽合理，存在供给和需求脱节的问题。正如董焰所指出，我国目前城际铁路的规划建设时序与实际需求存在着背离。通俗地说，就是特别需要城际铁路的特大城市群，城际通道供给严重不足；暂时不需要城际轨道专线的次发达城市群，城际通道则存在冗余的现象。我国特大城市群的城际快轨规模比例，与国外大城市群城际快轨存在相当大的差距，见图 1。[12]

2. 城际轨道交通的市场定位不清晰，顾客黏性不足。城际轨道的优势或生命线应该是快速、可靠、便捷和经济。相对于长途高铁和汽车，

图 1 世界大城市群地铁和城际数量对比

注：由于统计时点不一，不同来源的统计数据不尽一致。

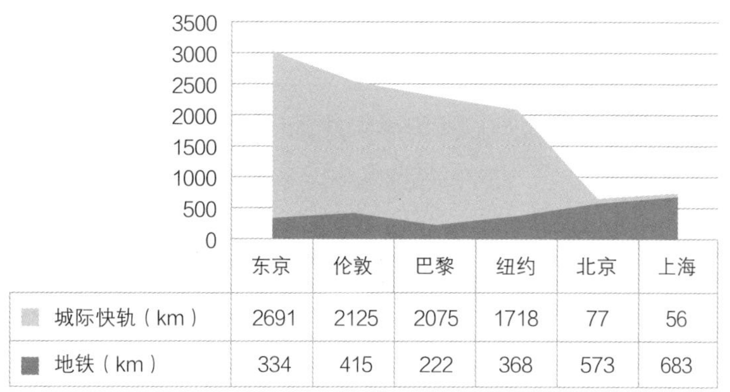

	东京	伦敦	巴黎	纽约	北京	上海
城际快轨（km）	2691	2125	2075	1718	77	56
地铁（km）	334	415	222	368	573	683

它更加方便、可靠；相对于普速地铁，它更加快速。只有这样，才能吸引顾客选择城际轨道交通。目前，我国已开行的城际轨道交通存在要么速度较快但便捷性、可靠性不足，要么速度太慢或者价格过高，导致城际轨道没有比较优势，顾客选择度、黏度不高。如京津城际，虽然是高速城际，满足了速度要求，但需要提前购票、换票，提前进站候车、检票，进出站耗时多，并且繁忙时段不一定能保证上车，可靠性、便捷性不足。而莞惠、长株潭城际，与高铁和高速公路相比，没有速度和价格优势，在便捷性上又不如汽车，加之目前城际轨道大多都是单一线路，没有形成轨道交通网络，可及性差，因此，难以吸引到更多的旅客。

3. 在运行模式上，对区域性城际交通需求的响应不足。目前我国城际交通多数由国铁运营，多数城际轨道交通与长途铁路共用通道和交通场站，采用传统的长途列车运营方式，如提前购票（高峰期购票存在不确定性）、候车、进出站，采用与地铁分离的安检系统，与城市轨道交通的换乘时间长（重新安检）等。同时，国铁制式的城际轨道，在铁路、车辆和信号系统等方面，与地铁系统难以衔接。因此，急需开发能够与地铁系统衔接，适应城际轨道交通这一细分市场领域的铁路、车辆和信号系统，以满足城际快速、便捷、大运量的交通需求。目前，高铁经营方虽然做了一些便捷化的安排，但由于其运营体制和规划上的问题，难以做到像地铁那样便捷。如果购票、进出场站耗时长且不确定，即使其本身运行速度较快，但总时间消耗并没有优势。

4. 在功能上，城际轨道还不适应疏解特大城市产业和人口的需要。在世界大城市群中，城际轨道的一个核心功能是疏解中心城市的人口，发挥中心城市产业和人口的溢出效应。东京、纽约、旧金山湾区的城际轨道，其主要功能之一是满足中心城区与周边之间的通勤需要。目前，我国多数城际轨道交通，发挥的主要功能还是商务和旅游等，与现有的高铁和汽车的功能重叠（赶时间的旅客选高铁，讲究便捷的旅客选汽车，导致城际客源缺乏），北上广深等产业和人口需要疏解的特大城市则缺乏与周边城市之间足够的、合适的城际轨道交通通道，导致一线城市过于拥挤的人口难以向周围扩散。

5. 在经营效益上，多数城际轨道交通处于亏损状态。目前，城际轨道交通多数线路由于上述速度、可靠性、便捷性和经济性等方面存在的问题，优势没有发挥出来，客流较少，处于亏损状态。[13] 城际轨道交通叫好不叫座的问题，引起了业界对城际轨道交通的质疑，导致一些城际轨道交通项目因此被暂缓或叫停。

三、关于城际轨道交通供需的理论分析

城际轨道交通的供给是基于现实和潜在的客流需求。对于交通客流预测，主流的方法为四阶段法，以 1962 年美国芝加哥市发表的《芝加哥都市圈交通规划》（*The Chicago Area Transportation Study*）为肇始。初期的交通预测只是关于交通发生、交通分布、交通分配三个阶段的预测。20 世纪 60 年代后期，日本广岛都市圈的交通规划增加了对不同交通方式进行划分这一新的预测内容。此后，交通规划变成了交通发生、交通分布、交通方式划分和交通分配四个步骤，即交通规划的四阶段法（也叫四步法）理论。各种客流预测虽然有所差异，但都是以四阶段法为蓝本的。王树盛等将定性和定量分析结合，提出了城际轨道客流的预测方法，即对各重要节点进行排序→确定各节点的重要度→初步生成轨道交通网络→划定各节点的吸引范围→产生虚拟交通小区→进行虚拟交通小区分析（包括出行现状调查与分析、虚拟交通小区间的客流增加预测和虚拟交通小区间的诱增客流预测）→生成各小区的产生和吸引客流→进行交通方式分担预测→生成网络流量→评价与调整。[14] 肖建平综合了城际轨道交通的客流预测方法，从轨道交通影响范围、交通小区分析、交通方式分担预测、预增客流预测、时间价值几个方面，讨论了城际轨道交通客流预测的特点。[15] 程乐兵等采用基于运营组织的城市群轨道交通客流预测方法对长株潭城际轨道交通客流进行了预测，这种方法针对城市群交通、轨道交通特性及现有预测方法的不足，是改进的“四阶段”综合线网分配预测法，主要改进在于加入了交通运营组织，更加微观地考虑了各种公共交通方式之间的合作与竞争，并提出了对分配结果进行检测及多次分配验证的思路。该法先做传统的发生、吸引预测及分布预测，然后交通方式预划分得到公共交通类 OD，再将公共交通方式 OD 以及交通运营组织

方案加载入综合公共交通线网中进行合作竞争方式划分及分配，最后将分配结果与交通运营组织相互进行验证，未达到设定的精度则调整运营组织继续分配，直到得到轨道交通客流的稳态结果及最佳交通运营组织方案。[16]

作为一种比较成熟的客流预测方式，以四阶段法为蓝本的客流预测无疑具有不可替代的价值。但是，很多同是以四阶段法为蓝本所做的客流预测以及客流预测与实际客流之间，存在巨大的偏差也是不争的事实。[17]产生这种偏差的原因，与城际轨道交通的实际运营方式有关，也与城际轨道的客流预测和线路规划建设有关。本文认为，在城际轨道客流预测和线路规划中，除了常规的因素，还有如下一些因素需要予以特别考虑。

一是城市人口的流动趋势与城际轨道建设时序的关系问题。城际交通的主要功能之一是疏解城市群核心城市的产业和人口，其标志是核心城市从产业和人口的输入型城市转为输出型城市，按照集聚经济学的说法，是核心城市发展到一个临界阶段，由于拥挤和溢出效应，需要向周边扩散。对城际轨道而言，如果一个城市群的核心城市存在人口和产业向周边扩散的需要时，城际轨道交通的时间窗口就开启了。北上广深就属于输出型城市。如果城市群的核心城市自身仍然主要处于人口和产业的输入阶段，城际轨道交通的必要性和紧迫性就相对较弱，武汉、长株潭、郑州等城市群就是这种情况。当然，从建设策略看，处于输入型阶段城际轨道建设成本相对较低。

二是城际发展的异质性与人口流动的动势能问题。城市间产业和人口的结构状况，对城际的客流具有极大影响。类似能量的传导和转移，城际产业和人口转移的动势能与中心城市产业和周边地区的高度、密度、成本方面的差异成正比。城市间产业和人口的质量、结构、密度等方面的同质性高，则相互之间转移的动势能低；异质性高，则相互之间分工和交换的动势能大。这很大程度上解释了现有城际的人口流动问题。比如，北京、上海、深圳、广州等城市，与周边区域发展的差异较大，产业和人口结构的异质性高，营商和生活成本差异大，产业和人口转移的势能较大，而发展水平、质量、密度相近的地区，分工交换的需要相对较小。如东莞与惠州、长株潭等城际铁路，由于相邻城市发展水平和生产、生活成本差异较小，产业和人口转移的动势能相对较弱。

三是轨道交通供给和运行方式与需求之间存在的诱增和诱减效应问题。客流预测与现实需求之间的偏差，既有预测本身的问题，也有供给方式导致的诱减效应的问题。比如长株潭城际，运营上采用长途火车的方式，运行速度又用的是普速，票价执行甚至高于直达高铁的价格，在经营方式上可以说是取短避长，加之站点偏僻，结果赶时间的用高铁或者高速公路，不赶时间的则选择更为经济便捷的其他交通方式。这种供给运营方式，导致交通需求的诱减效应，即覆盖的交通小区本来现实存在的客流成为潜在的客流。相反，如果交通供给方式得当，则会产生客流的诱增效应，甚至将本来不现实的客流转变为现实客流，即合适的交通供给方式会制造新的客流需求。比如，对北上广深这些产业和人口输出型城市，如果其中心城区与周边城市（区）150km 范围内，有像“地铁式便捷 + 高铁式速度”的城际交通，则会使由于拥挤效应需要转移的产业和人口，有效地实现向周边成本较低的地区扩散，将会形成巨大的通勤人口。

四是交通满足率、交通自给率与交通方式分配问题。交通方式分配是不同交通方式之间竞争协同后形成的交通分配格局。增量交通的分担，与现有交通的满足率、自给率有密切关系。交通满足率是指现有交通与居民交通需求的比率，交通自给率是指当地的交通供给量与居民的交通需求之间的比率。如果现有交通方式能够基本满足需要，那么增量交通方式对现状交通的分担作用就相对不那么明显；如果一个城市的交通满足率和自给率低，增量交通方式的分担作用就比较明显。如长株潭和武汉城市群的交通，在城际交通开通之前，其原有交通基本能够满足居民出行需要，因此，新的城际交通具有很高的可替代性，其分担作用相对较弱。而北上广深等城市，由于人口规模巨大，现有城际和长途轨道交通总体偏少，不能满足出行需求。尤其是深圳，城际轨道数量少（长途火车开行的班次也少，经常要到广州中转）。交通满足率和自给率都远低于实际需求，城际轨道的分担效果将比较明显。

五是城市规模、经济发展水平、住房自有率等指标与城际交通的规模问题。城市的规模和经济发展水平与客流的关系作为常规的分析工具毋庸赘言，但住房自有率状况则很少被考虑到现有城际交通规划和客流预测中。与城际发展的结构、成本异质性相联系，住房自有状况与拥挤效应和城际客流有很大关系。如果城市住房成本低，居民住房自有率高，则向外转移的动能较低，如果住房成本高，居民住房自有率低，则向周边转移的动能较高。以广州和深圳为例，广州城市居民的住房自有率达 70%，而深圳住房自有率仅 30%，由于深圳土地有限，住房成本高，没有住房的就业者向周边扩散转移的动势能强劲，而广州向周边转移的动势能则相对较低。

综合以上分析，城际客流预测的主要变量的函数关系可简要归纳如下：$Y = F(X_1, X_2, X_3, X_4, X_5, X_6, X_7, X_8, \cdots)$。其中 X_1 为城市人口，X_2 为经济发展水平，X_3 为城际产业结构和梯度差异，X_4 为营商成本和收入差异，X_5 为居民住房自有率（逆向），X_6 为时间成本（逆向），X_7 为通行经济成本（逆向），X_8 为区内轨道网络状况（影响城际吸引客流的范围），等等。城际轨道客流规划要综合考虑上述因素。

四、城际轨道的创新模式：地铁化运行、自成体系的高速城际轨道交通系统

（一）粤港澳大湾区城际轨道交通系统的创新模式

从人口、经济规模、土地面积和城市数量等因素综合来看，粤港澳大湾区是世界上最大的城市群之一。同时，湾区内部经济社会关系十分密切，对交通的需求巨大。目前，湾区内部公路交通已经基本饱和并且潜力有限，而现有的普速地铁和高（普）速国铁城际轨道，由于其运行体制/速度等方面存在的问题，无法满足湾区主要城市150km左右范围内产业和人口转移的需要。因此，必须充分利用和挖掘现有轨道交通的先进技术，创新一种结合地铁的经济便捷优势和高铁的速度优势的世界一流的轨道交通方式，即自成体系的地铁化运行的高速城际轨道交通系统。只有这样的轨道交通系统，才能满足湾区内部同城化、一体化发展的内在需要。世界一流的地铁化运行的高速城际轨道交通系统，具有如下特点。

第一，从功能上看，它是满足粤港澳大湾区核心城市产业和人口向周边城市（区）转移需要的轨道交通系统。向周边城市（区）疏解产业和人口，是中心城市发展的必然结果，也是周边城市发展的内在要求。在粤港澳大湾区城市格局中，广州、深圳两个特大城市是产业和人口的最大流出地，而其他城市主要是产业和人口转移的承接地区。尤其是深圳，由于城市空间狭小，产业与人口的规模和密度大，营商成本高，向周边疏散转移的动能和势能均最大。广州由于辖区面积大，产业和人口密度乃至营商成本较深圳低，向周边城市转移的动能和势能则弱于深圳。而东莞与惠州，佛山与中山等地，由于产业和人口同质化，产业转移的动能和势能均较低。目前，粤港澳大湾区城际轨道交通规划和建设时序没有充分反映城市间产业和人口流动转移的阶段、方向和内在趋势，导致轨道交通脱离实际需求，客流不足。而最需要城际轨道交通的深圳，由于线路过少，远远不能满足产业和人口向周边城市（区）疏散转移的需要。因此，粤港澳大湾区城际轨道交通系统，

必须因应湾区内部产业和人口转移的内在趋势，更好地发挥中心城市的溢出效应和辐射带动作用。

第二，从管理体制和运营方式上，必须采取地铁而非国铁体制。由于需要承担中心城市人口向周边城市（区）疏散的功能，通勤是城际轨道的重要任务和最大宗客流。因此，城际轨道的生命线是快速、可靠、便捷和经济。由于国铁与长途火车站共用车站，需要提前购票、换票、候车、检票，进出站耗时多，并且繁忙时段无法保证上车，因此不适合用来解决对时间敏感的城际通勤需求。而城际普速地铁，虽然便捷性和可靠性高，但由于速度慢，旅行时间长，也不适合 50km 以上较长距离乘客的通勤需求。因此，粤港澳大湾区应该规划建设一个区别于国铁的自成体系的内部快速轨道交通系统，这一轨道交通系统由广东省和粤港澳主要城市的地铁公司为主体运营，主要与湾区城市地铁（包括轻轨等）无缝衔接换乘（一卡通换乘，不需另行出站和安检），它可以采用现有的高速铁路制式，也可专门研发一套适合湾区需要的高速轨道、信号系统和列车制式。

第三，在运行速度上，粤港澳大湾区城际必须以中高速轨道为骨干网络。对承担湾区 50-150km 之间人口疏散转移的城际交通而言，运行时间是一个关键问题。除了地铁式运营节约时间外，较高的运行速度也是必要前提。因此，粤港澳城际干线网络，必须是一套高速轨道系统。（1）在速度上，它是一套高速铁路和列车系统，设计时速依通行距离应在 250-350km，并满足大站停和直达需要。（2）在站点设置上，城际干线铁路平均站距宜在 20km 以上，以提高运行速度，干线站点主要与区内地铁和其他交通衔接换乘，以提高干线铁路客流覆盖范围。（3）交通组织可采取站站停、大站停乃至直达的方式，保障一些距离较长的区域可以在 30min 左右达到核心城市的中心区域。通过加强场站、轨道建设和交通组织，有效解决城际轨道运行速度问题。

（二）湾区自成体系的轨道交通系统干线网络举要

根据《珠三角城际轨道交通规划》，规划期内湾区内共规划建设城际轨道线路 15 条左右，其中连接广州的有 10 多条，连接深圳的只有穗莞深和惠深城际两条，并且惠深城际深圳至惠阳段计划利用厦深铁路，由于厦深铁路本身运力基本饱和，完全不能承担之间巨大的交通负荷。据相关大数据统计，目前深圳不到 2000km^2 土地上日活动人口达 2500 万，1200 万常住人口中住房自有率只有 30% 多（广州为 70%），[18] 70% 也就是 800 万以上常住人口无自有住房。另一方面，目前环深圳地区东莞、惠州以及深中通道中山侧的商品房，80% 以上为深圳人购买，总量估计达 100 万套。由于交通通达性、可靠性不足，约 80% 没有入住，造成楼房大量空置和浪费。也就是说，大运量、可靠的快速交通方式的缺乏，已经严重影响了深圳产业和人才向周边地区的转移和流动。如果这些区域通往深圳中心城区的地铁化运行的高速轨道交通得以建设并运行，将引导数百万人实现在深圳工作到周边居住，如此巨量人口每日在深圳和周边地区流动，产生的现状和潜在通勤客流将是百万级别的，因此，连接深圳的城际轨道交通将具有良好经济社会效益和可行性。城际轨道交通只有顺应产业和人口流动的脉搏和规律，才能贴近真实的客流需求，发挥应有的作用。

因此，构建一流的湾区轨道交通系统，必须以广州、深圳两大产业和人口输出城市为核心，构筑完善的、湾区内自成体系的高速城际轨道交通干线系统。尤其是要全面加强产业和人口转移动势能都非常强劲的深圳与广州、惠州、东莞、中山和湾区其他城市之间的城际快速轨道交通建设规划，使高速干线城际铁路将湾区主要城市更紧密地联结起来，促进各种生产要素在粤港澳大湾区内充分流动。在深入分析粤港澳大湾区产业和人口转移动势能、OD 两端比较优势和潜在客流的基础上，粤港澳大湾区近期应加快建设如下路线（表 3）。

粤港澳大湾区地铁化运行的高速城轨干线举要 **表 3**

线路	联结地区和主要站点	设计和运营特点	核心功能
1	白云机场、广州南沙、东莞、深圳机场、前海、南山高新园、坂雪岗科技城（站设华为）、坪地、惠州仲恺高新区、博罗县，惠州市区、惠州机场	高速专线，设计时速 250-350km，平均站距 20km 以上，地铁式运营，主要与城市地铁接驳换乘，可开行大站停和直达列车	联结粤港澳三大机场和沿线重要产业和城市区域
2	深圳前海、福田、龙岗、坪山、惠州南站、惠州机场、惠东、深汕合作区	高速专线，设计时速 350km，平均站距 20km 以上，地铁式运营，主要与城市地铁接驳换乘，可开行大站停和直达列车	联结深圳中心区域与深汕合作区沿线主要区域
3	珠海、中山、佛山、广州南沙、东莞市区、松山湖、塘厦、坂雪岗科技城（站设华为）、布吉、罗湖、盐田、大鹏、大亚湾、惠东	高速专线，设计时速 250-350km，平均站距 20km 以上，地铁式运营，主要与城市地铁接驳换乘，可开行大站停和直达列车。如条件许可，考虑深中通道兼容城际轨道交通，最大限度发挥深中通道作用	联结广深科技走廊暨深圳东部滨海重要产业和城市区域
4	香港、福田、龙华、清溪、陈江、博罗	高速专线，设计时速 250km 左右，平均站距 15km 左右，地铁式运营，主要与城市地铁接驳换乘，可开行大站停和直达列车	联结深港与北向核心腹地
5	广州白云机场、天河区、东莞厚街、深圳光明区、石岩、南山西丽、深圳高新园	高速专线，设计时速 250-350km，平均站距 20km 以上，地铁式运营，主要与城市地铁接驳换乘，可开行大站停和直达列车	联结湾区中线的广州、东莞和深圳高新区等区域
6	改造、提速、优化广深铁路运行，使之更好地满足广州、东莞、深圳之间的通勤需求		
说明	线路 2 与深圳地铁 14 号线福田到惠州南站貌似重叠，实则不然。通过重点节点的衔接，深圳地铁 14 号线正好可以为城际干线组织客流。其他区域普速地铁也是这样，与城际干线构成轨道交通网络，以扩大城际干线的客流吸引范围		

如果以满足 150km 通勤为目标，在粤港澳大湾区主要城市和区域间构建起时速 250-350km 左右地铁式运行的高速城际轨道交通大站干线系统，辅之以区域内更细密的轨道交通网络，形成城际干线和区内轨道交通相互贯通衔接的轨道交通网络，将真正为实现粤港澳大湾区的一体化和高质量城市化奠定坚实基础，也将使粤港澳大湾区在世界城市群的竞争中赢得先机。

五、结语

交通关乎城市群的发展，大城市产业和人口的转移和扩散，集聚和溢出效应的发挥，都依赖交通。世界一流的城市群和湾区，都是以城际轨道交通为支撑的。在北上广深等特大城市日益拥挤，营商和生活成本高企的今天，产业和人口向周边扩散已经有了内在的需求，高速轨道交通技术的进步则为产业和人口转移提供了条件。目前，城际轨道交通由于规划建设和运营方式方面存在的问题，使得这一交通方式还没有充分发挥其在产业与人口集聚与扩散中应有的桥梁作用。针对目前城际轨道交通存在的问题，大城市群唯有大胆创新，发展适合城市群间中短距离的高速、便捷、经济的一流的轨道交通方式，才能更好地实现产业和人口的集聚和溢出效应。城际间地铁化运行的高速轨道交通系统，是兼具高铁（速度）和地铁（便捷可靠）优势（地铁运行 + 高铁速度）而不是目前结合二者劣势（地铁的速度 + 长途列车的繁琐）的交通方式，是实现城市群间产业和人口转移的必然选择。只有真实地把握城市群间产业和人口转移的趋势，充分因应和满足居民对城际交通的真实需求，才能使轨道交通在链接城市群中发挥基础作用，也才能有效破解北上广深营商成本过高，产业和人口又难以向周边疏散转移的问题。

参考文献

[1]　孙章，杨耀 . 城际轨道交通与城市发展 [J]. 现代城市研究，2005（12）.

[2]　朴爱华 . 关于城际轨道交通发展相关问题的探讨 [J]. 综合运输，2009（4）.

[3]　冈田宏 . 东京城市轨道交通系统的规划、建设和管理 [J]. 城市轨道交通研究，2003（3）.

百度百科 [EB/OL]. 新干线 . https://baike.baidu.com/item/ 新干线，2018-3-28.

[4]　百度百科 [EB/OL]. 旧金山湾区 . https://baike.baidu.com/item/ 旧金山湾区，

2018-3-26.

[5] 贾颖伟 . 美国旧金山湾区的城际轨道交通 [J]. 城市轨道交通研究,2002(2).

[6] 宗晶 . 国外三大城市轨道交通模式研究 [J]. 交通运输研究，2011（17）.

[7] 房天下 [EB/OL]. 从 0 了解纽约交通系统 —— 铁路 . http://us.fang.com/news/18307231.htm，2018-3-26.

[8] 宗晶 . 国外三大城市轨道交通模式研究 [J]. 交通运输研究，2011（17）.

[9] 周翊民等 . 构筑“长三角”城际轨道交通网 [J]. 城市轨道交通研究,2003(2).

[10] 董焰 . 我国城际轨道交通规划实施现状及存在的问题 [J]. 综合运输，2008（5）.

[11] 朴爱华 . 关于城际轨道交通发展相关问题的探讨 [J]. 综合运输,2009（4）.

[12] 张沛，王超深 . 中国大都市区市域快轨发展滞后的原因 [J]. 城市问题，2017（11）.

[13] 林小昭 . 火爆城际铁路的上座率考验 . 第一财经日报 [N].2014-12-24.

[14] 王树盛，黄卫，陆振波，俞先江 . 都市圈轨道交通客流预测方法研究 [J]. 城市轨道交通研究，2004（1）.

[15] 肖建平 . 区域性城际轨道交通客流预测方法研究 [J]. 城市轨道交通研究，2006（2）.

[16] 程乐兵，管菊香，李安勋，长株潭城际轨道交通客流预测 [J]. 中小企业管理与科技，2008（21）.

[17] 肖建平 . 区域性城际轨道交通客流预测方法研究 [J]. 城市轨道交通研究，2006（2）.

[18] 李晓旭 . 深圳常住人口住房自有率为 34% 住房租赁市场活跃 [EB/OL]. http://news.ycwb.com/2018-05/31/content_30021885.htm，2018-5-3.

深汕特别合作区协同共治型区域治理模式研究 ①

张衔春[1]，栾晓帆[2]，马学广[3]，林雄斌[4]

摘　要：金融风暴引发了全球资本重组，资本的空间修复客观要求以新的跨界区域治理模式组织资本与劳动力关系，而中国传统跨界产业园区建设路径依赖于区域发展中“省 - 地方”分层设权治理模式。以珠三角地区的深汕特别合作区为例，通过深度访谈与文本分析法，发现深汕特别合作区形成的多主体共同参与、分工合作的协同共治型区域治理模式是在传统路径依赖基础上的一次制度创新。通过分析模式产生的产业经济背景、政策制度背景与现实发展概况，并解构深汕特别合作区行政组织架构、空间发展政策及利益分配机制，发现省政府的放松管制与资源注入，地方政府的优势互补、分工协同是协同共治型区域治理模式的本质特征，而这一区域治理模式的产生将为中国区域产业政策与空间政策及政府职能转型提供新的经验与启示。

关键词：跨界产业园区；路径依赖；协同共治型区域治理；深汕特别合作区

全球化背景下，产业碎化为工序在全球范围内寻找更为经济的地方集聚。全球城市政府也为了争取投资和就业纷纷提供具有空间性的经济政策进行响应，这两方面的动力显著重塑了世界经济地理格局。其中，“产业园区”是许多亚洲国家，尤其是中国，资本再地域化常用的空间方式。而 2008 年金融风暴引发的资本新一轮空间重组，促使中国产业园区发展模式产生对治理结构调整的新诉求。跨界产业园区通过整合碎化的地域管辖权，以产业梯度转移及区域协同来创造新的增长极[1]，成为区域一体化的重要空间策略[2]。因此，这一话题受到地理学、政治学、城乡规划学等多学科关注。

1. 香港大学建筑学院，香港　999077；2. 武汉大学城市设计学院，湖北　武汉　430072；3. 中国海洋大学法政学院，山东　青岛　266100；4. 宁波大学地理与空间信息技术系，浙江　宁波　315211

① 本文刊载于 2018 年 9 月《地理科学》（第 38 卷第 9 期）。

研究发现，跨界产业园区受到“省－地方”分层设权的显著影响。中国区域发展遵循中央政府制定宏观政策，省级政府及区域组织协调规制地方利益，地方政府将宏观政策落实为具体项目行动的模式。该模式在地域竞争的激励下促进经济发展[3, 4]，形成了省政府为地方政府提供沟通交流平台，并进行政策、财政干预和发展引导，但不直接参与具体建设，地方政府以行政区经济为导向进行区域多元竞合的“省－地方”分层设权治理模式。但该治理模式中省政府并不直接参与具体经济发展事务，而是将权力下放到地方政府，使得其难以应对地方恶性竞争[5]。因此，跨境产业园建设不可避免地暴露出行政分割和地方利益冲突等问题，其领域涉及财税、土地和基建等。由于跨界产业园区一般不具备独立的财权和监督权，因此，不可避免地出现以管委会为平台的各市分头管理的局面。同时，跨境产业园区往往涉及跨区域项目实施，不同行政区域的重视程度、管理权限等差异较大，跨界合作矛盾重重。此类问题在广佛同城化[6]、长株潭城市群[7]、昆曲玉楚城市群[8]的跨界合作区中都有不同程度的体现。

然而，既有治理结构带来的路径依赖正被地方性制度创新所打破，以创造出新的发展路径。这种路径创造以企业发展需求为基础，地方政府间在规划指导、土地供给和财政资金等方面进行合作，实行委托代管的治理模式。而省政府在一定程度上利用优惠政策降低跨界产业园区制度成本，消除或减少矛盾，促成区域协作[9, 10]。但这种路径创造并不稳定，存在回归路径依赖的风险，地方政府间在利益分配形式方面存在多种潜在矛盾[11]。如何探寻一种新的区域治理模式，成为当前中国区域治理与产业规划中的重要理论问题。有学者系统归纳跨界新区的 4 种治理模式：多层级治理、分区域差别化治理、地方主导的块状治理及委托代管治理，并探讨了不同模式之间的优劣[12]。也有学者以治理网络开放性对江苏省的跨界产业园区进行实证分析，归纳出封闭型共建式、松散型共建式及企业化共建式的治理模式[13]。事实上，以权力配置（Power Configuration）为核心的治理模式的归纳固然重要，但难以还原区域发展的复杂博弈及多层级政府行为模式。尤其是随着区域治理主体的多元化、多主体关系的网络化、社会分工的垂直与扁平化，已有的省－地方分层设权治理的结构正在发生深刻改变，进而促进了新型跨界产业园区或新区的出现。本文以广东省深汕特别合作区（简称“合作区”）为典型案例，探讨“协同共治型跨界产业区”这一新型治理模式并系统归纳其特征，以期为未来跨界产业园区的空间策略与产业规划等提供政策借鉴。

1　研究区域与研究方法

1.1　研究区域

“合作区”的前身为深圳（汕尾）产业转移园。早在2009年9月，根据国家发展和改革委员会公布的《珠江三角洲地区改革发展规划纲要》和广东省委、省政府《关于推进产业转移和劳动力转移的决定》（粤发〔2008〕4号）精神，广东省经贸委批准在汕尾市海丰县鹅埠镇建设深圳（汕尾）产业转移园。起初，该产业转移园的规划建设用地面积仅10.36km^2，主要发展无污染或轻污染的电子、机械加工产业。随后，深圳向外拓展产业空间及汕尾获取外部投资动力的意愿逐步强烈。为响应两市上述意愿并为进一步促进珠三角核心区与粤东西北地区的协调发展探索新路，2011年2月经广东省委、省政府批准，由深圳和汕尾两市在深圳（汕尾）产业转移园的基础上共同建设“合作区”（图1a），并将范围扩大至海丰县下属的鹅埠、小漠、鲘门及赤石四镇，总面积达463km^2（图1b）。“合作区”交通区位良好，处于深汕高速、324国道厦深铁路及广汕铁路（在建）交汇点，距深圳仅60km；产业定位上，“合作区”选择先进制造业、生态农业、现代服务业、现代旅游业和传统制造业升级为主要发展方向。“合作区”自成立以来经济增长迅速，地区生产总值从2010年的16.8亿元增长到2017年的47.3亿元[①]。

① 北京大学（深圳）规划设计研究中心.深汕特别合作区总体规划（2017–2035）（未审批），2017.

图1　深汕特别合作区区位

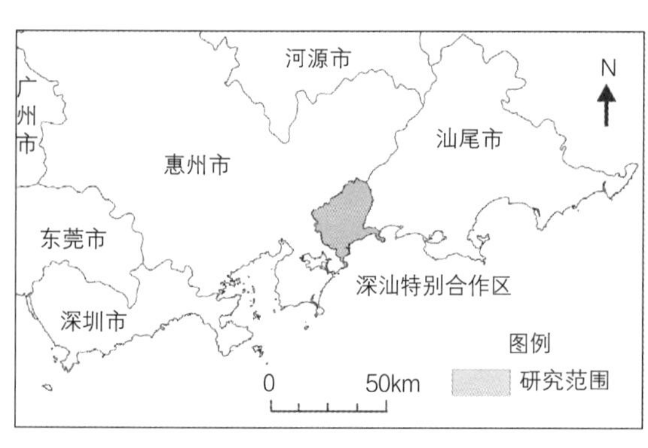

a. 深汕特别合作区区位

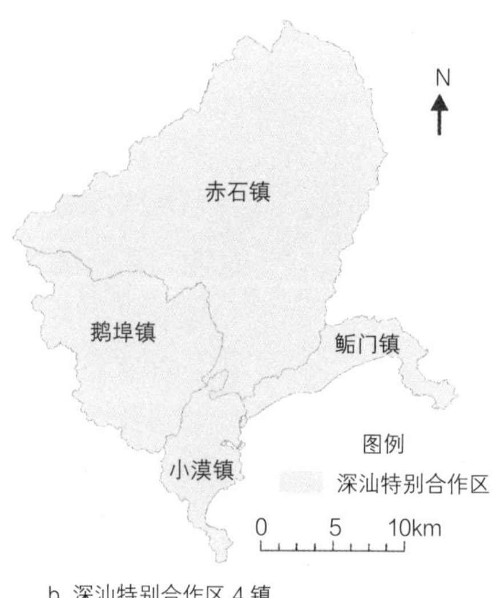

b. 深汕特别合作区4镇

1.2 研究方法

研究方法上，本文在相关统计年鉴[14，15]、规划文本和政策文件的基础上，基于深度访谈的方式开展研究。2016 年 3–4 月及 11–12 月，作者分别对“合作区”的 5 名行政管理人员及 4 名参与“合作区”产业、空间和土地规划的专业人员进行深度访谈。其中 5 名行政管理人员任职于深汕特别合作区党工委、管委会，而 4 名规划工作人员主要参与“合作区”相关的土地利用与空间规划编制。总体上，访谈人员对“合作区”的治理架构与规划建设过程有较深入了解。通过对访谈对象的多轮访谈，本研究获取“合作区”行政体系架构、规划设计、土地指标供给、产业水平提升及利益分配机制等方面内容。

首先，本文对“合作区”产生的背景进行梳理，以此剖析“合作区”得以顺利建设的经济及制度条件；其次，针对“合作区”行政组织架构，本文重点分析广东省政府、深圳及汕尾市政府间行政权力分配及相互关系；再次，本研究从土地指标获取、产业水平提升及空间规划体系构建三方面阐释“合作区”空间发展上广东省政府、深圳与汕尾市政府如何分工合作；最后，以利益分配机制为切入点，从潜在收益与建设收益两方面分析广东省政府、深圳市与汕尾市政府的利益平衡机制。

2 深汕合作的经济与制度发展背景

珠三角内产业与空间发展模式不尽相同，既存在深圳特区以国有企业主导的“内引外联”模式，也存在东莞以中小港资、台资与地方基层治理结合的以镇域、村域经济为动力的发展模式[16，17]。较长时间内，珠三角产业以中低端劳动密集型为主，城镇空间发展粗放扩张，治理上表现分权化下多中心碎化的特征[17～20]。此外，伴随经济全球化，广东省区域经济发展不平衡现象逐步加剧（图 2），形成多层次的经济

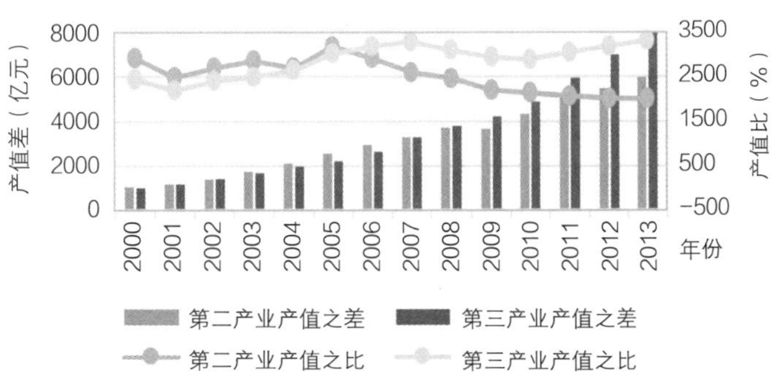

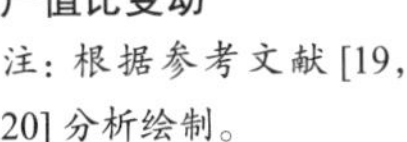
图 2 深圳与汕尾第二、三产业产值差与产值比变动

注：根据参考文献 [19，20] 分析绘制。

发展落差。

为解决分权模式下产业同质低效、区域经济不平衡加剧等问题，广东省尝试从区域层面展开协调应对。进而，省政府出台了一系列区域产业合作与跨界产业转移园区的空间规划与政策，如产业和劳动力转移、产业园区建设、珠三角产业一体化规划等，将跨行政边界的产业合作区作为未来广东省产业发展的新空间，以寻求产业发展的新动力。省政府、地方政府积极开展跨界产业园区建设，构建了一系列政策指引方针与框架。这些政策框架以省政府主导的空间调控为主要特征，在全省范围内为中心城市剩余资本提供了新的空间修复路径，为边缘城市提供产业梯度转移的空间载体，以应对全球化与产业结构升级的压力。但总体而言，空间政策或只把产业合作限定在空间发展目标层，或是即使提出实施措施，但由于职权限于规划部门，未能动员多部门参与其中。因此，区域规划编制完成后的相当长时间内，都未能有效地以空间为手段在区域（省）层级实现对地方（市）直接有力的规制与协调。

然而，区域层面“有策略，没抓手”的情况在2008年出现重要转变。国家发改委于年底发布《珠三角改革发展规划纲要》。不同于以往的空间规划，这是一项综合性区域规划。此后，广东省采取区别于之前间接推动地方协调的策略，开始强化发展动员，推动多主体合作共建。2008年后，广东省为有效应对产业转型压力，实施了双转移及粤东西北振兴发展战略。一方面，引导区域欠发达地区劳动力向本地第二、三产业及发达珠三角地区转移；另一方面，通过产业合作、共建跨界产业园区等促进发达地区优势产业向落后地区转移。进而省政府与地方政府以更积极的姿态参与跨界产业区建设。而对口帮扶的“结对子”的空间整合模式，也为“合作区”的跨界整合提供了重要的制度基础与政策空间。

就“合作区”而言，最初，深圳立足深莞惠都市圈范围解决土地及产业发展空间不足的问题。东莞与惠州基于自身经济发展阶段与用地需求，对经济发展主导权较强，因此对深圳的梯度产业转移战略响应不积极。在广东省政府“粤东西北振兴发展”战略下，汕尾基于其边缘“塌陷经济”崛起的考虑，以“结对子”方式，与深圳建立产业合作意向。这一时期，广东省整体区域经济发展战略由省主推的产业转移园区发展模式开始向粤东西北振兴发展转变，并形成区域内建设示范典型的意向。

3 协同共治型跨界治理模式：深汕特别合作区

3.1 行政组织架构中的多方协同

“合作区”是广东省、深圳市与汕尾市协同发展、共同构建的区域产业新空间，这种协同共治的治理模式在“合作区”内创造出有别于既有跨境产业园区的“拼贴式”的治理架构，整合出具有融合共建特征的行政组织架构。具体来说，是作为区域发展龙头的深圳在城市行政区范围外为过剩低端产业资本寻找空间，位于“经济塌陷地区”的汕尾急切寻找发展动力，及广东省长期以来不断尝试平衡珠三角与粤东西北地区发展差异三者耦合而成。

“合作区”采取深圳、汕尾政府高层领导小组决策，“合作区”管委会管理，建设开发公司运营的三层管理结构。党工委与管委会主要领导按副厅级配备，党工委书记由汕尾推荐，管委会主任由深圳推荐；该领导班子在得到广东省批准后，“合作区”党工委和管委会分别作为省委省政府派出机构设立。2011 年，深圳、汕尾共同推荐的“中共深汕特别合作区工作委员会”“深汕特别合作区管理委员会”得到广东省批准，合作区正式运作。委员会与党工委合署办公，具有地级市的相关管理权限。

“合作区”党工委、管委会为省委、省政府派出机构，委托深圳、汕尾两市管理，深圳主导经济建设和管理，汕尾负责征地拆迁和社会事务。“合作区”党工委、管委会下设综合办公室、党群工作局、发展规划和国土资源局、经济贸易和科技局、财政局、城市建设和管理局、农林水务和环境保护局、社会事务局、市场监督管理局等 9 部门，且单独设国税、地税、公安机构（图 3）。

图 3 深汕特别合作区行政组织架构

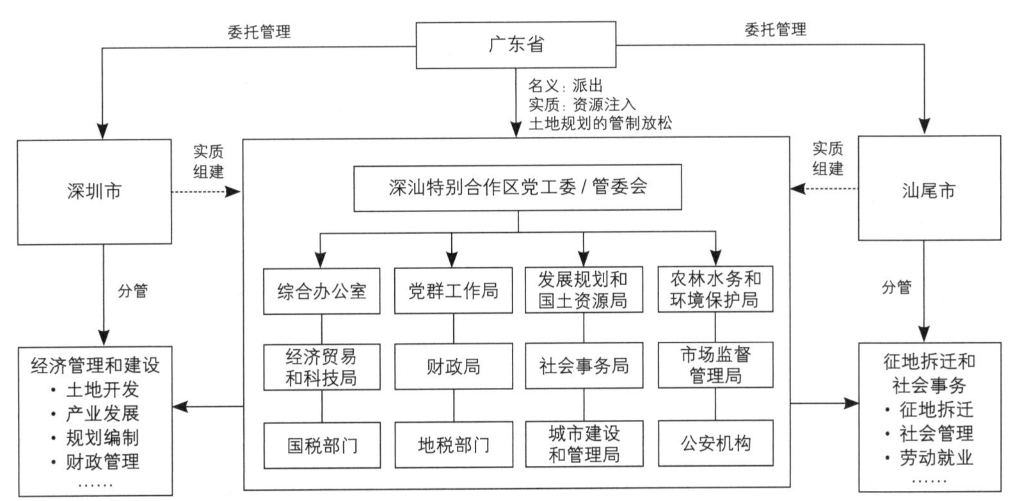

“合作区”行政组织架构具有高度融合、共建的特征，是协同共治型区域治理模式在跨界新区上的制度创新，其主要特征体现在省－地方及地方－地方关系上。

在与深圳、汕尾的关系上，广东省表现出放松管制与行政分权的特征。虽然“合作区”党工委及管委会属于省政府派出机构，但仅为“名义派出”。日常行政组织架构中，省政府直接领导、参与及监督较少，特别是人员派出上，基本未直接派出领导进驻“合作区”，属于完全放权委托深圳及汕尾进行建设管理。而省政府角色更多体现在行政分权上，如授予管委会及党工委地级市级别管理权限，降低其在人事管理上的难度。该模式区别于陕西省西安市与咸阳市共建的西咸新区，即由省政府设立的上级管理委员会监督管理园区的多层级分权治理；也区别于贵州省贵阳市和安顺市共建的贵安新区，即直接划出“省直接管理片区”的分区域差别化治理。

深圳、汕尾在城市关系上，建构了一套高度融合的行政管理体制。虽然“合作区”责权上深圳分管招商引资及土地开发，汕尾分管社会管理及土地征收，但分工是在独立的行政组织实体内部进行的，体现高度融合与互补安排。该模式不同于以郑汴新区为代表的地方主管的块状治理模式和以江阴靖江产业园区为代表的委托代管治理模式。合作区党工会与管委会在设置上高度统一，共建一套管理机构，避免“空间拼贴”带来各市画地为牢，保证了“合作区”整体性。虽然在权力划分上两市各有分工,但通过人事安排达到“合作区”权力的高度融合。如管委会主任由深圳相关领导兼任，党工委主任则由汕尾相关领导兼任。管委会 3 个副主任，两个由深圳领导兼任，负责招商与规划建设，另一个副主任由汕尾领导兼任，负责社会事务。下设各部门虽然社会管理类部门正职人员由汕尾负责推荐，经济建设类部门正职人员由深圳负责推荐，但副职人员交叉任职，由两市商量进行。该模式区别于委托代管治理的“权力拼贴”，即便专属部门，也由深汕两市协商完成，有较强融合共建特征。

3.2 “合作区”空间发展中的分工合作

3.2.1 用地指标获取：广东省的“资源注入”与“政策扶植”

“合作区”成立于 2011 年，而四镇土地利用总体规划及海丰县土地利用总体规划均在同年批准通过，因而其土地利用总体规划未能反映“合作区”所需的空间资源。四镇土规预测 2020 年“合作区”所需建设用地将达 2760hm^2，相较于现状 1824hm^2，仅增加 936hm^2 建设用地①。《深汕特别合作区土地利用总体规划（2010–2020）》（简称“土规”）通过预测，提出2020年建设用地规模为7934hm^2，新增5174hm^{2}建设用地（表1）。同时，调出2303hm^{2}基本农田，1000hm^{2}以区域合作方式平衡①。

“合作区”2009年现状、2020年4镇土规预测用地及合作区“土规”预测用地①　　表1

指标类型	现状用地	四镇土规	“合作区”需求		需求缺口	
	2009年	2020年	2015年	2020年	2015年	2020年
建设用地（hm^2）	1824	2760	3896	7934	1136	5174
城乡建设用地（hm^2）	1407	1916	3271	6664	1355	4748

针对5174hm^{2}用地缺口，“土规”提出向国家和省争取政策支持，获土地指标2000hm^2；通过土地优化布局和统筹安排，从汕尾获土地指标2900hm^2；通过“合作区”土地集约利用及增减挂钩、围海造陆等获土地指标300hm^2，以3种渠道共同解决“合作区”用地指标。

现实中，汕尾各区县获取建设用地指标存在较大难度，各区县均有较强用地需求。同时，用地指标落实到各区县相关规划，协调难度较大。其中，海丰县愿意提供100hm^{2}建设用地指标，而另一部分用地指标来源于汕尾城区，共提供约2–3km^2。建设用地指标缺口的弥补主要源于省政府的土地指标计划单列。笔者访谈显示，近些年广东省全力保证“合作区”的土地指标供应。2014年供应土地约70hm^2，2015年提供约370hm^2，省政府对“合作区”的建设用地指标给予的强力帮扶，推动了“合作区”建设。

此外，省政府对“合作区”规划建设与产业发展也提供了大量政策支持。如2013–2017年，广东省政府集中投入资金135亿元，对全省产业园进行分类扶植。并安排10亿元设立企业创新专项资金，制订《广东省产业园企业创新专项资金管理办法》等。

3.2.2　空间品质与产业水平提升：深圳市的技术与企业导入

深圳作为产业外溢地，以跨区域大型基础设施建设与公共交通系统，促进深圳的资本在“合作区”范围内的再地域化；通过构建跨区域大型基础设施及公共交通系统，引导资金流与人流向“合作区”汇集。典型例子是深圳城市交通协会和深圳巴士集团与“合作区”构建伙伴关系，合资成立深汕巴士集团，并开通两条直达深圳的城际定制包车专线，实现“合作区”区位提升和要素流动。在产业合作上，深圳与“合作区”提出“深圳总部＋深汕基地”的产业空间配置模式。一方面，

① 北京大学（深圳）规划设计研究中心.深汕特别合作区土地利用总体规划（2010–2020）（未审批），2012.

推动所辖县区与“合作区”的产业合作水平，提升“合作区”产业结构与空间品质，如推动光明新区与“合作区”的产业深度合作及龙华新区与“合作区”的产业共建。另一方面，出台深圳－汕尾对口帮扶工作实施方案，如将入驻“合作区”企业纳入深圳市户籍管理系统和社会保障系统中，完成“合作区”社会发展事务。在土地征收、公共服务设施、基础设施建设、养老福利建设等方面，化解土地征收和公共服务空间不均等化等问题，保证“合作区”建设顺利开展。

3.2.3 空间规划体系构建与完善：汕尾市的制度响应

从空间规划的制度响应上，“合作区”虽具有地级市级别行政管理权，但只是独立行政单位而不是真正法定单位。为解决“合作区”的申报与审批等问题，汕尾主要通过“四规融合”的制度响应来构建与完善规划体系。具体来说，分别由不同单位编制专项规划，包括城市规划、土地利用规划、“十二五”规划与产业发展规划，融合编制成“深汕特别合作区发展总体规划（2015-2020）”，由汕尾市申报，于2014年由广东省政府常务会议审批通过，解决了空间规划和空间建设的政策效力问题（表2）。

3.3 “合作区”利益分配中的平衡稳定

平衡稳定的利益分配机制是协同共治型治理实现的内在基础（表3）。根据“合作区”分配方案，省政府对“合作区”财政实行“省直管”，并获取一定比例的“合作区”地方级税收。而深圳与汕尾可分别获得25%的税收分成比例。但考虑到“合作区”发展需要，2015年前税收全部返还合作区，2020年以前返还50%。此外，汕尾还可获得小部分（约15%）“合作区”土地出让金。

“合作区”不同类别规划基本信息 表2

规划名称	编制年份	编制单位	审批与否	审批部门
深汕特别合作区城市总体规划（2010-2030）①	2012年	深圳市新城市规划建筑设计有限公司	未审批	—
深汕特别合作区土地利用总体规划（2010-2020）②	2012年	北京大学（深圳）规划设计研究中心	未审批	—
深汕特别合作区国民经济和社会发展第十二个五年规划纲要③	2012年	深汕特别合作区管委会	未审批	—
深汕特别合作区产业发展规划（2012-2015）④	2012年	综合开发研究院（中国·深圳）	未审批	—
深汕特别合作区发展总体规划（2015-2030）⑤	2014年	深圳市新城市规划建筑设计有限公司	已审批	广东省政府常务会议

注：根据调研访谈结果整理而得；“—”为无。

① 深圳市新城市规划建筑设计有限公司．深汕特别合作区城市总体规划（2010–2030）（未审批），2012.

② 北京大学（深圳）规划设计研究中心．深汕特别合作区土地利用总体规划（2010–2020）（未审批），2012.

③ 深汕特别合作区管委会．深汕特别合作区国民经济和社会发展第十二个五年规划纲要（未审批），2012.

④ 综合开发研究院（中国·深圳）．深汕特别合作区产业发展规划（2012–2015）（未审批），2012.

⑤ 深圳市新城市规划建筑设计有限公司．深汕特别合作区发展总体规划（2015–2030）（已审批），2014.

"合作区"各主体方潜在收益及建设收益①　　表 3

主体方	潜在收益	建设收益
广东省	(1)获得区域平衡发展政策抓手 (2)获得战略推广带来的潜在的政治与经济收益	获得按照体制规定的一定比例的地方级税收
深圳市	获得城市空间腾笼换鸟带来的产业与经济收益	(1)2015 年后，12.5% 的"合作区"地方级税收 (2)2020 年后，25% 的"合作区"地方级税收
汕尾市	获得"合作区"带来的巨大经济辐射力及客观的投资及就业，综合提高汕尾市，尤其是海丰县经济水平	(1)2015 年后，12.5% 的"合作区"地方级税收 (2)2020 年后，25% 的"合作区"地方级税收 (3)小部分"合作区"土地出让金

城市间的利益分配机制主要表现为，深圳通过"合作区"既为其实现产业转型腾挪了空间，同时又保持对原有企业的影响力，获得投资、税收方面的利益，并得到"合作区"未来部分税收收益。而纾解出的产业对汕尾也具有足够的吸引力，汕尾可借此获得发展动力。"合作区"发展对汕尾经济，尤其是海丰经济产生强大经济辐射力与"溢出效应"。此外，汕尾还可获得税收和土地出让金等收益。

典型案例是深圳腾讯落户于"合作区"的云计算数据中心项目。云计算属于技术密集型产业，但从价值链条分解上，数据分析和市场开发属于云计算的高端环节，而数据存储和技术维护等属于价值链末端，数据分析和市场开发是深圳需大力支持和重点发展的方向。此外，作为知识溢出效应明显的行业，腾讯等高科技企业也必须依托深圳的科技、制度和文化等条件才能承接和发展这类高端价值链。而数据存储和技术维护的搬迁符合减少城市空间压力的空间发展需求，通过产业合作安置在"合作区"既是对深圳产业发展空间的拓展，也是对汕尾产业发展的有力支撑，为汕尾带来可观投资和部分就业。对腾讯而言，分解产业不同环节并将低端环节外迁也能享受低成本土地和税收补贴，同样有吸引力。这种互利共赢的利益分配机制，是地方政府和企业等多主体参与、相互合作的制度基础。

4　结论

改革开放以来分权化和地域竞争的确为地方经济发展提供了激励，但由此导致的治理碎片化也成为可持续发展的瓶颈。跨行政区治理已成为热点领域，而跨界产业园区是其中的重要课题。总体上，"合作区"的协同共治型区域治理模式在形成动因、主体参与时序、省－地方关系及地方间关系表现为以下特征。

① 广东省人民政府.深汕（尾）特别合作区基本框架方案，2011.

产业经济与市场发展不平衡是协同共治型跨界治理的根本动因。“合作区”是长期区域产业经济发展不平衡现象及深圳产业外溢与汕尾扭转“塌陷经济”两方面诉求合力所引发的区域治理创新，而省政府的政策支持则降低了合作成本。广东省政府的包括“对口帮扶”等一系列政策引导、深圳为过剩资本寻求城市空间与汕尾市实现“塌陷经济”崛起的发展诉求，三者不谋而合。以省政府主动引导在先，进而城市政府积极响应，市场力相对滞后于政府系统。省与地方关系上，一方面，省政府对地方实施放松管制与权力下放。“合作区”治理架构上，省政府不直接参与“合作区”建设发展事宜，全权委托两市进行管理以调动地方发展能动性；另一方面，省政府提供项目性和制度性支持以实现资源注入。“合作区”发展事务上，表现为赋予“合作区”土地指标、产业发展与基础设施建设资金等项目性支持及赋予地级市管理权限、人事管理与财政税收权限、设立单独的公检法机关等制度性支持。这些支持推动了“合作区”规划、建设与运行，同时避免了地方政府间因利益让渡和利益博弈等导致治理网络关系崩坏。地方间关系上，形成富有特色的（融合共建式）行政组织架构。“合作区”建设事务上，虽然深圳负责招商引资与土地开发，汕尾负责社会管理与土地征收，但构建了一套融合统一的行政组织体系，互相监督并协商共治。利益分配机制上，“合作区”具有平衡稳定的分配机制，各方不仅获得自身需求的潜在收益，且均能从园区发展运行中获得明确、可观税收收益，治理结构稳定。因此，协同共治型区域治理模式是基于产业、市场发展不平衡与平衡发展型区域政策高度匹配条件下，省政府先导，运用去管制、权力下放及资源注入等方式，地方政府跟进，通过构建协同融合、分工合作的行政管理架构与稳定共赢的利益分配机制的综合治理模式。

然而，“合作区”的建设仍以政府内部协作为主，市场主体并未参与其中。所以，本文所提出的“协同共治”其实是多层级政府与政府多部门之间的高效协同，市场力并不在讨论范围内。由于建设时间尚短，“合作区”内的投资项目有限，难以对产业发展效果进行评估，也需要进一步考察“政府－市场”关系。因此，需要持续观察“合作区”内的企业投资及与“合作区”管委会的互动，以丰富政府与市场这一治理维度。

参考文献

[1] 罗小龙，沈建法 . 长江三角洲城市合作模式及其理论框架分析 [J]. 地理学报，2007，62（2）：115-126.

[2] 王军 . 西咸新区创新城市发展方式的思考 [J]. 城市规划，2014，38（6）：73-76.

[3] 陈明，商静 . 区域规划的历程演变及未来发展趋势 [J]. 城市发展研究，2015，22（12）：70-76.

[4] 王爱民，徐江，陈树荣 . 多维视角下的跨界冲突 - 协调研究——以珠江三角洲地区为例 [J]. 城市与区域规划研究，2010（2）：132-145.

[5] 张衔春，许顺才，陈浩，等 . 中国城市群制度一体化评估框架构建——基于多层级治理理论 [J]. 城市规划，2017，41（8）：75-82.

[6] 袁奇峰 . 分权化与都市区整合："广佛同城化"的机遇与挑战 [J]. 北京规划建设，2015，22（2）：171-174.

[7] 张衔春，吕斌，许顺才，等 . 长株潭城市群多中心网络治理机制研究 [J]. 城市发展研究，2015，22（1）：28-39.

[8] 黄春萍 . 基于管治理念的滇中城市群区域协调发展机制探究 [J]. 云南地理环境研究，2009，21（2）：47-52.

[9] 罗小龙，沈建法 . 跨界的城市增长——以江阴经济开发区靖江园区为例 [J]. 地理学报，2006，61（4）：435-445.

[10] 罗小龙，沈建法 . 制度创新：苏南城镇化的"第三次突围" [J]. 城市规划，2006，20（3）：48-52.

[11] 张京祥，耿磊，殷洁，等 . 基于区域空间生产视角的区域合作治理——以江阴经济开发区靖江园区为例 [J]. 人文地理，2011，26（1）：5-9.

[12] 刘永敬，罗小龙，田冬，等 . 中国跨界新区的形成机制、空间组织和管治模式初探 [J]. 经济地理，2014，34（12）：41-47.

[13] 蒋费雯，罗小龙 . 产业园区合作共建模式分析——以江苏省为例 [J]. 城市问题，2016，35（7）：38-43.

[14] 深圳市统计局，国家统计局深圳调查队 . 深圳统计年鉴 [M]. 北京：中国统计出版社，2001-2014.

[15] 汕尾市统计局 . 汕尾统计年鉴 [M]. 北京：中国统计出版社，2001-2014.

[16] 林雄斌，杨家文，李贵才 . 村镇区域城乡一体化发展困境与策略探析——以珠海市斗门镇为例 [J]. 现代城市研究，2016，23（3）：75-82.

[17] Lin G C. Metropolitan development in a transitional socialist economy:

Spatial restructuring in the Pearl River Delta, China[J]. Urban Studies, 2001, 38（3）: 383-406.

[18] Yang C. Restructuring the export-oriented industrialization in the Pearl River Delta, China: Institutional evolution and emerging tension[J]. Applied Geography, 2012, 32（1）: 143-157.

[19] 杨忍，陈燕纯，徐茜．基于政府力和社会力交互作用视角的半城市化地区工业用地演化特征及其机制研究——以佛山市顺德区为例 [J]. 地理科学，2018，38（4）: 511-521.

[20] Xu Jiang, Yeh A G O et al. Inter-jurisdictional cooperation through bargaining: The case of the Guangzhou-Zhuhai railway in the Pearl River Delta, China[J]. The China Quarterly, 2013, 213: 130-151.